O SEMINÁRIO
DE JACQUES LACAN

Campo Freudiano no Brasil

Coleção dirigida por Judith (*in memoriam*) e Jacques-Alain Miller

Assessoria brasileira: Angelina Harari

Jacques Lacan

O SEMINÁRIO

livro 3

as psicoses

Texto estabelecido por
Jacques-Alain Miller

2ª edição revista
17ª reimpressão

ZAHAR

Tradução autorizada da primeira edição francesa, publicada em 1981 por Éditions du Seuil, de Paris, França, na coleção Champ Freudien, dirigida por Jacques-Alain e Judith Miller.

O Editor agradece ao Dr. Jorge de Figueiredo Forbes e à revista *Clínica Lacaniana* pelas correções ao texto da primeira edição brasileira.

Grafia atualizada segundo o Acordo Ortográfico da Língua Portuguesa de 1990, que entrou em vigor no Brasil em 2009.

Título original
Le Séminaire de Jacques Lacan – Livre III: Les psychoses (1955-1956)

Novo projeto gráfico: 2010

CIP-Brasil. Catalogação-na-fonte
Sindicato Nacional dos Editores de Livros, RJ.

Lacan, Jacques, 1901-1981
L129s O seminário, livro 3: as psicoses, 1955-1956 / Jacques Lacan; texto esta-
2.ed. belecido por Jacques-Alain-Miller; [versão brasileira de Aluisio Menezes]. – 2ª ed. revista. – Rio de Janeiro: Zahar, 1988.
(Campo Freudiano no Brasil)

Tradução de: Le Séminaire de Jacques Lacan, Livre III: Les psychoses (1955-1956)
ISBN 978-85-7110-389-4

1. Psicanálise – Discursos, conferências, etc. 2. Psicoses – Discursos, conferências, etc. I. Miller, Jacques-Alain. II. Título. III. Título: as psicoses. IV. Série.

CDD: 150.195
07-4710 CDU: 159.964.2

EDITORA SCHWARCZ S.A.
Praça Floriano, 19, sala 3001 — Cinelândia
20031-050 — Rio de Janeiro — RJ
Telefone: (21) 3993-7510
www.companhiadasletras.com.br
www.blogdacompanhia.com.br
facebook.com/editorazahar
instagram.com/editorazahar
twitter.com/editorazahar

livro 3

as psicoses
1955-1956

Versão brasileira de
ALUÍSIO MENEZES

A revisão do texto do Seminário é objeto de um trabalho permanente. Os leitores que quiserem comunicar observações e sugestões devem escrever a Jacques-Alain Miller, nas Editions du Seuil.

As referências à obra do presidente Schreber, *As memórias de um nevropata*, são dadas na edição francesa (Seuil, 1975).

Sumário

Introdução à Questão das Psicoses

Temática e Estrutura do Fenômeno Psicótico

Do Significante e do Significado

As Imediações do Buraco

Introdução à Questão das Psicoses

I

INTRODUÇÃO À QUESTÃO DAS PSICOSES

Esquizofrenia e paranoia.
O Sr. de Clérambault.
As miragens da compreensão.
Da Verneinung *à* Verwerfung.
Psicose e psicanálise.

Neste ano, começa a questão das psicoses.

Digo a *questão*, porque não se pode sem mais nem menos falar do *tratamento* das psicoses, como havia sido inicialmente comunicado por uma primeira nota, e menos ainda do tratamento da psicose *em Freud*, pois ele jamais falou disso, salvo de maneira totalmente alusiva.

Vamos partir da doutrina freudiana para apreciar o que nesta matéria ela ensina, mas não deixaremos de introduzir as noções que elaboramos no decorrer dos anos precedentes, nem de tratar todos os problemas que as psicoses nos suscitam *atualmente*. Problemas clínicos e nosográficos em primeiro lugar, acerca dos quais me pareceu que todo o benefício que a análise pode produzir não tinha sido completamente evidenciado. Problemas de tratamento também, nos quais nosso trabalho deste ano deverá desembocar — é nosso ponto de mira.

Portanto não é por acaso se logo de saída apresentei como título esse pelo qual vamos terminar. Admitamos que seja um lapso, um lapso significativo.

1

Gostaria de salientar uma evidência primeira, como sempre a menos observada.

No que foi feito, no que se faz, no que se está fazendo quanto ao tratamento das psicoses, abordam-se as esquizofrenias de muito mais bom grado do que as paranoias, interessa-se por elas de maneira mais viva, daí se esperam muito mais resultados. Por que será então, ao contrário, a paranoia que tem, para a doutrina freudiana, uma situação um pouco privilegiada, a de um nó, mas, de resto, de um núcleo resistente?

Talvez ficaremos um bom tempo antes de responder a essa questão, mas ela permanecerá subjacente a nosso encaminhamento.

Naturalmente, Freud não ignorava a esquizofrenia. O movimento de elaboração desse conceito era-lhe contemporâneo. Mas se certamente reconheceu, admirou, e mesmo encorajou os trabalhos da escola de Zurique, e pôs a teoria analítica em relação com o que se edificava em torno de Bleuler, ele, no entanto, se manteve bastante afastado. Ele se interessou em primeiro lugar e essencialmente pela paranoia. E para indicar-lhes imediatamente um ponto de referência ao qual vocês poderão se reportar, lembro-lhes que no fim da observação do caso Schreber, que é o texto maior de sua doutrina concernente às psicoses, Freud traça uma linha divisora de águas, se assim posso me exprimir, entre paranoia de um lado e, de outro, tudo o que gostaria, diz ele, que fosse chamado parafrenia, e que corresponde exatamente ao campo das esquizofrenias. Aí está uma referência necessária à inteligência do que diremos mais adiante — para Freud, o campo das psicoses se divide em dois.

O que abrange o termo psicose no domínio psiquiátrico? Psicose não é demência. As psicoses são, se quiserem — não há razão para se dar ao luxo de recusar empregar este termo —, o que corresponde àquilo a que sempre se chamou, e a que legitimamente continua se chamando, as *loucuras*. É nesse domínio que Freud faz a partilha. Ele não se envolveu com nosologia em matéria de psicose mais do que isso, nesse ponto porém, ele é bem claro, e tendo em vista a qualidade de seu autor, não podemos considerar essa distinção negligenciável.

Nisso, como acontece, Freud não está em absoluto de acordo com o seu tempo. Estará muito atrasado? Estará muito avançado? Aí está a ambiguidade. À primeira vista, ele está muito atrasado.

Eu não lhes posso fazer aqui o histórico da paranoia desde que ela surgiu, com um psiquiatra discípulo de Kant, no início do século XIX, mas saibam que no seu máximo de extensão, dentro da psiquiatria alemã, ela abrangia mais ou menos inteiramente as loucuras — setenta por cento dos doentes dos manicômios portavam a etiqueta paranoia. Tudo o que chamamos psicose ou loucura era paranoia.

Na França, a palavra paranoia, no momento em que foi introduzida na nosologia — momento extremamente tardio, que entra em jogo faz uns cinquenta anos —, foi identificada com alguma coisa de fundamentalmente diferente. Um paranoico — pelo menos antes que a tese de um certo Jacques Lacan tenha tentado lançar uma grande perturbação nos espíritos, que se limitou a um pequeno círculo, ao pequeno círculo que convém, o que faz com que não se fale mais hoje dos paranoicos como antes —, um paranoico era uma pessoa má, um intolerante, um tipo de mau humor, orgulho, desconfiança, suscetibilidade, sobrestimação de si mesmo. Essa característica constituía o fundamento da paranoia — quando o paranoico era por demais paranoico, ele acabava por delirar. Tratava-se menos de uma concepção que de uma clínica, aliás muito fina.

Eis mais ou menos, eu não forço em nada, o ponto em que estávamos na França após a difusão da obra do Sr. Génil-Perrin sobre a *Constituição paranoica*, que tinha feito prevalecer a noção caracteriológica da anomalia da personalidade, constituída essencialmente — o estilo do livro traz consigo a marca dessa inspiração — pelo que se pode qualificar de estrutura perversa do caráter. Como todo perverso, ocorria ao paranoico sair dos limites, e cair nesta horrível loucura, exagero desmedido dos traços de seu caráter intratável.

Essa perspectiva pode ser designada como psicológica, psicologizante ou mesmo psicogenética. Todas as referências formais a uma base orgânica, ao temperamento por exemplo, não mudam nada aí — na verdade, tratava-se de uma gênese psicológica. Alguma coisa se define e é apreciada em certo plano, e o desenvolvimento decorre de modo contínuo, com uma coerência autônoma que se basta em seu campo próprio. É por isso que se tratava, em suma, de psicologia, apesar do repúdio desse ponto de vista que se acha na pena do autor.

Tentei na minha tese promover um outro ponto de vista. Eu ainda era evidentemente um jovem psiquiatra, e fui aí introduzido em muito pelos trabalhos, pelo ensino direto, e ousaria mesmo dizer pela familiaridade de alguém que desempenhou um papel muito importante na psiquiatria francesa daquela época, e que é o Sr. de Clérambault, de quem evocarei a pessoa, a ação e a influência nesta falação preliminar.

Para os que entre vocês só têm de sua obra um conhecimento aproximativo, ou por ouvir dizer — deve haver aí um certo número nesse caso —, o Sr. de Clérambault passa como tendo sido o selvagem defensor de uma concepção organicista extrema. Aí estava certamente o desígnio explícito de muitas de suas exposições teóricas. Entretanto, não creio que seja a partir daí que possa ser estabelecida uma perspectiva justa, não somente sobre a influência que efetivamente puderam ter sua pessoa e seu ensino, como também sobre o verdadeiro alcance de suas descobertas.

É uma obra que, independentemente de suas visadas teóricas, tem um valor clínico concreto — é considerável o número das síndromes clínicas que foram assinaladas por Clérambault de maneira completamente original e que desde então se acham integradas ao patrimônio da experiência psiquiátrica. Ele trouxe coisas preciosas nunca vistas antes dele e jamais retomadas depois, falo de seus estudos das psicoses determinadas pelos tóxicos. Numa palavra, na ordem das psicoses Clérambault continua absolutamente indispensável.

A noção de automatismo mental está aparentemente polarizada na obra e no ensino de Clérambault pelo cuidado de demonstrar o caráter fundamentalmente *anideico*, como ele se exprimia, dos fenômenos que se manifestam na evolução da psicose, o que quer dizer *não conforme a uma sequência de ideias* — isso não faz muito mais sentido, que pena!, que o discurso do mestre. Essa referenciação se faz, pois, em função de uma compreensibilidade suposta. A referência primeira à compreensibilidade serve para determinar o que justamente produz ruptura e se apresenta como incompreensível.

Aí está uma assunção sobre a qual seria exagerado dizer que é bastante ingênua, já que não resta dúvida de que não há uma que seja mais comum — e, temo, presente entre vocês ainda, pelo menos entre muitos de vocês. O progresso maior da psiquiatria, desde a introdução deste movimento de investigação que se chama psicanálise, consistiu, acredita-se, em restituir o sentido na cadeia dos fenômenos. Isso não é falso em si. Porém, o que é falso, é conceber que o sentido de que se trata é aquele que se compreende. O que teríamos aprendido de novo, de acordo com o que se pensa de maneira ambiente nas salas de plantão[1], expressão do *sensus commune* dos psiquiatras, é compreender os doentes. É uma pura miragem.

A noção de compreensão tem uma significação muito nítida. É um móbil do qual Jaspers fez, com o nome de relação de compreensão, o pivô de toda a sua psicopatologia dita geral. Isso consiste em pensar que há coisas que são evidentes, que, por exemplo, quando alguém está triste é porque não tem o que seu coração deseja. Nada mais falso — há pessoas que têm tudo o que os seus corações desejam e que ainda assim são tristes. A tristeza é uma paixão de natureza inteiramente outra.

Gostaria de insistir. Quando vocês dão um tapa numa criança, pois bem, isso se compreende, ela chora — sem que ninguém reflita que nada em absoluto a obrigue a chorar. Lembro-me do garotinho que, quando recebia um tapa, perguntava — *É um carinho ou uma palmada*? Se lhe dissessem que era uma palmada, ele chorava, isso fazia parte das convenções, da regra do momento, e, se fosse um carinho, ficava encantado. Aliás, isso não esgota a questão. Quando se recebe um tapa, há certamente muitas outras maneiras de responder a isso do que chorando, pode-se revidá-lo, e também dar a outra face, pode-se também dizer — *Bata, mas escute.* Uma imensa variedade de sequências se apresenta, as quais são negligenciadas na noção de relação de compreensão tal como a explicita o Sr. Jaspers.

Vocês podem de hoje até a próxima vez se reportar a seu capítulo intitulado "A noção de relação de compreensão". As incoerências logo aparecem — essa é a utilidade de um discurso firme.

A compreensão só é evocada como uma relação sempre no limite. Desde que dela nos aproximamos, ela é, a rigor, inapreensível. Os exemplos que Jaspers considera como os mais manifestos — seus pontos de referência, com os quais confunde apressadamente e de maneira forçada a própria noção — são referências ideais. Mas o que é surpreendente é que ele não pode evitar, no seu próprio texto, e apesar de toda a arte que ele possa pôr para sustentar essa miragem, de dar os exemplos que sempre foram precisamente refutados pelos fatos. Por exemplo, o suicida que dá testemunho de uma inclinação para o declínio, para a morte, parece que cada um poderia dizer — mas unicamente se vamos procurá-lo para fazê-lo dizer assim — que ele se produz mais facilmente no declínio da natureza, isto é, no outono. Ora, sabe-se já há muito tempo que se suicidam muito mais na primavera. Isso não é mais nem menos compreensível. Surpreender-se com o fato de que os suicídios sejam mais numerosos na primavera do que no outono, não pode repousar senão sobre essa miragem inconsistente que se chama relação de compreensão, como se houvesse o que quer que seja que, nessa ordem, jamais pudesse ser apreendido.

Acaba-se assim por conceber que a psicogênese se identifica com a reintrodução, relativamente ao objeto psiquiátrico, dessa famosa relação. É muito difícil, na verdade, conceber isso, porque é literalmente inconcebível, mas como todas as coisas que não são examinadas bem de perto, presas num verdadeiro conceito, isso continua sendo uma suposição latente, e esta é latente a toda mudança de cor da psiquiatria há cerca de uns trinta anos. Pois bem, se a psicogênese é isso, eu digo — porque penso que a maioria de vocês são capazes a partir de agora de sacar isso, após dois anos de ensino sobre o simbólico, o imaginário e o real, e eu o digo também para os que aí ainda não estavam — que o grande segredo da psicanálise é que não há psicogênese. Se a psicogênese é isso, é justamente aquilo de que a psicanálise está mais afastada, por todo o seu movimento, por toda a sua inspiração, por toda sua força, por tudo o que ela trouxe, por tudo aquilo para o qual ela nos conduz, por tudo aquilo em que ela deve nos manter.

Uma outra maneira de exprimir as coisas, e que vai muito mais longe, é dizer que o psicológico se tentamos examiná-lo bem de perto, é o etológico, o conjunto dos comportamentos do indivíduo, biologicamente falando, nas suas relações com seu meio natural. Eis uma definição legítima da psicologia. Aí está uma ordem de relações de fato, uma coisa objetivável, um campo suficientemente bem limitado. Mas, para constituir um objeto de ciência, é preciso ir um pouquinho mais além. Da psicologia humana, é preciso dizer o que dizia Voltaire da história natural, a saber: que ela não é tão natural assim, e, em resumo, que ela é o que há de mais antinatural. Tudo o que, no comportamento humano, é da ordem psicológica está submetido a anomalias tão profundas, apresenta a todo instante paradoxos tão evidentes, que surge o problema de saber o que é preciso nela introduzir para que a gata encontre seus filhotes.

Se se esquece o relevo, a mola essencial da psicanálise, volta-se a falar — o que é naturalmente a inclinação constante, quotidianamente constatada, dos psicanalistas — sobre toda sorte de mitos formados há certo tempo, o qual resta definir, e que se situa mais ou menos no fim do século XVIII. Mito da unidade da personalidade, mito da síntese, mito das funções superiores e inferiores, confusão a respeito do automatismo, todos esses tipos de organização do campo objetivo mostram a todo instante a quebra, o despedaçamento, a dilaceração, a negação dos fatos, o desconhecimento da experiência mais imediata.

Dito isso, não se enganem neste ponto — não estou aqui me deixando levar pelo mito dessa experiência imediata que é o fundo do que se chama psicologia, e mesmo psicanálise existencial. A experiência imediata não tem mais privilégios para nos deter, nos cativar, como não os tem em qualquer outra ciência. De forma alguma ela é a medida da elaboração a que devemos afinal chegar. O ensinamento freudiano, nisto inteiramente conforme ao que se produz no resto do domínio científico — por mais diferente que devêssemos concebê-lo do mito que é o nosso —, faz intervir móbeis que estão além da experiência imediata e não podem de forma alguma ser apreendidos de maneira sensível. Aí como na física, não é a cor que retemos, em seu caráter sentido e diferenciado pela experiência direta, é algo que está atrás, e que a condiciona.

A experiência freudiana não é de forma alguma preconceitual. Não é uma experiência pura. É uma experiência realmente estruturada por algo de artificial que é a relação analítica, tal como é constituída pela confissão que o sujeito vem fazer ao médico, e pelo que o médico dela faz. É a partir desse modo operatório primeiro que tudo se elabora.

Através desse lembrete, vocês já devem ter reconhecido as três ordens sobre as quais repiso para vocês o quanto elas são necessárias a fim de compreender o que quer que seja da experiência analítica — a saber: o simbólico, o imaginário e o real.

O simbólico, vocês o viram aparecer ainda há pouco no momento em que fiz alusão, e através de duas abordagens diferentes, ao que está além de toda compreensão, no interior do qual toda compreensão está inserida, e que exerce uma influência tão manifestamente perturbadora nas relações humanas e inter-humanas.

O imaginário, vocês o viram também transparecer pela referência que fiz à etologia animal, isto é, a suas formas cativantes, ou captadoras, que constituem os trilhos pelos quais o comportamento animal é conduzido aos seus fins naturais. O Sr. Piéron, que não está para nós em odor de santidade, intitulou um de seus livros, *A sensação, guia de vida*. É um belíssimo título, mas não sei se ele se aplica tanto à sensação quanto o diz, e o conteúdo do livro certamente não o confirma. O que é exato nessa perspectiva é que o imaginário é sem dúvida guia de vida para todo o campo animal. Se a imagem desempenha igualmente um papel capital no campo que é o nosso, esse papel é inteiramente retomado, refeito, reanimado pela ordem simbólica. A imagem é sempre mais ou menos integrada nessa ordem que se define no homem, lembro isso a vocês, por seu caráter de estrutura organizada.

Que diferença há entre o que é da ordem imaginária ou real, e o que é da ordem simbólica? Na ordem imaginária, ou real, nós temos sempre mais ou menos, um limiar, uma margem, uma continuidade. Na ordem simbólica, todo elemento vale como oposto a um outro.

Tomemos um exemplo no domínio em que começamos a nos introduzir.

Um de nossos psicóticos conta-nos em que mundo estranho ele entrou já há algum tempo. Tudo para ele tornou-se signo. Não somente ele é espiado, observado, vigiado, falam dele, julgam-no, indicam-no, olham-no, dão-lhe uma piscadela de olho, mas tudo isso invade — vocês vão ver imediatamente a ambiguidade se estabelecer — o campo dos objetos reais inanimados, não humanos. Olhemos isso aí um pouco mais de perto. Se ele encontra na rua um carro vermelho — um carro não é um objeto natural —, não é por acaso, dirá ele, que esse passou naquele exato momento.

Interroguemo-nos a respeito dessa intuição delirante. Esse carro tem uma significação, mas o sujeito é muito frequentemente incapaz de precisar qual. Será ela favorável? Será ameaçadora? Sem dúvida, o carro está ali por alguma razão. Desse fenômeno, seja ele o mais indiferenciado, podemos ter três concepções completamente diferentes.

Podemos encarar a coisa sob o ângulo de uma aberração perceptiva. Não creiam que estejamos tão longe disso. Não faz muito tempo, era nesse nível que era posta a questão de saber o que de uma maneira elementar o sujeito alienado sentia. Talvez fosse ele um daltônico, que vê verde o vermelho, e inversamente. Talvez ele não distinga a cor.

Podemos ainda encarar o encontro com o carro vermelho no registro do que se passa quando o pintarroxo[2], encontrando um seu congênere, exibe-lhe o plastrão que lhe dá o seu nome. Demonstrou-se que essa vestimenta dos pássaros corresponde à guarda dos limites do território, e que o encontro por si só determina um certo comportamento em relação ao adversário. O vermelho tem aqui uma função imaginária que, na ordem precisamente das relações de compreensão, traduz-se pelo fato de que esse vermelho para o sujeito tê-lo-á feito ver vermelho, parecer-lhe-á trazer em si mesmo o caráter expressivo e imediato da hostilidade ou da cólera.

Enfim, podemos compreender o carro vermelho na ordem simbólica, a saber, como é compreendida a cor vermelha num jogo de cartas, isto é, enquanto oposta ao preto, como fazendo parte de uma linguagem já organizada.

Eis os três registros distinguidos, e distinguidos também os três planos nos quais pode ser introduzida nossa suposta compreensão do fenômeno elementar.

2

A novidade do que Freud introduziu quando abordou a paranoia é ainda mais notável que em qualquer outro lugar — talvez porque seja mais localizado e porque isso se destaque mais em contraste com os discursos contemporâneos sobre a psicose. Vemos aqui Freud proceder logo de saída com uma audácia que tem a característica de um começo absoluto.

Sem dúvida a *Traumdeutung* é uma criação também. Por mais que se diga que já se tinham interessado pelo sentido do sonho, isso não tem absolutamente nada a ver com este trabalho de pioneiro que é feito diante de nossos olhos. Isso não vai dar somente na fórmula de que o sonho diz alguma coisa para vocês, pois a única coisa que interessa a Freud é a elaboração através da qual ele o diz — ele o diz como se fala. Isso jamais tinha sido visto. Tinha-se podido perceber que o sonho tinha um sentido, que se podia ler nele alguma coisa, mas não que o sonho fala.

Mas admitamos que a abordagem do sonho por Freud tenha podido ser preparada pelas práticas inocentes que precederam sua tentativa. Em compensação, jamais houve nada de comparável ao modo como ele procede com Schreber. O que ele faz? Pega o livro de um paranoico, cuja leitura ele recomenda platonicamente no momento em que escreve a sua própria obra — *não deixem de lê-lo antes de me lerem* —, e dele nos dá uma decifração champollionesca, ele o decifra do modo como se decifram hieróglifos.

Entre todas as produções literárias do tipo discurso de defesa de advogado, entre todas as comunicações dos que, passados além dos limites, nos falam da experiência estranha que é a do psicótico, a obra de Schreber é certamente uma das mais notáveis. Há aí um encontro excepcional entre o gênio de Freud e um livro único.

Eu disse *gênio*. Sim, há da parte de Freud um verdadeiro lance de gênio que não deve nada a nenhuma penetração intuitiva — o lance de gênio do linguista que vê surgir várias vezes num texto o mesmo signo, parte da ideia de que isso deve querer dizer alguma coisa e chega a reconstituir o uso de todos os signos dessa língua. A identificação prodigiosa que Freud faz dos pássaros do céu com as jovens participa desse fenômeno — é uma hipótese sensacional que permite reconstituir toda a cadeia do texto, compreender não só o material significante de que se trata, mas, ainda mais, reconstituir a própria língua, essa famosa *língua fundamental* de que nos fala Schreber. Mais claramente do que em qualquer outro lugar, a interpretação analítica se demonstra aqui simbólica, no sentido estruturado do termo.

Essa tradução é com efeito sensacional. Mas, tomem cuidado, ela deixa no mesmo plano o campo das psicoses e o das neuroses. Se a aplicação do método analítico não liberasse nada mais que uma leitura de ordem simbólica, ela se mostraria incapaz de dar conta da distinção dos dois campos. É, pois, além dessa dimensão que se colocam os problemas que constituem o objeto de nossa pesquisa deste ano.

Já que se trata do discurso, do discurso impresso, do alienado, que estejamos na ordem simbólica é portanto indiscutível. Isso posto, qual é o material mesmo desse discurso? Em que nível se desenvolve o sentido traduzido por Freud? De que são tirados os elementos de nomeação desse discurso? De maneira geral, o material é o corpo próprio.

A relação ao corpo próprio caracteriza no homem o campo no fim de contas reduzido, mas verdadeiramente irredutível, do imaginário. Se alguma coisa corresponde no homem à função imaginária tal como ela opera no animal, é tudo o que o relaciona de uma maneira eletiva, mas sempre tão pouco apreensível quanto possível, à forma geral de seu corpo em que tal ponto é dito zona erógena. Essa relação, sempre no limite do simbólico, só a experiência analítica permitiu apreendê-la em suas últimas instâncias.

Eis o que nos demonstra a análise simbólica do caso de Schreber. Só pela porta de entrada do simbólico é que se consegue penetrá-lo.

3

As questões que se colocam passam em revista exatamente as categorias eficazes no nosso campo operatório.

É clássico dizer que, na psicose, o inconsciente está à superfície, é consciente. Por isso mesmo não parece que isso tenha grande efeito em ser articulado. Nessa perspectiva, bastante instrutiva em si mesma, podemos observar de saída que não é pura e simplesmente, como Freud sempre sublinhou, desse traço negativo de ser um *Unbewusst*, um não consciente, que o inconsciente guarda sua eficácia. Traduzindo Freud, dizemos — o inconsciente é uma linguagem. Que ela seja articulada nem por isso implica que ela seja reconhecida. A prova é que tudo se passa como se Freud traduzisse uma língua estrangeira, e mesmo a reconstituísse recortando-a. O sujeito está simplesmente, no que diz respeito à sua linguagem, na mesma relação que Freud. A se supor que alguém possa falar numa língua que lhe seja totalmente ignorada, diremos que o sujeito psicótico ignora a língua que ele fala.

Essa metáfora será satisfatória? Claro que não. A questão não é tanto a de saber por que o inconsciente que está aí, articulado à flor da terra, permanece excluído para o sujeito, não assumido — mas porque ele aparece no real.

Eu espero que haja um número suficiente entre vocês para se lembrar do comentário que o Sr. Jean Hyppolite nos havia feito aqui da *Verneinung*, e lamento a sua ausência esta manhã, que me impede de assegurar-me de que eu não deformo os termos que ele destacou.

O que sobressaía bem de sua análise desse texto fulgurante é que, no que é inconsciente, tudo não é somente recalcado, isto é, desconhecido pelo sujeito após ter sido verbalizado, mas que é preciso admitir, atrás do processo de verbalização, uma *Bejahung* primordial, uma admissão no sentido do simbólico, que pode ela própria faltar.

Esse ponto é corroborado por outros textos, e especialmente por uma passagem tão explícita quanto possível, onde Freud admite um fenômeno de exclusão para o qual o termo *Verwerfung* parece válido, e que se distingue da *Verneinung*, a qual se produz em uma etapa muito ulterior. Pode acontecer que um sujeito recuse o acesso, ao seu mundo simbólico, de alguma coisa que no entanto ele experimentou e que não é outra coisa naquela circunstância senão a ameaça de castração. Toda a continuação do desenvolvimento do sujeito mostra que ele nada quer saber disso, Freud o diz textualmente *no sentido do recalcado*.

O que cai sob o golpe do recalque retorna, pois o recalque e o retorno do recalcado são apenas o direito e o avesso de uma mesma coisa. O recalcado está sempre aí, e ele se exprime de maneira perfeitamente articulada nos sintomas e numa multidão de outros fenômenos. Em compensação, o que cai sob o golpe da *Verwerfung* tem uma sorte completamente diferente.

Não é inútil lembrar-lhes a esse respeito minha comparação do ano passado entre certos fenômenos da ordem simbólica e o que se passa nas máquinas, no sentido moderno do termo, essas máquinas que não falam ainda completamente, mas que vão falar de um minuto para o outro. Elas são alimentadas com pequenas cifras e espera-se que nos deem o que teríamos talvez posto cem mil anos para calcular. Mas não podemos introduzir coisas no circuito a não ser respeitando o ritmo próprio da máquina — senão isso fica abaixo do limiar, isso não pode entrar nela. Pode-se retomar a imagem. Sucede, entretanto, além disso, que tudo o que é recusado na ordem simbólica, no sentido da *Verwerfung*, reaparece no real.

O texto de Freud é a esse respeito sem ambiguidade. Trata-se, como vocês sabem, do Homem dos Lobos, o qual não deixa de testemunhar tendências e propriedades psicóticas, como ele o demonstra na curta paranoia que fará entre o fim do tratamento de Freud e o momento em que ele é retomado ao nível da observação. Pois bem, que ele tenha rejeitado todo o acesso à castração, no entanto aparente na sua conduta, no registro da função simbólica, que toda a assunção da castração por um *eu* tenha se tornado para ele impossível, tem ligação muito estreita com o fato de que lhe tenha sucedido ter tido na infância uma curta alucinação cujos detalhes extremamente precisos ele relata.

A cena é a seguinte. Brincando com a sua faca, ele cortou o dedo, que só ficou preso mesmo por um pedacinho de pele. O sujeito conta esse episódio num estilo calcado no vivido. Parece que toda referenciação temporal tenha desaparecido. Ele sentou-se em seguida num banco, ao lado de sua ama, que é justamente a confidente de suas primeiras experiências, e não teve a coragem de falar com ela sobre isso. Quão significativa esta suspensão de toda possibilidade de falar — e precisamente com a pessoa a quem ele falava de tudo, e especialmente de coisas dessa ordem. Há aí um abismo, uma imersão temporal, um corte de experiência, depois do que resulta que não há absolutamente nada, tudo acabou, não falemos mais disso. A relação que Freud estabelece entre esse fenômeno e esse *especialíssimo não saber nada da coisa, mesmo no sentido do recalcado*, expresso em seu texto, traduz-se por isto: o que é recusado na ordem simbólica ressurge no real.

Há uma relação estreita entre, de um lado, a denegação e o reaparecimento na ordem puramente intelectual do que não está integrado pelo sujeito, e, de outro, a *Verwerfung* e a alucinação, isto é, o reaparecimento no real do que é recusado pelo sujeito. Há aí uma gama, um leque de relações.

De que se trata em um fenômeno alucinatório? Esse fenômeno tem sua fonte no que chamaremos provisoriamente a história do sujeito no simbólico. Não sei se manterei sempre essa conjunção de termos, pois toda história é por definição simbólica, mas guardemos por ora a fórmula. A distinção essencial é esta: a origem do recalcado neurótico não se situa no simbólico no mesmo nível de história que o do recalcado de que se trata na psicose, mesmo se há relações entre os conteúdos do modo mais estreito. Essa distinção traz por si só uma chave que permite formular o problema de uma maneira muito mais simples do que se fez até aqui.

É o mesmo caso do esquema do ano passado, no que concerne à alucinação verbal.

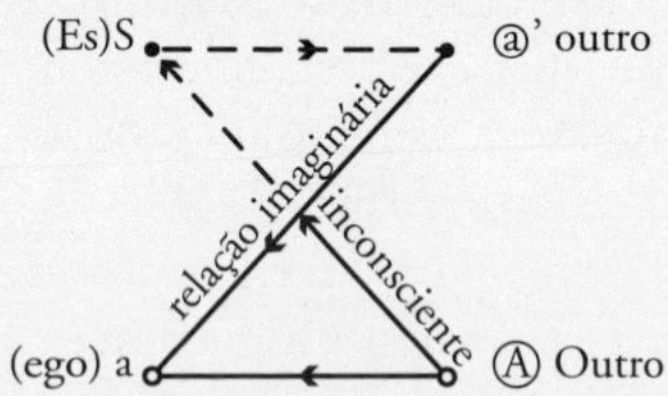

Nosso esquema, lembro isso a vocês, figura a interrupção da palavra plena entre o sujeito e o Outro e seu desvio pelos dois eu, *a* e *a'*, e suas relações imaginárias. Uma triplicidade está aqui indicada no sujeito, que abrange o fato de que é o eu do sujeito que fala normalmente a um outro, e do sujeito, do sujeito S, em terceira pessoa. Aristóteles observava que não convém dizer que o homem pensa, mas que ele pensa com sua alma. Da mesma maneira, eu digo que o sujeito *se* fala *com* o seu eu.

Porém, no sujeito normal, falar-se com o seu eu não é nunca plenamente explicitável, sua relação com o eu é fundamentalmente ambígua, toda assunção do eu é revogável. No sujeito psicótico ao contrário, certos fenômenos elementares, e especialmente a alucinação que é a sua forma mais característica, mostram-nos o sujeito completamente identificado ao seu eu com o qual ele fala, ou o eu totalmente assumido através do modo instrumental. É ele que fala dele, o sujeito, o S, nos dois sentidos equívocos do termo, a inicial S e o Es alemão. É justamente o que se apresenta no fenômeno da alucinação verbal. No momento em que ela aparece no real, isto é, acompanhada desse sentimento de realidade que é a característica fundamental do fenômeno elementar, o sujeito fala literalmente com o seu eu, e é como se um terceiro, seu substituto de reserva, falasse e comentasse sua atividade.

Eis aonde nos levará este ano nossa tentativa de situar em relação aos três registros do simbólico, do imaginário e do real as diversas formas da psicose. Ela nos permitirá precisar em suas instâncias últimas a função a dar ao eu na cura. É a questão da relação de objeto que se entrevê no limite.

O manejo atual da relação de objeto, no quadro de uma relação analítica concebida como dual, está fundado no desconhecimento da autonomia da ordem simbólica, que acarreta automaticamente uma confusão do plano imaginário e do plano real. A relação simbólica não é nem por isso eliminada, pois que se continua falando (e mesmo que só se faça isso), mas resulta desse desconhecimento que aquilo que demanda fazer-se reconhecer no sujeito no próprio plano da troca simbólica autêntica — que não é tão fácil de ser atingida uma vez que ela é perpetuamente interferida — é substituído por um reconhecimento do imaginário, da fantasia. Autentificar assim tudo o que no sujeito é da ordem do imaginário é, propriamente falando, fazer da análise a antecâmara da loucura, e nós só temos é de ficar admirados que isso não leve a uma alienação mais profunda — sem dúvida, esse fato indica bastante que, para ser louco, é necessário alguma predisposição, se não alguma condição.

Como em Viena, um rapaz encantador, ao qual eu tentava explicar algumas coisinhas, me perguntasse se eu acreditava que as psicoses eram ou não orgânicas, eu lhe disse que esta questão estava completamente superada, que já havia muito tempo que eu não fazia diferença entre a psicologia e a fisiologia, e que certamente *não se torna louco quem quer*, como eu havia pregado na parede de minha sala de plantão naquele tempo antigo, um pouco arcaico. Mas nem por isso deixa de ser menos verdade que é a uma certa maneira de manejar a relação analítica que consiste em autentificar o imaginário, em substituir o reconhecimento no plano simbólico pelo reconhecimento no plano imaginário, que é preciso atribuir os casos bem conhecidos de desencadeamento bastante rápido de delírio mais ou menos persistente, e às vezes definitivo.

O fato de que uma análise possa desencadear uma psicose desde os seus primeiros momentos é bem conhecido, mas nunca ninguém explicou por quê. É evidentemente função das disposições do sujeito, mas também de um manejo imprudente da relação de objeto.

Creio não ter podido fazer mais hoje do que ter despertado o interesse de vocês para o que vamos estudar.

É útil ocupar-se da paranoia. Por mais ingrato e árido que isso possa ser para nós, é ao mesmo tempo a purificação, a elaboração e o exercício das noções freudianas, e da mesma feita nossa formação na análise. Espero ter feito vocês sentirem em que esta elaboração nocional pode ter uma incidência das mais diretas sobre a maneira como pensaremos, ou como nos absteremos cuidadosamente de pensar, o que é e o que deve ser a experiência de cada dia.

16 de novembro de 1955

II

A SIGNIFICAÇÃO DO DELÍRIO

Crítica de Kraepelin.
A inércia dialética
Séglas e a alucinação psicomotora
O presidente Schreber.

Quanto mais se estuda a história da noção de paranoia, mais ela se mostra significativa, e mais se percebe o ensinamento que se pode tirar do progresso, ou da ausência do progresso — como vocês quiserem — que caracteriza o movimento psiquiátrico.

1

Não há, afinal de contas, noção mais paradoxal. Se na última vez tive o cuidado em colocar a loucura no primeiro plano, é que se pode de fato dizer que, com a palavra paranoia, os autores manifestaram toda a ambiguidade presente no uso do velho termo loucura, que é o termo fundamental do comum.

Não é de ontem que data esse termo, nem mesmo do nascimento da psiquiatria. Sem me entregar aqui a uma demonstração demasiado fácil de erudição, lembrarei a vocês apenas que a referência à loucura faz parte desde há muito da linguagem da sabedoria, ou pretendida como tal. Desse ponto de vista, o famoso *Elogio da loucura* continua a ter todo o seu valor, o de identificá-la ao comportamento humano normal — ainda que esta última expressão não tenha sido empregada naquela época. O que era então dito na linguagem dos filósofos, de filósofo para filósofo, acabou com o tempo por ser levado a sério, tomado ao pé da letra — virada que se operou com Pascal, o qual formula, com todo o acento do grave e do meditado, que sem dúvida há uma loucura necessária, que não ser louco da loucura de todo o mundo seria ser louco de uma outra forma de loucura.

Vendo os paradoxos implícitos nas premissas dos teóricos, esses lembretes não são inúteis. Pode-se dizer que, até Freud, reduziu-se a loucura a um certo número de modos de comportamento, de *patterns*, enquanto outros pensavam reputar assim o comportamento de todo o mundo. No fim de contas, a diferença, *pattern* por *pattern*, não salta aos olhos. O destaque nunca foi completamente dado, que permitisse ter-se uma imagem do que é uma conduta normal, e mesmo compreensível, e distingui-la da conduta propriamente paranoica.

Continuemos no nível das definições. O recorte da paranoia era incontestavelmente muito mais amplo durante todo o século XIX do que o foi a partir do fim do século passado, isto é, por volta de 1899, por ocasião da 4ª ou 5ª edição do *Kraepelin*. Kraepelin permaneceu por muito tempo ligado à noção vaga de que *grosso modo* o homem que é experiente sabe, por uma espécie de sentido, reconhecer o índice natural. O verdadeiro dom médico é o de ver o índice que recorta bem a realidade. Só em 1899 é que ele introduz uma subdivisão mais reduzida. Ele faz convergir as antigas paranoias dentro do quadro da demência precoce, criando o setor paranoide, e emite então uma definição bastante interessante da paranoia, definição que a distingue dos outros modos de delírios paranoicos com os quais estava ela até então confundida.

A paranoia se distingue dos outros porque ela se caracteriza pelo desenvolvimento insidioso de causas internas, e, segundo uma evolução contínua, de um sistema delirante, durável e impossível de ser abalado, e que se instala com uma conservação completa da clareza e da ordem no pensamento, no querer e na ação.

Essa definição que se deve à pena de um clínico eminente tem isto de notável: ela contradiz ponto por ponto todos os dados da clínica. Nada nela é verdadeiro.

O desenvolvimento não é insidioso, há sempre acessos, fases. Parece-me, mas não estou totalmente certo disso, que fui eu quem introduziu a noção de momento fecundo. Este momento fecundo sempre é sensível no início de uma paranoia. Há sempre uma ruptura no que Kraepelin mais adiante chama de a evolução contínua de um delírio na dependência de causas internas. É absolutamente evidente que não se pode limitar a evolução de uma paranoia às causas internas. Para nos convencermos disso, basta-nos passar ao capítulo "Etiologia" de seu manual e ler os autores contemporâneos, Sérieux e Capgras, cujo trabalho data de cinco anos mais tarde. Quando as causas que desencadeiam uma paranoia são procuradas, sempre se dá importância, com o ponto de interrogação necessário, a um elemento emocional na vida do sujeito, a uma crise vital que se liga realmente a suas relações externas, e seria muito surpreendente que não se tenha sido conduzido a isso em se tratando de um delírio que se caracteriza essencialmente como um delírio de relações — termo que não é de Kretschmer, e sim de Wernicke.

Eu leio — *evolução contínua de um sistema delirante durável e impossível de ser abalado.* Nada mais falso — o sistema delirante varia, quer ele tenha sido abalado ou não. Na verdade, a questão me parece secundária. Essa variação resulta da interpsicologia, das intervenções do exterior, da conservação ou da perturbação de uma certa ordem no mundo em torno do doente. Ele está longe de não levar tudo isso em conta, e procura, no curso da evolução de seu delírio, fazer esses elementos entrar em composição com o seu delírio.

Que se instala com uma conservação completa da clareza e da ordem no pensamento, no querer e na ação. Sem dúvida. Mas trata-se de saber o que é clareza e ordem. Se alguma coisa que merece esses nomes pode ser reconhecida na exposição que o sujeito faz de seu delírio, cumpre ainda precisar o que se entende por isso; e esta interrogação é de tal natureza que implica as noções que estão em causa. Quanto ao pensamento, ao querer e à ação, estamos aí muito mais para tentar defini-los em função de um certo número de comportamentos concretos, na categoria dos quais o da loucura, do que para deles partir como de noções adquiridas. A psicologia acadêmica parece-nos dever ser de novo empreendida antes de poder liberar conceitos bastante rigorosos para serem trocados, ao menos no nível da nossa experiência.

De que resulta a ambiguidade do que se produziu em torno da noção de paranoia? De muitas coisas, e talvez de uma insuficiente subdivisão clínica. Penso que os psiquiatras que estão entre vocês têm bastante conhecimento dos diferentes tipos clínicos, para saber, por exemplo, que um delírio de interpretação não é de modo algum a mesma coisa que um delírio de reivindicação. Há igualmente razão para distinguir entre as psicoses paranoicas e as psicoses passionais, diferença admiravelmente revelada pelos trabalhos de meu mestre Clérambault, cuja função, papel, personalidade e doutrina comecei a indicar-lhes na última vez. Precisamente na ordem das distinções psicológicas é que sua obra ganha o maior alcance. Isso quer dizer que será preciso espalhar tipos clínicos, chegar a uma certa pulverulência? Não penso assim. O problema que se coloca para nós tem como objeto o quadro da paranoia no seu conjunto.

Um século de clínica não fez senão derrapar continuamente em torno do problema. Cada vez que a psiquiatria avançou um pouco, foi aprofundada, logo perdeu o terreno conquistado pela própria forma de conceituar o que era imediatamente sensível nas observações. Em parte alguma a contradição que há entre observação e teorização está mais patente. Pode-se quase dizer que não há discurso da loucura mais manifesto e mais sensível que o dos psiquiatras, e precisamente acerca da paranoia.

Há alguma coisa que me parece ser inteiramente do âmbito do problema. Se vocês lerem, por exemplo, o trabalho que fiz sobre a psicose paranoica, verão que enfatizo nele o que chamo, tomando emprestado o termo a meu mestre Clérambault, os fenômenos elementares, e que tento demonstrar o caráter radicalmente diferente desses fenômenos em relação ao que quer que seja que possa ser tirado do que se chama a dedução ideica, isto é, do que é compreensível para todo o mundo.

Desde aquela época, sublinhei com firmeza que os fenômenos elementares não são mais elementares que o que está subjacente ao conjunto da construção do delírio. São elementares como o é, em relação a uma planta, a folha em que se poderá ver um certo detalhe do modo como as nervuras se imbricam e se inserem — há alguma coisa de comum a toda planta que se reproduz em certas formas que compõem sua totalidade. Do mesmo modo, estruturas análogas se encontram no nível da composição, da motivação, da tematização do delírio, e no nível do fenômeno elementar. Em outras palavras, é sempre a mesma força estruturante, se é possível assim nos exprimirmos, que está trabalhando no delírio, quer o consideremos em uma de suas partes ou em sua totalidade.

O importante do fenômeno elementar não é portanto ser um núcleo inicial, um ponto parasitário, como Clérambault se exprimia, no interior da personalidade, em torno do qual o sujeito faria uma construção, uma reação fibrosa destinada a enquistá-lo envolvendo-o, e ao mesmo tempo integrá-lo, isto é, explicá-lo como dizem frequentemente. O delírio não é deduzido, ele reproduz a sua própria força constituinte, é, ele também, um fenômeno elementar. Isso quer dizer que a noção de elemento não deve ser tomada aí de modo diferente da de estrutura, estrutura diferenciada, irredutível a outra coisa que não ela mesma.

Esse motor da estrutura foi tão profundamente desconhecido que todo o discurso, ao qual me referia ainda há pouco, em torno da paranoia traz as marcas desse desconhecimento. É uma prova que vocês podem fazer no decorrer da leitura de Freud e de quase todos os autores — vocês encontrarão aí sobre a paranoia páginas, às vezes capítulos inteiros, extraiam-nos de seus contextos, leiam-nos em voz alta, e verão os desenvolvimentos mais incríveis concernentes ao comportamento de todo o mundo. Pouco falta para que aquilo que li para vocês ainda há pouco, da definição da paranoia dada por Kraepelin, não defina o comportamento normal. Vocês tornarão sempre a encontrar esse paradoxo, e até em autores analistas, quando precisamente eles se colocam no plano do que eu chamava ainda há pouco o *pattern*, termo de advento recente em sua dominância através da teoria analítica, mas que nem por isso deixava de lá estar potencialmente há muito tempo.

Eu relia, para preparar esta discussão, um artigo já antigo, 1908, no qual Abraham descreve o comportamento de um demente precoce, e sua dita inafetividade, a partir de sua relação aos objetos. Ei-lo que passou meses amontoando, pedra sobre pedra, seixos ordinários que parecem ser para ele o maior bem. Ora, à força de amontoá-lo numa prateleira, esta se rompe, grande estrondo no quarto, varrem tudo, e essa personagem, que parecia dar uma tão grande importância àqueles seixos, não presta a menor atenção ao que se passa, não esboça o menor protesto diante da evacuação geral dos objetos de seus desejos. Simplesmente ele recomeça, vai acumular outros tantos. Aí está o demente precoce.

Desse pequeno apólogo, gostaríamos de fazer uma fábula, que mostraria que é o que fazemos todo o tempo. Direi mesmo mais — acumular um monte de coisas sem valor, dever considerá-las de um dia para o outro como perdas e ganhos, e recomeçar, isto é um ótimo sinal. Realmente, se o sujeito ficasse ligado ao que ele perde, se não pudesse suportar essa frustração, é que se poderia dizer que há supervalorização dos objetos.

Esses móbeis que se pretendem demonstrativos são de uma ambiguidade tão completa que se pode perguntar como a ilusão de serem demonstrativos pode por um só instante ser conservada, senão por uma espécie de obnubilação do sentido crítico que parece apoderar-se do conjunto dos leitores logo que abram uma obra técnica, e especialmente quando se trata de nossa experiência e de nossa profissão.

Esta observação que eu lhes fiz da última vez, segundo a qual o compreensível é um termo sempre fugidio, inapreensível, é surpreendente que ela nunca seja pesada como uma lição primordial, uma formulação indispensável para aceder à clínica. Comecem por não crer que vocês compreendem. Partam da ideia do mal-entendido fundamental. Aí está uma disposição primeira, na falta da qual não há verdadeiramente nenhuma razão para que vocês não compreendam tudo e não importa o quê. Tal autor lhes dá tal comportamento como um signo de inafetividade num certo contexto, alhures será o contrário. Que se recomece sua obra após ter-lhe acusado a perda, pode ser compreendido em sentidos completamente opostos. Faz-se apelo de modo perpétuo a noções consideradas como estabelecidas, quando de modo algum elas o são.

É aí aonde quero chegar — a dificuldade de abordar o problema da paranoia resulta precisamente de que ela se situa no plano da compreensão.

O fenômeno elementar, irredutível, está aqui no nível da interpretação.

2

Vou retomar o exemplo da última vez.

Temos então um sujeito para quem o mundo começou a ganhar uma significação. Que significa isso? Ele anda há algum tempo atormentado por fenômenos que consistem nisto: ele percebe que se passam coisas na rua, mas quais? Interrogando-o, vocês verão que há pontos que permanecem misteriosos para ele mesmo, e outros sobre os quais ele se exprime. Em outros termos, ele simboliza o que se passa em termos de significação. Frequentemente, ele não sabe, se vocês examinarem as coisas bem de perto, se as coisas são favoráveis ou desfavoráveis para ele, mas ele procura o que indica tal comportamento de seus semelhantes, tal traço observado no mundo, nesse mundo que nunca é pura e simplesmente inumano pois que é composto pelo homem. Ao falar com vocês do carro vermelho, eu procurava a esse respeito mostrar-lhes o alcance diferente que pode assumir a cor vermelha, conforme seja ela considerada em seu valor perceptivo, em seu valor imaginário e em seu valor simbólico. Nos comportamentos normais também, traços até então neutros, podem assumir um valor.

Que diz o sujeito afinal de contas, sobretudo num certo período de seu delírio? Que há significação. Qual, ele não o sabe, mas ela vem no primeiro plano, ela se impõe, e para ele ela é perfeitamente compreensível. E justamente porque ela se situa no plano da compreensão como fenômeno incompreensível, se assim posso dizer, é que a paranoia é para nós tão difícil de discernir, e que ela apresenta também um interesse maior.

Se se pôde falar nesse assunto de loucura de caráter razoável, de conservação da clareza, da ordem e do querer, é por causa desse sentimento de que, por mais longe que nos adentremos no fenômeno, estamos no domínio do compreensível. Ainda quando o que se compreende não pode nem mesmo ser articulado, denominado, inserido pelo sujeito em um contexto que o explicite, isso já se situa no plano da compreensão. Trata-se de coisas que em si mesmas já se fazem compreender. E em consequência, nós nos sentimos com efeito em condições de compreender. É a partir daí que nasce a ilusão — já que se trata da compreensão, nós compreendemos. Pois bem; de fato, não.

Alguém fez isso ser observado, mas se limitou a essa observação elementar. Trata-se de Charles Blondel, que, em seu livro sobre *A consciência mórbida*, notava que o próprio das psicopatologias é enganar a compreensão. É uma obra de valor, se bem que Blondel se tenha obstinadamente recusado mais tarde a compreender o que quer que seja do desenvolvimento das ideias. No entanto, é justamente aí que convém retomar o problema — é sempre compreensível.

Observa-se, na formação que damos aos alunos, que é sempre aí que convém detê-los. É sempre no momento em que eles compreenderam, em que se precipitaram para satisfazer o caso com uma compreensão, que eles falharam na interpretação que convinha ou não fazer. Isso se exprime em geral com toda a ingenuidade na fórmula — *O sujeito quis dizer isso*. O que vocês sabem a respeito? O que há de certo é que ele não o disse. E na maioria das vezes, ao ouvir o que ele disse, parece quando menos que uma questão teria podido ser posta, que talvez ela teria bastado por si só para constituir a interpretação válida, e ao menos para encetá-la.

Vou dar-lhes agora uma ideia do ponto em que converge este discurso. Que tal momento da percepção do sujeito, de sua dedução delirante, de sua explicação de si mesmo, de seu diálogo com vocês, seja mais ou menos compreensível, não é o que é importante. Acontece em certos desses pontos alguma coisa que pode parecer caracterizar-se pelo fato de que há com efeito um núcleo completamente compreensível, se vocês se prenderem a isso. Não tem estritamente interesse algum que ele o seja. O que é, ao contrário, absolutamente surpreendente é que isso é inacessível, inerte, estagnante em relação a qualquer dialética.

Tomemos a interpretação elementar. Ela comporta sem dúvida um elemento de significação, mas esse elemento é repetitivo, ele procede por reiterações. Pode acontecer que o sujeito o elabore, mas o que há de garantido é que ele permanecerá, durante um certo tempo ao menos, sempre se repetindo com o mesmo sinal de interrogação que ele comporta, sem que nunca lhe seja dada nenhuma resposta, nenhuma tentativa de integrá-lo em um diálogo. O fenômeno está fechado a toda composição dialética.

Tomemos a psicose dita passional, que parece tão mais próxima do que se chama a normal. Se se insiste a esse respeito na prevalência da reivindicação, é que o sujeito não pode engolir tal perda, tal dano, e que toda a sua vida parece centrada em torno da compensação do dano sofrido, e da reivindicação que ela acarreta. A processividade passa a tal ponto para o primeiro plano que ela parece às vezes dominar em muito o interesse da aposta que ela comporta. Aí está também uma suspensão na dialética, certamente centrada de maneira totalmente diferente que na do caso precedente.

Eu indiquei-lhes da última vez em torno de que gira o fenômeno de interpretação — ele se articula na relação do eu e do outro, na medida em que a teoria analítica define o eu como sempre relativo. Na psicose passional, é evidentemente muito mais perto do eu, do sujeito, que se situa o que se chama o núcleo compreensível, que é de fato um núcleo de inércia dialética. Em suma, precisamente por sempre ter radicalmente desconhecido, na fenomenologia da experiência patológica, a dimensão dialética, é que a clínica se perdeu. Esse desconhecimento, pode-se dizer que ele caracteriza uma classe de espírito. Parece que, a partir da entrada no campo da observação clínica humana, desde esse século e meio em que ela foi constituída como tal com os inícios da psiquiatria, que, a partir do momento em que nos ocupamos do homem, tenhamos desconhecido radicalmente esta dimensão que parece, no entanto, em qualquer outro lugar, viva, admitida, manejada correntemente no sentido das ciências humanas, a saber: a autonomia da dimensão dialética como tal.

Há quem chame atenção para a integridade das faculdades do sujeito paranoico. O querer, o agir, como dizia há pouco o Sr. Kraepelin, parecem-nos, para ele, homogêneos a tudo o que esperamos dos seres normais, não há em parte alguma déficit, falha, perturbação das funções. A coisa que se esquece é que o próprio do comportamento humano é a movência dialética das ações, dos desejos, e dos valores, que os faz não somente mudar a todo momento, mas de maneira contínua, e até mesmo passar a valores estritamente opostos em função de um rodeio do diálogo. Essa verdade absolutamente primeira está presente nas fábulas mais populares, que mostram o que era num momento perda e desvantagem tornar-se no instante seguinte a própria felicidade concedida pelos deuses. A possibilidade de recolocar em questão a cada instante o desejo, a afeição, e mesmo a significação mais perseverante de uma atividade humana, a perpétua possibilidade de uma inversão de sinal em função da totalidade dialética da posição do indivíduo, é experiência tão comum que se fica estupefato de ver essa dimensão esquecida, desde que se tem de lidar com um semelhante, que se quer objetivar.

Esquecida, ela nunca o foi contudo completamente. Nós encontramos o seu traço cada vez que o observador se deixa guiar pelo sentimento daquilo de que se trata. O termo interpretação se presta, no contexto dessa loucura razoável em que ele se insere, a todas as espécies de ambiguidades. Fala-se de paranoia combinatória — como esse termo poderia ter sido fecundo se tivessem percebido o que estavam dizendo, uma vez que é efetivamente na combinação dos fenômenos que reside o segredo.

A questão que aqui foi suficientemente promovida por adquirir todo o seu valor, a do *Quem fala?*, deve dominar toda a questão da paranoia.

Eu a indiquei para vocês já na última vez ao lembrar-lhes o caráter central da alucinação verbal na paranoia. Vocês sabem o tempo que se levou para perceber o que é no entanto algumas vezes inteiramente visível, ou seja, que o sujeito articula o que ele diz ouvir. Foi preciso o Sr. Séglas e seu livro as *Lições clínicas*. Por uma espécie de lance notável no início de sua carreira, ele notou que as alucinações verbais se produziam em pessoas em quem se podia perceber, com sinais muito evidentes em certos casos, e em outras observando-as um pouco mais atentamente, que elas próprias estavam articulando, sabendo ou não, ou não querendo sabê-lo, as palavras que eles acusavam as suas vozes de as terem pronunciado. Isso constituiu uma pequena revolução, a de perceber que a alucinação auditiva não tinha sua origem no exterior.

Então, pensou-se, é que ela a tem no interior, e o que há de mais tentador do que crer que isso correspondia à cosquinha de uma zona dita ela própria sensória? Resta saber se isso é aplicável ao domínio da linguagem. Haveria, a rigor, alucinações psíquicas verbais? Não se trataria sempre, mais ou menos, de alucinações psicomotoras? O fenômeno da palavra, em suas formas patológicas como em sua forma normal, pode ser dissociado do fato, que no entanto é sensível, de que quando o sujeito fala ele ouve a si mesmo? Uma das dimensões essenciais do fenômeno da fala é a de que o outro não seja o único a ouvir vocês. É impossível esquematizar o fenômeno da fala pela imagem que serve a um certo número de teorias ditas da comunicação — o emissor, o receptor, e alguma coisa que se passa no intervalo. Parecem esquecer que na fala humana, entre muitas outras coisas, o emissor é sempre ao mesmo tempo um receptor, que ouvimos o som de nossas próprias palavras. Podemos não dar atenção a isso, mas o certo é que ouvimos.

Uma observação tão simples domina toda a questão da alucinação psicomotora dita verbal, e é talvez por causa mesmo de sua demasiada evidência que ela passou para o segundo plano na análise desses fenômenos. Naturalmente, a pequena revolução séglassiana está longe de nos ter trazido a palavra do enigma, Séglas ficou na exploração fenomênica da alucinação, e ele teve de voltar atrás quanto ao que sua primeira teoria tinha de demasiado absoluto. Ele restituiu o lugar a certas alucinações que não são teorizáveis nesse registro, e trouxe esclarecimentos clínicos luminosos e uma finura na descrição que não podem ser desconhecidos — eu aconselho vocês a tomarem conhecimento desses estudos.

Se muitos desses episódios da história da psiquiatria são instrutivos, é talvez mais pelos erros que põem em evidência do que pelas contribuições positivas que deles resultariam. Mas não é possível dedicar-se só a uma experiência negativa do campo em questão, e construir apenas em cima de erros. Esse domínio dos erros é, aliás, tão abundante que é quase inesgotável. Será preciso justamente pegarmos algum atalho para tentar ir ao cerne daquilo de que se trata.

Vamos fazer isso seguindo os conselhos de Freud, e, com ele, entrar na análise do caso Schreber.

3

Após uma curta doença, entre 1884 e 1885, doença mental que consistiu em um delírio hipocondríaco, Schreber, então no exercício de um cargo bastante importante na magistratura alemã, sai da casa de saúde do professor Flechsig, curado, parece que de maneira completa, sem sequela aparente.

Ele leva durante cerca de oito anos uma vida que parece normal, e ele próprio afirma que sua felicidade doméstica só é ensombrecida pelo desgosto de não ter um filho. Ao cabo desses oito anos, ele é nomeado presidente do Tribunal de Apelação na cidade de Leipzig. Tendo recebido antes do período de férias o aviso daquela promoção importantíssima, ele assume suas funções em outubro. Ele é, parece, como acontece com bastante frequência em muitas crises mentais, um pouco ultrapassado por suas funções. Ele é jovem, cinquenta e um anos, para presidir um tribunal de apelação daquela importância, e essa promoção o desnorteou um pouco. Ele se encontra no meio de pessoas muito mais experientes, mais calejadas no manejo de processos delicados, e durante um mês ele se estafa, como ele próprio se exprime, e recomeça a ter problemas — insônias, fuga das ideias, aparição no seu pensamento de temas cada vez mais perturbadores que o levam a ter de novo uma consulta.

Mais uma vez o internamento. Em primeiro lugar na casa de saúde, com o professor Flechsig, depois, após uma curta estada na casa do Dr. Pierson em Dresden, na clínica de Sonnenstein, onde ele permanecerá até 1901. É ali que seu delírio vai passar por toda uma série de fases das quais ele nos dá um relato extremamente seguro, parece, e extraordinariamente composto, escrito nos últimos meses de seu internamento. O livro será publicado logo depois de sua saída. Ele não dissimulou portanto a ninguém, no momento em que reivindicava o direito de sair, que participaria sua experiência à humanidade inteira, com o desígnio de transmitir a todos as revelações capitais que ela comporta.

É desse livro publicado em 1903 que Freud se encarrega em 1909. Ele fala dele nas férias com Ferenczi, e é em dezembro de 1910 que ele redige uma *Memória sobre a autobiografia de um caso de paranoia delirante.*

Vamos abrir sem cerimônia alguma o livro de Schreber, as *Memórias de um nevropata.* A carta que precede o corpo da obra e que é endereçada ao *Conselheiro Privado, o Professor Flechsig,* mostra bem o *medium* através do qual pode se estabelecer a crítica de um sujeito delirante dos termos aos quais ele mais está ligado. Isso, ao menos para aqueles que entre vocês não têm a prática desses casos, tem um valor que merece ser revelado. Vocês constatarão que o Dr. Flechsig ocupa um lugar central na construção do delírio.

Leitura da carta, p.11-14.

Apreciem o tom de cortesia, a clareza e a ordem. O primeiro capítulo é preenchido por toda uma teoria concernente, aparentemente pelo menos, a Deus e à imortalidade. Os termos que estão no centro do delírio de Schreber consistem na admissão da função primeira dos nervos.

Leitura do primeiro parágrafo, p.23-24.

Está tudo aí. Esses raios, que excedem os limites da individualidade humana tal qual ela se reconhece, que são sem limites, formam a rede explicativa, mas igualmente experimentada, sobre a qual nosso paciente tece como uma tela o conjunto de seu delírio.

O essencial depende da relação entre os nervos, e principalmente entre os nervos do sujeito e os nervos divinos, a qual comporta toda uma série de peripécias entre as quais a *Nervenanhang,* a adjunção de nervos, forma de atração suscetível de colocar o sujeito em um estado de dependência relativamente a algumas personagens sobre cujas intenções o próprio sujeito toma partido de diversas maneiras durante o seu delírio. Elas estão longe de ser benevolentes no início, basta pensar nos efeitos catastróficos por que ele passa, mas se acham no curso do delírio transformadas, integradas numa verdadeira progressividade, como se vê ter domínio, no início do delírio, a personalidade do Dr. Flechsig, e no final, a estrutura de Deus. Há verificação, e mesmo progresso característico dos raios divinos, que são o fundamento das almas. Isso não se confunde com a identidade das ditas almas — Schreber sublinha bem que a imortalidade dessas almas não deve ser reduzida ao plano da pessoa. A conservação da identidade do eu não lhe parece que deva ser justificada. Tudo isso é dito com um ar de verossimilhança que não torna a teoria inaceitável.

Em compensação, toda uma imagística metabólica, é, com extrema precisão, desenvolvida a respeito dos nervos, segundo a qual as impressões que eles registram tornam-se depois matéria-prima que, reincorporada aos raios, alimenta a ação divina, e pode sempre ser retomada, reempregada, utilizada em criações ulteriores.

O pormenor dessas funções importa enormemente, e nós voltaremos a isso. Mas é evidente desde já que falar é da natureza dos raios divinos — eles são solicitados a isso, eles devem falar. A alma dos nervos se confunde com uma certa *língua fundamental*, da qual mostrarei a vocês, pela leitura de passagens apropriadas, com que finura ela é definida por esse sujeito. Ela é aparentada a um alemão cheio de sabor, e com um uso extremamente desenvolvido dos eufemismos, chegando até a utilizar o poder ambivalente das palavras — eu destilarei mais eficazmente para vocês a leitura delas na próxima vez.

É muito curioso reconhecer aí um parentesco impressionante com o famoso artigo de Freud sobre o sentido duplo das palavras primitivas. Vocês se lembram que Freud acredita ter encontrado uma analogia entre a linguagem do inconsciente, que não admite contradições, e essas palavras primitivas que se caracterizariam por designar os dois polos de uma propriedade ou de uma qualidade, bom e mau, jovem e velho, longo e curto etc. Uma conferência do Sr. Benveniste no ano passado apresentou-lhes uma crítica eficaz disso do ponto de vista do linguista, mas não é menos verdade que a observação de Freud adquire todo o seu alcance da experiência dos nevrosados, e se houvesse alguma coisa para garantir o seu valor, isso seria justamente o destaque que lhe dá de passagem o citado Schreber.

O delírio, cuja riqueza vocês verão, apresenta analogias surpreendentes, não apenas por seu conteúdo, pelo simbolismo da imagem, mas também em sua construção, sua própria estrutura, com certos esquemas que podemos nós mesmos ser convocados a extrair de nossa experiência. Vocês podem entrever nessa teoria dos nervos divinos que falam e que podem ser integrados pelo sujeito, embora sendo radicalmente separados, alguma coisa que não é completamente diferente do que eu ensino a vocês do modo como é preciso descrever o funcionamento dos inconscientes. O caso Schreber objetiva certas estruturas supostas corretas em teoria — com a possibilidade de inversão que resulta, questão que se coloca aliás com respeito a toda espécie de construção emocional nesses domínios escabrosos em que nós nos deslocamos habitualmente. A observação disso foi feita pelo próprio Freud, que autentifica de algum modo a homogeneidade que afirmo. Ele anota, no fim de sua análise do caso Schreber, que nunca viu nada que se parecesse tanto com sua teoria da libido, com seus desinvestimentos, reações de separação, influências à distância, quanto a teoria dos raios divinos de Schreber, e nem por isso fica mais impressionado, uma vez que todo o seu desenvolvimento tende a mostrar no delírio de Schreber uma surpreendente aproximação das estruturas da troca interindividual com o da economia intrapsíquica.

Nós lidamos, vocês estão vendo, com um caso de loucura bem avançado. Essa introdução delirante lhes dá uma ideia do caráter proteico e acabado da elucubração schreberiana. Mas, entretanto, graças a esse caso exemplar, e à intervenção de um espírito tão penetrante quanto o de Freud, nós nos vemos na posição de discernir pela primeira vez as noções estruturais cuja extrapolação é possível em todos os casos. Novidade fulgurante, e ao mesmo tempo iluminativa, que permite refazer uma classificação da paranoia em bases completamente inéditas. Encontramos também no próprio texto do delírio uma verdade que lá não está escondida, como acontece nas neuroses, mas realmente explicitada, e quase teorizada. O delírio a fornece, não se pode mesmo dizer a partir de quando se tem a chave dele, mas desde o momento em que o tomemos por aquilo que ele é, um duplo, perfeitamente legível, do que aborda a investigação teórica.

Aí é que reside o caráter exemplar do campo das psicoses, para o qual propus a vocês conservar a maior extensão e a maior flexibilidade, e é o que justifica que este ano nós lhe concedamos uma atenção especial.

23 de novembro de 1955

III

O Outro e a psicose

Homossexualidade e paranoia.
A palavra e o ritornelo.
Automatismo e endoscopia.
O conhecimento paranoico.
Gramática do inconsciente.

A vida do psicanalista — como me foi lembrado várias vezes no mesmo dia por meus analisados —, a vida do psicanalista não é cor-de-rosa.

A comparação que se pode fazer do analista com uma lixeira se justifica. É preciso, com efeito, que ele engula, durante dias inteiros, coisas ditas de valor seguramente duvidoso, e bem mais ainda do que para ele mesmo, para o sujeito que a ele as comunica. Aí está um sentimento que o psicanalista, se verdadeiramente ele o é, está não somente habituado desde há muito a superar, mas, para dizer a verdade, que ele pura e simplesmente aboliu dentro dele, no exercício de sua prática.

Devo dizer, em compensação, que esse sentimento renasce com toda a sua força quando se é levado a ter de percorrer a totalidade dos trabalhos que constituem o que se chama a literatura analítica. Não há exercício mais desconcertante para a atenção científica, por pouco que se deva tomar conhecimento, em um curto espaço de tempo, dos pontos de vista desenvolvidos pelos autores sobre os mesmos assuntos. E ninguém parece perceber as contradições tão flagrantes quanto permanentes que são acionadas a cada vez que os conceitos fundamentais intervêm.

1

Vocês sabem que a psicanálise explica o caso do presidente Schreber, e a paranoia em geral, por um esquema segundo o qual a pulsão inconsciente do sujeito é tão somente uma tendência homossexual.

Chamar atenção para o conjunto dos fatos que se agrupam em torno de uma tal noção foi seguramente uma novidade capital, que mudou profundamente a perspectiva sobre a patogenia da paranoia. Mas quanto a saber o que é que é essa homossexualidade, em que ponto da economia do sujeito ela intervém, como ela determina a psicose — creio poder testemunhar que só há de esboçado, neste sentido, encaminhamentos os mais imprecisos, e mesmo os mais opostos.

Falam de defesa contra a irrupção suposta — e por que essa irrupção em tal momento? — da tendência homossexual. Mas isso está longe de conter em si a sua prova, se dermos ao termo defesa um sentido um pouco preciso — o que se evita justamente fazer para continuar cogitando nas trevas. É claro, porém, que há aí uma ambiguidade constante, e que essa defesa mantém uma ligação com a causa que a provoca, que está longe de ser unívoca. Ou se considera que ela ajuda à manutenção de um certo equilíbrio, ou é ela que provoca a doença.

Garantem-nos também que as determinações iniciais da psicose de Schreber devem ser procuradas nos momentos de desencadeamento das diferentes fases de sua doença. Vocês sabem que ele teve por volta do ano 1886 uma primeira crise, e tenta-se, graças às suas *Memórias*, mostrar-nos as suas coordenadas — ele tinha então, dizem, apresentado a sua candidatura ao Reichstag. Entre aquela crise e a segunda, ou seja, durante oito anos, o magistrado Schreber está normal, só que as suas esperanças de paternidade não foram satisfeitas. Ao cabo desse período, ele se vê aceder, de uma maneira que é até um certo ponto prematura, e pelo menos numa idade que não o fazia prever tal acesso, a uma função muito elevada, a de presidente do Tribunal de Apelação de Leipzig. Essa função, que tem o caráter de uma eminência, confere a ele, dizem, uma autoridade que o alça a uma responsabilidade, não inteiramente total, mas pelo menos mais plena e mais pesada que todas as que teria podido esperar, o que nos dá o sentimento de que há uma relação entre essa promoção e o desencadear da crise.

Em outros termos, no primeiro caso, põe-se em função o fato de que Schreber não pôde satisfazer sua ambição, no outro, que ela foi realizada pelo exterior, de uma forma que se ratifica quase como imerecida. O mesmo valor desencadeador é reconhecido nesses dois acontecimentos. Anotam que o presidente Schreber não tenha tido filho para consignar um papel fundamental à noção da paternidade. Mas se admite, ao mesmo tempo, que é porque ele acede finalmente a uma posição paterna que, ao mesmo passo, o temor à castração revive nele, com uma apetência homossexual correlativa. Eis o que estaria diretamente em causa no desencadeamento da crise, e acarretaria todas as distorções, as deformações patológicas, as miragens, que progressivamente vão evoluir como delírio.

Com toda a certeza, que as personagens masculinas do meio médico estejam logo de saída presentes, que sejam nomeadas uma após outra e venham sucessivamente para o centro da perseguição bem paranoide que é a do presidente Schreber, isso mostra bastante a importância delas. É, resumindo, uma transferência — que não deve, sem dúvida, ser tomada inteiramente no sentido em que a entendemos comumente, mas é alguma coisa dessa ordem, ligada de maneira singular àqueles que tiveram de cuidar dele. Sem dúvida a escolha das personagens é com isso suficientemente explicada, mas antes de se ficar satisfeito com essa coordenação de conjunto, conviria perceber que, ao motivá-las, negligencia-se completamente a prova pelo contrário. Negligencia-se perceber que se dá ao temor da luta e ao sucesso prematuro o valor de um sinal de mesmo sentido, positivo nos dois casos. Se o presidente Schreber, entre as suas duas crises, tivesse se tornado pai, insistir-se-ia nesse fato, e dar-se-ia todo o seu valor ao fato de que ele não teria suportado essa função paterna. Em suma, a noção de conflito é sempre empregada de maneira ambígua — coloca-se no mesmo plano o que é fonte de conflito e, o que é muito menos fácil de ser visto, a ausência de conflito. O conflito deixa, se é possível dizer, um lugar vazio, e é no lugar vazio do conflito que aparece uma reação, uma construção, uma encenação da subjetividade.

Essa indicação é destinada apenas a mostrar-lhes em ação a mesma ambiguidade que aquela sobre a qual versou nossa última lição, a ambiguidade da própria significação do delírio, e que concerne aqui ao que se chama habitualmente o conteúdo, e que prefiro chamar o dizer psicótico.

Vocês creem lidar com alguém que se comunica com vocês porque ele fala a mesma linguagem. E aí, sobretudo se vocês são psicanalistas, vocês têm o sentimento, a tal ponto o que ele diz é compreensível, de que ali está alguém que penetrou, da maneira mais profunda do que é dado ao comum dos mortais, no próprio mecanismo do sistema do inconsciente. Em alguma parte no seu segundo capítulo, Schreber exprime isso de passagem — *Deram-me luzes que raramente são dadas a um mortal.*

Meu discurso de hoje vai ter como objeto esta ambiguidade que faz com que seja o próprio sistema do delirante que nos dê os elementos a sua própria compreensão.

2

Aqueles que vêm assistir à minha apresentação de casos sabem que apresentei na última vez uma psicótica bem evidente, e se lembrarão do tempo que levei para tirar dela o signo, o estigma, que provasse que se tratava realmente de uma delirante, e não simplesmente de uma pessoa de caráter difícil que está em conflito com o seu meio.

A anamnese ultrapassou largamente a hora média antes que ficasse evidente que, no limite dessa linguagem de que não havia meio de fazê-la sair, havia uma outra. É a linguagem, de sabor particular e frequentemente extraordinário, do delirante. É uma linguagem onde certas palavras ganham um destaque especial, uma densidade que se manifesta algumas vezes na própria forma do significante, dando-lhe esse caráter indiscutivelmente neológico tão surpreendente nas produções da paranoia. Na boca de nossa doente daquele dia, surgiu então finalmente a palavra *galopiner*,[3] que nos deu a assinatura de tudo o que nos tinha sido dito até ali.

Era de coisa bem diferente que de uma frustração de sua dignidade, de sua independência, de seus pequenos afazeres, que a doente era vítima. O termo frustração faz parte desde algum tempo do vocabulário das pessoas de bem — quem não fala o dia inteiro das frustrações que sofreu, ou sofrerá, ou que os outros ao seu redor sofreram? Ela estava evidentemente em um outro mundo, num mundo cujos pontos de referência essenciais são constituídos por este termo *galopiner*, e sem dúvida muitos outros que ela nos escondeu.

É nisso que vou reter vocês um instante, para fazer-lhes sentir como são necessárias aqui as categorias da teoria linguística, para com as quais tentei no ano passado torná-los menos rígidos. Vocês se lembram que, em linguística, há o significante e o significado, e que o significante deve ser tomado no sentido do material da linguagem. A armadilha, o buraco no qual não se deve cair, é a de crer que o significado são os objetos, as coisas. O significado é coisa totalmente diversa — é a significação, sobre a qual eu expliquei para vocês, graças a santo Agostinho, que é linguista tanto quanto o Sr. Benveniste, que ela sempre remete à significação, isto é, a uma outra significação. O sistema da linguagem, em qualquer ponto em que vocês o apreendam, nunca se reduz a um indicador diretamente dirigido a um ponto da realidade, é toda a realidade que está abrangida pelo conjunto da rede da linguagem. Vocês nunca podem dizer que é isso que é designado, pois, mesmo quando conseguirem, vocês nunca saberão o que eu designo nesta mesa, por exemplo, a cor, a espessura, a mesa enquanto objeto, ou qualquer outra coisa que seja.

Detenhamo-nos diante deste pequeno fenômeno bem simples que é aquele *galopiner* vindo da boca da doente no outro dia. O próprio Schreber sublinha sem cessar a originalidade de certos termos de seu discurso. Quando ele nos fala, por exemplo, de *Nervenanhang*, de adjunção de nervos, ele precisa bem que essa palavra foi dita a ele pelas almas examinadas ou pelos raios divinos. São palavras-chaves, e ele próprio nota que nunca teria achado a sua fórmula, palavras originais, palavras plenas, bem diferentes das palavras que emprega para comunicar a sua experiência. Ele próprio não se engana nesse particular, existem aí planos diferentes.

No nível do significante, em seu caráter material, o delírio se distingue precisamente por esta forma especial de discordância com a linguagem comum que se chama um neologismo. No nível da significação, ele se distingue por isto: ele só pode se mostrar se vocês partem da ideia de que significação remete sempre a uma outra significação sabendo-se que, justamente, a significação dessas palavras não se esgota no remeter a uma significação.

Isso se vê no texto de Schreber como na presença de um doente. A significação dessas palavras que fazem vocês se deterem tem como prioridade remeter essencialmente para *a* significação, como tal. É uma significação que basicamente só remete a ela própria, que permanece irredutível. O próprio doente sublinha que a palavra tem peso em si mesma. Antes de ser redutível a uma outra significação, ela significa em si mesma alguma coisa de inefável, é uma significação que remete antes de mais nada à significação enquanto tal.

Vemos isso nos dois polos de todas as manifestações concretas cuja sede são esses doentes. A qualquer grau que seja levada a endofasia que cobre o conjunto dos fenômenos aos quais eles estão sujeitos, há dois polos em que esse caráter é levado ao ponto mais eminente, como o texto de Schreber bem o sublinha, dois tipos de fenômenos onde se projeta o neologismo — a intuição e a fórmula.

A intuição delirante é um fenômeno pleno que tem para o sujeito um caráter submergente, inundante. Ela lhe revela uma perspectiva nova cujo cunho original e cujo sabor particular ele sublinha, como Schreber quando fala da língua fundamental na qual ele foi introduzido por sua experiência. Ali, a palavra — com sua ênfase plena, como dizem *a palavra do enigma* — é a alma da situação.

Em oposição, há a forma que a significação toma quando não remete mais a nada. É a fórmula que se repete, que se reitera, que se repisa com uma insistência estereotipada. É o que poderemos chamar, em oposição à palavra, o ritornelo.

Essas duas formas, a mais plena e a mais vazia, param a significação, é uma espécie de chumbo na malha, na rede do discurso do sujeito. Característica estrutural a que, já na abordagem clínica, reconhecemos a assinatura do delírio.

É justamente em que essa linguagem pela qual podemos nos deixar surpreender no primeiro contato com o sujeito, algumas vezes mesmo o mais delirante, leva-nos a ultrapassar sua noção, e a admitir o termo discurso. Pois, seguramente, esses doentes falam a mesma linguagem que nós. Se não houvesse esse elemento, não saberíamos absolutamente nada deles. É, portanto, a economia do discurso, a relação da significação com a significação, a relação de seu discurso com o ordenamento comum do discurso, que nos permite distinguir que se trata do delírio.

Tentei, outrora, esboçar a análise do discurso psicótico em um artigo publicado nos *Annales Médico-psychologiques* por volta dos anos 1930. Tratava-se, então, de um caso de esquizofasia, onde efetivamente se pode destacar em todos os níveis do discurso, semantema como taxema, a estrutura do que se chama, talvez não sem razão, mas sem dúvida não sabendo exatamente o alcance desse termo, de a desintegração esquizofrênica.

Falei-lhes de linguagem. A esse respeito vocês devem tocar de passagem na insuficiência, na tendência nociva, que trai a fórmula desses analistas que dizem: *é preciso falar com o paciente a linguagem dele*. Sem dúvida os que sustentam tais palavras devem ser perdoados como todos aqueles que não sabem o que dizem. Evocar de maneira tão sumária aquilo de que se trata é o sinal de um retorno precipitado, de um arrependimento. Liberam-se, rapidamente ficam em dia, só que revelam apenas a própria condescendência, e a que distância se mantém o objeto de que se trata, a saber: o paciente. Já que aliás ele está ali, pois bem, falemos sua linguagem, a dos simples e dos idiotas. Marcar essa distância, fazer da linguagem um puro e simples instrumento, uma forma de fazer-se compreender por aqueles que não compreendem nada, é eludir completamente o de que se trata — a realidade da fala.

Eu largo um instante os analistas. Em torno de quem gira a discussão psiquiátrica do delírio, quer ela se queira fenomenologia, psicogênese ou organogênese? Que significam as análises extraordinariamente penetrantes de um Clérambault, por exemplo? Alguns pensam que se trata de saber se o delírio é um fenômeno orgânico ou não. Isso seria, ao que parece, sensível na própria fenomenologia. Pois que seja assim, mas olhemos as coisas mais de perto.

Será que o doente fala? Se não distinguimos a linguagem e a fala, é verdade, ele fala, mas fala como uma boneca aperfeiçoada que abre e fecha os olhos, absorve líquido etc. Quando um Clérambault analisa os fenômenos elementares, procura a assinatura deles na sua estrutura, mecânica, serpiginosa, e Deus sabe com que neologismos! Mas, mesmo naquela análise, a personalidade, jamais definida, é sempre suposta, pois que tudo repousa no caráter ideogênico de uma compreensibilidade primeira, na ligação das afeições e de sua expressão em linguagem. Supõem que isso seja evidente, é daí que partem para a demonstração. Dizem-nos: o caráter automático do que se produz é demonstrável pela própria fenomenologia, e isso prova que o distúrbio não é psicogenético. Mas é em função de uma referência ela mesma psicogenética, que o fenômeno é definido como automático. Supõem que há um sujeito que compreende por si, e que se olha. Se assim não é, como os outros fenômenos seriam apreendidos como estranhos?

Observem que não se trata aí do problema clássico que deteve toda a filosofia desde Leibniz, isto é, ao menos desde o momento em que se insistiu na consciência como fundamento da certeza — o pensamento, para ser o pensamento, deve obrigatoriamente pensar-se pensante? Será que todo pensamento deve obrigatoriamente perceber que ele está pensando no que ele pensa? Isso está tão longe de ser simples que abre imediatamente um jogo de espelhos sem fim — se é da natureza do pensamento que ele se pense pensante, haverá um terceiro pensamento que se pensará pensamento pensante, e assim por diante. Esse pequeno problema, que jamais foi resolvido, basta por si só para demonstrar a insuficiência do fundamento do sujeito no fenômeno do pensamento como transparente a si mesmo. Mas não é de modo algum isso que está em causa aqui.

A partir do momento em que admitimos que, do fenômeno parasitário, o sujeito tem conhecimento como tal, isto é, como subjetivamente imotivado, como inscrito na estrutura do aparelho, na perturbação das vias supostas neurológicas de facilitação, não podemos escapar à noção de que o sujeito tem uma endoscopia do que se passa realmente em seus aparelhos. É uma necessidade que se impõe a toda teoria que faz de fenômenos intraorgânicos o centro do que se passa no sujeito. Freud aborda essas coisas mais sutilmente que os outros autores, mas é também forçado a admitir que o sujeito está em algum lugar, em um ponto privilegiado onde lhe é permitido ter uma endoscopia do que se passa nele próprio.

A noção não surpreende ninguém quando se trata das endoscopias mais ou menos delirantes que o sujeito tem do que se passa no interior de seu estômago ou de seus pulmões, mas ela é mais delicada a partir de quando se trata de fenômenos intracerebrais. Os autores são forçados a admitir, quase sempre sem se darem conta disso, que o sujeito tem alguma endoscopia do que se passa no interior do sistema das fibras nervosas.

Seja um sujeito que é o objeto de um eco do pensamento. Admitamos com Clérambault que isso se constitui por uma derivação produzida por uma alteração cronáxica — uma das duas mensagens intracerebrais, um dos dois telegramas, se assim se pode dizer, é freado, e chega atrasado no outro, portanto em eco com ele. Para que esse atraso seja registrado, é preciso justamente que haja um ponto privilegiado de onde essa referenciação possa ser feita, de onde o sujeito note a discordância eventual entre um sistema e outro. Seja qual for a maneira como se construa a teoria organogenética ou automatizante, não se escapa à consequência de que há esse ponto privilegiado. Em suma, mais do que nunca se é psicogenetista.

O que é esse ponto privilegiado, se não é a alma? — Só que se é mais idólatra ainda do que aqueles que lhe dão a realidade mais grosseira situando-a numa fibra ou num sistema, naquilo que o próprio presidente Schreber designava como a fibra única apegada à personalidade. É o que se chama habitualmente a função de síntese, o próprio de uma síntese sendo o de ter em alguma parte seu ponto de convergência — mesmo ideal, esse ponto existe.

Portanto, quer nos façamos organogeneticistas ou psicogeneticistas, seremos forçados a supor em alguma parte uma entidade unificante. Ela bastaria para explicar o nível dos fenômenos da psicose? É gritante a esterilidade desses tipos de hipóteses. Se a psicanálise revelou alguma coisa de significativo, de esclarecedor, de luminoso, de fecundo, de abundante, de dinâmico, foi pondo em desordem as minúsculas construções psiquiátricas continuadas sem descanso durante décadas com a ajuda dessas noções puramente funcionais de que o eu, que era a sua camuflagem, constituída forçosamente o pivô essencial.

Mas o que a psicanálise trouxe de novo, como abordá-lo sem recair no ramerrão por uma via diferente, multiplicando os eus, eles próprios diversamente camuflados? O único modo de abordar conforme à descoberta freudiana é o de pôr a questão no próprio registro em que o fenômeno nos aparece, isto é, no da fala. É o registro da fala que cria toda a riqueza da fenomenologia da psicose, é aí que vemos todos os seus aspectos, as suas decomposições, as suas refrações. A alucinação verbal, que é aí fundamental, é justamente um dos fenômenos mais problemáticos da fala.

Não haverá meio de se deter no fenômeno da fala enquanto tal? Ao considerá-la simplesmente, não vemos transparecer uma estrutura primeira, essencial e evidente, que nos permite fazer distinções que não são míticas, isto é, que não supõem que o sujeito esteja em alguma parte?

3

O que é a fala? Será que o sujeito fala, sim ou não? *A fala* — detenhamo-nos um instante neste fato.

O que distingue uma fala de uma gravação de linguagem? Falar é antes de mais nada falar a outros. Muitas vezes levei ao primeiro plano de meu ensino essa característica que parece simples à primeira vista — falar a outros.

A noção veio, desde algum tempo, para o primeiro plano das preocupações da ciência, do que seria uma mensagem. Para nós, a estrutura da fala, eu lhes disse a cada vez que tivemos aqui de empregar esse termo no seu sentido próprio, é que o sujeito recebe sua mensagem do outro sob uma forma invertida. A palavra plena, essencial, a fala empenhada, está fundada nessa estrutura. Temos duas formas exemplares delas.

A primeira é *fides*, a palavra que se dá, o *Você*[4] *é a minha mulher*, ou o *Você é o meu mestre*, o que quer dizer — *Você é o que está ainda na minha fala, e isso, eu só posso afirmá-lo tomando a palavra em seu lugar. Isso vem de você para encontrar aí a certeza do que eu empenho. Esta palavra é uma fala que o empenha, a você.* A unidade da palavra falada, enquanto fundadora da posição dos dois sujeitos, aí está manifestada.

Se isso não lhes parece evidente, a contraprova, como de costume, o é bem mais.

O signo pelo qual se reconhece a relação do sujeito a sujeito, e que a distingue da relação de sujeito a objeto, é o fingimento, avesso de *fides.* Vocês estão em presença de um sujeito na medida em que o que ele diz e faz — é a mesma coisa — pode ser suposto ter sido dito ou feito para fingir diante de vocês, com toda a dialética que isso comporta, até mesmo que ele diga a verdade para que vocês creiam no contrário. Vocês conhecem a história judia, destacada por Freud, da personagem que diz: *Eu vou a Cracóvia.* E o outro responde: *Por que você me diz que vai a Cracóvia? Você me diz isso para me fazer crer que você vai alhures.* O que o sujeito me diz está sempre numa relação fundamental a um fingimento possível, aonde ele me remete e onde eu recebo a mensagem sob uma forma invertida.

Eis a estrutura sob as suas duas faces, as falas fundadoras e as falas mentirosas, enganadoras enquanto tais.

Nós generalizamos a noção de comunicação. Isso só é cabível se, no ponto em que estamos, não se vai refazer toda a teoria do que se passa nos seres vivos em função da comunicação. Leiam um pouquinho o Sr. Norbert Wiener, isto leva excessivamente longe. Entre seus numerosos paradoxos, ele introduz o mito curioso da transmissão telegráfica de um homem de Paris a Nova York pelo envio de informações exaustivas sobre tudo o que constitui sua pessoa. Visto que não há limites à transmissão das informações, a ressíntese ponto por ponto, a recriação automática de toda a sua identidade real em um ponto afastado, é pensável. Coisas como esta são uma curiosa poeira aos olhos com que cada um fica maravilhado, uma miragem subjetiva que se desmorona desde que se disponha a observar que o milagre não seria maior ao telegrafar a dois centímetros. E não fazemos outra coisa quando nos deslocamos à mesma distância. Essa prodigiosa confusão mostra bastante que a noção de comunicação deve ser manejada com prudência.

Ao que me concerne, no interior da noção de comunicação enquanto generalizada, especifico o que é a palavra enquanto falar ao outro. É fazer falar o outro como tal.

Esse outro, nós o escreveremos, se vocês o admitirem, com um A maiúsculo.

E por que com um A maiúsculo? Por uma razão sem dúvida delirante, como a cada vez que se é forçado a empregar signos suplementares àquilo que é fornecido pela linguagem. Essa razão delirante é a seguinte. *Você é minha mulher* — afinal, o que sabem vocês disso? *Você é meu mestre* — de fato, estão vocês tão certos disso? O que constitui precisamente o valor fundador dessas falas, é que o que é visado na mensagem, como também o que é manifesto no fingimento, é que o outro está aí enquanto Outro absoluto. Absoluto, isto é, que ele é reconhecido, mas que ele não é conhecido. Da mesma forma, o que constitui o fingimento é que vocês não sabem no fim de contas se é um fingimento ou não. É essencialmente essa incógnita na alteridade do Outro que caracteriza a ligação da palavra no nível em que ela é falada ao outro.

Vou mantê-los um certo tempo no nível dessa descrição estrutural, porque só a partir daí é que se pode colocar os problemas. É somente isso aí o que distingue a palavra? Talvez, mas com certeza ela tem outras características — ela não fala somente *ao* outro, ela fala *do* outro enquanto objeto. E é justamente disso que se trata quando um sujeito fala dele com vocês.

Tomem a paranoica do outro dia, aquela que empregava o termo *galopiner*. Quando ela lhes fala, vocês sabem que ela é um sujeito no que ela tenta engrupi-los. É o que vocês exprimem quando dizem que estão simplesmente lidando com o que chamam clinicamente um delírio parcial. É precisamente na medida em que pus naquele dia uma hora e meia para fazê-la sair com o seu *galopiner*, em que durante todo o tempo ela me deixou em dificuldades e se mostrou sã de espírito, que ela se manteve no limite do que pode ser percebido clinicamente como um delírio. O que vocês chamam, em nosso jargão, a parte sã da personalidade, se deve ao fato de que ela fala ao outro, que é capaz de zombar dele. É por essa razão que ela existe como sujeito.

Agora, há um outro nível. Ela fala de si mesma, e acontece que ela fale sobre esse assunto um pouquinho mais do que desejaria. É então que percebemos que ela delira. Ela fala do que é nosso objeto comum — o outro, com um *a* minúsculo. É sem dúvida ela que fala, mas há ali uma outra estrutura, que aliás não se dá em absoluto. Não é como se ela me falasse de qualquer coisa, ela me fala de alguma coisa que é para ela muito interessante, ardente, ela fala de alguma coisa em que continua assim mesmo envolvida, em suma, ela testemunha.

Tentemos penetrar um pouco na noção do testemunho. Será que o testemunho também é, pura e simplesmente, comunicação? Certamente que não. É claro, no entanto, que tudo aquilo a que damos um valor enquanto comunicação é da ordem do testemunho.

A comunicação desinteressada é, no limite, apenas um testemunho malogrado, ou seja, alguma coisa sobre a qual todo o mundo está de acordo. Cada um sabe que é o ideal da transmissão do conhecimento. Todo o pensamento da comunidade científica está fundado na possibilidade de uma comunicação cujo termo se decide numa experiência a respeito da qual todo o mundo pode estar de acordo. A própria instauração da experiência é função do testemunho.

Nós lidamos aqui com um outro tipo de alteridade. Não posso retomar tudo o que eu disse noutro tempo sobre o que chamei o conhecimento paranoico, mesmo porque terei de retomá-lo sem cessar no interior do discurso deste ano, mas vou lhes dar uma ideia.

O que designei assim em minha primeira comunicação ao grupo da *Évolution Psychiatrique*, que tinha naquele momento uma originalidade bastante notável, visa às afinidades paranoicas de qualquer conhecimento de objeto enquanto tal. Todo conhecimento humano se origina na dialética do ciúme, que é uma manifestação primordial da comunicação. Trata-se aí de uma noção genérica observável, behavioristicamente observável. O que se passa entre criancinhas comporta esse transitivismo fundamental que se exprime no fato de que uma criança que bateu numa outra pode dizer: o outro me bateu. Não que ela minta — ela *é* o outro, literalmente.

Aí está o fundamento sobre o qual se diferencia o mundo humano do mundo animal. O objeto humano se distingue por sua neutralidade e sua proliferação indefinida. Ele não é dependente da preparação de nenhuma coaptação instintual do sujeito, como há coaptação, aglutinação de uma valência química com outra. O que faz com que o mundo humano seja um mundo coberto de objetos se acha fundado nisto: o objeto de interesse humano é o objeto do desejo do outro.

Como isso será possível? É que o eu humano é o outro, e que no começo o sujeito está mais próximo da forma do outro do que do surgimento de sua própria tendência. Ele é originariamente coleção incoerente de desejos — aí está o verdadeiro sentido da expressão *corpo espedaçado* — e a primeira síntese do *ego* é essencialmente *alter ego*, ela é alienada. O sujeito humano desejante se constitui em torno de um centro que é o outro na medida em que ele lhe dá a sua unidade, e o primeiro acesso que ele tem do objeto, é o objeto enquanto objeto do desejo do outro.

Isso define, no interior da relação da fala, alguma coisa que provém de uma outra origem — é exatamente a distinção do imaginário e do real. Uma alteridade primitiva está inclusa no objeto, na medida em que ele é primitivamente objeto de rivalidade e de concorrência. Ele só interessa enquanto objeto do desejo do outro.

O conhecimento dito paranoico é um conhecimento instaurado na rivalidade do ciúme, no curso dessa identificação primeira que tentei definir a partir do estádio do espelho. Essa base rivalitária e concorrencial no fundamento do objeto é precisamente o que é superado na fala, na medida em que faz intervir o terceiro. A palavra é sempre pacto, acordo, há um entendimento, chega-se a um acordo — isto é para você, isto é para mim, isto é isto, isto é aquilo. Mas o caráter agressivo da concorrência primitiva deixa sua marca em qualquer espécie de discurso sobre o pequeno outro, sobre o Outro enquanto terceiro, sobre o objeto. O testemunho, não é por acaso que isso se chama em latim *testis*, e que se testemunha sempre em cima dos próprios colhões. Em tudo o que é da ordem do testemunho, há sempre empenho do sujeito, e luta virtual a que o organismo está sempre latente.

Essa dialética comporta sempre a possibilidade de que eu seja vigorosamente intimidado a anular o outro, por uma simples razão. O ponto de partida dessa dialética sendo minha alienação no outro, há um momento em que posso ser colocado em situação de ser eu mesmo anulado porque o outro não está de acordo. A dialética do inconsciente implica sempre, como uma de suas possibilidades, a luta, a impossibilidade da coexistência com o outro.

A dialética do senhor e do escravo reaparece aqui. *A fenomenologia do espírito* não esgota provavelmente tudo aquilo de que se trata, mas seguramente não se pode desconhecer seu valor psicológico e psicogênico. É numa rivalidade fundamental, numa luta com a morte primeira e essencial, que se produz a constituição do mundo humano como tal. Só que se assiste no fim à reaparição das apostas.

O senhor tomou do escravo seu gozo, ele se apoderou do objeto do desejo enquanto objeto do desejo do escravo, mas da mesma feita ele perdeu aí sua humanidade. Não era de modo algum o objeto do gozo que estava em causa, mas a rivalidade enquanto tal. Sua humanidade, a quem ele a deve? Unicamente ao reconhecimento do escravo. Porém, como ele não reconhece o escravo, esse reconhecimento não tem literalmente nenhum valor. Assim como é habitual na evolução concreta das coisas, aquele que triunfou e conquistou o gozo torna-se completamente idiota, incapaz de outra coisa que não seja gozar, enquanto aquele que foi dele privado guarda toda a sua humanidade. O escravo reconhece o senhor, e ele tem então a possibilidade de ser reconhecido por ele. Ele iniciará a luta através dos séculos para sê-lo efetivamente.

Essa distinção entre o Outro com um A maiúsculo, isto é, entre o Outro enquanto não é conhecido, e o outro com um *a* minúsculo, isto é, do outro que é o eu, fonte de todo conhecimento, é fundamental. É nesse afastamento, é no ângulo aberto dessas duas relações, que toda a dialética do delírio deve ser situada. A questão é a seguinte: primeiramente, será que o sujeito fala com vocês? — em segundo lugar, de que será que ele fala?

4

Eu não vou responder à primeira questão. Será uma verdadeira fala? — nós não podemos sabê-lo de saída. Em compensação, de que ele lhes fala? Dele sem dúvida, mas em primeiro lugar de um objeto que não é como os outros, de um objeto que está no prolongamento da dialética dual — ele fala com vocês de alguma coisa que lhe falou.

O próprio fundamento da estrutura paranoica é que o sujeito compreendeu alguma coisa que ele formula, a saber: que alguma coisa tomou forma de palavra falada, que lhe fala. Ninguém, é claro, duvida que seja um ser fantasmático, nem mesmo ele, pois ele está sempre em situação de admitir o caráter perfeitamente ambíguo da fonte das palavras que lhe são endereçadas. É a respeito da estrutura desse ser que fala ao sujeito, que o paranoico lhes traz o seu testemunho.

Vocês já devem ver a diferença de nível que há entre a alienação como forma geral do imaginário e a alienação na psicose. Não se trata simplesmente de identificação e do cenário vacilante do lado do outro com minúscula. Desde que o sujeito fala, há o Outro com A maiúsculo. Sem isso, não haveria problema da psicose. Os psicóticos seriam máquinas de fala.

É precisamente na medida em que ele lhes fala, que vocês tomam em consideração o seu testemunho. A questão é a de saber qual é a estrutura daquele ser que lhe fala, e de que todo o mundo está de acordo em dizer que ele é fantasmático. É precisamente o S no sentido em que a análise o entende, mas um S mais ponto de interrogação. Qual será essa parte, no sujeito, que fala? A análise diz — é o inconsciente. Naturalmente para que a questão tenha sentido, é preciso que vocês tenham admitido que esse inconsciente é algo que fala no sujeito, além do sujeito, e mesmo quando o sujeito não o sabe, e diz sobre isso mais do que crê. A análise diz que nas psicoses é isso que fala. Será suficiente? Absolutamente que não, pois toda a questão é a de saber como isso fala, e qual é a estrutura do discurso paranoico. Freud nos ensinou sobre esse ponto uma dialética completamente surpreendente.

Ela repousa no enunciado de uma tendência fundamental que poderia ter de se fazer reconhecer numa neurose, a saber: *eu o amo*, e *você me ama*. Há três maneiras de negar isso, diz Freud. Ele vai direto ao ponto, ele não nos diz por que o inconsciente dos psicóticos é tão bom gramático e tão mau filólogo — do ponto de vista do filólogo, tudo isso é com efeito extremamente suspeito. Não creiam que isso se passe como nas gramáticas francesas do sexto ano[5] — há, segundo as línguas, muitas maneiras de dizer *eu o amo*. Freud não se deteve nisso, ele diz que há três funções e três tipos de delírios, e isso é um êxito.

A primeira maneira de negar isso é a de dizer — *não sou eu que o ama, é ela*, meu cônjuge, meu duplo. A segunda é dizer — *não é ele que eu amo, é ela*. Nesse nível a defesa não é suficiente para o sujeito paranoico, o disfarce não é suficiente, ele pode ser atingido, é preciso que a projeção entre em jogo. Terceira possibilidade — *eu não o amo, eu o odeio*. Aí tampouco a inversão não é suficiente, é ao menos o que diz Freud, e é preciso também que intervenha o mecanismo de projeção, a saber — *ele me odeia*. E aí estamos no delírio de perseguição.

A alta síntese que essa construção comporta nos traz valiosas luzes, mas vocês veem as questões que ficam abertas. A projeção deve intervir como um mecanismo suplementar cada vez que não se trata da supressão do *eu*. Não é completamente inadmissível, mas gostaríamos ainda de ter um suplemento de informação. Por outro lado, é claro que o *ne*, a negação em francês tomada em sua forma mais formal, não tem de modo algum, aplicada a esses diferentes termos, o mesmo valor. Mas, *grosso modo*, essa construção avança alguma coisa, é bem-sucedida, e isso situa as coisas no seu verdadeiro nível tomando-as por esta ponta, eu diria, de logomaquia principal.

Talvez o que eu trouxe para vocês esta manhã poderá fazer-lhes entrever que nós podemos pôr o problema de outro modo. *Eu o amo* é uma mensagem, uma palavra, um testemunho, o reconhecimento bruto de um fato em seu estado neutralizado?

Tomemos as coisas em termos de mensagem. No primeiro caso, *é ela que o ama*, o sujeito faz levar sua mensagem por um outro. Essa alienação nos coloca certamente no plano do outro com *a* minúsculo — o *ego* fala por intermédio do *alter ego*, que no intervalo mudou de sexo. Nós nos limitaremos a constatar a alienação invertida. No delírio de ciúme, encontra-se no primeiro plano essa identificação ao outro com interversão do signo de sexualização.

Por outro lado, ao analisar assim a estrutura, vocês veem que, em todo o caso, não se trata da projeção no sentido em que ela pode ser integrada a um mecanismo de neurose. Essa projeção consiste, com efeito, em imputar ao outro suas próprias infidelidades — quando se tem ciúme de sua mulher é que se tem em si mesmo alguns pequenos pecadilhos para se censurar. Não se pode fazer intervir o mesmo mecanismo no delírio de ciúme, provavelmente psicótico, tal como ele se apresenta seja no registro de Freud, seja naquele em que acabo de tentar eu próprio inseri-lo, onde se trata da pessoa à qual vocês estão identificados por uma alienação invertida, ou seja, ou sua própria mulher, a quem vocês fazem a mensageira de seus sentimentos não para com um outro homem, mas, como mostra a clínica, para com um número de homens mais ou menos indefinido. O delírio do ciúme propriamente paranoico é indefinidamente repetível, ele se reflete em todas as guinadas da experiência, e pode implicar quase todos os sujeitos que venham no horizonte, e mesmo que aí não compareçam.

A seguir, *não é ele que eu amo, é ela*. É um outro tipo de alienação, não mais invertido, mas divertido. O outro ao qual se endereça o erotômano é particularíssimo, já que o sujeito não tem com ele nenhuma relação concreta, de modo que foi possível falar de ligação mística ou de amor platônico. É, com muita frequência, um objeto afastado, com o qual o sujeito se contenta em comunicar por meio de uma correspondência de que nem mesmo ele sabe se ela chega ao seu destinatário. O mínimo que se possa dizer é que há alienação divertida da mensagem. A despersonalização do outro de que ela se faz seguir é manifesta nesta resistência heroica a todas as provas, como se exprimem os próprios erotômanos. O delírio erotomaníaco se endereça a um outro de tal modo neutralizado que ele se desenvolve nas próprias dimensões do mundo, pois que o interesse universal ligado à aventura, como se exprimia Clérambault, é um elemento essencial dele.

No terceiro caso, lidamos com alguma coisa de muito mais próxima da denegação. É uma alienação convertida, no sentido em que o amor se tornou ódio. A alteração profunda de todo o sistema do outro, sua desmultiplicação, o caráter extensivo das interpretações sobre o mundo, mostra-lhes aqui a perturbação propriamente imaginária levada a seu máximo.

As relações com o Outro nos delírios são agora propostas à nossa investigação. Poderemos responder a elas ainda melhor tanto mais que nossos termos nos ajudam, fazendo-nos distinguir o sujeito, aquele que fala, e o outro com o qual ele está preso na relação imaginária, centro de gravidade do seu eu individual, e no qual não há palavra. Esses termos nos permitirão caracterizar de maneira nova psicose e neurose.

30 de novembro de 1955

IV

"Eu venho do salsicheiro[6]"

Do que volta no real.
Fantoches do delírio.
R.S.I. na linguagem.
A erotização do significante.

Nos dois artigos intitulados respectivamente *A perda da realidade nas neuroses e nas psicoses* e *Neuroses e psicoses*, Freud forneceu-nos esclarecimentos interessantes sobre a questão de saber o que diferencia a neurose da psicose. Vou tentar insistir no que as diferencia quanto às perturbações que elas produzem nas relações do sujeito com a realidade.

É também uma oportunidade de lembrar de maneira fina e estruturada o que, a respeito de neurose, é preciso entender por recalque.

1

Freud sublinha a que ponto as relações do sujeito com a realidade não são as mesmas na neurose e na psicose. De um modo particular, o caráter clínico do psicótico se distingue por essa relação profundamente pervertida com a realidade que se chama delírio. Essa grande diferença de organização, ou de desorganização, deve ter, nos diz Freud, uma profunda razão estrutural. Como articular essa diferença?

Quando falamos de neurose, fazemos desempenhar um certo papel, a uma fuga, a uma evitação, no qual um conflito com a realidade tem seu lugar. Tenta-se designar com a noção de traumatismo, que é uma noção etiológica, a função da realidade no desencadeamento da neurose. Isso é uma coisa, mas outra coisa é o momento da neurose em que se produz no sujeito uma certa ruptura com a realidade. De que realidade se trata? Freud sublinha isso logo de saída, a realidade que é sacrificada na neurose é uma parte da realidade *psíquica*.

Já aqui entramos numa distinção muito importante — a realidade não é homônima de realidade exterior. No momento em que desencadeia sua neurose, o sujeito elide, escotomiza como se disse depois, uma parte de sua realidade psíquica, ou, numa outra linguagem, de seu *id*. Essa parte é esquecida, mas continua a fazer-se ouvir. Como? De uma forma que é aquela sobre a qual todo o meu ensino insiste — de uma forma simbólica.

Freud, no primeiro de seus artigos que eu citava, evoca esse armazém que o sujeito põe à parte na realidade, e no qual ele conserva recursos para uso da construção do mundo exterior — é aí que a psicose vai pedir emprestado seu material. A neurose, diz Freud, é alguma coisa de bem diferente, pois a realidade que o sujeito elidia um momento, ele tenta fazê-la ressurgir emprestando-lhe uma significação particular, um sentido secreto, que chamamos simbólico. Mas Freud não insistiu tanto quanto era conveniente. De um modo geral, a maneira impressionista como se emprega o termo *simbólico* jamais foi precisada até aqui de uma forma verdadeiramente consentânea com aquilo de que se trata.

Eu lhes assinalo neste momento que nem sempre tenho a possibilidade de dar-lhes essas referências no texto como alguns desejam, porque é preciso que meu discurso não seja interrompido. Eu lhes trago não obstante, me parece, as citações quando necessário.

Muitas passagens da obra de Freud testemunham que ele sentia a necessidade de uma plena articulação da ordem simbólica, pois é disso de que se trata para ele na neurose. A que ele opõe a psicose, em que é com a realidade exterior que em certo momento houve buraco, ruptura, dilaceração, hiância. Na neurose, é no segundo tempo, e na medida em que a realidade não é plenamente rearticulada de maneira simbólica no mundo exterior, que há no sujeito, fuga parcial da realidade, incapacidade de enfrentar essa parte da realidade, secretamente conservada. Na psicose, ao contrário, é realmente a própria realidade que é em primeiro lugar provida de um buraco, que o mundo fantástico virá em seguida cumular.

Podemos nos contentar com uma definição tão simples, com uma oposição tão sumária entre neurose e psicose? Certamente que não, e o próprio Freud precisa, logo a seguir à sua leitura do texto de Schreber, que não basta ver como são feitos os sintomas, que é preciso ainda descobrir o mecanismo de sua formação. Partamos da ideia de que um buraco, uma falha, um ponto de ruptura na estrutura do mundo exterior, se acha preenchido pela peça trazida pela fantasia psicótica. Como explicá-lo? Não temos à nossa disposição o mecanismo da projeção.

Começarei hoje por aí, pondo nisso uma insistência particular, pela seguinte razão: chega ao meu conhecimento que alguns de vocês que trabalham em cima dos textos freudianos que já comentei, ao retomar uma passagem cuja importância assinalei, ficam hesitantes quanto ao sentido a ser dado a um trecho, no entanto bem claro, que concerne à alucinação episódica onde se mostram as virtualidades paranoicas do homem dos lobos. Embora entendendo muito bem o que sublinhei dizendo *o que foi rejeitado do simbólico reaparece no real*, levanta-se uma discussão sobre a maneira como traduzi *o doente não quer saber nada disso no sentido do recalque.* No entanto, agir sobre o recalcado pelo mecanismo do recalque, é saber alguma coisa disso, pois o recalque e o retorno do recalcado são uma só e mesma coisa, expressa alhures que na linguagem consciente do sujeito. O que se põe como dificuldade para alguns é que eles não entendem que aquilo de que se trata é da ordem de um saber.

Eu lhes trarei uma outra citação, colhida no caso Schreber. No momento em que Freud nos explica o mecanismo próprio da projeção que poderia dar conta da reaparição da fantasia na realidade, ele para a fim de observar que não podemos falar aqui pura e simplesmente de projeção. Isso é mais que evidente, se pensarmos na maneira como esse mecanismo funciona, por exemplo, no delírio de ciúme dito projetivo, que consiste em imputar ao próprio cônjuge infidelidades de que se tem o sentimento em si próprio de ser imaginativamente culpado. Coisa bem diversa é o delírio de perseguição, que se manifesta pelas intuições interpretativas no real. Eis em que termos Freud se exprime: *Não é correto dizer que a sensação interiormente reprimida* — a *Verdrängung* é uma simbolização, e *Unterdrückung* indica simplesmente que alguma coisa caiu embaixo — *é projetada de novo para o exterior* — isto, é o recalcado e o retorno do recalcado. *Mas antes devemos dizer que o que é rejeitado* — vocês se lembram talvez do acento de insistência que o uso pôs nessa palavra — *volta do exterior.*

Eis um texto a ajuntar aos que já citei no mesmo registro, e que são os textos pivôs. Precisamente, o texto da *Verneinung* que o Sr. Hyppolite comentou para nós, permitiu-nos articular com precisão que há um momento que é, se assim se pode dizer, a origem da simbolização. Entendam bem — essa origem não é um ponto do desenvolvimento, mas corresponde a esta exigência, a de que é preciso um começo para a simbolização. Ora, a qualquer momento do desenvolvimento, pode se produzir alguma coisa que é o contrário da *Bejahung* — uma *Verneinung* de algum modo primitiva, da qual a *Verneinung* em suas consequências clínicas é uma continuação. A distinção dos dois mecanismos, *Verneinung* e *Bejahung*, é absolutamente essencial.

Quanto a este termo projeção, seria melhor abandoná-lo. Aquilo de que se trata não tem nada a ver com essa projeção psicológica que faz, por exemplo, com que, daqueles para com os quais temos apenas sentimentos muito misturados, acolhamos sempre tudo o que eles fazem com pelo menos alguma perplexidade quanto às suas intenções. A projeção na psicose não é de modo algum isso, é o mecanismo que faz voltar de fora o que está preso na *Verwerfung*, ou seja, o que foi posto fora da simbolização geral que estrutura o sujeito.

O que é que é esse jogo de pelotiqueiro ao qual estamos sujeitos, esse singular jogo de saltimbanco entre o simbólico, o imaginário e o real? Como não conhecemos o saltimbanco, podemos pôr a questão. Eu a ponho este ano na ordem do dia. Ela nos permitirá definir o que se chama a relação com a realidade, e ao mesmo passo articular qual é o objetivo da análise, sem cair nas perpétuas confusões que são feitas a esse respeito na teoria analítica. Quando se fala de adaptação à realidade, de que se fala? Ninguém sabe nada sobre isso enquanto não se definiu o que é a realidade, o que não é muito simples.

Para introduzir ao problema, vou partir de um elemento inteiramente atual. Não pode ser dito, com efeito, que esse seminário é somente um comentário de texto, no sentido em que se trataria de uma pura e simples exegese — essas coisas estão sendo vividas para nós em nossa prática todos os dias, em nossos controles, na maneira como dirigimos nossa interpretação, na maneira como agimos com as resistências.

Por isso é à minha apresentação de doentes da última sexta-feira que vou pedir emprestado um exemplo.

2

Aqueles entre vocês que assistem às minhas apresentações lembram-se de que me ocupei de duas pessoas dentro de um só delírio, o que se chama um delírio a dois.

Não me foi muito fácil de avaliar a filha, nem tampouco a mãe. Tive todas as razões para pensar que ela havia sido examinada e apresentada antes que eu me ocupasse dela, e visto a função que os doentes desempenham num serviço de ensino, uma boa dezena de vezes. Por mais que se seja delirante, rapidamente fica-se sem poder aguentar mais esses tipos de exercícios, e ela não estava particularmente bem-disposta.

Certas coisas, contudo, puderam ser postas em evidência e em particular isto: o delírio paranoico, já que se tratava de uma paranoica, está longe de supor uma base caracterial de orgulho, de desconfiança, de susceptibilidade, de rigidez psicológica como se diz. Pelo menos aquela moça, ao lado da cadeira de interpretações, difícil de discernir, da qual ela se sentia vítima, tinha, ao contrário, o sentimento de que uma pessoa tão gentil, tão boa como ela própria, e, ainda por cima, no meio de tantas provas sofridas, não podia senão ser beneficiada com uma benevolência, uma simpatia geral, e, de fato, seu chefe de serviço, no testemunho que ele tivera de fazer sobre ela, só falava dela como de uma mulher encantadora e de quem todos gostavam.

Em suma, após ter tido todas as dificuldades do mundo para abordar o sujeito, eu me aproximei do centro do que ali estava manifestamente presente. É claro, sua preocupação fundamental era me provar que não havia nenhum elemento sujeito a reticência, embora não dando ensejo à má interpretação de que ela estava assegurada de antemão por parte do médico. Ela assim mesmo me confiou que um dia, no corredor, no momento em que saía da sua casa, tinha tido de se haver com uma espécie de mal-educado, com o qual ela não tinha por que ficar espantada, já que era esse desprezível homem casado que era o amante regular de uma de suas vizinhas de hábitos levianos.

Quando se cruzaram, esse homem — ela não podia me dissimular isso, tinha a coisa ainda engasgada — lhe tinha dito um palavrão, um palavrão que ela não estava disposta a me repetir, porque, como ela se exprimia, isso a depreciava. Contudo, uma certa doçura que eu tinha posto na aproximação com ela, tinha feito com que estivéssemos, após cinco minutos de entrevista, num bom entendimento, e assim ela me confessa, com um riso de concessão, que não era naquele ponto completamente inocente, pois ela própria tinha dito alguma coisa ao passar. Essa alguma coisa, ela me confessa mais facilmente do que o que ouviu, e é isto: *Eu venho do salsicheiro.*

Naturalmente, eu sou como todo o mundo, incorro nos mesmos erros que vocês, faço tudo o que lhes digo que não se deve fazer. Nem por isso tenho razão — mesmo que isso me faça ser bem-sucedido. Uma opinião verdadeira não deixa de ser uma opinião do ponto de vista da ciência, ver Espinosa. Se vocês compreendem, tanto melhor, guardem isso para vocês, o importante não é compreender, é atingir o verdadeiro. Mas se vocês o atingem por acaso, mesmo se vocês compreendem, vocês não compreendem. Naturalmente, eu compreendo — o que prova que nós temos todos alguma coisinha de comum com os delirantes. Eu tenho o tanto disso como todos vocês, o que há de delirante no homem normal.

Eu venho do salsicheiro — se me dizem que há alguma coisa para compreender aí, posso certamente articular que há uma referência a porco. Eu não disse *porco*, disse *suíno.*

Ela estava bem de acordo, era o que ela queria que eu compreendesse. Era também talvez o que ela queria que o outro compreendesse. Porém, é justamente o que não se deve fazer. Aquilo por que é preciso se interessar é em tal situação saber por que ela queria justamente que o outro compreenda isso, e por que ela não lhe dizia claramente, mas por alusão. Se compreendo, eu passo, não me detenho nisso, visto que já compreendi. Eis o que manifesta para vocês o que é entrar no jogo do paciente — é colaborar com a sua resistência. A resistência do paciente é sempre a de vocês, e quando uma resistência é bem-sucedida, é porque vocês estão dentro até o pescoço, porque vocês estão compreendendo. Vocês compreendem, vocês não têm razão. O que se trata precisamente de compreender é por que há alguma coisa que é dada para ser compreendia. Por que ela disse *Eu venho do salsicheiro*, e não *Porco*?

Limitei meu comentário, pois não tinha mais tempo, fazendo-lhes observar que se tratava ali de uma pérola, e lhes mostrei a analogia disso com essa descoberta que consistiu em perceber um dia que certos doentes que se queixam de alucinações auditivas, faziam manifestamente movimentos de garganta, de lábios, em outras palavras, eles mesmos as articulavam. Aqui, não é a mesma coisa, é análogo, e é ainda mais interessante porque não é a mesma coisa.

Eu disse: — eu venho do salsicheiro, e então, ela se solta, que foi que ele disse? Ele disse — *Porca*. É a resposta do pastor à pastora — *Fio, agulha, minha alma, minha vida*, é assim que se passa na existência.

Detenhamo-nos um instantinho nisto. — *Ei-lo bem contente*, vocês estão dizendo para si mesmos, *é o que ele nos ensina — na fala, o sujeito recebe sua mensagem sob uma forma invertida*. Não se iludam, não é bem isso. A mensagem de que se trata não é idêntica, bem longe disso, à fala, ao menos no sentido em que articulo para vocês esta forma de mediação em que o sujeito recebe sua mensagem do outro sob uma forma invertida.

Em primeiro lugar, que personagem é essa? Nós dissemos, é um homem casado, amante de uma moça que é ela própria amiga de nossa doente e muito implicada no desejo de que esta é vítima — ela é, não o centro, mas eu diria a personagem fundamental. As relações de nosso sujeito com esse par são ambíguas. São seguramente personagens perseguidoras e hostis, mas elas não estão presas num modo assim tão reivindicante, como puderam ficar surpreendidos aqueles que estavam presentes à entrevista. O que caracteriza as relações do sujeito com o exterior é antes a perplexidade — como se pôde então, através de mexericos, por meio de uma petição sem dúvida, levá-las ao hospital? O interesse universal que é concedido a elas tem tendência a se repetir. Daí esses esboços de elementos erotomaníacos que discernimos na observação. Não são, propriamente falando, erotômanas, mas elas estão habitadas pelo sentimento de que se interessam por elas.

Porca, o que será isso? É uma mensagem com efeito, mas não será antes sua própria mensagem?

No ponto de partida de tudo o que é dito há a intrusão da dita vizinha na relação daquelas duas mulheres isoladas, que permaneceram estreitamente ligadas na existência, que não puderam se separar quando do casamento da mais nova, que evitaram de repente a situação dramática que parece ter sido criada nas relações conjugais desta, em função das ameaças de seu marido, o qual, segundo os atestados médicos, não queria nada menos do que cortá-la em rodelas. Temos aí o sentimento de que a injúria de que se trata — o termo injúria é aí realmente essencial, e ele sempre foi posto em evidência na fenomenologia clínica da paranoia — concorda com o processo de defesa, via de expulsão, o qual as duas pacientes se sentiram impelidas a instaurar em relação à vizinha, considerada como primordialmente invasora. Ela vinha sempre bater quando elas estavam se arrumando, ou no momento em que elas começavam alguma coisa, quando estavam jantando, ou lendo. Tratava-se antes de mais nada de afastar essa pessoa essencialmente dada à intrusão. As coisas só começaram a se tornar problemáticas quando essa expulsão, essa recusa, essa rejeição tomou força de pleno exercício, quero dizer no momento em que elas verdadeiramente resolveram a questão.

Isso deve ser situado no plano da projeção, como um mecanismo de defesa? Toda a vida íntima daquelas pacientes se desenrolou fora do elemento masculino, elas sempre fizeram deste um estranho com o qual jamais concordaram, para elas o mundo era essencialmente feminino. A relação que elas mantêm com as pessoas de seu sexo é do tipo de uma projeção, na necessidade em que elas estariam de permanecer elas mesmas, fechadas sobre si mesmas, como um casal? Seria aparentada a essa fixação homossexual no sentido mais lato do termo, que está na base, Freud nos diz, das relações sociais? É o que explicaria que, no isolamento desse mundo feminino em que vivem essas duas mulheres, elas se encontram na posição, não a de receber a mensagem delas do outro, mas de elas próprias a dizerem ao outro. A injúria será o modo de defesa que volta de alguma forma por reflexão na relação delas, relação que só é compreensível a partir do momento em que ela está estabelecida, se estende a todas as outras enquanto tais, quaisquer que sejam? Isso é concebível, e já deixa entender que se trata realmente da própria mensagem do sujeito, e não da mensagem recebida na sua forma invertida.

Devemos nos deter aí? Não, certamente. Esta análise pode nos fazer compreender que a paciente se sente cercada por sentimentos hostis. Mas a questão não está aí. O importante é que *Porca* tenha sido realmente ouvido, no real.

Quem será que fala? Já que há alucinação, é a realidade que fala. Isso está implicado em nossas premissas, se afirmamos que a realidade é constituída de sensações e de percepções. Não há ambiguidade nisso, ela não diz: *Eu tive o sentimento de que ele me respondeu: — Porca;* ela diz: *Eu disse: — Eu venho do salsicheiro, e ele me disse: — Porca.*

Ou nos contentamos em dizer para nós mesmos — *Aí está, ela alucinou.* Ou tentamos — o que pode parecer uma empresa insensata, mas não é papel dos psicanalistas até o presente terem se entregado a empresas insensatas? — ir um pouquinho mais longe.

E, antes de mais nada, é da realidade dos objetos que se trata? Quem habitualmente fala na realidade, para nós? É justamente a realidade quando alguém nos fala? O interesse das observações que fiz para vocês na última vez sobre o outro e o Outro, o outro com um *a* minúsculo e o Outro com um A maiúsculo, era no intuito de fazer vocês observarem que, quando o Outro com A maiúsculo fala, não é pura e simplesmente a realidade diante da qual vocês estão, a saber, o indivíduo que articula. O Outro está além dessa realidade.

Na palavra verdadeira, o Outro, é aquilo diante do que vocês se fazem reconhecer. Mas vocês só podem se fazer reconhecer por ele porque ele é em primeiro lugar reconhecido. Ele deve ser reconhecido para que vocês possam fazer-se reconhecer. Essa dimensão suplementar, a reciprocidade, é necessária para que possa valer esta fala cujos exemplos típicos lhes dei: *Você é meu mestre* ou *Você é minha mulher*, ou também a palavra mentirosa, que, muito embora sendo o contrário, supõe igualmente o reconhecimento de um Outro absoluto, visado além de tudo o que vocês poderão conhecer, e para quem o reconhecimento não tem efetivamente de como valer senão porque está além do conhecido. É no reconhecimento que vocês o instituem, e não como um elemento puro e simples da realidade, um pião, um fantoche, mas um absoluto irredutível, da existência do qual como sujeito depende o valor mesmo da palavra na qual vocês se fazem reconhecer. Há aí alguma coisa que nasce.

Dizendo a alguém *Você é minha mulher*, você lhe diz implicitamente *Eu sou seu homem*, mas você lhe diz em primeiro lugar *Você é minha mulher*, isto é, você a institui na posição de ser reconhecida por você, mediante o que ela poderá reconhecer você. Essa fala é, pois, sempre um além da linguagem. E um tal empenho, como qualquer outra fala, mesmo que fosse uma mentira, condiciona todo o discurso que vai seguir, e aqui entendo por discurso inclusive os atos, os encaminhamentos, as contorções dos fantoches presos no jogo e o primeiro é você mesmo. A partir de uma palavra um jogo se institui, comparável em todos os aspectos ao que se passa em *Alice no país das maravilhas*, quando os servidores e outras personagens da corte da rainha se põem a jogar cartas vestindo-se com essas cartas, e tornando-se eles próprios o rei de copas, a rainha de espadas e o valete de ouros. Uma palavra exorta vocês a sustentá-la pelo discurso de vocês, ou a renegá-la, a recusá-la ou a confirmá-la, a refutá-la, mas ainda mais, a se curvarem a muitas coisas que estão na regra do jogo. E mesmo se a rainha mudasse a todo instante a regra, isso não mudaria nada no essencial — uma vez introduzido no jogo dos símbolos, você é sempre forçado a se comportar segundo uma regra.

Em outros termos, quando um fantoche fala, não é ele que fala, é alguém que está atrás. A questão é saber qual é a função da personagem que se encontra nessa circunstância. O que podemos dizer é que, para o sujeito, é manifestamente alguma coisa de real que fala. Nossa paciente não diz que é um outro qualquer atrás dela que fala, ela recebe dele sua própria fala, mas não invertida, sua própria fala está no outro que é ela mesma, o outro com minúscula, seu reflexo no seu espelho, seu semelhante. *Porca* é replicado toma lá dá cá e não se sabe mais o que vem primeiro.

Que a palavra se exprima no real quer dizer que ela se exprime no fantoche. O Outro de que se trata nessa situação não está além do parceiro, está além do próprio sujeito — é a estrutura da alusão — ela própria se indica num além do que ela diz.

Tentemos nos localizar a partir desse jogo dos quatro que implica o que eu lhes disse da última vez.

O *a* minúsculo é o senhor que ela encontra no corredor, e não há A maiúsculo. O minúsculo *a'* é o que diz *Eu venho do salsicheiro.* E de quem se diz *Eu venho do salsicheiro*? De S. O minúsculo *a* lhe disse *Porca.* A pessoa que nos fala, e que falou, enquanto delirante, *a'*, recebe sem nenhuma dúvida em alguma parte sua própria mensagem sob uma forma invertida, do outro, com *a* minúsculo, e o que ela diz concerne ao além que ela própria é enquanto sujeito, e de que por definição, simplesmente porque ela é sujeito humano, não pode falar a não ser por alusão.

Há somente duas maneiras de falar desse S, desse sujeito que radicalmente somos, ou seja: ou dirigindo-se verdadeiramente ao Outro, A maiúsculo, e dele recebendo a mensagem que concerne a você sob uma forma invertida, ou indicando sua direção, sua existência, sob a forma da alusão. Se essa mulher é propriamente uma paranoica, é que o ciclo, para ela, comporta uma exclusão do Outro com A maiúsculo. O circuito se fecha nos dois outros com minúscula que são o fantoche na frente dela, que fala, e no qual ressoa a mensagem que é a dela, e ela própria que, enquanto eu, é sempre um outro e fala por alusão.

É isso o importante. Ela fala de tal modo bem por alusão que não sabe o que diz. O que diz ela? Ela diz: *Eu venho do salsicheiro.* Ora, quem vem do salsicheiro? Um porco cortado. Ela não sabe que diz isso, mas o diz assim mesmo. Esse outro a quem ela fala, ela lhe diz de si mesma — *Eu, a porca, eu venho do salsicheiro, já sou desconjuntada, corpo espedaçado*, membra disjecta, *delirante, e meu mundo se vai em pedaços, como eu mesma.* Eis o que ela diz. Essa maneira de exprimir-se, por mais incompreensível que nos pareça, é, no entanto — é o mínimo que se possa dizer — um pouquinho esquisita, engraçada.

Há ainda outra coisa que concerne à temporalidade. É claro, a partir das falas da paciente, que não se sabe quem falou primeiro. Tudo indica que não é nossa paciente, ou pelo menos não é forçosamente ela. Jamais saberemos nada ao certo sobre isso, já que não vamos cronometrar as palavras derreais, mas se o desenvolvimento que acabo de fazer está correto, se a resposta é a alocução, isto é, o que verdadeiramente diz a paciente, o *Eu venho do salsicheiro* pressupõe a resposta *Porca.*

Na fala verdadeira, muito pelo contrário, a alocução é a resposta. O que corresponde à fala é com efeito a consagração do Outro como *minha mulher*, ou como *meu mestre*, e portanto é a resposta que pressupõe a alocução. Na fala delirante, o Outro está verdadeiramente excluído, não há verdade atrás, há tão pouca que o próprio sujeito não põe nisso nenhuma verdade, e que fica em face desse fenômeno, bruto no fim de contas, na atitude da perplexidade. É preciso muito tempo antes que ele tente restituir em torno disso uma ordem a que chamaremos a ordem delirante. Ele a restituiu não, como se crê, por dedução e construção, mas de uma forma pela qual veremos ulteriormente que ela não deixa de ter relações com o próprio fenômeno primitivo.

O Outro estando portanto verdadeiramente excluído, o que concerne ao sujeito é dito realmente pelo outro com minúscula, pelas sombras de outro, ou como se exprimirá nosso Schreber para designar todos os seres humanos que ele encontra, pelos pobres-diabos *malfeitos*, ou *atamancados às três pancadas.*[7] O outro com minúscula apresenta com efeito um caráter irreal, tendendo ao irreal.

A tradução que acabo de lhes dar não é completamente válida, há em alemão ressonâncias que tentei restituir com a palavra *malfeito.*

3

Após nos ter interessado pela fala, vamos agora nos interessar um pouco pela linguagem, à qual a repartição tripla do simbólico, do imaginário e do real justamente se aplica.

Seguramente, o cuidado que Saussure toma para eliminar de sua análise da linguagem a consideração da articulação motora mostra claramente que ele distingue a sua autonomia. O discurso correto é a linguagem real, e a linguagem, isso fala. Os registros do simbólico e do imaginário se encontram nos dois outros termos com os quais ele articula a estrutura da linguagem, isto é, o significado e o significante.

O material significante, tal como eu sempre lhes disse que ele é, por exemplo sobre esta mesa, nestes livros, isso é o simbólico. Se as línguas artificiais são estúpidas é que elas são sempre feitas a partir da significação. Alguém me lembrava recentemente as formas de dedução que regram o esperanto, e graças às quais, se conhecemos *boi*, podemos deduzir *vaca, novilha, bezerro* e tudo o que se quiser. E eu lhe perguntei como se diz *Morte aos tiras!* em esperanto — isso deve ser deduzido de *Viva o rei!* Isso é suficiente para refutar a existência das línguas artificiais, que tentam se modelar pela significação, e é por isso que elas são geralmente inutilizadas.

E depois há a significação, que remete sempre à significação. É claro, o significante pode ser tomado aí a partir do momento em que vocês dão a ele uma significação, em que vocês criam um outro significante enquanto significante, alguma coisa nesta função de significação. É por isso que se pode falar da linguagem. Mas a partilha significante-significado sempre se reproduzirá. Que a significação seja da natureza do imaginário não é duvidoso. Ela é, como o imaginário, no fim das contas sempre evanescente, pois está estritamente ligada ao que lhes interessa, isto é, àquilo a que vocês estão presos. Soubessem vocês que a fome e o amor é a mesma coisa, vocês seriam como todos os animais, verdadeiramente motivados. Mas, graças à existência do significante, a pequena significação pessoal de vocês — que é também de uma genericidade absolutamente desesperadora, humana, demasiado humana — arrasta vocês muito mais longe. Mas como há este baita sistema de significante a respeito do qual vocês ainda não puderam compreender, nem como ele está aí, nem como ele existe, nem para que ele serve, nem a que ele leva vocês, é por ele que vocês são conduzidos.

Quando fala, o sujeito tem à sua disposição o conjunto do material da língua, e é a partir daí que se forma o discurso concreto. Há em primeiro lugar um conjunto sincrônico, que é a língua enquanto sistema simultâneo de grupos de oposição estruturados, há em seguida o que se passa diacronicamente, no tempo, e que é o discurso. Não se pode não colocar o discurso em um certo sentido do tempo, num sentido que é definido de maneira linear, diz o Sr. de Saussure.

Deixo-lhe a responsabilidade dessa afirmação. Não que eu a creia falsa — é fundamentalmente verdadeiro que não há discurso sem uma certa ordem temporal, e consequentemente sem uma certa sucessão concreta, mesmo se ela é virtual. Se leio esta página começando por baixo e percorrendo, de baixo para cima, no sentido contrário, isso não produzirá a mesma coisa que se a leio no bom sentido, e em certos casos, isso pode engendrar uma gravíssima confusão. Mas não é de todo exato que seja uma simples linha, é mais provavelmente um conjunto de várias linhas, uma ninhada. É nesse diacronismo que se instala o discurso.

O significante como existindo sincronicamente é suficientemente caracterizado na fala delirante por uma modificação que destaquei aqui, a saber: alguns de seus elementos se isolam, tornam-se pesados, ganham um valor, uma força de inércia particular, carregam-se de significação, simplesmente de uma significação. O livro de Schreber está florido dela.

Tomem uma palavra como por exemplo *Nervenanhang*, adjunção de nervos, palavra da língua fundamental. Schreber distingue perfeitamente as palavras que lhe vieram de maneira inspirada, precisamente pela via de *Nervenanhang*, que lhe foram repetidas em sua significação eletiva que ele nem sempre compreende bem. *Seelenmord, assassinato d'almas*, por exemplo, é outra dessas palavras, para ele problemática, mas sobre a qual ele sabe que ela tem um sentido particular. Entretanto é verdade que de tudo isso ele fala com um discurso que é bem o nosso, e seu livro, é preciso dizê-lo, é notavelmente escrito, claro e fluente. Além disso, é tão coerente quanto muitos dos sistemas filosóficos de nosso tempo, nos quais vemos perpetuamente um senhor ser picado de repente, na volta de um caminho, por uma tarântula que lhe faz perceber o bovarismo e a duração como a chave do mundo, e reconstruir o mundo inteiro em torno desta noção, sem que se saiba por que foi logo esta que ele foi pegar. Não vejo em que o sistema de Schreber seja de um valor menor do que os desses filósofos cujo tema geral acabo de lhes mostrar os contornos. E o que se apresenta a Freud no momento em que ele termina seu desenvolvimento é que, no fundo, esse tipo escreveu coisas espantosas, que se parecem com o que descrevi, eu, Freud.

Este livro, escrito pois num discurso comum, assinala as palavras que tomaram para o sujeito esse peso tão particular. Chamaremos a isso erotização, e evitaremos as explicações demasiado simplistas. Quando o significante se acha assim carregado, o sujeito dá-se conta disso muito bem. O momento em que Schreber emprega para definir as diversas forças articuladas do mundo com o qual ele lida, o termo instância — ele também tem suas pequeninas instâncias —, ele diz: *Instância é meu, não são os outros que me disseram, é meu discurso comum.*

O que se passa no nível da significação? A injúria é sempre uma ruptura do sistema da linguagem, a palavra de amor também. Que *Porca* esteja carregada de sentido obscuro, o que é provável, ou não o esteja, temos já aí a indicação dessa dissociação. Essa significação, como toda significação que se respeite, remete a uma outra significação. É o que caracteriza justamente a alusão. Ao dizer *Eu venho do salsicheiro*, a doente indica-nos que isso remete a uma outra significação. Naturalmente, isso obliqua um pouquinho, ela prefere que seja eu que a compreenda.

Desconfiem sempre das pessoas que lhes digam — *Você compreende*. É sempre para remeter vocês em outra parte que ali onde se trata de ir. É o que ela faz. *Você compreende bem* — isso quer dizer que ela própria não está tão segura da significação e que esta remete não tanto a um sistema de significação contínuo e conciliável quanto à significação enquanto inefável, à significação básica da realidade dela, ao seu espedaçamento pessoal.

E depois há o real, a articulação realmente real, a bolinha do pelotiqueiro habilmente passada no outro. A fala real, eu entendo a fala enquanto articulada, aparece em outro ponto do campo, não qualquer um, mas o outro fantoche, enquanto elemento do mundo exterior.

O grande S cujo médium é a fala, a análise nos adverte que não é o que falsa e correntemente se pensa. Há a pessoa real que está diante de nós enquanto ela ocupa lugar — há isso na presença de um ser humano, isso ocupa lugar, a rigor vocês podem colocar dez no gabinete de vocês, mas não cento e cinquenta — há o que vocês veem, que manifestamente os cativa e que é capaz de fazer vocês bruscamente se lançarem no seu pescoço, ato irrefletido que é da ordem imaginária, e depois há o Outro de que falávamos, que é também o sujeito, mas que não é o reflexo do que vocês veem em frente de vocês, e não simplesmente o que se produz enquanto vocês se veem se verem.

Se o que digo não é verdade, Freud jamais disse nada de verdadeiro, pois o inconsciente quer dizer isso.

Há várias alteridades possíveis, e veremos como estas se manifestam em um delírio completo como o de Schreber. Há em primeiro lugar o dia e a noite, o sol e a lua, as coisas que voltam sempre ao mesmo lugar, e a que Schreber chama a ordem natural do mundo. Há a alteridade do Outro que corresponde ao S, isto é, o Outro com maiúscula, sujeito que não é conhecido por nós, o Outro que é da natureza do simbólico, o Outro ao qual nos dirigimos para além do que se vê. No meio, há os objetos. E depois, no nível de S, há alguma coisa que é da dimensão do imaginário, o eu e o corpo, espedaçado ou não, mas antes espedaçado.

Vou deixá-los hoje por aqui. Esta análise de estrutura prepara o caminho do que direi na próxima vez.

Tentaremos compreender, a partir desse pequeno quadro, o que se passa em Schreber, o delirante que atingiu o desabrochamento completo, e, no fim de contas, perfeitamente adaptado. O que caracteriza Schreber, com efeito, é que ele nunca parou de delirar brabo, mas a isto ele se adaptou tão bem que o diretor da casa de saúde dizia dele — *Ele é tão gentil.*

Temos a sorte de ter aí um homem que nos comunica todo o seu sistema delirante, e num momento em que este chegou ao seu pleno desabrochar. Antes de perguntarmos a nós mesmos como ele entrou nessa, e de fazermos a história da *Pre-psychotic Phase*, antes de tomarmos as coisas no sentido da gênese, como se faz sempre, o que é a fonte de inexplicáveis confusões, vamos restituí-las tais quais elas nos foram dadas na observação de Freud, que nunca teve senão esse livro, que nunca viu o paciente.

Vocês apreenderão como se modificam os diferentes elementos de um sistema construído em função das coordenadas da linguagem. Essa abordagem é certamente legítima, em se tratando de um caso que só nos é dado por um livro, e é o que nos permitirá reconstituir eficazmente a sua dinâmica. Mas começaremos por sua dialética.

7 de dezembro de 1955

Temática e Estrutura do Fenômeno Psicótico

V

De um Deus que não engana, e de um que engana

A psicose não é um simples fato de linguagem.
O dialeto dos sintomas.
Como seria belo ser uma mulher...
Deus e a ciência.
O Deus de Schreber.

Noutro dia vimos na minha apresentação um doente grave.

Era um caso clínico que eu certamente não tinha escolhido, mas que de algum modo fazia o inconsciente funcionar a descoberto, em sua dificuldade de entrar no discurso analítico. Ele o fazia funcionar a descoberto, porque, em virtude de circunstâncias excepcionais, tudo o que em outro sujeito haveria entrado no recalque, encontrava-se nele suportado por uma outra linguagem, essa linguagem de alcance bastante reduzido chamada dialeto.

No presente caso, o dialeto corso havia funcionado para esse sujeito em condições que acentuavam mais a função de particularização própria de todo dialeto. Ele tinha com efeito vivido desde a sua infância em Paris, filho único, de pais extremamente fechados dentro de suas próprias leis, e usando exclusivamente o dialeto corso. As querelas perpétuas dessas duas personagens, seu pai e sua mãe, manifestações ambivalentes da extrema afeição deles, e do temor de ver chegar a mulher, o objeto estranho, prosseguiam a descoberto, mergulhando-o do modo mais direto na sua intimidade conjugal. Tudo isso em dialeto corso. Tudo o que se passava dentro de casa não era concebido senão em dialeto corso. Havia dois mundos, o da elite, o do dialeto corso, e depois o que se passava fora. Essa separação estava ainda presente na vida do sujeito, e ele nos contou a diferença de suas relações com o mundo, entre o momento em que ele estava diante de sua mãe e o momento em que ele passeava na rua.

O que resultava disso? É o caso mais demonstrativo. Disso resultavam duas coisas. A primeira, visível na anamnese, é a dificuldade que ele tinha de tornar a evocar o que quer que seja no antigo registro, isto é, de se exprimir no dialeto da sua infância, o único que ele falava com sua mãe. Como eu lhe pedisse que se expressasse nesse dialeto, que me repetisse as falas que ele tinha podido trocar com seu pai por exemplo, ele me respondeu: *Eu não posso botar isso para fora.* Por outro lado, via-se nele uma neurose, os traços de um comportamento que deixava entrever um mecanismo que se pode dizer — é um termo que emprego sempre com prudência — regressivo. Em particular, sua maneira singular de praticar sua genitalidade tendia a se confundir no plano imaginativo com uma atividade regressiva das funções excrementícias. Mas tudo o que era da ordem do que é habitualmente recalcado, todo o conteúdo expresso comumente por intermédio dos sintomas neuróticos, estava ali perfeitamente límpido, e eu não tinha nenhuma dificuldade em fazer com que ele o exprimisse. Ele o exprimia tanto mais facilmente pois que isso era suportado pela linguagem dos outros.

Utilizei a comparação de uma censura exercida num jornal, não só de tiragem extremamente limitada, mas redigido em um dialeto que seria compreensível apenas para um número extremamente reduzido de pessoas. O estabelecimento do discurso comum, eu diria quase do discurso público, é um fator importante na função própria do mecanismo de recalque. Este depende em si mesmo da possibilidade de conciliar no discurso um certo passado da fala do sujeito, ligado, como Freud o sublinhou, ao mundo próprio de suas relações infantis. É precisamente esse passado da palavra que continua a funcionar na língua primitiva. Ora, para esse sujeito, essa língua é seu dialeto corso, no qual ele podia dizer as coisas mais incríveis, lançar por exemplo ao seu pai — *Se você não for embora, eu vou pôr você no olho do mal.*[8] Essas coisas, que também teriam de ser ditas por um nevrosado que deve ter construído sua neurose de maneira diferente, estavam a descoberto, no registro da outra língua, não somente dialetal, mas interfamiliar.

O que é o recalque para o neurótico? É uma língua, uma outra língua que ele fabrica com seus sintomas, isto é, se é um histérico ou um obsessivo, com a dialética imaginária dele e do outro. O sintoma neurótico desempenha o papel da língua que permite exprimir o recalque. É justamente aquilo que nos faz ver claramente que o recalque e o retorno do recalcado são uma só e mesma coisa, o direito e o avesso de um só e mesmo processo.

Essas observações não são estranhas ao nosso problema.

1

Qual é o nosso método a respeito do presidente Schreber?

É indiscutivelmente no discurso comum que este se exprimiu para nos explicar o que lhe aconteceu, e que ainda durava quando da redação de sua obra. Esse testemunho atesta transformações estruturais que sem dúvida alguma devem ser consideradas como reais, mas o verbal é aí dominante, pois que é por intermédio do testemunho escrito do sujeito que nós temos a prova disso.

Procedamos metodicamente. É a partir do conhecimento que temos da importância da palavra na estruturação dos sintomas psiconeuróticos, que avançamos na análise deste território, a psicose. Não dizemos que a psicose tem a mesma etiologia que a neurose, não dizemos nem mesmo que ela é como a neurose um puro e simples fato de linguagem, longe disso. Observamos simplesmente que ela é muito fecunda quanto ao que pode exprimir no discurso. Temos uma prova disso na obra que nos lega o presidente Schreber, e que foi alçada até a nossa atenção pela atenção quase fascinada de Freud, o qual, baseando-se nesses depoimentos, e através de uma análise interna, mostrou-nos como esse mundo era estruturado. É assim que procederemos, a partir do discurso do sujeito, e é o que nos permitirá ficar mais próximos dos mecanismos constituintes da psicose.

Compreendam bem que será preciso ir metodicamente, passo a passo, não saltar os relevos, sob pretexto de que uma analogia superficial com um mecanismo da neurose transparece. Em suma, não fazer nada do que se faz com tanta frequência na literatura.

O chamado Katan por exemplo, que se interessou muito especialmente pelo caso Schreber, considera como reconhecido sem contestação que a origem da sua psicose deve ser situada na luta contra a masturbação ameaçadora, provocada por seus investimentos eróticos homossexuais sobre o personagem que formou o protótipo e ao mesmo tempo o núcleo de seu sistema persecutório, ou seja, o professor Flechsig. É o que teria conduzido o presidente Schreber a chegar até a subverter a realidade, isto é, até a reconstruir, após um curto período de *crepúsculo do mundo*, um mundo novo, irreal, no qual ele não teria de ceder a essa masturbação considerada como tão ameaçadora. Todos não sentem que um mecanismo dessa espécie, se é verdade que ele se exerce em uma certa articulação nas neuroses, teria aqui resultados completamente desproporcionados?

O presidente Schreber nos narra de maneira muito clara as primeiras fases de sua psicose. E quando ele nos dá a comprovação de que entre o primeiro acesso do psicótico, fase dita não sem fundamento pré-psicótica, e o estabelecimento progressivo da fase psicótica, no auge de estabilização da qual ele escreveu sua obra, ele teve uma fantasia que se exprime com estas palavras: *como seria uma coisa bela ser uma mulher sendo copulada.*

Esse pensamento que o surpreende, ele sublinha o seu caráter de imaginação, ao mesmo tempo que precisa tê-lo acolhido com indignação. Há aí uma espécie de conflito moral. Nós nos encontramos em presença de um fenômeno, e cujo termo não mais se emprega, de modo que não se sabe mais classificar as coisas — é um fenômeno pré-consciente. É essa ordem pré-consciente que Freud faz intervir na dinâmica do sonho, e a que ele dá tanta importância na *Traumdeutung*.

Tem-se realmente o sentimento de que isso parte do eu. A insistência neste *seria belo...* tem o caráter de pensamento sedutor, que o *ego* está longe de desconhecer.

Numa passagem da *Traumdeutung* consagrada aos sonhos de castigo, Freud admite que no mesmo nível em que os desejos do inconsciente intervêm no sonho, pode se apresentar um mecanismo diferente daquele que se assenta na oposição consciente-inconsciente — *o mecanismo de formação*, diz Freud, *torna-se bem mais transparente quando se substitui a oposição do consciente e do inconsciente pela do eu e do recalcado.*

Isso foi escrito num momento em que a noção do eu não tinha sido ainda doutrinada por Freud, mas vocês veem, no entanto, que ela já está presente em seu espírito. *Notemos aqui apenas que os sonhos de castigo não são necessariamente ligados à persistência de sonhos penosos, eles nascem ao contrário a maior parte das vezes, parece, quando esses so-*

nhos do dia são de natureza apaziguadora, mas exprimem satisfações interiores. Todos esses pensamentos interditos são substituídos no conceito manifesto do sonho pelo seu contrário. O caráter essencial dos sonhos de castigo me parece, pois, ser o seguinte: o que os produz não é um desejo inconsciente vindo do recalcado, mas um desejo de sentido contrário que se realiza contra este, desejo de castigo que, embora inconsciente, mais exatamente pré-consciente, pertence ao eu.

Todos aqueles que seguem a via em que conduzo vocês pouco a pouco, atraindo a atenção de vocês para um mecanismo que é distinto da *Verneinung* e que se vê a todo momento emergir no discurso de Freud, encontrarão aí mais uma vez a necessidade de distinguir entre alguma coisa que foi simbolizada e alguma coisa que não foi.

Que relação há entre a emergência no eu — e de uma forma, sublinho isso, não conflituosa — do pensamento de que *seria belo ser uma mulher sendo copulada*, com a concepção em que o delírio chegado a seu grau de acabamento se desenvolverá em toda a sua força, ou seja, que o homem deve ser a mulher permanente de Deus? Cabe, sem dúvida alguma, aproximar esses dois termos — a aparição primeira deste pensamento que atravessou o espírito de Schreber, então aparentemente são, e o estado terminal do delírio, que, perante uma personagem onipotente com a qual ele tem relações eróticas permanentes, situa ele mesmo como um ser completamente feminizado, uma mulher, é o que ele diz. O pensamento do início nos parece legitimamente como a entrevisão do tema final. Mas nem por isso devemos negligenciar as etapas, as crises que o fizeram passar de um pensamento tão fugidio a uma conduta e um discurso tão firmemente delirantes quanto os seus.

Não é dito de antemão que os mecanismos em causa sejam homogêneos aos mecanismos com os quais lidamos habitualmente nas neuroses, e especialmente com o do recalque. É claro, para perceber isso é preciso começar por compreender o que quer dizer recalque, ou seja, que ele é estruturado como um fenômeno de linguagem.

A questão que se coloca é a de saber se nos encontramos diante de um mecanismo propriamente psicótico que seria imaginário e que iria da primeira entrevisão de uma identificação e de uma captura na imagem feminina, até o desabrochar de um sistema do mundo em que o sujeito está completamente absorvido em sua imaginação de identificação feminina.

O que digo, que é quase artificial demais, indica-lhes justamente em que direção devemos procurar resolver nossa questão. Não temos nenhum meio de fazê-lo, a não ser apreendendo os seus traços no único elemento que possuímos, ou seja, o próprio documento, o discurso do sujeito. Por isso introduzi vocês da última vez no que deve orientar nossa investigação, ou seja, a estrutura própria desse discurso.

2

Comecei por distinguir as três esferas da fala como tal. Vocês se lembram que podemos, no interior mesmo do fenômeno da fala, integrar os três planos, o do simbólico, representado pelo significante, o do imaginário, representado pela significação, e o do real, que é o discurso de fato efetuado realmente em sua dimensão diacrônica.

O sujeito dispõe de todo um material significante que é a sua língua, materna ou não, e dela se serve para fazer passar no real significações. Não é a mesma coisa ser mais ou menos cativado, capturado numa significação, e exprimir essa significação em um discurso destinado a comunicá-la, a conciliá-la com as outras significações diversamente acolhidas. Neste termo, *acolhido*, está o móbil do que faz do discurso um discurso comum, um discurso comumente admitido.

A noção de discurso é fundamental. Mesmo quanto ao que chamamos objetividade, o mundo objetivado pela ciência, o discurso é essencial, pois o mundo da ciência, que se perde sempre de vista, e acima de tudo comunicável, ele se encarna nas comunicações científicas. Teriam vocês conseguido fazer a experiência mais sensacional, se um outro não pode refazê-la após a comunicação que vocês fizeram, ela não serve para nada. É segundo esse critério que se constata que uma coisa não é recebida cientificamente.

Quando fiz para vocês o quadro com três entradas, localizei as diferentes relações nas quais podemos analisar o discurso do delirante. Esse esquema não é o esquema do mundo, é a condição fundamental de qualquer relação. No sentido vertical, há o registro do sujeito, da fala e da ordem da alteridade como tal, do Outro. O ponto-pivô da função da fala é a subjetividade do Outro, isto é, o fato de que o Outro é essencialmente aquele que é capaz, como o sujeito, de convencer ou de mentir. Quando eu lhes disse que deve haver aí nesse Outro o setor dos objetos inteiramente reais, é evidente que essa introdução da realidade é sempre função da fala. Para que possa se relacionar o que quer que seja, em relação ao sujeito e ao Outro, a algum fundamento no real, é preciso que haja em algum lugar algo que não engane. O correlato dialético da estrutura fundamental que faz da palavra de sujeito a sujeito uma palavra que pode enganar, é que haja também alguma coisa que não engana.

Essa função, observem bem isso, é preenchida de modo muito diverso segundo as áreas culturais nas quais a função eterna da fala venha a funcionar. Vocês não teriam razão ao crer que sejam os mesmos elementos, e igualmente qualificados, que tenham sempre preenchido essa função.

Peguem Aristóteles. Tudo o que ele diz é perfeitamente comunicável, e apesar disso a posição do elemento não enganador é essencialmente diferente nele e entre nós. Onde estaria entre nós esse elemento?

Pois bem, seja o que for que possam pensar sobre isso os espíritos que se limitam às aparências, o que é frequentemente o caso dos espíritos fortes, e mesmo dos mais positivistas dentre vocês, até os mais libertos de toda ideia religiosa, só o fato de vocês viverem nesse ponto preciso da evolução dos pensamentos humanos não os declara desobrigados do que foi aberta e rigorosamente formulado por Descartes, sobre Deus enquanto não podendo nos enganar.

Isso é verdadeiro a tal ponto que uma personagem tão lúcida quanto Einstein ao se tratar do manejo da ordem simbólica que era a sua, evocou justamente isso: *Deus*, dizia ele, *é malicioso, mas é honesto*. A noção de que o real, por mais delicado que seja de penetrar, não pode fazer velhacarias conosco, não nos passará para trás de propósito, é, ainda que ninguém absolutamente se detenha nisso, essencial à constituição do mundo da ciência.

Dito isso, admito que a referência ao Deus não enganador, único princípio admitido, está fundada nos resultados obtidos pela ciência. Jamais constatamos nada com efeito que nos mostre no fundo da natureza um demônio enganador. Mas isso não impede que seja um ato de fé que foi necessário aos primeiros passos da ciência e da constituição da ciência experimental. É evidente para nós que a matéria não é trapaceira, que ela não faz deliberadamente com que nossas experiências se aniquilem e com que nossas máquinas vão pelos ares. Isso acontece, mas somos nós que nos enganamos, não se pode imaginar que ela nos engane. Esse passo não está em absoluto suficientemente amadurecido. É preciso nada menos que a tradição judaico-cristã, a fim de que ele possa ser transposto de forma tão segura.

Se a emergência da ciência, tal como nós a constituímos com a tenacidade, a obstinação e a audácia que caracterizam o seu desenvolvimento, foi produzida no interior dessa tradição, é justamente porque ela pôs um princípio único na base, não somente do universo, mas da lei. Não é simplesmente o universo que foi criado *ex nihilo*, mas também a lei — é aí que se agita todo o debate de um certo racionalismo e de um certo voluntarismo, que atormentou, e ainda atormenta os teólogos. O critério do bem e do mal dependerá do que se poderia chamar o capricho de Deus?

É a radicalidade do pensamento judaico-cristão sobre esse ponto que permitiu esse passo decisivo, em virtude do qual a expressão ato de fé não é descabida, consistindo em sustentar que há algo que é absolutamente não enganador. Que esse passo seja reduzido a esse ato é uma coisa essencial. Reflitamos, porém, no que aconteceria, no corre-corre em que se vai agora, se nos déssemos conta de que não há somente um próton, um méson etc., mas um elemento com o qual não se tinha contado, um membro a mais na mecânica atômica, uma personagem que mentisse. Neste momento, não se riria mais de modo algum.

Para Aristóteles, as coisas são completamente diferentes. O que é que o assegurava, na natureza, da não mentira do Outro enquanto real? — senão as coisas, na medida em que elas voltam sempre ao mesmo lugar, ou seja, as esferas celestes. A noção das esferas celestes como o que, no mundo, é incorruptível, de uma essência outra, divina, habitou muitíssimo tempo o próprio pensamento cristão, a tradição cristã medieval, que era herdeira desse pensamento antigo. Não é somente de uma herança escolástica que se tratava, pois essa noção é, pode-se dizer, natural ao homem, e somos nós que estamos numa posição excepcional para não mais nos preocuparmos com o que se passa na esfera celeste. Até uma época absolutamente recente, a presença mental do que se passa no céu como referência essencial nos é atestada em todas as culturas, mesmo naquelas cuja astronomia nos permite acreditar em um estado bem avançado de suas observações e de suas reflexões. Nossa cultura é exceção, desde que ela consentiu, muito tarde, em tomar ao pé da letra a posição judaico-cristã. Era até então impossível descolar o pensamento dos filósofos, bem como o dos teólogos, e portanto o dos físicos, da ideia da essência superior das esferas celestes. A medida é o testemunho materializado disso — mas somos nós que o dizemos — em si, a medida é o testemunho do que não engana.

Realmente só a nossa cultura é que apresenta esse traço — comum a todos os que estão aqui, eu creio, com a exceção de alguns que podem ter tido algumas curiosidades astronômicas — esse traço que faz que nunca pensemos no retorno regular dos astros e dos planetas, nem nos eclipses tampouco. Isso não tem para nós nenhuma espécie de importância, sabe-se que isso funciona sozinho. Há um mundo entre o que se chama com um vocábulo de que não gosto, a *mentalidade* das pessoas como nós — para quem a garantia de tudo o que se passa na natureza é um simples princípio, ou seja, que ela não poderia nos enganar, que há em algum lugar alguma coisa que garante a verdade da realidade, e que Descartes afirma sob a forma do seu Deus não enganador — e, de outro lado, a posição normal, natural, mais comum, aquela que surge no espírito da imensa maioria das culturas, que consiste em situar a garantia da realidade no céu, seja qual for a maneira como isso é representado.

O desenvolvimento que acabo de fazer-lhes não é de modo nenhum sem relação com nosso propósito, pois aí estamos imediatamente mergulhados dentro do primeiro capítulo das *Memórias* do presidente Schreber, que trata do sistema das estrelas como ponto essencial, o que é antes inesperado, da luta contra a masturbação.

3

A exposição é entrecortada com leituras das Memórias de um nevropata, *capítulo 1, p.23-27.*

Segundo essa teoria, cada nervo do intelecto representa a individualidade espiritual inteira do homem, traz inscrita, por assim dizer, a totalidade das lembranças. Trata-se aí de uma teoria extremamente elaborada, cuja posição não seria penosa de ser encontrada, mesmo que fosse apenas a título de etapa da discussão, em obras científicas acolhidas. Por meio de um mecanismo da imaginação que não é excepcional, tocamos na ligação da noção de alma com a de perpetuidade das impressões. O fundamento do conceito de alma na exigência de uma conservação das impressões imaginárias é aí sensível. Eu diria quase que há aí o fundamento, não digo a prova, da crença na imortalidade da alma. Há alguma coisa de irreprimível quando o sujeito se considera a si mesmo — não só ele não pode não conceber que ele exista, mas muito mais, que uma impressão participe de sua perpetuidade. Até aqui, nosso delirante não delira mais do que um setor extremamente extenso da humanidade, para não dizer que ele é coextensivo a ela.

Continuação da leitura.

Não estamos longe do universo espinosiano, na medida em que ele está fundado na coexistência do atributo do pensamento e do atributo da extensão. Dimensão interessantíssima para situar a qualidade imaginária de certas etapas do pensamento filosófico.

Continuação da leitura.

Veremos mais tarde por que Schreber partiu da noção de Deus. Esse ponto de partida está certamente ligado ao seu discurso mais recente, aquele no qual ele sistematiza seu delírio para comunicá-lo a nós. Vocês já o veem preso por este dilema — quem vai tirar mais raios para si, ele ou esse Deus com o qual ele tem essa perpétua relação erótica? É Schreber quem vai ganhar o amor de Deus até pôr em perigo sua existência, ou é Deus quem vai possuir Schreber, e em seguida abandoná-lo? Esboço para vocês o problema de maneira humorística, mas isso não tem nada de engraçado, já que se trata do texto do delírio de um doente.

Há divergência em sua experiência entre Deus, que é para ele o avesso do mundo — e se não é inteiramente aquele de que eu lhes falava há pouco, que está ligado a uma certa concepção da equivalência de Deus e da extensão, é mesmo assim a garantia de que a extensão não é ilusória — e, por outro lado, esse Deus com o qual, na experiência mais crua, ele tem relações como que com um organismo vivo, o Deus vivo, como ele se exprime.

Se a contradição entre esses dois termos se mostra para ele, reflitam pois que não está num plano de lógica formal. Nosso doente não está nesse ponto, tanto como ninguém aliás. As famosas contradições da lógica formal não têm nenhuma razão de ser mais operantes nele do que não o são com a gente, que fazemos perfeitamente coexistir no nosso espírito, fora dos momentos em que nos provocam à discussão e em que nos tornamos muito suscetíveis quanto à lógica formal, os sistemas mais heterogêneos, e mesmo os mais discordantes, numa simultaneidade em que essa lógica parece completamente esquecida — que cada um tome referência na própria experiência pessoal. Não há uma contradição lógica, há uma contradição vivida, viva, seriamente posta e vivamente sentida pelo sujeito, entre o Deus quase espinosiano do qual ele conserva a sombra, o esboço imaginário, e aquele que mantém com ele essa relação erótica de que perpetuamente ele lhe dá testemunho.

A questão, de forma alguma metafísica, que se coloca é a de saber o que pertence realmente ao vivido do psicotizado. Não estamos aptos a responder a tal questão, e talvez ela não tenha sentido para nós em momento algum. Nosso trabalho é o de situar estruturalmente o discurso que dá testemunho das relações eróticas do sujeito com o Deus vivo, que é também aquele que, por intermédio desses raios divinos, e de toda uma procissão de formas e de emanações, lhe fala, exprimindo-se nessa língua desestruturada do ponto de vista da língua comum, mas aliás reestruturada nas relações mais fundamentais, que ele chama a *língua fundamental*.

Continuação da leitura.

Penetramos nesta altura numa emergência, impressionante em relação ao conjunto do discurso, das mais velhas crenças — Deus é o senhor do sol e da chuva.

Continuação da leitura.

Não podemos deixar de notar aqui o vínculo da relação imaginária com os raios divinos. E tenho a impressão de que houve em Freud referência literária quando ele insiste, a respeito do recalque, no fato de que há uma dupla polaridade — sem dúvida, alguma coisa é reprimida, repelida, mas também é atraída pelo que já foi precedentemente recalcado. Não podemos deixar de reconhecer de passagem a analogia surpreendente dessa dinâmica com o sentimento expresso por Schreber na articulação de sua experiência.

Eu lhes assinalava ainda há pouco a divergência que ele sente entre duas exigências da presença divina, a que justifica a manutenção a seu redor do cenário do mundo exterior — vocês verão a que ponto essa expressão é fundada — e aquela do Deus que ele sente como o parceiro desta oscilação de força viva que vai se tornar a dimensão na qual doravante ele sofrerá e palpitará. Essa separação se resolve para ele nestes termos: — *A verdade total existe talvez à guisa de uma quarta dimensão, sob forma de uma diagonal dessas linhas de representação, que é inconcebível para o homem.*

Ele se sai bem, não é, como se faz corretamente na linguagem desta comunicação demasiado desigual para com o seu objeto que se chama a metafísica, quando não se sabe absolutamente como conciliar os dois termos, a liberdade e a necessidade transcendente, por exemplo. Contentam-se em dizer que há em algum lugar uma quarta dimensão e uma diagonal, ou se obtém cada um das duas pontas da cadeia. Essa dialética, perfeitamente manifesta em qualquer exercício do discurso, não lhes pode escapar.

Continuação da leitura.

Afinal de contas, Deus não tem relação completa, autêntica, senão com cadáveres. Deus não compreende nada dos seres vivos, sua onipresença só compreende as coisas do exterior, jamais do interior. Aí estão proposições que não parecem ser evidentes, nem ser exigidas pela coerência do sistema, tal como poderíamos nós mesmos preconcebê-la.

Voltarei da próxima vez a esse ponto, com mais ênfase. Mas vejam desde já que a relação psicótica, em seu grau último de desenvolvimento, comporta a introdução da dialética fundamental do engano numa dimensão, se podemos assim dizer, transversal em relação àquela da relação autêntica. O sujeito pode falar ao Outro na medida em que com ele se trata de fé ou de fingimento, mas é aqui — na dimensão de um imaginário submetido, característica fundamental do imaginário — que se produz, como um fenômeno passivo, como uma experiência vivida do sujeito, este exercício permanente do engano capaz de subverter qualquer que seja a ordem, mítica ou não, no próprio pensamento. O que faz com que o mundo, como vocês vão vê-lo ser desenvolvido no discurso do sujeito, se transforme no que chamamos uma fantasmagoria, mas que é, para ele, o que há de mais certo de seu vivido, é esse jogo de engano que ele mantém, não com um outro que seria semelhante a ele, mas com esse ser primeiro, garante mesmo do real.

O próprio Schreber observa muito bem que ele estava longe de estar preparado por suas categorias anteriores para a experiência viva do Deus infinito — até aí, essas questões não tinham nenhuma espécie de existência para ele, e muito melhor do que um ateu, ele era um indiferente.

Pode-se dizer que nesse delírio Deus é essencialmente o termo polar em relação à megalomania do sujeito, mas é na medida em que Deus aí está preso em seu próprio jogo. O delírio de Schreber vai nos desenvolver com efeito que Deus, por ter querido captar suas forças e fazer dele o resíduo, o lixo, a carcaça, objeto de todos os exercícios de destruição que ele, a seu modo intermediário, permitiu efetuar, está preso em seu próprio jogo. O grande perigo de Deus é, afinal de contas, o de amar demasiado Schreber, esta zona transversalmente transversal.

Teremos de estruturar a relação do que garante o real no outro, isto é, a presença e a existência do mundo estável de Deus, com o sujeito Schreber enquanto realidade orgânica, corpo espedaçado. Veremos, pedindo emprestado algumas referências à literatura analítica, que uma grande parte de seus fantasmas, de suas alucinações, de sua construção miraculosa ou maravilhosa, é feita de elementos em que se reconhecem claramente todas as espécies de equivalências corporais. Veremos, por exemplo, o que a alucinação dos homenzinhos representa organicamente. Mas o pivô desses fenômenos é a lei, que está aqui inteiramente na dimensão imaginária. Eu a chamo transversal, porque ela é diagonalmente oposta à relação de sujeito a sujeito, eixo da fala em sua eficácia.

Continuaremos da próxima vez esta análise, aqui apenas iniciada.

14 de dezembro de 1955

Apêndice

Sessão seguinte: o discurso da escrivaninha

Eu me dei conta que vocês tinham tido, da última vez, uma pequena dificuldade, devida à diferença de potencial entre meu discurso e a leitura, no entanto apaixonante, dos escritos do presidente Schreber. Essa dificuldade técnica me sugeriu que eu confiasse menos, no futuro, em um comentário corrente do texto. Tinha acreditado que era possível lê-lo de uma ponta a outra e colher de passagem os elementos de estrutura, de organização, nos quais quero fazê-los avançar. A experiência prova que será preciso que me arranje de um outro modo. Farei primeiro a escolha.

Essa consideração metódica, conjugada com o fato de que eu não estava absolutamente decidido a realizar o seminário de hoje, e que só o faço levado pela minha grande afeição por vocês, a que se acresce a tradição que quer que nas vésperas das férias se faça nos estabelecimentos de estudos secundários, o que é mais ou menos o nível de vocês, uma pequena leitura, me fez decidir ler para vocês alguma coisa minha de recente e de inédito, e que ficará na linha de nosso assunto.

Trata-se do discurso que fiz, ou julgam que fiz, na Clínica Psiquiátrica do Dr. Hoff, em Viena, sobre o seguinte tema: — *Sentido de um retorno a Freud na psicanálise* — questão de participar a eles sobre o movimento parisiense, e o estilo, senão a orientação geral, de nosso ensino.

Fiz esse discurso nas mesmas condições de improvisação, e até mais acentuadas, do que aqui. Os discursos que realizo aqui, eu os preparo. Nessa ocasião, o assunto me parecia bastante geral para que eu confiasse em minha adaptação ao auditório, de modo que vou comunicar a vocês uma reconstituição escrita, tão fiel quanto pude ao espírito de improvisação e à modulação desse discurso. Fui levado a desenvolver um pouco certas passagens, e a acrescentar a ele certas considerações que fui levado a fazer numa segunda sessão mais reduzida que se realizou depois, e na qual eu me achava perante o círculo limitado dos técnicos analistas que tinham assistido à primeira conferência. Eu falei a eles sobre uma questão técnica, a da significação da interpretação em geral. Isso não deixou de causar-lhes, o assunto, pelo menos na primeira abordagem, um certo assombro, o que prova que é sempre conveniente tentar estabelecer o diálogo.

Tanto quanto possível, vou tentar fazer-lhes esta leitura com o tom falado que meu texto se esforça por reproduzir, e que, espero, prenderá melhor nossa atenção do que a leitura da última vez.

Previno-lhes, fosse apenas para provocar a curiosidade de vocês, que me aconteceu, no meio desse discurso, uma aventura bastante curiosa — que não poderá se reproduzir aqui, senão da maneira de certa forma simulada que a inscreve no texto, já que falta o material.

Lá eu tinha diante de mim uma espécie de escrivaninha, mais aperfeiçoada que esta aqui, e era provavelmente um momento em que o interesse, se não do auditório, pelo menos o meu, declinava um pouco, pois o contato não é sempre tão bom quanto o que sinto aqui com vocês, e é nesse momento que a dita escrivaninha veio em minha ajuda, e de uma maneira bastante extraordinária, a se comparar com essas palavras recentes que ouvimos de um de meus antigos amigos da Sorbonne, que nos contou no sábado passado coisas espantosas, ou seja, a metamorfose da rendeira em chifres de rinoceronte, e finalmente em couves-flores. Pois bem, aquela escrivaninha começou a falar. E eu tive todas as dificuldades do mundo para retomar-lhe a palavra.

É um elemento que vai talvez introduzir um ligeiro desequilíbrio de composição em meu discurso.

Leitura do artigo, retomado nos Escritos, *p.401-436,*
com o título de "A coisa freudiana".

21 de dezembro de 1955

VI

O FENÔMENO PSICÓTICO E SEU MECANISMO

Certeza e realidade.
Schreber não é poeta.
A noção de defesa.
Verdichtung, Verdrängung,
Verneinung *e* Verwerfung

É sempre bom não deixar o horizonte da gente se estreitar. Por isso gostaria hoje de lembrar-lhes qual é, não somente meu desígnio geral no que diz respeito ao caso Schreber, mas também o propósito fundamental destes seminários. Quando se prossegue uma marcha passo a passo durante um certo tempo, no final sempre se dá com muros diante do nariz. Mas enfim, como conduzo vocês a lugares difíceis, talvez manifestemos um pouco mais de exigências do que alhures. Parece-me igualmente necessário lembrar-lhes o plano que situa esta marcha.

Seria preciso exprimir o intento deste seminário de diversas maneiras que corroborem uma a outra, e que todas viriam a dar na mesma. Poderia dizer-lhes em primeiro lugar que estou aqui para lembrar a vocês que convém levar a sério nossa experiência, e que o fato de vocês serem psicanalistas não os exime de serem inteligentes e sensíveis. Não basta que um certo número de chaves lhes tenham sido dadas para que vocês se aproveitem disso para não mais pensar em nada, e se esforcem, o que é a inclinação geral dos seres humanos, por deixar tudo no lugar. Há certas maneiras de usar categorias tais como o inconsciente, a pulsão, a relação pré-edipiana, a defesa, que consistem em não tirar delas nenhuma das consequências autênticas que elas comportam, e em considerar que é um negócio que concerne aos outros, mas que não toca no fundo de nossas relações com o mundo. É preciso realmente dizer que, por serem psicanalistas, vocês não são de modo algum obrigados, salvo a se sacudirem um pouco, a conservar presente no espírito que o mundo não é completamente como cada qual o concebe, mas que ele está preso nesses mecanismos pretensamente conhecidos de vocês.

Isso posto, não se trata tampouco — não se enganem sobre esse ponto — de que eu faça aqui a metafísica da descoberta freudiana, que eu tire as consequências que ela comporta no que concerne ao que se pode chamar, no sentido mais amplo, o ser. Não é esse o meu intento. Não seria inútil, mas creio que isso pode ser deixado para outros, e o que faremos aqui indicará a via de acesso. Não creiam que lhes seja proibido efetuar alguns adejos de asas nesse sentido — vocês não perderão nada em se interrogarem sobre a metafísica da condição humana tal como nos é revelada pela descoberta freudiana. Mas, enfim, não é essencial, pois essa metafísica, vocês a recebem em cima da cabeça, pode-se confiar nas coisas tal como são estruturadas — elas estão aí, e vocês estão dentro.

Não é sem motivo que a descoberta freudiana tenha sido feita nos dias de hoje, e que, por uma série dos mais confusos acasos, vocês se encontrem como sendo pessoalmente os seus depositários. A metafísica de que se trata pode ser inteiramente inscrita na relação do homem com o simbólico. Vocês estão imersos aí num grau que ultrapassa de muito a sua experiência de técnicos e, como o indico algumas vezes, nós encontramos os seus traços e a sua presença em todas as espécies de disciplinas e de interrogações que são vizinhas da psicanálise.

Vocês são técnicos. Mas técnicos de coisas que existem no interior dessa descoberta. Já que essa técnica se desenvolve através da fala, o mundo no qual vocês têm de se deslocar na experiência de vocês está encurvado nessa perspectiva. Tentemos pelo menos estruturar isso corretamente.

É a essa exigência que responde o meu quadradinho, que vai do sujeito ao outro, e de uma certa maneira aqui do simbólico em direção ao real, sujeito, ego, corpo, e no sentido contrário, em direção ao Outro com A maiúsculo da intersubjetividade, o Outro que vocês não apreendem enquanto ele é sujeito, isto é, enquanto ele pode mentir, o

Outro que se acha em compensação sempre no seu lugar, o Outro dos astros, ou se vocês quiserem o sistema estável do mundo, do objeto, e entre os dois o da palavra, com as suas três etapas, do significante, da significação e do discurso.

Não é um sistema do mundo, é um sistema de referenciação de nossa experiência — ela se estrutura assim, e é no interior disso que podemos situar as diversas manifestações fenomênicas com as quais lidamos. Não compreendemos nada aí se não levamos a sério essa estrutura.

É claro, essa história de sério está ela mesma no cerne da questão. O que caracteriza um sujeito normal é precisamente não levar jamais a sério um certo número de realidades cujas existências ele reconhece. Vocês estão cercados de todas as espécies de realidades das quais não duvidam, algumas das quais são particularmente ameaçadoras, mas vocês não as levam plenamente a sério, pois pensam, com o subtítulo de Paul Claudel, que *o pior nem sempre é seguro*, e vocês se mantêm num estado médio, fundamental no sentido em que se trata do fundo, que é de feliz incerteza, e lhes torne possível uma existência suficientemente distendida. Seguramente, a certeza é a coisa mais rara para o sujeito normal. Se ele se indaga a esse respeito, percebe que ela é estritamente correlativa de uma ação na qual ele está empenhado.

Não me alongarei sobre isso, já que não estamos aí para fazer a psicologia e a fenomenologia do mais próximo. Temos, em conformidade com o que se passa sempre, de alcançá-lo por um rodeio, pelo mais longínquo, que é hoje o louco Schreber.

1

Guardemos um pouco nossas distâncias, e vamos perceber que Schreber tem em comum com os outros loucos um traço que vocês encontrarão sempre nos dados mais imediatos — é a razão pela qual lhes faço apresentação de doentes. Os psicólogos, por não frequentarem verdadeiramente o louco, se colocam o falso problema de saber por que ele acredita na realidade de sua alucinação. Vê-se bem, no entanto, que isso não cola, e se cansam então enormemente elucubrando uma gênese da crença. Seria preciso em primeiro lugar precisá-la, essa crença, pois, na verdade, o louco não acredita nela, na realidade de sua alienação.

Há a respeito disso mil exemplos, sobre os quais não me alongarei hoje porque não quero me afastar do texto do louco Schreber. Mas, enfim, isso está mesmo ao alcance das pessoas que não são psiquiatras. O acaso me tendo feito abrir ultimamente a *Fenomenologia da percepção* de Maurice Merleau-Ponty na página 386 sobre o tema da coisa e do mundo natural, eu os remeto àquela passagem, vocês aí encontrarão observações excelentes sobre esse assunto, a saber: nada é mais fácil de ser obtido do sujeito que a confissão de que o que ele está ouvindo, nenhuma outra pessoa o ouviu. Ele diz: *Sim, está bem, foi só eu que o ouvi.*

A realidade não é o que está em causa. O sujeito admite, com todos os rodeios explicativos verbalmente desenvolvidos que estão ao seu alcance, que esses fenômenos são de uma outra ordem que o real, ele sabe bem que a realidade deles não está assegurada, admite mesmo até um certo ponto a sua irrealidade. Mas contrariamente ao sujeito normal para quem a realidade lhe chega de bandeja, ele tem uma certeza, que é a de que aquilo de que se trata — da alucinação à interpretação — lhe concerne.

Não é de realidade que se trata com ele, mas de certeza. Mesmo quando ele se exprime no sentido de dizer que o que sente não é da ordem da realidade, isso não atinge a sua certeza, que lhe concerne. Essa certeza é radical. O natural mesmo daquilo de que ele está certo pode muito bem continuar sendo de uma ambiguidade perfeita, em toda a gama que vai da malevolência à benevolência. Mas isso significa alguma coisa de inabalável para ele.

Eis o que constitui o que se chama, com razão ou sem, o fenômeno elementar, ou ainda, o fenômeno mais desenvolvido, a crença delirante.

Vocês podem ter contato com um exemplo disso folheando a admirável condensação que Freud nos deu do livro de Schreber, ao mesmo tempo em que o analisa. Através de Freud, vocês podem ter o contato, a dimensão disso.

Um fenômeno central do delírio de Schreber, pode-se mesmo dizer inicial na concepção que ele constrói para si dessa transformação do mundo que constitui o seu delírio, é o que ele chama *Seelenmord*, o assassinato d'alma. Ora, ele mesmo o apresenta como totalmente enigmático.

Certamente, o capítulo III das *Memórias*, que dava as explicações de sua neuropatia e desenvolvia esta noção de assassinato d'alma, está censurado. Sabemos contudo que ele comportava observações concernentes à sua família, o que nos teria provavelmente esclarecido sobre seu delírio inaugural em relação a seu pai ou a seu irmão, ou a alguém entre seus parentes, e sobre o que se chama comumente os elementos significativos transferenciais. Mas essa censura não é, afinal de contas, para ser tão lamentada assim. Algumas vezes, detalhes em demasia impedem de ver as características formais fundamentais. O essencial não é que nós tenhamos perdido, por causa dessa censura, a oportunidade de compreender algumas de suas experiências afetivas para com seus familiares, é que ele, o sujeito, não a compreende, e que entretanto a formula.

Ele a distingue como um momento decisivo dessa dimensão nova à qual acedeu, e que nos comunica pelo relato dos diferentes modos relacionais, cuja perspectiva lhe foi progressivamente dada. Esse assassinato d'alma, ele o considera como um móbil certo, mas que nem por isso deixa de conservar para ele próprio um caráter enigmático. O que realmente pode ser isso, o assassinar uma alma? Por outro lado, saber distinguir a alma de tudo o que se liga a ela não é dado a todo o mundo, mas o é a esse delirante com um caráter de certeza que confere a seu testemunho um relevo essencial.

Devemos nos deter nessas coisas, e não perder o seu caráter distintivo, se queremos compreender o que se passa verdadeiramente, e não simplesmente, com a ajuda de algumas palavras-chaves, ou desta oposição entre realidade e certeza, nos desembaraçar do fenômeno da loucura.

Essa certeza delirante, é preciso exercitá-los a tornar a encontrá-la em qualquer parte onde ela esteja. Vocês perceberão então por exemplo a que ponto o fenômeno do ciúme é diferente quando se apresenta num sujeito normal e quando se apresenta num delirante. Não é necessário evocar para vocês longamente o que tem de humorístico, e mesmo de cômico, o ciúme do tipo normal, do qual se pode dizer que ele se recusa da forma mais natural do mundo à certeza, sejam quais forem as realidades que se ofereçam. É a famosa história do ciumento que persegue sua mulher até a porta do quarto onde ela está trancada com um outro. Ela contrasta bastante com o fato de que o delirante se exime de toda referência real. Isso deveria inspirar-lhes alguma desconfiança quando se transferem mecanismos normais, como a projeção, para explicar a gênese de um ciúme delirante. No entanto, vocês verão que é comum fazer-se essa extrapolação. Basta ler o texto de Freud sobre o presidente Schreber, para perceber que, embora não haja tempo para abordar a questão em toda a sua extensão, ele nos mostra todos os perigos que há em fazer intervir de maneira imprudente, a respeito da paranoia, a projeção, a relação do eu ao eu, seja do eu ao outro. Embora essa advertência esteja escrita preto no branco, fazem uso a torto e a direito do termo projeção para explicar os delírios e a sua gênese.

Eu diria mais — o delirante, à medida que ele sobe na escala dos delírios, está cada vez mais certo de coisas postas como cada vez mais irreais. É o que distingue a paranoia da demência precoce, o delirante as articula com uma abundância, com uma riqueza que é justamente uma das características clínicas mais essenciais, e que por ser das mais maciças, não deve mesmo assim ser negligenciada. As produções discursivas que caracterizam o registro das paranoias desenvolvem-se com toda a força aliás, a maior parte do tempo, em produções literárias, no sentido em que *literárias* quer dizer simplesmente folhas de papel cobertas com escrita. Esse fato advoga, observam-no, em favor da manutenção de uma certa unidade entre os delírios que se isolou talvez prematuramente como paranoicos, e as formações ditas, na nosologia clássicas, parafrênicas.

Convém, no entanto, que vocês percebam o que falta aqui ao louco, por mais escritor que ele seja, e mesmo a esse presidente Schreber que nos fornece uma obra tão surpreendente por seu caráter completo, fechado, pleno, acabado.

O mundo que ele nos descreve está articulado em conformidade com a concepção que ele alcançou depois do momento do sintoma inexplicado da profunda perturbação, cruel e dolorosa, de sua existência. Segundo essa concepção, que lhe dá aliás um certo domínio de sua psicose, ele é o correspondente feminino de Deus. Em consequência, tudo é compreensível, tudo é arranjado, e eu diria mais, tudo se arranjará para todo mundo, já que ele representa aí um papel de intermediário entre uma humanidade ameaçada até o mais recôndito de sua existência, e esse poder divino com o qual ele tem ligações tão particulares. Tudo está arranjado na *Versöhnung*, a reconciliação que o situa como a mulher de Deus. Sua relação com Deus, tal como ele nos comunica, é rica e complexa, e no entanto não podemos deixar de ficar surpreendidos com o fato de que seu texto não comporte nada que nos indique a menor presença, a menor efusão, a menor comunicação real, que poderia nos dar a ideia de que há aí verdadeiramente relação entre dois seres.

Sem recorrer, o que seria desproporcionado a respeito de um texto como esse, à comparação com um grande místico, abram assim mesmo, se a prova disso pode diverti-los, abram em qualquer página San Juan de la Cruz. Ele também, na experiência da subida da alma, se apresenta numa atitude de recepção e oferenda, e chega mesmo a falar em esponsais da alma com a presença divina. Ora, não há absolutamente nada de comum entre a ênfase que nos é dada de um lado e do outro. Eu diria mesmo que, a respeito do menor testemunho de uma experiência religiosa autêntica, vocês verão toda a diferença. Digamos que o longo discurso pelo qual Schreber nos dá testemunho do que ele se decidiu afinal a admitir como solução de sua problemática, não nos dá em parte alguma o sentimento de uma experiência original na qual o próprio sujeito está incluído — é um testemunho, pode-se dizê-lo, verdadeiramente objetivado.

De que se trata nesses testemunhos delirantes? Não digamos que o louco é alguém que vive sem o reconhecimento do outro. Se Schreber escreve essa obra enorme é justamente para que ninguém ignore a respeito do que ele sofreu, e mesmo para que, nessa circunstância, os especialistas venham verificar em seu corpo a presença dos nervos femininos pelos quais progressivamente ele foi penetrado, a fim de objetivar a ligação singular que foi a sua com a realidade divina. Isso se propõe justamente como um esforço para ser reconhecido. Já que se trata de um discurso publicado, um ponto de interrogação é suscitado pelo que pode bem querer dizer, nessa personagem tão isolada por sua experiência que é o louco, a necessidade de reconhecimento. O louco parece à primeira vista distinguir-se por não ter necessidade de ser reconhecido. Mas essa suficiência que ele tem de seu próprio mundo, sua autocompreensibilidade que parece caracterizá-lo, não deixa de apresentar alguma contradição.

Nós poderíamos resumir a posição em que estamos em relação ao seu discurso quando tomamos conhecimento disso, dizendo que, se ele é com toda certeza um escritor, não é um poeta. Schreber não nos introduz numa dimensão nova da experiência. Há poesia toda vez que um escrito nos introduz num mundo diferente do nosso, e, ao nos dar a presença de um ser, de uma certa relação fundamental, faz com que ela se torne também nossa. A poesia faz com que não possamos duvidar da autenticidade da experiência de San Juan de la Cruz, nem da de Proust ou da de Gérard de Nerval. A poesia é criação de um sujeito assumindo uma nova ordem de relação simbólica com o mundo. Não há absolutamente nada disso nas *Memórias* de Schreber.

Que vamos, pois, dizer afinal de contas sobre o delirante? Estará ele só? Não é tampouco o sentimento que temos, pois que ele é habitado certamente por todas as espécies de existências improváveis, mas cujo caráter significativo é certo, é um dado primeiro, e cuja articulação se torna cada vez mais elaborada à medida que avança o seu delírio. Ele é violado, manipulado, transformado, falado de todas as maneiras, é, eu diria, tagarelado. Vocês lerão pormenorizadamente o que ele diz do que chama os pássaros do céu, e o seu chilrear. É justamente disso que se trata — ele é a sede de todo um viveiro de fenômenos, e é esse fato que lhe inspirou essa imensa comunicação que é a sua, esse livro de algumas quinhentas páginas, resultado de uma longa construção que foi para ele a solução de sua aventura interior.

A dúvida se apoia de saída, e em tal circunstância, naquilo a que a significação remete, mas que ela remete a alguma coisa, isso é para ele indubitável. Num sujeito como Schreber, as coisas vão tão longe que o mundo inteiro está tomado nesse delírio de significação, de tal modo que se pode dizer que, ao invés de estar só, quase nada há de tudo o que o cerca que, de certo modo, ele não seja.

Em compensação, tudo o que ele faz existir nessas significações é de alguma maneira vazio dele próprio. Ele a articula de mil maneiras, e especialmente, por exemplo, quando observa que Deus, seu interlocutor imaginário, não compreende nada de tudo o que está no interior, a tudo o que é próprio dos seres vivos, e que ele jamais lidou senão com sombras ou com cadáveres. Tanto mais que todo seu mundo foi transformado em uma fantasmagoria de *ombres d'hommes bâclés à la sixquatre-deux*,[9] como se traduziu em francês.

2

Que uma tal construção se produza num sujeito, temos, à luz das perspectivas analíticas, várias vias que se nos abrem para compreendê-lo.

As vias mais fáceis são as vias já conhecidas. Uma categoria hoje no primeiro plano é a de defesa, que foi muito cedo introduzida na análise. Consideram que o delírio é uma defesa do sujeito. É da mesma forma aliás que são também explicadas as neuroses.

Vocês sabem o quanto insisto no caráter incompleto e escabroso dessa referência, que se presta a todas as espécies de intervenções precipitadas e nocivas. Vocês sabem também como é difícil de se desembaraçar dela. Justamente porque toca em alguma coisa de objetivável, é que o conceito é tão insistente, tão tentador. O sujeito se defende, pois bem, ajudêmo-lo a compreender que ele só faz se defender, mostremos a ele aquilo contra que ele se defende. Assim que entram nessa perspectiva, vocês se acham diante de múltiplos perigos, e em primeiro lugar daquele de deixar escapar o plano sobre o qual a intervenção de vocês deve ser feita. Vocês devem, com efeito, sempre distinguir severamente a ordem em que se manifesta a defesa.

Suponhamos que essa defesa seja manifestamente da ordem simbólica, e que vocês possam elucidá-la no sentido de uma palavra no sentido pleno, isto é, que, no sujeito, faça intervir significante e significado. Se o sujeito presentifica para vocês os dois, significante e significado, então, com efeito, vocês podem intervir nele mostrando a conjunção desse significante e desse significado. Mas somente se todos dois estão presentes em seu discurso. Se vocês não têm todos dois, se vocês têm o sentimento de que o sujeito se defende contra alguma coisa que vocês estão vendo bem, e que ele não vê, isto é, que vocês estão vendo de maneira clara que o sujeito se engana quanto à realidade, a noção de defesa é insuficiente para lhes permitir pôr o sujeito em face da realidade.

Lembrem-se do que eu lhes disse há tempos a respeito da belíssima observação de Kris sobre essa personagem possuída pela ideia de que ele era plagiário, e pela culpabilidade aferente. É em nome da defesa que Kris considera sua intervenção como genial. Desde algum tempo, só temos é essa noção de defesa, e como o eu tem de lutar em três frentes, isto é, do lado do *id*, do lado do superego e do lado do mundo exterior, cremo-nos autorizados a intervir em qualquer um desses três planos. Quando o sujeito faz alusão à obra de um de seus colegas da qual, uma vez mais, teria ele se servido como plagiário, tomam a liberdade de ler essa obra, e, dando-se conta de que não há nada na obra daquele colega que mereça ser considerado como uma ideia original que o sujeito teria plagiado, fazem com que ele observe isso. Consideram que uma tal intervenção faz parte da análise. Somos felizmente bastante honestos e bastante cegos para dar como prova do bem-fundado de nossa interpretação o fato de que o sujeito nos traga na vez seguinte esta bonita historiazinha — saindo da sessão, ele foi a um restaurante, e comeu seu prato predileto, miolos frescos.

Fica-se encantado, isso correspondeu. Mas o que será que isso quer dizer? Quer dizer que o sujeito, ele próprio, não compreendeu absolutamente nada da coisa, e que ele não compreende nada tampouco do que nos traz, de modo que não se vê muito bem onde está o progresso realizado. Kris apertou o botão certo. Não basta apertar o botão certo. O sujeito fez aí tão somente um *acting-out*.

Eu homologo o *acting-out* como equivalente a um fenômeno alucinatório do tipo delirante que se produz quando vocês simbolizam prematuramente, quando abordam alguma coisa na ordem da realidade e não no interior do registro simbólico. Para um analista, abordar a questão do plagiarismo no registro simbólico deve estar em primeiro lugar centrado na ideia de que o plagiarismo não existe. Não há propriedade simbólica. É justamente a questão — se o símbolo é de todos, por que as coisas da ordem do símbolo tomaram para o sujeito aquele acento, aquele peso?

É aí que o analista deve esperar o que o sujeito lhe fornecerá, antes de fazer entrar em jogo sua interpretação. Como se trata de um grande neurótico que resiste a uma tentativa analítica certamente não negligenciável — antes de vir ter com Kris, ele já tinha tido uma análise —, vocês têm todas as chances para que esse plagiarismo seja fantasmático. Em compensação, se vocês apoiam a intervenção no plano da realidade, isto é, se vocês retornam à psicoterapia mais primária, que faz o sujeito? Ele responde da maneira mais clara, num nível mais profundo da realidade. Ele testemunha que alguma coisa surge da realidade que é obstinada, que se impõe a ele, e que tudo o que poderão lhe dizer não mudará no fundo nada do problema. Vocês lhe demonstram que ele não é mais plagiário, ele lhes mostra de que se trata, fazendo vocês comerem miolos frescos. Ele renova o seu sintoma, e num ponto que não tem mais fundamento nem existência do que aquele sobre o qual ele o mostrou no primeiro instante. Será que ele mostra mesmo alguma coisa? Irei mais longe — direi que ele não mostra absolutamente nada, que é essa alguma coisa que se mostra.

Estamos aí no cerne do que vou tentar este ano demonstrar a respeito do presidente Schreber.

3

A observação do presidente Schreber mostra coisas microscópicas sob uma forma dilatada. É justamente o que vai me permitir esclarecer para vocês o que Freud formulou da maneira mais clara a respeito da psicose, sem ir até o extremo, porque, em seu tempo, o problema não tinha chegado a um grau de acuidade, de urgência quanto à prática analítica, em que ele está no nosso. Ele diz, frase essencial que muitas vezes citei — alguma coisa que foi rejeitada do interior reaparece no exterior. Voltarei a isso.

Eu proponho articular para vocês o problema nos termos que se seguem. Previamente a qualquer simbolização — essa anterioridade não é cronológica, mas lógica — há uma etapa, as psicoses o demonstram, em que é possível que uma parte da simbolização não se faça. Essa etapa primeira precede toda a dialética neurótica que está ligada ao fato de que a neurose é uma palavra que se articula, na medida em que o recalcado e o retorno do recalcado são uma só e mesma coisa. Assim pode acontecer que alguma coisa de primordial quanto ao ser do sujeito não entre na simbolização, e seja, não recalcado, mas rejeitado.

Não está demonstrado. Não é tampouco uma hipótese. É uma articulação do problema. A primeira etapa não é uma etapa que vocês têm de situar em alguma parte na gênese. Eu não nego, é claro, que o que se passa ao nível das primeiras articulações simbólicas, a aparição essencial do sujeito, não nos questione, mas não se deixem fascinar por esse momento genético. A criancinha que vocês veem brincar fazendo um objeto desaparecer e tornar a aparecer, e que se exercita assim na apreensão do símbolo, mascara, se vocês se deixam fascinar por ela, o fato de que o símbolo já está ali, imenso, englobando-o por toda a parte, de que a linguagem existe, enche bibliotecas, transborda, rodeia todas as suas ações, guia-as, suscita-as, de que vocês estão engajados, que ela pode solicitá-los insistentemente a todo o momento para que vocês se desloquem e sejam levados a alguma parte. Tudo isso vocês esquecem diante da criança que está se introduzindo na dimensão simbólica. Portanto, coloquemo-nos ao nível da existência do símbolo como tal, enquanto nós aí estamos imersos.

Na relação do sujeito com o símbolo, há a possibilidade de uma *Verwerfung* primitiva, ou seja, que alguma coisa não seja simbolizada, que vai se manifestar no real.

A categoria do real é essencial ser introduzida, ela não pode ser negligenciada nos textos freudianos. Eu dou a ela esse nome enquanto ela define um campo diferente do simbólico. É somente a partir daí que é possível aclarar o fenômeno psicótico e sua evolução.

Ao nível dessa *Bejahung* pura, primitiva, que pode realizar-se ou não, estabelece-se uma primeira dicotomia — o que teria sido submetido à *Bejahung*, à simbolização primitiva, terá diversos destinos, o qual cai sob o golpe da *Verwerfung* primitiva terá um outro.

Hoje vou avançar mais e enfoco bem a coisa para que vocês saibam aonde vou. Não tomem o que lhes exponho por uma construção arbitrária, nem simplesmente como o fruto de uma submissão ao texto de Freud, mesmo se é precisamente o que lemos nesse texto extraordinário da *Verneinung* que o Sr. Hyppolite quis, faz dois anos, comentar para nós. Se digo o que digo, é porque é a única forma de introduzir um rigor, uma coerência e uma racionalidade no que se passa na psicose, e nomeadamente naquela de que se trata aqui, a do presidente Schreber. Eu lhes mostrarei a seguir as dificuldades que são ocasionadas por toda a nossa construção do caso, e a necessidade dessa articulação de partida.

Há portanto, na origem, *Bejahung*, isto é, afirmação do que é, ou *Verwerfung*.

Evidentemente, não basta que o sujeito tenha escolhido no texto o que há para dizer, uma parte, uma parte apenas, repelindo o resto, para que, ao menos com esta, isso cole. Há sempre coisas que não colam. É um fato evidente, se não partimos da ideia que inspira toda a psicologia clássica, acadêmica, ou seja, a de que os seres humanos são seres adaptados, como se diz, já que vivem, e portanto que tudo deve colar. Vocês não são psicanalistas se admitem isso. Ser psicanalista é simplesmente abrir os olhos para essa evidência de que não há nada mais desbaratado que a realidade humana. Se vocês creem ter um eu bem-adaptado, razoável, que sabe navegar, reconhecer o que tem de ser feito e o que não tem de ser feito, levar em conta as realidades, não resta senão mandá-los para longe daqui. A psicanálise, nisso se juntando à experiência comum, mostra-lhes que não há nada mais estúpido que um destino humano, ou seja, que sempre se é passado para trás. Mesmo quando se faz alguma coisa que dá certo, não é justamente o que se queria. Não há nada mais desiludido que um senhor que chega supostamente ao cúmulo de seus votos, basta falar três minutos com ele, francamente, como talvez só o artifício do divã psicanalítico o permite, para saber que, no fim de contas, esse lance é justamente o lance de que ele zomba, o que ele está, além disso, particularmente enfastiado com todas as espécies de coisas. A análise é perceber isso, e levá-lo em conta.

Não é por acaso, porque isso poderia ser de outro modo, que por uma sina estranha atravessemos a vida sem encontrar ninguém que não infelizes. Dizemos para nós mesmos que as pessoas felizes devem estar em alguma parte. Pois bem, se vocês não tiram isso da cabeça, é que não compreenderam nada da psicanálise. Eis o que chamo levar as coisas a sério. Quando eu lhes disse que era preciso levar as coisas a sério, é para que vocês levem a sério justamente esse fato que vocês nunca levam a sério.

Portanto, no interior da *Bejahung*, acontecem todas as espécies de acidentes. Nada nos indica que a supressão primitiva tenha sido produzida de maneira apropriada. Há aliás grandes probabilidades de que daqui a muito tempo não saibamos nada de seus motivos, precisamente porque isso se situa além de todo mecanismo de simbolização. E se alguém souber um dia alguma coisa disso, há pouca possibilidade de que seja o analista. A verdade é que é com o que resta que o sujeito compõe um mundo, e sobretudo que ele se situa dentro, isto é, que ele se arranja para ser aproximadamente o que ele admitiu que ele fosse, um homem quando ele se vê sendo do sexo masculino, ou uma mulher em caso inverso.

Se coloco isso no primeiro plano, é que a análise sublinha bem que aí está um dos problemas essenciais. Não esqueçam jamais que nada do que diz respeito ao comportamento do ser humano como sujeito, e ao que quer que seja no qual ele se realize, no qual simplesmente ele é, não pode escapar de ser submetido às leis da fala.

A descoberta freudiana nos ensina que as adequações naturais são, no homem, profundamente desconcertantes. Não é simplesmente porque a bissexualidade desempenha nele um papel essencial. Essa bissexualidade não é surpreendente do ponto de vista biológico, considerando-se que as vias de acesso à regulação e à normalização no homem são mais complexas, e diferentes, em relação ao que observamos nos mamíferos e nos vertebrados em geral. A simbolização, em outras palavras, a Lei, desempenha aí um papel primordial.

Se Freud insistiu a tal ponto no complexo de Édipo, que chegou até a construir uma sociologia de totens e tabus, é patentemente porque para ele a Lei está ali *ab origine*. Não se trata por conseguinte de se colocar a questão das origens — a Lei está justamente ali desde o início, desde sempre, e a sexualidade humana deve se realizar por meio e através dela. Essa Lei fundamental é simplesmente uma Lei de simbolização. É o que o Édipo quer dizer.

Portanto, no interior disso, vai se produzir tudo o que vocês podem imaginar, sob os três registros da *Verdichtung*, da *Verdrängung* e da *Verneinung*.

A *Verdichtung* é simplesmente a lei do mal-entendido, graças à qual nós sobrevivemos, ou ainda graças à qual fazemos várias coisas ao mesmo tempo, ou ainda graças à qual podemos, por exemplo, quando somos um homem, satisfazer completamente nossas tendências opostas ocupando numa relação simbólica uma posição feminina, embora permanecendo um homem, dotado de sua virilidade, no plano imaginário e no plano real. Essa função que é, com maior ou menor intensidade, de feminidade pode ter assim oportunidade de ser satisfeita com esta receptividade essencial que é um dos papéis existentes fundamentais. Isso não é metafórico — recebemos realmente alguma coisa quando acolhemos a palavra falada. A participação na relação da fala pode ter vários sentidos ao mesmo tempo, e uma das significações interessadas pode ser precisamente a de se satisfazer na posição feminina, como tal essencial a nosso ser.

A *Verdrängung*, o recalque, não é a lei do mal-entendido, é o que se passa quando isso não cola ao nível de uma cadeia simbólica. Cada cadeia simbólica a que estamos ligados comporta uma coerência interna, que faz com que sejamos forçados em tal momento a devolver o que recebemos a um outro. Ora, pode acontecer que não possamos devolver em todos os planos ao mesmo tempo, e que, em outros termos, a lei nos seja intolerável. Não que ela o seja em si mesma, e sim porque a posição em que estamos comporta um sacrifício que é reconhecido como impossível no plano das significações. Então, recalcamos nossos atos, nossos discursos, nosso comportamento. Mas a cadeia nem por isso deixa de correr por debaixo, a exprimir suas exigências, de fazer valer sua dívida, e isso, por intermédio do sintoma neurótico. É nisso que o recalque é do âmbito da neurose.

A *Verneinung* é da ordem do discurso, e concerne ao que somos capazes de fazer vir à tona por uma via articulada. O dito princípio de realidade intervém estritamente nesse nível. Freud o exprime da maneira mais clara, em três ou quatro lugares que percorremos de sua obra nos diferentes momentos de nosso comentário. Trata-se da atribuição, não do valor de símbolo, *Bejahung*, mas do valor de existência. Desse nível, que Freud situa em seu vocabulário como o de juízo de existência, ele dá, com uma oportunidade mil vezes à frente do que se dizia em seu tempo, a seguinte característica: que se trata sempre de reencontrar um objeto.

Toda apreensão humana da realidade está submetida a essa condição primordial — o sujeito está na busca do objeto de seu desejo, mas nada o conduz a ele. A realidade, na medida em que ela está subtendida pelo desejo, é no início alucinada. A teoria freudiana do nascimento do mundo objetal, da realidade tal como ela é expressa no fim da *Traumdeutung* por exemplo, e retomada a cada vez que se trata dela essencialmente, implica que o sujeito fique em suspensão com respeito ao que constitui seu objeto fundamental, o objeto de sua satisfação essencial.

É essa parte da obra, do pensamento freudiano, que é abundantemente retomada em todos os desenvolvimentos que nos fazem atualmente sobre a relação pré-edipiana, e que consiste afinal de contas em dizer que o sujeito procura sempre satisfazer a primitiva relação materna. Em outros termos, ali onde Freud introduziu a dialética de dois princípios inseparáveis, que não podem ser pensados um sem o outro, o princípio do prazer e o princípio de realidade, escolhem um deles, o princípio do prazer, e é a este que dão toda a ênfase, sustentando que ele domina e engloba o princípio de realidade.

Mas esse princípio de realidade, desconhecem-no em sua essência. Ele exprime exatamente isto: o sujeito não tem de *encontrar* o objeto de seu desejo, ele não é levado a isso por canais, trilhos naturais de uma adaptação instintiva mais ou menos preestabelecida, e aliás mais ou menos tropeçante, tal como a vemos no reino animal, ele deve ao contrário *reencontrar* o objeto, cujo aparecimento é fundamentalmente alucinado. É claro, jamais o reencontra, e é precisamente nisso que consiste o princípio de realidade. O sujeito não reencontra jamais, escreve Freud, senão um outro objeto, que corresponderá de maneira mais ou menos satisfatória às necessidades de que se trata. Jamais encontra senão um objeto distinto, pois que deve por definição reencontrar alguma coisa que é de empréstimo. Aí é o ponto essencial em torno do qual gira a introdução, na dialética freudiana, do princípio de realidade.

O que é preciso conceber, porquanto isto nos é dado pela experiência clínica, é que aparece no real outra coisa que o que é posto à prova e procurado pelo sujeito, outra coisa que aquilo em direção de que o sujeito é conduzido pelo aparelho de reflexão, de domínio e de pesquisa que é o seu eu, com tudo o que ele comporta de alienações fundamentais, outra coisa, que pode surgir, seja sob a forma esporádica dessa pequena alucinação que ele menciona a propósito do Homem dos Lobos, seja, de maneira muito mais extensiva, como o que se produz no caso do presidente Schreber.

4

O que é o fenômeno psicótico? É a emergência na realidade de uma significação enorme que não se parece com nada — e isso, na medida em que não se pode ligá-la a nada, já que ela jamais entrou no sistema da simbolização — mas que pode, em certas condições, ameaçar todo o edifício.

Há manifestamente no caso do presidente Schreber uma significação que concerne ao sujeito, mas que é rejeitada, e só se projeta da maneira mais esbatida em seu horizonte e sua ética — e cujo reaparecimento determina a invasão psicótica. Vocês verão a que ponto o que a determina é diferente do que determina a invasão neurótica — são condições estritamente opostas. No caso do presidente Schreber, essa significação rejeitada tem a mais estreita relação com essa bissexualidade primitiva de que eu lhes falava ainda há pouco. O presidente Schreber jamais integrou de forma alguma, tentaremos vê-lo no texto, nenhuma espécie de forma feminina.

Dificilmente se vê como seria pura e simplesmente a repressão de tal tendência, a rejeição ou o recalque de tal pulsão mais ou menos transferencial que ele teria experimentado em relação ao Dr. Flechsig, que teria levado o presidente Schreber a construir seu enorme delírio. Deve realmente haver alguma coisa de um pouco mais proporcionado ao resultado de que se trata.

Indico-lhes de antemão que se trata da função feminina em sua significação simbólica essencial, e que só podemos reencontrá-la ao nível da procriação, e vocês verão por quê. Não falaremos nem em emasculação, nem em feminização, nem em fantasia de gravidez, pois isso vai até a procriação. Eis o que, absolutamente não num momento deficitário, mas ao contrário num momento culminante de sua existência, se revela para ele sob a forma de uma irrupção no real de alguma coisa que ele nunca conheceu, de um aparecimento de uma estranheza total, que vai progressivamente acarretar uma submersão radical de todas as suas categorias, até forçá-lo a um verdadeiro remanejamento de seu mundo.

Podemos falar de processo de compensação, e mesmo de processo de cura como alguns não hesitariam em fazê-lo, sob pretexto de que, no momento da estabilização de seu delírio, o sujeito apresenta um estado mais calmo que no momento da irrupção do delírio? Seria uma cura, ou não? É uma questão que vale a pena de ser posta, mas creio que só em sentido abusivo se pode falar de cura.

Que se passa, pois, no momento em que o que não é simbolizado reaparece no real? Tem sua serventia empregar a essa respeito o termo defesa. É claro que o que aparece, aparece sob o registro da significação, e de uma significação que não vem de parte alguma, e que não remete a nada, mas uma significação essencial, que diz respeito ao sujeito. Nesse momento, põe-se certamente em movimento o que intervém a cada vez que há conflito de ordens, ou seja, o recalque. Mas por que será aqui que o recalque não cola, isto é, não tem como resultado o que se produz quando se trata de uma neurose?

Antes de saber por quê, é preciso, em primeiro lugar, estudar o como. Eu vou insistir bem no que faz a diferença de estrutura entre a neurose e a psicose.

Quando uma pulsão, digamos feminina ou pacificante, aparece num sujeito para quem a dita pulsão já foi posta em ação nos diferentes pontos de sua simbolização prévia, em sua neurose infantil por exemplo, ela encontrou o meio de se exprimir num certo número de sintomas. Assim o que é recalcado se exprime assim mesmo, o recalque e o retorno do recalcado sendo uma só e mesma coisa. O sujeito tem a possibilidade, no interior do recalque, de se sair bem com o que acontece de novo. Há compromisso. É o que caracteriza a neurose, é a coisa ao mesmo tempo mais evidente do mundo, e aquela que não se quer ver.

A *Verwerfung* não está no mesmo nível da *Verneinung*. Quando, no início da psicose, o não simbolizado reaparece no real, há respostas do lado do mecanismo da *Verneinung*, mas elas são inadequadas.

O que será o início de uma psicose? Uma psicose tem, como uma neurose, uma pré-história? Haverá, ou não, uma psicose infantil? Eu não digo que responderemos a essa questão, mas ao menos a colocaremos.

Tudo parece mostrar que a psicose não tem pré-história. Mas acontece apenas que, quando, em condições especiais que deverão ser precisadas, alguma coisa aparece no mundo exterior que não foi primitivamente simbolizada, o sujeito se vê absolutamente desarmado, incapaz de fazer dar certo a *Verneinung* com relação ao acontecimento. O que se produz então tem o caráter de ser absolutamente excluído do compromisso simbolizante da neurose, e se traduz em outro registro, por uma verdadeira reação em cadeia ao nível do imaginário, seja na contradiagonal de nosso quadradinho mágico.

O sujeito, por não poder restabelecer de maneira alguma o pacto do sujeito com o outro, por não poder fazer uma mediação simbólica qualquer entre o que é o novo e ele próprio, entra em outro modo de mediação, completamente diferente do primeiro, substituindo a mediação simbólica por um formigamento, por uma proliferação imaginária, nos quais se introduz, de maneira deformada, e profundamente a-simbólica, o sinal central de uma mediação possível.

O próprio significante sofre profundos remanejamentos, que vão dar aquele acento tão particular às intuições mais significantes para o sujeito. A língua fundamental do presidente Schreber é com efeito o signo de que subsiste no interior desse mundo imaginário a exigência do significante.

A relação do sujeito com o mundo é uma relação em espelho. O mundo do sujeito vai se compor essencialmente da relação com esse ser que é para ele o outro, isto é, o próprio Deus. Alguma coisa ali é pretensamente produzida, da relação de homem a mulher. Mas vocês verão, quando estudarmos pormenorizadamente esse delírio, que, muito pelo contrário, as duas personagens, isto é, Deus, com tudo o que ele comporta, o universo, a esfera celeste, e o próprio Schreber de outro lado, enquanto literalmente decomposto em uma multidão de seres imaginários que prosseguem os seus vaivéns e transfixações diversas, são duas estruturas que se revezam rigorosamente. Elas desenvolvem, de uma forma muito atraente para nós, o que sempre é elidido, velado, domesticado, na vida do homem normal, a saber: a dialética do corpo espedaçado em relação ao universo imaginário, que é subjacente na estrutura normal.

O estudo do delírio de Schreber tem o interesse eminente de nos permitir discernir de maneira desenvolvida a dialética imaginária. Se ela se distingue manifestamente de tudo o que podemos pressupor de uma relação instintiva, natural, é em virtude de uma estrutura genérica que marcamos na origem, e que é a do estádio do espelho. Essa estrutura faz antecipadamente, do mundo imaginário do homem, alguma coisa de decomposto. Nós o encontramos aqui em seu estado desenvolvido, e é um dos interesses da análise do delírio como tal. Os analistas sempre o sublinharam, o delírio nos mostra o jogo das fantasias em seu caráter absolutamente desenvolvido de duplicidade. As duas personagens às quais o mundo se reduz para o presidente Schreber são feitas uma em relação à outra, uma oferece à outra sua imagem invertida.

O importante é ver em que isso corresponde à demanda, feita de viés para integrar o que surgiu no real, e que representa para o sujeito essa alguma coisa dele mesmo que ele nunca simbolizou. Uma exigência da ordem simbólica, por não poder ser integrada no que já foi posto em jogo no movimento dialético sobre o qual viveu o sujeito, acarreta uma desagregação em cadeia, uma subtração da trama na tapeçaria, que se chama delírio. Um delírio não é forçosamente sem relação com um discurso normal, e o sujeito é bem capaz de nos participar, e de se satisfazer com isso, no interior de um mundo em que toda comunicação não foi rompida.

É na junção da *Verwerfung* e da *Verdrängung* com a *Verneinung* que prosseguiremos na próxima vez nosso exame.

11 de janeiro de 1956

VII

A dissolução imaginária

Dora e o seu quadrilátero.
Eros e agressão no carapau macho.
O que se chama o pai.
A fragmentação da identidade.

Eu tinha a intenção de penetrar hoje na essência da loucura, e pensei que havia nisso uma loucura. Eu me tranquilizei dizendo-me que o que fazíamos não é um empreendimento tão isolado e tão arrojado.

No entanto, não é que o trabalho seja fácil. Por quê? Porque, por uma singular fatalidade, todo empreendimento humano, e especialmente os empreendimentos difíceis, tendem sempre a uma recaída, por causa deste algo de misterioso que se chama a preguiça. Basta para apreciar isso reler sem preconceitos, com um olho e um entendimento purificados de todo o barulho que ouvimos em torno dos conceitos analíticos, o texto de Freud sobre o presidente Schreber.

É um texto absolutamente extraordinário, mas que só nos faz descobrir a via do enigma. Toda a explicação que ele nos dá do delírio vem com efeito confluir para essa noção do narcisismo que não está seguramente elucidada por Freud, pelo menos na época em que ele escreve sobre Schreber.

Procede-se hoje como se o narcisismo fosse alguma coisa que se compreendesse por si mesma — antes de se voltar para os objetos exteriores, haveria uma etapa em que o sujeito toma o seu próprio corpo como objeto. É, com efeito, justamente uma dimensão em que o termo narcisismo toma o seu sentido. Quer isso dizer então que seja unicamente nesse sentido que o termo narcisismo é empregado? A autobiografia do presidente Schreber, tal como Freud a fez vir em apoio dessa noção, nos mostra contudo que o que repugnava ao narcisismo do dito presidente era a adoção de uma posição feminina para com seu pai, a qual implicava a castração. Eis aí alguém que acha melhor se satisfazer numa relação fundada no delírio de grandeza, o que significa dizer que a castração nada mais lhe faz a partir do momento em que seu parceiro é Deus.

Em suma, o esquema de Freud poderia se resumir assim, em conformidade com as fórmulas que ele propõe da paranoia nesse mesmo texto — *eu não o amo, é a Deus que eu amo*, e, inversamente, *é Deus que me ama.*

Eu já lhes fiz notar da última vez que isso não é talvez ainda assim completamente satisfatório, como não o são tampouco as fórmulas de Freud, por mais esclarecedoras que elas sejam. A dupla inversão, *eu não o amo, eu o odeio, ele me odeia*, fornece, seguramente, uma chave do mecanismo da perseguição. Todo o problema é o deste *ele*, com efeito, este *ele* é reduzido, neutralizado, esvaziado, parece, de sua subjetividade. O fenômeno persecutório toma o caráter de signos indefinidamente repetidos, e o perseguidor, na medida em que ele é o seu suporte, não é mais que a sombra do objeto perseguidor.

Isso não é menos verdade quanto ao Deus de que se trata no pleno desenvolvimento do delírio do presidente Schreber. Eu lhes fiz notar de passagem que distância há, quase ridícula de ser evocada a tal ponto ela é manifesta, entre a relação do presidente Schreber com Deus, e a mais insignificante das produções da experiência mística. Por mais minuciosa que ela seja, a descrição desse parceiro único nomeado Deus não nos deixa menos perplexos quanto à sua natureza.

O que nos disse Freud da retirada do interesse da libido para longe do objeto exterior está justamente no centro do problema. Mas trata-se para nós de elaborar o que isso pode querer dizer. Em que plano essa retirada se exerce? Sentimos bem que há alguma coisa que modificou profundamente o objeto, mas basta imputar isso a um desses deslocamentos da libido que colocamos no fundo dos mecanismos das neuroses? Quais são os planos, os registros, que nos permitirão cercar as modificações do caráter do outro que sempre são, bem o sentimos, o fundo da alienação da loucura?

1

Vou me dar a liberdade aqui de uma pequena volta para trás, para tentar fazer-lhes ver com um olho novo certos aspectos de fenômenos que já são familiares a vocês. Tomemos um caso que não é uma psicose, o caso quase inaugural da experiência propriamente psicanalítica elaborada por Freud, o de Dora.

Dora é uma histérica, e como tal ela tem relações singulares com o objeto. Vocês sabem que embaraço constitui em sua observação, bem como na perseguição da cura, a ambiguidade que permanece sobre a questão de saber qual é verdadeiramente seu objeto de amor. Freud viu finalmente seu erro, e nos diz que é sem dúvida por ter desconhecido o verdadeiro objeto de amor de Dora que ele fez fracassar toda a transa, e que a cura rompeu-se prematuramente, sem permitir uma resolução suficiente do que estava em questão. Vocês sabem que Freud tinha acreditado entrever nela uma relação conflitiva que se ligava à impossibilidade em que ela se encontrava de se desvincular do objeto principal de seu amor, seu pai, para ir em direção de um objeto mais normal, ou seja, um outro homem. Ora, o objeto para Dora não era outro que essa mulher chamada, na observação, de a Senhora K., e que é precisamente a amante de seu pai.

Partamos da observação, em seguida comentarei. A história, como vocês sabem, é de um minueto de quatro personagens. Dora, seu pai, o Senhor K. e a Senhora K. O Senhor K. serve, em resumo, de eu para Dora, na medida em que é por seu intermédio que ela pode efetivamente sustentar sua ligação com a Senhora K. Peço que me sigam nesse ponto e confiem em mim, pois que escrevi suficientemente sobre esse caso numa intervenção a respeito da transferência, a fim de que seja fácil para vocês se reportarem a ele.

Só a mediação do Senhor K. permite a Dora sustentar uma relação suportável. Se esse quarto mediador é essencial à manutenção da situação, não é porque o objeto de sua afeição é do mesmo sexo que ela, é que ela tem com seu pai relações mais profundamente motivadas, de identificação e de rivalidade, ainda acentuadas pelo fato de que a mãe é no casal uma personagem inteiramente apagada. É porque a relação triangular lhe seria especialmente insustentável que a situação é não só mantida, mas foi efetivamente sustentada nessa composição de grupo quartenário.

O que prova isso é o que sucede com efeito no dia em que o Senhor K. pronuncia aquela palavra fatídica — *Minha mulher não é nada para mim.* Tudo se passa nesse momento como se ela lhe respondesse — *Então, o que você pode significar para mim?* Ela o esbofeteia imediatamente, enquanto que até então ela tinha mantido com ela a relação ambígua que era necessária para preservar o grupo a quatro. Daí há uma ruptura de equilíbrio da situação.

Dora é apenas uma pequena histérica, ela tem poucos sintomas. Vocês se lembram, eu o espero, da minha insistência nesta famosa afonia que só se produz em seus momentos de estar a sós, de confrontação, com o seu objeto de amor, e que está certamente ligada a uma erotização muito especial da função oral, desviada de seus usos habituais desde que Dora se aproxima perto demais do objeto de seu desejo. É pouca coisa, e não é o que a precipitaria no divã de Freud, ou faria que seu meio a induzisse a isso. Em compensação, a partir do momento em que, indo embora a quarta personagem, a situação se descompensa, uma pequena síndrome, de perseguição tão somente, aparece em Dora com relação a seu pai.

Até então, a situação era um pouco escabrosa, mas não ultrapassava a medida do que chamaremos a opereta vienense. Como todas as observações ulteriores sublinham, Dora se comportava admiravelmente para que não houvesse histórias, e para que seu pai tivesse com essa mulher amada relações normais — para dizer a verdade, a natureza dessas relações fica bastante na sombra. Dora cobria o conjunto da situação e ela estava no fim de contas bastante à vontade. Mas a partir do momento em que a situação se descompensa, ela reivindica, afirma que seu pai a quer prostituir, e entregá-la àquele Senhor K. em troca de manutenção de suas relações ambíguas com a mulher dele.

Estarei dizendo que Dora é uma paranoica? Eu nunca disse isso, e sou bastante escrupuloso em matéria de diagnóstico de psicose.

Eu deixei minhas ocupações aqui na última sexta-feira para ver uma paciente que evidentemente tem um comportamento difícil, conflituoso com o seu meio. Faziam-me vir em suma para dizer que era uma psicose, e não, como parecia à primeira vista, uma neurose obsessiva. Eu me recusei a dar o diagnóstico de psicose por uma razão decisiva, é que não havia nenhuma dessas perturbações que constituem o objeto de nosso estudo este ano, e que são os distúrbios na ordem da linguagem. Devemos exigir, antes de dar o diagnóstico de psicose, a presença desses distúrbios.

Não basta uma reivindicação contra personagens como supostamente agindo contra vocês, para que estejamos na psicose. Isso pode ser uma reivindicação injustificada, que participa de um delírio da presunção, mas nem por isso é uma psicose. Não deixa de ter uma relação com ela, há um pequeno delírio, pode-se até chamá-lo assim. A continuidade dos fenômenos é bem conhecida, sempre se soube definir o paranoico como um homem suscetível, intolerante, desconfiado e em estado de conflito verbalizado com o seu meio. Mas, para que estejamos na psicose, é preciso haver distúrbios de linguagem, e é essa, em todo o caso, a convenção que lhes proponho adotar provisoriamente.

Dora experimenta em relação ao pai um fenômeno significativo, interpretativo, até alucinatório, mas que não chega a produzir um delírio. É contudo um fenômeno que está na via inefável, intuitiva, de imputar ao outro hostilidade e má intenção, e isso, a respeito de uma situação da qual o sujeito realmente participou, da maneira eletiva mais profunda.

O que isso quer dizer? O nível de alteridade dessa personagem talvez venha a se modificar, e a situação se degrada em razão da ausência de um dos componentes do quadrilátero que lhe permitia sustentar-se. Podemos aqui, se sabemos manejá-la com prudência, fazer uso da noção de distanciação. Fazem uso dela a torto e a direito, mas isso não é uma razão para recusar o seu uso, com a condição de lhe dar uma explicação mais de acordo com os fatos.

Isso nos conduz ao cerne do problema do narcisismo.

2

Que noção podemos nos dar do narcisismo a partir do nosso trabalho? Consideramos a relação do narcisismo com a relação imaginária central para a relação inter-humana. O que cristalizou a experiência do analista em torno dessa noção? Foi antes de mais nada sua ambiguidade. É, com efeito, uma relação erótica — toda identificação erótica, toda apreensão do outro pela imagem numa relação de cativação erótica, se faz pela via da relação narcísica — e é também a base da tensão agressiva.

A partir do momento em que a noção do narcisismo entrou na teoria analítica, a nota da agressividade foi posta cada vez mais no centro das preocupações técnicas. Mas a sua elaboração foi elementar. Trata-se de ir mais longe.

É exatamente para isso que serve o estádio do espelho. Ele põe em evidência a natureza dessa relação agressiva e o que ela significa. Se a relação agressiva intervém nesta formação chamada o eu, é que ela a constitui, é que o eu é desde já por si mesmo um outro, que ele se instaura numa dualidade interna ao sujeito. O eu é esse mestre que o sujeito encontra num outro, e que se instaura em sua função de domínio no cerne de si mesmo. Se em toda relação, mesmo erótica, com o outro, há algum eco dessa relação de exclusão, *é ele ou eu*, é que, no plano imaginário, o sujeito humano é assim constituído de forma que o outro está sempre prestes a retomar seu lugar de domínio em relação a ele, que nele há um eu que sempre é em parte estranho a ele, senhor implantado nele acima do conjunto de suas tendências, de seus comportamentos, de seus instintos, de suas pulsões. Eu não faço aqui nada mais que exprimir, de uma maneira um pouco mais rigorosa e que põe em evidência o paradoxo, o fato de que há conflitos entre as pulsões e o eu, e que é preciso fazer uma escolha. Há as que ele adota, há as que ele não adota, é o que se chama, não se sabe por quê, a função de síntese do eu, já que, ao contrário, essa síntese não se realiza jamais — seria mais vantajoso dizer função de mestria. E esse senhor, onde está ele? No interior, no exterior? Ele está sempre ao mesmo tempo no interior e no exterior, é por isso que todo equilíbrio puramente imaginário com o outro está sempre condenado por uma instabilidade fundamental.

Façamos aqui uma breve aproximação com a psicologia animal.

Sabemos que os animais têm uma vida muito menos complicada que nós. Ao menos acreditamos nisso pelo que vemos, e a evidência é suficiente para que desde sempre os animais tenham servido de referência aos homens. Os animais têm relações com o outro quando são tomados por essa vontade. Há para eles duas maneiras de terem essa vontade — em primeiro lugar, comê-lo — em segundo, trepar com ele. Isso se produz segundo um ritmo que se chama natural, e que constitui um ciclo de comportamento instintivo.

Ora, foi possível pôr em destaque o papel fundamental representado pela imagem na relação dos animais com seus semelhantes, e precisamente no desencadeamento desses ciclos. Ao ver o perfil da ave de rapina pela qual elas podem ser mais ou menos sensibilizadas, as galinhas e a aves de criação ficam desvairadas. Esse perfil provoca reações de fuga, de pio e pipilos. Um perfil ligeiramente diferente não provoca nada. A mesma observação para o desencadeamento dos comportamentos sexuais. Pode-se muito bem enganar tanto o macho como a fêmea do carapau. A parte dorsal do carapau toma no momento da ostentação uma certa cor em um dos dois parceiros, que desencadeia no outro o ciclo de comportamento que permite a aproximação final.

Esse ponto limítrofe entre o eros e a relação agressiva de que eu lhes falava no homem, não há razão para que ele não exista no animal, e ele é posto muito bem em evidência, e é inteiramente possível torná-lo manifesto, e mesmo exteriorizá-lo no carapau.

O carapau tem com efeito um território, particularmente importante quando chega o seu período de ostentação, que exige um certo local no fundo de um rio mais ou menos herboso. Uma verdadeira dança, uma espécie de voo nupcial, se realiza, tendo como objetivo precípuo encantar a fêmea, depois induzi-la docemente a se deixar fazer e de ir aninhar numa espécie de tunelzinho que o macho construiu previamente para ela. Mas há ainda alguma coisa que não se explica bem, é que, uma vez isso realizado, o macho ainda encontra tempo para fazer um monte de buraquinhos ali e acolá.

Eu não sei se vocês se lembram da fenomenologia do buraco em *O ser e o nada*, mas vocês sabem a importância que lhe dá Sartre na psicologia do ser humano, no burguês especialmente, se distraindo na praia. Sartre viu nisso um fenômeno essencial que não está longe de confinar com uma das manifestações factícias da negatividade. Pois bem, eu creio que, nesse ponto, o carapau macho não fica atrás. Ele também faz pequenos furos, e impregna com sua negatividade própria o mundo exterior. Com esses buracos tem-se verdadeiramente a impressão de que ele se apropria de um certo campo do meio exterior, e, com efeito, não há como considerar que um outro macho entre na área assim demarcada sem que se desencadeiem os reflexos de combate.

Ora, os experimentadores, cheios de curiosidade, tentaram saber até onde funcionava a dita reação de combate, primeiro variando a distância de aproximação do rival, depois substituindo essa personagem por um logro. Num e noutro caso, eles observaram com efeito que a perfuração desses buracos, feitos durante a ostentação, e mesmo antes, é um ato ligado essencialmente ao comportamento erótico. Se o invasor se aproxima a uma certa distância do lugar definido como o território, a reação de ataque se produz no primeiro macho. Se o invasor está um pouco mais longe, ela não se produz. Há portanto um ponto em que o carapau sujeito se vê entre atacar e não atacar, um ponto limite definido por uma certa distância, e o que é que aparece então? Essa manifestação erótica da negatividade, essa atividade do comportamento sexual que consiste em cavar buracos.

Em outras palavras, quando o carapau macho não sabe o que fazer no plano de sua relação com o seu semelhante de mesmo sexo, quando ele não sabe se é preciso atacar ou não, ele se põe a fazer alguma coisa que ele faz quando se trata de transar. Esse deslocamento, que não deixou de surpreender o etologista, não é de modo algum particular ao carapau. É muito frequente, nos pássaros, um combate parar de maneira brusca e um pássaro pôr-se a alisar suas plumas apaixonadamente, como o faz habitualmente o macho quando se trata de agradar à fêmea.

É curioso que Konrad Lorenz, ainda que não tenha participado de meus seminários, tenha achado por bem colocar na capa de seu livro a imagem, muito bonita e enigmática, do carapau macho diante do espelho. O que ele faz? Ele abaixa o nariz, ele está numa posição oblíqua, o rabo no ar, o nariz para baixo, posição que só adota quando vai bater com o nariz na areia para fazer buracos. Em outros termos, sua imagem no espelho não o deixa indiferente, se ela não o introduz tampouco no conjunto do ciclo de comportamento erótico, que teria como efeito pô-lo nesta reação limite entre eros e agressividade que é assinalada pela escavação do buraco.

O animal é igualmente acessível ao enigma de um logro. O logro o coloca numa situação nitidamente artificial, ambígua, que comporta já um desregramento, um deslocamento dos comportamentos. Isso não deve nos espantar uma vez que compreendemos a importância para o homem de sua imagem especular.

Essa imagem é funcionalmente essencial no homem, na medida em que lhe dá o complemento ortopédico dessa insuficiência nativa, desse desconcerto, ou desacordo constitutivo, ligado à sua prematuração no nascimento. Sua unificação não será jamais completa porque é feita precisamente por uma via alienante, sob a forma de uma imagem estranha, que constitui uma função psíquica original. A tensão agressiva desse *eu ou o outro* está absolutamente integrada a toda espécie de funcionamento imaginário no homem.

Tentemos imaginar que consequências implica o caráter imaginário do comportamento humano. Essa questão é ela mesma imaginária, mítica, porque o comportamento humano não está nunca pura e simplesmente reduzido à relação imaginária. Mas suponhamos um instante, numa espécie de Éden ao avesso, um ser humano inteiramente reduzido, em suas relações com seus semelhantes, a essa captura assimilante e dissimilante ao mesmo tempo. Que resultaria disso?

Para ilustrá-lo, já me aconteceu tomar minha referência no domínio dessas maquininhas que há algum tempo nos divertimos em fazer, e que se parecem com animais. Elas não se parecem em absoluto com eles, é claro, mas comportam mecanismos montados para estudar um certo número de comportamentos dos quais nos dizem que eles são comparáveis a comportamentos animais. Num certo sentido é verdade, e uma parte desse comportamento pode ser estudada como alguma coisa de imprevisível, o que tem a vantagem de abranger as concepções que podemos elaborar de um funcionamento que se autoalimenta.

Suponhamos uma máquina que não tivesse um dispositivo de autorregulação global, de tal modo que o órgão destinado a fazer andar a pata direita não poderia harmonizar-se com aquele que faz andar a pata esquerda senão com a condição de que um aparelho de recepção fotoelétrica transmita a imagem de uma outra máquina funcionando harmoniosamente. Pensem nesses pequenos automóveis que se veem nos parques de diversões lançados a toda velocidade num espaço livre, e cujo principal divertimento é o de se entrechocarem. Se essas manobras dão tanto prazer, é que o lance de entrechocar-se deve ser alguma coisa de fundamental no ser humano. Que se passaria se um certo número de maquininhas como aquelas que lhes descrevi fossem lançadas no circuito? Cada uma delas sendo unificada, regulada pela visão de outra, não é matematicamente impossível de conceber que isso redundaria na concentração, no centro da manobra, de todas as maquininhas, respectivamente bloqueadas num conglomerado que não tem outro limite à sua redução que a resistência exterior das carrocerias. Uma colisão, um esmagamento geral.

É apenas um apólogo destinado a mostrar-lhes que a ambiguidade e a hiância da relação imaginária exigem alguma coisa que mantenha relação, função e distância. É o sentido mesmo do complexo de Édipo.

O complexo de Édipo quer dizer que a relação imaginária, conflituosa, incestuosa nela mesma, está destinada ao conflito e à ruína. Para que o ser humano possa estabelecer a relação mais natural, aquela do macho com a fêmea, é preciso que intervenha um terceiro, que seja a imagem de alguma coisa de bem-sucedido, o modelo de uma harmonia. Não é demais dizer — é preciso aí uma lei, uma cadeia, uma ordem simbólica, a intervenção da ordem da palavra, isto é, do pai. Não o pai natural, mas do que se chama o pai. A ordem que impede a colisão e o rebentar da situação no conjunto está fundada na existência desse nome do pai.

Eu insisto — a ordem simbólica deve ser concebida como alguma coisa de superposto, e sem o que não haveria vida animal possível para esse sujeito estrambólico que é o homem. É em todos os casos assim que as coisas nos são dadas atualmente, e tudo leva a pensar que sempre foi assim. A cada vez, com efeito, que encontramos um esqueleto, nós o chamamos humano se ele está numa sepultura. Que razão pode haver para pôr esses restos num recinto de pedra? Já é preciso para isso que tenha sido instaurada toda uma ordem simbólica, que implica que o fato de que um senhor tenha sido o Senhor Fulano na ordem social necessita que seja indicado na pedra dos túmulos. O fato de que ele se chamou Fulano ultrapassa em si sua existência vital. Isso não supõe nenhuma crença na imortalidade da alma, mas simplesmente que seu nome nada tem a ver com sua existência viva, ele a ultrapassa e se perpetua além.

Se vocês não veem que a originalidade de Freud é a de ter posto a coisa em destaque, que se pergunte o que vocês fazem na análise. Somente a partir do momento em que foi bem-definido que aí está o móbil essencial, é que um texto como este que nós temos de ler pode tornar-se interessante.

Para captar na sua fenomenologia estrutural o que nos apresenta o presidente Schreber, vocês devem em primeiro lugar ter esse esquema na cabeça, que admite que a ordem simbólica subsiste como tal fora do sujeito, distinta de sua existência, e o determinando. Só nos detemos nas coisas quando as consideramos como possíveis. De outro modo, contentamo-nos em dizer *É assim*, e nem mesmo procuramos ver que é assim.

3

A longa e notável observação que constituem as *Memórias* de Schreber é sem dúvida excepcional, mas ela não é certamente única. Ela só o é provavelmente em virtude do fato de que o presidente Schreber estava em condições de fazer publicar o seu livro, embora censurado, e também do fato de que Freud se tenha interessado por ele.

Agora que vocês têm na cabeça a função da articulação simbólica, vocês estarão mais sensíveis a esta verdadeira invasão imaginária da subjetividade a que Schreber nos faz assistir. Há uma dominante totalmente surpreendente da relação em espelho, uma impressionante dissolução do outro enquanto identidade. Todas as personagens de que ele fala — a partir do momento em que o faz, pois há um tempo longo em que ele não pode falar, e voltaremos sobre a significação desse tempo — são repartidas em duas categorias que são apesar de tudo um mesmo lado de uma certa fronteira. Há os que em aparência vivem, se deslocam, seus guardas, seus enfermeiros, e que são *sombras de homens atamancados às três pancadas*, como disse Pichon, que está na origem dessa tradução, e depois há as personagens mais importantes que invadem o corpo de Schreber, são as almas, a maior parte das almas, e quanto maior o seu número, mais são afinal de contas os mortos.

O próprio sujeito é apenas um exemplo segundo de sua própria identidade. Ele tem num certo momento a revelação de que, no ano precedente, a sua própria morte se deu, e que ela foi anunciada nos jornais. Desse antigo colega, Schreber se lembra como de alguém que era mais dotado que ele. Ele é um outro. Mas é ainda assim o mesmo, que se lembra do outro. Essa fragmentação da identidade marca com seu próprio selo toda a relação de Schreber com os seus semelhantes no plano imaginário. Ele fala em outros momentos de Flechsig, que também está morto, que subiu, pois, ali onde só existem as almas enquanto elas são humanas, num além onde elas são pouco a pouco assimiladas à grande unidade divina, não sem terem progressivamente perdido o seu caráter individual. Para chegar lá, é preciso ainda que elas passem por uma prova que as libere da impureza de suas paixões, do que é o desejo delas propriamente dito. Há literalmente uma fragmentação da identidade, e o sujeito fica sem dúvida chocado com esse dano causado à identidade de si mesmo, mas é assim, *eu só posso dar testemunho*, diz ele, *das coisas de que tive revelação.* E vemos assim, em toda extensão dessa história, um Flechsig fragmentado, um Flechsig superior, o Flechsig luminoso, e uma parte inferior que chega até a ser fragmentada entre quarenta e sessenta pequenas almas.

Passo a vocês muitas coisas cheias de relevo pelas quais eu gostaria que vocês se interessassem para que possamos segui-las no pormenor. Esse estilo, sua grande força de afirmação, característica do discurso delirante, não pode deixar de nos impressionar por sua convergência com a noção de que a identidade imaginária do outro está profundamente em relação com a possibilidade de uma fragmentação, de um espedaçamento. Que o outro seja estruturalmente desdobrável, redutível, aí está manifesto claramente no delírio.

Há ainda uma interpenetração dessas imagens entre elas. Encontramos de um lado as identidades múltiplas de uma mesma personagem, de outro, estas pequenas identidades enigmáticas, diversamente penetrantes e nocivas no interior dela mesma, que ele chama, por exemplo, os homenzinhos. Essa fantasmática impressionou muito a imaginação dos psicanalistas, que investigaram se isso não eram crianças, ou espermatozoides, ou alguma outra coisa. Por que não seriam simplesmente homenzinhos?

Essas identidades, que têm em relação à sua própria identidade um valor de instância, penetram Schreber, habitam-no, dividem-no ele próprio. A noção que ele tem dessas imagens lhe sugere que elas se tornam cada vez menores, se reabsorvem, são de alguma forma absorvidas pela própria resistência dele, Schreber. Elas não se mantêm na sua autonomia, o que quer dizer aliás que elas não podem continuar a prejudicá-lo, senão realizando a operação que ele chama o apego pelas terras, cuja noção ele não teria sem a língua fundamental.

Essas terras não são somente o chão, são também as terras planetárias, as terras astrais. Vocês reconhecem aí esse registro que, no meu quadrinho mágico, eu chamava outro dia o dos astros. Não o inventei para a circunstância, há muito tempo que lhes falo da função dos astros na realidade humana. Não é certamente por acaso que, desde sempre, e em todas as culturas, o nome dado às constelações desempenha um papel essencial no estabelecimento de um certo número de relações simbólicas fundamentais, que são ainda mais evidentes na medida em que nos encontramos em presença de uma cultura mais primitiva, como dizemos.

Tal fragmento de alma se prende pois em alguma parte. Cassiopeia, *os irmãos de Cassiopeia*, desempenham aí um grande papel. Não é em absoluto uma ideia no ar — é o nome de uma confederação de estudantes no tempo em que Schreber estava estudando. A ligação a uma tal confraternidade, cujo caráter narcísico, e mesmo homossexual, é posto em evidência na análise, constitui aliás uma marca característica dos antecedentes imaginários de Schreber.

É sugestivo ver que, para que tudo não se reduza de repente a nada, para que toda a tela da relação imaginária não torne a enrolar-se a um só tempo, e não desapareça num preto hiante, do qual Schreber não estava tão longe do início, é preciso aí essa rede de natureza simbólica, que conserva uma certa estabilidade da imagem nas relações inter-humanas.

Os psicanalistas epilogaram, com não sei quantos pormenores, sobre a significação que podia ter, do ponto de vista dos investimentos libidinais do sujeito, o fato de que em tal momento Flechsig seja dominante, que em tal outro seja uma imagem divina, diversamente situada nas camadas de Deus, pois Deus tem também suas camadas — há uma anterior e uma posterior. Vocês imaginam como os analistas ficaram aprimorando isso. É claro, esses fenômenos não são insuscetíveis de um certo número de interpretações. Mas há um registro que é esmagador em relação a eles, e que parece não ter atraído a atenção de ninguém — por mais rica e divertida que seja essa fastasmagoria, por mais flexível também ao que nela reconheçamos os diferentes objetos do pequeno jogo analítico, há de uma ponta a outra do delírio de Schreber fenômenos de audição extraordinariamente matizados.

Isso vai desde o cochicho imperceptível até a voz das águas quando ele é confrontado à noite com Arimã. Ele retifica, de resto, mais adiante — não há ali só Arimã, devia haver Ormuzd também, os deuses do bem e do mal não podendo ser dissociados. Ele tem, portanto, com Arimã um instante de confrontação em que o olha como o olho do espírito e não, como outras de suas visões, com uma nitidez fotográfica. Ele está face a face com esse deus, e este lhe diz a palavra significativa, aquela que põe as coisa nos seus lugares, a mensagem divina por excelência, ele diz a Schreber, o único homem que resta após o crepúsculo do mundo — *Carcaça.*

Essa tradução talvez não corresponda rigorosamente ao vocábulo alemão *Luder*, é a palavra utilizada na tradução francesa (*charogne*), mas ela é mais familiar em alemão do que em francês. É raro que em francês, entre companheiros, se recorra ao tratamento "carcaça", salvo em momentos particularmente expansivos. A palavra alemã não comporta simplesmente essa face de aniquilação, há subjacências que a tornam antes aparentada a uma palavra que seria melhor na nota da feminização da personagem, e que é mais fácil de encontrar nas conversas amistosas, a de *podridão, doce podridão.*[10] O importante é que essa palavra que domina o face-a-face único com Deus não é em absoluto isolada. A injúria é muito frequente nas relações que o parceiro divino mantém com Schreber, como acontece numa relação erótica em que um parceiro se recusa a envolver-se de imediato, e resiste. É a outra face, a contraparte do mundo imaginário. A injúria aniquiladora é um ponto culminante, é um dos cumes do ato da fala.

Em torno desse cume, todas as cadeias de montanha desse campo verbal são desenvolvidas para vocês por Schreber numa perspectiva magistral. Tudo o que o linguista pode imaginar como decomposições da função da linguagem se acha no que Schreber experimenta, e que ele diferencia com uma delicadeza de toque nas nuanças que nada deixa a desejar quanto à informação.

Quando ele nos fala de coisas que pertencem à língua fundamental, e que regulam as ligações que tem com o ser único e singular que existe desde então para ele, ele distingue duas categorias. Há, de um lado, o que é *echt*, palavra quase intraduzível, que quer dizer autêntico, verdadeiro, e que sempre lhe é dado sob formas verbais que são dignas de reter a atenção, há várias espécies delas, e elas são muito sugestivas. Há, por outro lado, o que é aprendido de cor, inculcado a certos elementos periféricos, até decaídos, da potência divina, e repetido com uma ausência total de sentido, a título apenas de ritornelo. Acrescer-se-ia a isso uma extraordinária variedade de modos do fluxo oratório, que nos permitem ver isoladamente as diferentes dimensões nas quais se desenvolve o fenômeno da frase, não digo o da significação.

Vemos aí claramente a função da frase em si mesma, na medida em que ela não carrega forçosamente consigo sua significação. Penso nesse fenômeno das frases que surgem em sua a-subjetividade como que interrompidas, e que deixam o sentido em suspenso. Uma frase cortada no meio é auditivada. O resto está implicado enquanto significação. A interrupção chama uma queda, que pode ser indeterminada sobre uma vasta gama, mas que não pode ser qualquer uma. Há aí uma valorização da cadeia simbólica em sua dimensão de continuidade.

Há aqui, na relação do sujeito com a linguagem como ao mundo imaginário, um perigo, perpetuamente sabido, de que toda essa fantasmagoria se reduza a uma unidade que aniquila, não sua existência, mas a de Deus, que é essencialmente linguagem. Schreber escreve isso formalmente — os raios devem falar. É preciso que a cada instante se produzam fenômenos de diversão para que Deus não se reabsorva na existência central do sujeito. Isso não é evidente, mas ilustra muito bem a relação do criador com o que ele cria. Extrair-lhe a função e a essência não impede, com efeito, que apareça o nada correlativo que é o seu substituto.

A fala se produz ou não se produz. Se ela se produz, é, numa certa medida, pelo arbitrário do sujeito. O sujeito é, pois, aqui criador, mas ele está também vinculado ao outro, não enquanto objeto, imagem, ou sombra de objeto, mas ao outro em sua dimensão essencial, sempre mais ou menos elidido por nós, a esse outro irredutível ao que quer que seja de outro, quanto à noção de um outro sujeito, ou seja, ao outro enquanto *ele*. O que caracteriza o mundo de Schreber é que esse *ele* está perdido, e que só o *tu* subsiste.

A noção do sujeito é correlativa da existência de alguém sobre o qual penso — *Foi ele que fez isso.* Não o ele que vejo ali, e que, é claro, finge não ter nada a ver com a coisa, mas o ele que não está ali. Esse *ele* é o abonador de meu ser, sem esse *ele* meu ser não poderia mesmo ser um *eu*. O drama da relação com o *ele* subtende toda a dissolução do mundo de Schreber, em que vemos o *ele* se reduzir a um só parceiro, esse Deus assexuado e polissexuado ao mesmo tempo, englobando tudo o que existe ainda no mundo com o qual Schreber está se defrontando.

Seguramente, graças a esse Deus subsiste alguém que pode dizer uma palavra verdadeira, mas essa palavra tem por propriedade sempre ser enigmática. É a característica de todas as palavras da língua fundamental.

Por outro lado, esse Deus parece ser, ele também, a sombra de Schreber. Ele é atingido por uma degradação imaginária da alteridade, que faz com que ele seja como Schreber marcado por uma espécie de feminização.

Já que não conhecemos o sujeito Schreber, devemos de qualquer maneira estudá-lo através da fenomenologia de sua linguagem. É pois, em torno do fenômeno da linguagem, dos fenômenos de linguagem mais ou menos alucinados, parasitários, estranhos, intuitivos, persecutórios de que se trata no caso Schreber, que vamos esclarecer uma dimensão nova na fenomenologia das psicoses.

18 de janeiro de 1956

VIII

A FRASE SIMBÓLICA

A noção de defesa.
O testemunho do paciente.
O sentimento de realidade.
Os fenômenos verbais.

Poderíamos finalmente acabar por entrar juntos no texto de Schreber, porque, de resto, o caso Schreber, para nós, é o texto de Schreber.

Eu me esforço este ano para que concebamos um pouco melhor a economia desse caso. Vocês devem sentir bem o resvalamento que se produz de modo muito tênue nas concepções psicanalíticas. Eu lembrei a vocês outro dia que, em suma, a explicação de Freud é a de que o doente entra numa economia essencialmente narcísica. É uma ideia muito rica, da qual se deveriam tirar todas as consequências. Porém só há uma coisa, as consequências não são tiradas, e esquecem o que é o narcisismo no ponto a que Freud chegou em sua obra quando escreveu o caso Schreber. Por consequência, não compreendem bem tampouco a novidade da explicação, isto é, em relação a que outra explicação ela se situa.

Voltarei a um dos autores que disseram as coisas mais elaboradas sobre a questão das psicoses, ou seja, Katan. É a noção de defesa que ele põe em primeiro plano. Mas não quero que procedamos por comentário sobre os comentários, é preciso partir do livro, como recomenda Freud.

Como somos psiquiatras, ou ao menos pessoas diversamente iniciadas na psiquiatria, é bem natural que leiamos também com nossos olhos de psiquiatras para fazermos uma ideia do que se passa nesse caso.

1

É preciso não esquecer as etapas da introdução da noção de narcisismo no pensamento de Freud. Falam agora de defesa a cada passo, acreditando repetir aí alguma coisa de muito antiga na obra de Freud. É exato que a noção de defesa desempenha um papel muito precoce, e que desde 1894-1895 Freud propõe a expressão de neuropsicoses de defesa. Mas ele emprega esse termo com um sentido absolutamente preciso.

Quando fala da *Abwehrhysterie*, ele a distingue de duas outras espécies de histerias, e é uma primeira tentativa de fazer uma nosografia propriamente psicanalítica. Reportem-se ao artigo a que fiz alusão. À moda de Bleuler, as histerias devem ser concebidas como uma produção secundária dos estados hipnoides, dependendo de um certo momento fecundo, que corresponde a um distúrbio de consciência no estado hipnoide. Freud não nega os estados hipnoides, ele diz simplesmente — *Nós não nos interessamos por isso, não é isso que tomaremos como caráter diferencial em nossa nosologia.*

É preciso compreender bem o que se faz quando se classifica. Vocês começam por contar o número do que se apresenta aparentemente como os órgãos coloridos de uma flor, e que chamam de pétalas. É sempre a mesma coisa, uma flor apresenta um certo número de unidades que se podem contar, é uma botânica inteiramente primitiva. Aprofundando, vocês percebem algumas vezes que essas pétalas do ignorante não são pétalas de modo algum, são sépalas, e isso não tem a mesma função. Do mesmo modo, no que nos concerne, os diversos registros, anatômico, genético, embriológico, fisiológico, funcional, podem ser tomados em consideração, e se sobreporem. Para que a classificação seja significativa, é preciso que ela seja natural. Esse natural, como vamos procurá-lo?

Freud não repeliu, pois, os estados hipnoides, ele disse que não os levaria em conta, porque, no momento deste primeiro destrinçar, o que lhe importa no registro da experiência analítica é outra coisa, ou seja, a lembrança do trauma. Eis em que consiste a noção da *Abwehrhysterie.*

A primeira vez em que aparece a noção de defesa, estamos no registro da rememoração e de seus distúrbios. O importante é o que se pode chamar a pequena história do paciente. Ele será capaz ou não de articulá-la verbalmente? Anna O. — de quem uma pessoa me trouxe aqui o retrato que figura num selo postal, pois que ela foi a rainha das assistentes sociais — chamou isso de *talking-cure*.

A *Abwehrhysterie* é uma histeria em que as coisas são formuladas nos sintomas, e se trata de liberar o discurso. Não há traço então de regressão, nem de teoria dos instintos, e no entanto toda a psicanálise já está ali.

Freud distingue ainda uma terceira espécie de histeria, que tem por característica haver também alguma coisa a contar, mas que não é contado em parte alguma. Evidentemente, na etapa em que ele se encontra de sua elaboração, seria realmente espantoso que ele nos diga onde isso pode estar, mas já está perfeitamente desenhado.

A obra de Freud está cheia dessas pedras de espera, e isso me alegra. A cada vez que se pega num artigo de Freud, não só nunca é o que se esperava, mas também é sempre muito simples, admiravelmente claro. E, no entanto, não há um que não seja provido em enigmas que são as pedras de espera. Pode-se dizer que só mesmo ele é que, em vida, tenha preparado os conceitos originais necessários a atacar e ordenar o campo novo que descobria. Esses conceitos, ele os prepara cada um com um mundo de questões. O que há de interessante em Freud é que ele não as dissimula, essas questões. Cada um de seus textos é um texto problemático, de tal modo que ler Freud é reabrir as questões.

É aos distúrbios da rememoração que é preciso sempre voltarmos para saber o que foi o terreno de partida da psicanálise. Admitamos mesmo que esteja ultrapassado, é preciso medir o caminho percorrido, e seria de fato espantoso que possamos nos permitir desconhecer a história. Eu não tenho de seguir aqui em pormenor o caminho percorrido entre esta etapa e aquela em que Freud introduz a regressão dos instintos, já fiz isso bastante nos anos precedentes para me contentar em dizer-lhes que é explorando os distúrbios da rememoração, querendo restituir o vazio que a história do sujeito apresenta, procurando passo a passo o que se tornaram os acontecimentos de sua vida, que constatamos que eles vão se aninhar ali onde não se esperava.

Eu lhes falava da última vez sobre a forma dos deslocamentos do comportamento — percebe-se que não é possível tratar-se simplesmente de reencontrar a localização mnésica, cronológica dos acontecimentos, de restituir uma parte do tempo perdido, mas que há também coisas que se passam no plano tópico. A distinção de registros completamente diferentes na regressão está aí implícita. Em outros termos, o que se esquece todo o tempo é que não é porque uma coisa veio ao primeiro plano que uma outra perde sua importância, seu valor, no interior da regressão tópica. É aí que os acontecimentos tomam o seu sentido comportamental fundamental.

E é então que se faz a descoberta do narcisismo. Freud percebe que há modificações na estrutura imaginária do mundo, e que elas interferem com modificações na estrutura simbólica — é preciso de fato chamá-lo assim, já que a rememoração está forçosamente na ordem simbólica.

Quando Freud explica o delírio por uma regressão narcísica da libido, sua retirada dos objetos tendendo a uma desobjetalização, isso quer dizer, no ponto aonde ele chegou, que o desejo que tem de ser reconhecido no delírio se situa num plano bem diverso do desejo que tem de fazer-se reconhecer na neurose.

Se não se compreende isso, não se vê absolutamente o que distingue uma psicose de uma neurose. Por que se teria tanta dificuldade na psicose de restaurar a relação do sujeito com a realidade, já que o delírio é em princípio inteiramente legível? É pelo menos o que se pode ler em certas passagens de Freud, que é preciso saber acentuar de uma forma menos sumária do que de costume se faz. O delírio é, com efeito, legível, mas ele é também transcrito num outro registro. Na neurose, fica-se sempre na ordem simbólica, com esta duplicidade do significante e do significado que é o que Freud traduz pelo compromisso neurótico. O delírio se passa em um registro bem diverso. Ele é legível, mas sem saída. Como isso acontece? Aí está o problema econômico que fica aberto no momento em que Freud termina o caso Schreber.

Eu digo coisas maciças. No caso das neuroses, o recalcado reaparece *in loco*, ali onde foi recalcado, isto é, no meio mesmo dos símbolos, na medida em que o homem se integra a ele e nele participa como agente e como ator. Ele reaparece *in loco* sob uma máscara. O recalcado na psicose, se sabemos ler Freud, reaparece num outro lugar, *in altero*, no imaginário, e aí com efeito sem máscara. Isso é absolutamente claro, não é nem novo, nem heterodoxo, é preciso apenas perceber que é o ponto principal. Isso está longe de resolver definitivamente a questão, no momento em que Freud põe o ponto final em seu estudo sobre Schreber. É, ao contrário, a partir daí que os problemas começam a ser postos.

De Freud para cá, tentou-se substituir o turno. Leiam Katan, por exemplo, que tenta nos dar uma teoria analítica da esquizofrenia, no quinto tomo da coletânea *A Psicanálise da criança*. Vê-se muito bem, ao lê-lo, o caminho percorrido na teoria analítica.

Em Freud, a questão do centro do sujeito fica sempre aberta. Na análise da paranoia, por exemplo, ele avança passo a passo para mostrar a evolução de um distúrbio essencialmente libidinal, jogo complexo de um agregado de desejos transferíveis, transmutáveis, que podem regredir, e o centro de toda esta dialética continua sendo para nós sempre problemático. Ora, a virada que se operou na análise mais ou menos na época da morte de Freud, conduz a encontrar de novo esse bom velho centro de sempre, o eu que segura as alavancas do comando, e guia a defesa. A psicose não é mais interpretada a partir da economia complexa de uma dinâmica das pulsões, mas a partir dos procedimentos empregados pelo eu para se sair bem com diversas exigências, para se defender contra as pulsões. O eu torna-se não só o centro, mas a causa do distúrbio.

O termo defesa não tem mais a partir daí outro sentido que aquele que ele tem quando se fala de se defender contra uma tentação, e toda a dinâmica do caso Schreber nos é explicada a partir dos esforços do eu para se sair bem com uma pulsão dita homossexual que ameaçaria sua completude. A castração não tem mais outro sentido simbólico que o de uma perda de integridade física. Dizem-nos formalmente que o eu, não sendo mais bastante forte para encontrar pontos de ligação no meio exterior a fim de exercer sua defesa contra a pulsão que está no isso, encontra um outro recurso, que é o de fomentar esta neoprodução que é alucinação, e que é uma outra maneira de agir, de transformar seus instintos duais. Sublimação à sua maneira, mas que tem grandes inconvenientes.

O estreitamento da perspectiva, as insuficiências clínicas dessa construção saltam aos olhos. Que exista uma forma imaginária de satisfazer ao impulso da necessidade é uma noção articulada na doutrina freudiana, mas ela nunca é tomada senão como um elemento do determinismo dos fenômenos. Freud jamais definiu a psicose alucinatória no simples modelo da fantasia, como a fome pode ser satisfeita por um sonho de satisfação da fome. Um delírio não corresponde em nada a um tal fim. Sempre se fica contente ao reencontrar o que já se concebeu, e Freud nos ensina mesmo que é por essa via que passa a criação do mundo dos objetos humanos. Nós também, nós sentimos sempre uma viva satisfação ao reencontrar certos temas simbólicos da neurose na psicose. De modo nenhum é ilegítimo, mas é preciso ver bem que isso só cobre uma pequenina parte do quadro.

Para Schreber como para os homossexuais, pode-se esquematizar a transformação imaginária do impulso homossexual em um delírio que faz do sujeito a mulher de Deus, o receptáculo do bom querer e das boas maneiras divinas. É um esquema bastante convincente, e é possível encontrar no próprio texto todas as espécies de modulações refinadas que o justificam. Do mesmo modo, a distinção que eu lhes trouxe da última vez entre a realização do desejo recalcado no plano simbólico na neurose, e no plano imaginário na psicose, já é bastante satisfatória, mas ela não nos satisfaz. Por quê? Porque uma psicose não é simplesmente isso, não é o desenvolvimento de uma relação imaginária, fantasmática, com o mundo exterior.

Eu gostaria simplesmente hoje de fazer vocês medirem a massa do fenômeno.

O diálogo do único, desse Schreber a partir de quem a humanidade vai ser regenerada pelo nascimento de uma nova geração schreberiana, com seu parceiro enigmático, o Deus schreberiano ele também, residiria aí todo o delírio? Não. Não só não reside aí todo o deliro, mas é inteiramente impossível compreendê-lo completamente nesse registro. É bastante curioso que se contentem com uma explicação tão parcial de um fenômeno maciço como a psicose, retendo nele apenas o que há de claro nos acontecimentos imaginários. Se queremos avançar na compreensão da psicose, é preciso contudo articular uma teoria que justifique a massa desses fenômenos dos quais vou lhes dar esta manhã algumas amostras.

2

Vamos começar pelo fim, e nos esforçaremos por compreender voltando ao início. Se adoto esta via não é simplesmente por um artifício de apresentação, ela é conforme à matéria que temos nas mãos.

Eis um sujeito que esteve doente de 1883 a 1884, que teve em seguida oito anos de repouso, e é no fim do nono ano após o início da primeira crise, em outubro de 1893, que as coisas recomeçam no plano patológico. Ele entra na mesma clínica onde havia sido tratado a primeira vez, dirigida pelo Dr. Flechsig, e vai ficar aí até meados de junho de 1894. Seu estado é complexo. É possível caracterizar-lhe o aspecto clínico como uma confusão alucinatória, e mesmo um estupor alucinatório. Mais tarde ele fará um relatório, certamente deformado, de tudo o que viveu. Dizemos confusão para caracterizar a maneira nebulosa como ele se lembra de certos episódios, mas outros elementos, e especialmente suas relações delirantes com diferentes pessoas que o cercam, serão suficientemente conservados para que ele possa dar um testemunho válido. É todavia o período mais obscuro da psicose. Notem bem que é somente através desse delírio que podemos ter conhecimento dele, já que também não estávamos lá, e que, sobre esse primeiro período, os certificados dos médicos não são ricos. Schreber dele se lembra seguramente bastante bem no momento em que ele vai testemunhar para poder aí estabelecer as distinções, e salientar em particular um deslocamento do centro do interesse nas suas relações pessoais para com o que ele chama de almas.

As almas não são seres humanos, nem essas sombras com as quais ele lida, mas seres humanos mortos com quem ele tem relações particulares, ligadas a toda espécie de sentimentos de transformação corporal, de inclusões, de intrusões, de trocas corporais. É um delírio em que a nota dolorosa representa um papel muito importante. Eu não falo ainda de hipocondria, que é aliás um termo vago em nosso vocabulário, projeto as grandes linhas.

Do ponto de vista fenomenológico, e mantendo-se prudente, admitir-se-á que há aí um estado que pode ser qualificado de crepúsculo do mundo. Ele não está mais com os seres reais — esse *não está mais com* é característico, pois ele está com outros elementos bem mais embaraçosos. O sofrimento é a tonalidade dominante das relações que ele mantém com eles, e elas implicam a perda de sua autonomia. Essa perturbação profunda, intolerável, de sua existência, motiva nele todas as espécies de comportamentos que ele só nos indica de uma forma forçosamente sombreada, mas cuja indicação temos pela maneira como é tratado — ele é vigiado, à noite é trancafiado, privado de qualquer instrumento. Ele aparece nesse momento como um doente num estado agudo muito grave.

Há um momento de transformação que se situa, nos diz ele, por volta de fevereiro-março de 1894. As almas com as quais ele tem suas trocas no registro da intrusão ou da fragmentação somática são substituídas pelos ditos Reinos divinos posteriores. Há aí uma intuição metafórica do que está por trás das aparências. Esses Reinos aparecem sob uma forma desdobrada, Ormuzd e Arimã. Aparecem também os raios puros, que se comportam de uma maneira bem diferente que as almas ditas examinadas, que são raios impuros. Schreber nos fala da profunda perplexidade em que o deixam os efeitos dessa pretensa pureza, que só se pode atribuir a uma intenção divina. Ela não deixa de ser perturbada por elementos provenientes das almas examinadas, e pregam aos raios puros todas as espécies de peças, tentam captar-lhe a potência em seu proveito, interpõem-se entre Schreber e sua ação benéfica. A tática da maior parte dessas almas, animadas por intenções malignas, é descrita de modo muito preciso, e especialmente a da figura de proa, Flechsig, que fraciona sua alma para repartir os seus pedaços, no hiperespaço interposto entre Schreber e o Deus afastado de que se trata. *Eu sou aquele que está afastado*, encontramos essa fórmula que exprime um eco bíblico numa nota em que Schreber nos relata o que Deus lhe confia. O Deus para Schreber não é aquele que é, é aquele que está... bem longe.

Os raios puros falam, eles são essencialmente falantes, há uma equivalência entre raios, raios falantes, nervos de Deus, mais todas as formas particulares que eles podem tomar, até e inclusive suas formas diversamente miraculosas, entre as quais as tesouras. Isso corresponde a um período em que domina o que Schreber chama a *Grundsprache*, espécie de alto alemão delicioso que tem a tendência de se exprimir por eufemismos e por antífrases — uma punição se chama, por exemplo, uma recompensa e com efeito a punição é, à sua maneira, uma recompensa. Teremos de voltar ao estilo dessa língua fundamental, para repor o problema do sentido antinômico das palavras primitivas.

Subsiste sobre esse assunto um grande mal-entendido a respeito do que disse Freud, que fez mal unicamente ao tomar como referência um linguista que achavam um pouco avançado, mas que tocava em alguma coisa de preciso, ou seja, Abel. O Sr. Benveniste nos trouxe sobre isso no ano passado uma contribuição que tem todo o seu valor, ou seja, a de que não há como pensar, num sistema significante, a existência de palavras que designam ao mesmo tempo duas coisas contrárias. As palavras são feitas justamente para distinguir as coisas. Ali onde existem palavras, elas são forçosamente feitas por pares de oposição, elas não podem juntar em si mesmas dois extremos. Quando passamos à significação, é outra coisa. Não deve surpreender que se chame *altus* a um poço profundo, porque, diz-nos ele, segundo o ponto de partida mental em que está o latim, é do fundo do poço que isso parte. Basta-nos refletir que em alemão chama-se o juízo final de *jüngsters Gericht*, ou seja, *juízo mais jovem*, que não é a imagem empregada na França. Dizemos, no entanto, *votre petit dernier*[11] para designar o mais jovem. Mas o juízo final nos sugere antes a velhice.

Em 1894, Schreber é transferido para a casa de saúde do Dr. Pierson em Koswitz, onde ele fica quinze dias. É uma casa de saúde particular, e a descrição que dela nos dá apresenta-a, se posso assim dizer, como muito mordaz. Reconhecemos nela, do ponto de vista do doente, traços que não deixarão de deleitar aqueles que guardam algum senso do humor. Isso até que não é mau, é bastante brejeiro, tem o lado boa apresentação da casa de saúde particular, com seu caráter de profunda negligência da qual nada nos é poupado. Schreber não fica ali muito tempo, logo o enviam para o mais velho asilo psiquiátrico da Alemanha, no sentido venerável da palavra, em Pirna.

Antes de sua primeira doença, ele estava em Chemnitz, é nomeado em Leipzig, depois é em Dresden que ele é nomeado presidente do Tribunal de Apelação, exatamente antes de sua recaída. De Dresden, é em Leipzig que ele vai se arranjar para ser cuidado. Koswitz fica em alguma parte do outro lado do Elba em relação a Leipzig, mas o lugar onde ele vai passar dez anos de sua vida está a montante do Elba.

Quando ele entra em Pirna, ainda está muito doente, e só começará a escrever suas *Memórias* a partir de 1897-98. Considerando que ele está num asilo público, e que as decisões podem demandar aí certo atraso, entre 1896 e 1898 ainda o colocam à noite numa célula dita de demente, onde ele se apodera, numa caixinha de flandres, de um lápis, pedaços de papel, e onde começa a compor pequenas notas, a que chama seus pequenos estudos. Há, com efeito, além da obra que nos legou, cerca de uns cinquenta pequenos estudos aos quais faz referência de vez em quando, que são as notas que ele tomou naquele momento, e que lhe serviram de material. É evidente que esse texto, que não foi, em suma, redigido muito antes de 1898, e que se estende quanto à sua redação até 1903, época da liberação de Schreber, já que ele compreende o seu processo, dá testemunho de uma maneira muito mais segura, muito mais firme, do estado terminal da doença. Quanto ao resto, nem mesmo sabemos quando Schreber morreu, mas apenas que ele teve uma recaída em 1907, e que foi admitido de novo numa casa de saúde, o que é muito importante.

Vamos começar na data em que ele escreveu suas *Memórias*. Tudo o que ele pode testemunhar a partir daquela data já é suficientemente problemático para nos interessar. Mesmo se não resolvermos o problema da função econômica do que chamei há pouco fenômenos de alienação verbal — chamemo-los provisoriamente alucinações verbais —, o que nos interessa é o que distingue o ponto de vista analítico na análise de uma psicose.

3

Do ponto de vista psiquiátrico corrente, estamos na mesma situação de antes.

Pelo que diz respeito à compreensão real da economia das psicoses, podemos ler agora um relato feito sobre a catatonia por volta de 1903 — façam a experiência, peguem naturalmente um bom trabalho —, não se deu um passo na análise dos fenômenos. Se há alguma coisa que deve distinguir o ponto de vista do analista, é o fato de se perguntar, a respeito de uma alucinação verbal, se o sujeito ouve um pouquinho, ou muito, ou se é muito forte, ou se isso explode, ou se é realmente com a orelha que ele ouve, ou se é do interior, ou se é do coração, ou do ventre?

Essas questões muito interessantes partem do seguinte, bastante pueril afinal de contas: de que ficamos com muito pasmo de que um sujeito ouça coisas que não ouvimos. Como se não nos acontecesse, a todo o momento, ter visões, como se não nos tombassem na cabeça fórmulas que têm para nós um valor surpreendente, orientador, algumas vezes até fulgurante, iluminante. Evidentemente, delas não fazemos o mesmo uso que o psicótico.

Essas coisas se dão na ordem verbal e são sentidas pelo sujeito como acolhidas por ele. Se nos interessasse acima de tudo, como nos ensinaram na escola, a questão de saber se é uma sensação ou uma percepção, ou uma apercepção, ou uma interpretação, se, em suma, ficamos na relação elementar com a realidade, no registro acadêmico escolar, confiando numa teoria do conhecimento manifestamente incompleta, deixamos escapar toda a sua importância. No sentido oposto de uma teoria que se escalona da sensação passando pela percepção para chegar à causalidade e à organização do real, a filosofia, já há algum tempo, desde Kant pelo menos, se esforça aliás por nos advertir a plenos pulmões que há campos diferentes da realidade, e que os problemas se exprimem, se organizam e se colocam em registros igualmente diferentes. Por conseguinte, tentar saber se, sim ou não, uma palavra é ouvida não é talvez o problema mais interessante.

Estamos ainda na incerteza. Nos quarenta e cinco minutos, que nos fornecem os sujeitos? Nada mais que o que lhes estamos perguntando, isto é, lhes sugerindo que nos respondam. Introduzimos no que eles experimentam distinções e categorias que só a nós interessam, e não a eles. O caráter imposto, exterior, da alucinação verbal requer ser considerado a partir da maneira como reage o doente. Não é aí onde ele ouve melhor — como se diz no sentido em que se crê que ouvir é ouvir com as orelhas — que ele é mais atingido. Alucinações extremamente vívidas continuam sendo alucinações, reconhecidas como tais; enquanto outras, cuja vivacidade endofásica não é menor, têm ao contrário para o sujeito o caráter mais decisivo, e lhe dão uma certeza.

A distinção que introduzi na ourela do nosso intento, as certezas e as realidades, eis aí o que conta, e que nos conduz a diferenças que, aos nossos olhos, bem nossos, analistas, não são surperestruturais, mas estruturais. É um fato que só pode existir para nós, porque, diferentemente dos outros clínicos, sabemos que a fala está sempre ali, articulada ou não, presente, no estado articulado, já historicizado, já presa na rede dos pares e das oposições simbólicas.

Há quem imagine que seria preciso restaurarmos totalmente o vivido indiferenciado do sujeito, a sucessão das imagens projetadas na tela de projeção de seu vivido para apreendê-la em sua duração, à Bergson. O que tocamos clinicamente nunca é assim. A continuidade de tudo o que um sujeito viveu desde o seu nascimento nunca tende a surgir, e isso não nos interessa em absoluto. O que nos interessa são os pontos decisivos da articulação simbólica, da história, mas no sentido em que vocês dizem a História da França.

Um dia, a Srta. de Montpensier estava nas barricadas, talvez estivesse ali por acaso, e talvez isso não tivesse importância numa certa perspectiva, mas o que há de certo é que apenas isso é que resta na História, ela estava ali, e deram à sua presença um sentido, verdadeiro ou não verdadeiro. No momento em que as coisas acontecem, aliás, o sentido é sempre um pouco mais verdadeiro, mas é o que se tornou verdadeiro na história que conta e funciona. Ou isso vem de um remanejamento posterior, ou então já começa a ter uma articulação no momento mesmo em que as coisas acontecem.

Pois bem, o que chamamos o sentimento de realidade quando se trata de restauração das lembranças é alguma coisa de ambíguo, que consiste essencialmente no fato de que uma reminiscência, ou seja, uma ressurgência de impressão, se organiza na continuidade histórica.

Não é um ou outro que dá uma inflexão de realidade, é um e outro, é um certo modo de conjunção desses dois registros. Eu irei mais longe — é igualmente um certo modo de conjunção de dois registros que dá o sentimento de irrealidade. No domínio sentimental, o que é sentimento de realidade é sentimento de irrealidade. O sentimento de irrealidade aí está apenas como um sinal de que se trata de estar na realidade, e de que, a não ser por um quarto de triz, aí falta alguma coisinha. O sentimento do já visto, que casou tantos problemas aos psicólogos, poderíamos designá-lo como uma homonímia — sempre é a chave simbólica que entreabre o móbil. O já visto se dá quando uma situação é vivida com uma plena significação simbólica, que reproduz uma situação simbólica homóloga já vivida mas esquecida, e que revive sem que o sujeito compreenda as suas causas e consequências. Eis o que dá ao sujeito a impressão de que ele já viu o contexto, o quadro do momento presente. O já visto é um fenômeno extremamente próximo do que a experiência da análise nos fornece como o já contado — exceto que é o inverso. Isso não se situa na ordem do já contado, mas na ordem do jamais contado. Mas é do mesmo registro.

Se admitimos a existência do inconsciente tal como Freud o articula, devemos supor que esta frase, esta construção simbólica, recobre com sua trama todo o vivido humano, que ela está sempre lá, mais ou menos latente, e que ela é um dos elementos necessários à adaptação humana. Que isso se passa sem que se pense nisso poderia ter sido qualificado durante muito tempo como enormidade, mas para nós isso não pode ser uma — a própria ideia de um pensamento inconsciente, esse grande paradoxo prático que Freud trouxe, não quer dizer outra coisa. Quando Freud formula o termo pensamento inconsciente acrescentando na sua *Traumdeutung, sit venia verbo*, ele não diz outra coisa senão isto: pensamento quer dizer a coisa que se articula na linguagem. No nível da *Traumdeutung*, não há outra interpretação desse termo a não ser aquela.

Essa linguagem, poderíamos chamá-la interior, mas esse adjetivo já falseia tudo. Este monólogo supostamente interior está em perfeita continuidade com o diálogo exterior, e é justamente por essa razão que podemos dizer que o inconsciente é o discurso do outro. Se há justamente alguma coisa da ordem do contínuo, não é a todo momento. É preciso aí também começar a dizer o que se quer dizer, ir no sentido em que se vai, e saber ao mesmo tempo corrigir isso. Há leis de intervalo, de suspensão, de resolução propriamente simbólicas, há suspensões, escansões que marcam a estrutura de todo cálculo, que fazem com que não seja justamente de maneira contínua que se inscreva, digamos, essa frase interior. Essa estrutura, que já está vinculada às possibilidades comuns, é a própria estrutura, ou inércia, da linguagem.

Aquilo de que se trata para o homem é justamente se sair bem com essa modulação contínua, de maneira que isso não o ocupe demasiado. Justamente por isso as coisas se arranjam a fim de que a sua consciência se desvie dela. Contudo, admitir a existência do inconsciente é afirmar que, mesmo se a sua consciência dela se desvia, a modulação de que falo, a frase com toda a sua complexidade, persiste. Não há outro sentido possível a ser dado ao inconsciente freudiano a não ser esse aí. Se ele não é isso, é um monstro de seis patas, absolutamente incompreensível, em todo o caso incompreensível na perspectiva da análise.

Já que se procuram as funções do eu como tal, digamos que uma de suas ocupações é precisamente a de não ser envenenado por essa frase que continua sempre a circular, e pronta a ressurgir sob mil formas camufladas e desconcertantes. Em outro termos, a frase evangélica *eles têm ouvidos para não ouvir* deve ser tomada ao pé da letra. Que não tenhamos perpetuamente de ouvir essa articulação que organiza nossas ações faladas é bem uma função do eu. Isso não é tirado da análise da psicose, isso é exposição, uma vez mais, dos postulados, da noção freudiana do inconsciente.

Nesses fenômenos, chamemo-los provisoriamente teratológicos, das psicoses, isso funciona claramente. Não faço mais disso nem do elemento imaginário de há pouco o traço essencial da psicose, mas esquecem demais que, nos casos de psicose, vemos se revelar, e da maneira mais articulada, essa frase, esse monólogo, esse discurso interior de que eu lhes falava. Somos os primeiros a poder discernir isso porque, numa certa medida, nós já estamos prontos para ouvi-lo.

Portanto, não temos razão para nos recusar a reconhecer suas vozes no momento em que o sujeito nos dá testemunho disso como de alguma coisa que faz parte do próprio texto de seu vivido.

4

Leitura das Memórias, *p.248.*

Eis o que o sujeito nos diz num complemento retrospectivo a suas *Memórias*. O abrandamento da frase no curso dos anos está para ele ligado metaforicamente à enorme distância em que os raios de Deus se retiraram. Há não só abrandamento, mas demora, suspensão, adiamento. Para nós é muito significativo que varie e evolua no curso dos anos a própria fenomenologia sob a qual se apresenta a trama contínua do discurso que a acompanha, e que o sentido muito pleno do sentido se esvazia mais tarde de seu sentido. Aliás, as vozes também têm comentários extremamente curiosos, no gênero — *Todo não sentido se anula.*

A estrutura do que se passa merece não ser negligenciada. Dou-lhes um exemplo. Ele ouve — *Falta-nos agora...* e depois, a frase se interrompe, ele não ouve mais nada, é seu testemunho, mas essa frase tem para ele o sentido implícito de — *Falta-nos agora o pensamento principal.* Numa frase interrompida, como tal sempre finamente articulada gramaticalmente, a significação está presente de uma dupla maneira, como esperada por um lado, pois que se trata de uma suspensão, como repetida por outro lado, pois que é sempre a um sentimento de já tê-la ouvido que ele se atém.

A partir do momento em que entramos na análise da linguagem, seria conveniente também nos preocuparmos um pouco com a história da linguagem. A linguagem não é uma coisa tão natural assim, e as expressões que nos parecem ser evidentes se sobrepõem conforme sejam elas mais ou menos fundadas.

As vozes que ocupam Schreber com seu discurso contínuo são psicólogas. Uma grande parte do que elas contam concerne à *concepção das almas*, à psicologia do ser humano. Elas fornecem catálogos de registros de pensamento, os pensamentos de todos os pensamentos, de afirmação, de reflexão, de temor, assinalam-nos e os articulam como tais, e dizem quais são regulares. Elas também têm a sua concepção dos *patterns*, elas se encontram assim na última etapa do behaviorismo. Assim como do outro lado do Atlântico, procuram explicar a maneira regular de oferecer um buquê de flores a uma jovem, também elas têm ideias precisas sobre a maneira como o homem e a mulher devem se abordar, e mesmo se deitar na cama. Schreber ficou confuso com isso — *É assim*, diz ele, *mas eu não tinha percebido isso.* O próprio texto está reduzido a repisamentos e a ritornelos que nos parecem algumas vezes, por pouco que seja, embaraçantes

A propósito desta frase interrompida, *falta-nos agora...*, eu me lembro de uma coisa que me tinha surpreendido lendo o Sr. Saumaize, que escreveu por volta de 1660-1670 um *Dictionnaire des précieuses.*

Naturalmente, as preciosas são ridículas, mas o movimento dito das preciosas é um elemento pelo menos tão importante para a história da língua, dos pensamentos, dos costumes, quanto nosso querido surrealismo cuja importância todo o mundo sabe, e que com certeza não teríamos o mesmo tipo de cartazes se não se tivesse produzido, por volta de 1920, um movimento de pessoas que manipulavam os símbolos e os signos de uma maneira curiosa. O movimento das preciosas é muito mais importante do ponto de vista da língua do que se pensa. Evidentemente, há tudo o que foi contado por essa personagem genial que é Molière, mas sobre esse assunto provavelmente fizeram-lhe dizer um pouco mais do que ele queria. Vocês não imaginam o número de locuções que nos parecem agora bem naturais, e que datam de então. Saumaize nota, por exemplo, que é o poeta Saint-Amant que foi o primeiro a dizer *le mot me manque*.[12] Se não chamamos hoje a poltrona de *les commodités de la conversation*,[13] é por puro acaso, há coisas que vingam e outras não. Essas expressões que se incorporaram à língua têm, pois, sua origem num rodeio de conversa dos salões, onde se tentava fazer surgir uma linguagem mais refinada.

O estado de uma língua se caracteriza tanto por suas ausências quanto por suas presenças. Pois bem, vocês encontram no diálogo com os famosos pássaros miraculados, pilhérias como esta — é dita alguma coisa a eles como *necessidade de ar* e eles ouvem *crepúsculos*. É bastante interessante — quem entre vocês não ouviu ser confundido de maneira corrente, num falar não especialmente popular, *amnistie* e *armistice*?[14] Se eu perguntasse a cada um de vocês, alternadamente, o que vocês ouvem com *superstição* por exemplo, estou certo de que se chegaria a uma bela ideia da confusão que pode haver no espírito de vocês acerca de uma palavra que vocês empregam correntemente — ao fim de um certo tempo ela acabaria por parecer com a *superestrutura*. Do mesmo modo, os epifenômenos têm uma significação muito especial em medicina — Laënnec chama epifenômenos os fenômenos comuns a todas as doenças, como a febre.

A origem da palavra superstição nos é dada por Cícero, em seu *De natura deorum*, que vocês deveriam ler. Vocês apreciarão, por exemplo, quão longínquos, e quão próximos também, são os problemas que os Antigos colocam sobre a natureza dos deuses. Os *superstitiosi* eram pessoas que oravam e faziam sacrifícios durante todo o dia para que seus descendentes lhes sobrevivessem. A superstição é o açambarcamento da devoção por pessoas visando a um fim que lhes parecia essencial. Isso nos ensina muito sobre a concepção que tinham os Antigos da noção, tão importante em toda cultura primitiva, da continuidade da linhagem. Essa referência poderia também nos dar talvez a melhor apreensão sobre a verdadeira definição a ser dada da superstição, que consiste em extrair uma parte do texto de um comportamento em detrimento dos outros. Quer dizer sua relação com tudo o que é formação parcelar, deslocamento metódico, no mecanismo da neurose.

O que é importante é compreender o que se diz. E para compreender o que se diz é necessário ver os seus substitutos, as suas ressonâncias, as suas superposições significativas. Sejam quais forem, e podemos admitir todos os contrassensos, nunca é ao acaso. Quem medita sobre o organismo da linguagem deve saber o mais possível, e fazer, tanto a propósito de uma palavra quanto de um torneio, ou de uma locução, o fichário mais completo possível. A linguagem funciona inteiramente na ambiguidade, e a maior parte do tempo vocês não sabem absolutamente nada do que estão dizendo. Na nossa interlocução mais corrente, a linguagem tem um valor puramente fictício, vocês atribuem ao outro o sentimento de que estão sempre entendendo, isto é, de que são sempre capazes de dar a resposta que se espera, e que não tem nenhuma ligação com qualquer coisa que seja possível de ser aprofundada. Os nove décimos dos discursos efetivamente realizados são completamente fictícios.

Esse dado primordial é necessário a quem queira penetrar a economia do presidente Schreber e compreender o que quer dizer essa parte de não-senso que ele mesmo situa em suas relações com seus interlocutores imaginários. Por isso convido vocês a um exame mais atento da evolução dos fenômenos verbais na história do presidente Schreber, a fim de poder articulá-los em seguida com os deslocamentos libidinais.

25 de janeiro de 1956

IX

Do não-senso, e da estrutura de Deus

Princípios da análise do delírio.
A interlocução delirante.
O abandonar-sem-mais-nem-menos.
Diálogo e volúpia.
A política de Deus.

A respeito de uma expressão empregada por Schreber, dizendo que as vozes lhe assinalam que lhes falta alguma coisa, eu fazia notar que tais expressões não surgem sozinhas, que elas nascem no curso da história da língua, e num nível de criação bastante elevado para que isso esteja precisamente em um círculo interessado pelas questões da linguagem. Essas expressões parecem derivar de modo bem natural da arrumação dada do significante, mas o seu aparecimento em determinado momento pode ser historicamente verificado.

Eu dizia portanto que *a palavra me foge*, expressão que nos parece tão natural, é apontada em Saumaize como saída das alcovas das preciosas. Ela era considerada nessa época como tão notável que ele anotou a sua aparição atribuindo-a a Saint-Amant. Levantei assim cerca de uma centena dessas expressões:[15] *É a mais natural das mulheres — Ele se indispôs com Fulano — Ele tem o sentido justo — Contorno do rosto — Jeito de ser — Eu conheço bem as pessoas — Ele não joga para perder — Ele age desajeitado — Tratou-me com imenso carinho — Isso é bem do meu gosto — Ele não entra em detalhes — Ele se meteu em um mau negócio — Ele faz as pessoas perderem a paciência — Sacrificar seus amigos — Isso tem graça — Dar os primeiros passos — Figurar no mundo.* Esses torneios, que lhes parecem bem naturais e que se tornaram usuais, estão anotados em Saumaize e também na retórica de Berry, que é de 1663, como criados no círculo das preciosas. Isso para dizer-lhes o quanto não se deve iludir sobre a ideia de que a linguagem é modelada por uma apreensão simples e direta do real. Todas elas supõem uma longa elaboração, implicações, reduções do real, o que poderíamos chamar um progresso metafísico. Que as pessoas ajam de uma certa maneira com certos significantes comporta toda espécie de pressuposições. *A palavra me foge*, por exemplo, supõe em primeiro lugar que a palavra esteja ali.

1

Hoje vamos retomar nosso intento, segundo os princípios metódicos que estabelecemos. Para ir um pouquinho mais adiante no delírio do presidente Schreber, procedemos pegando o documento. Não temos aliás outra coisa.

Eu fiz vocês observarem que o documento tinha sido redigido por Schreber em um momento bastante avançado de sua psicose para que ele tenha podido formular seu delírio. A esse respeito, formulo minhas reservas, legitimamente, já que alguma coisa que podemos supor mais primitiva, anterior, originária, nos escapa — o vivido, o famoso vivido, inefável e incomunicável, da psicose em seu período primário ou fecundo.

Somos livres para nos hipnotizar neste ponto, e para pensar que perdemos o melhor. Deplorar que se perde o melhor é em geral uma forma de se desviar do que se tem em mão, e que talvez valha a pena que se considere.

Por que um estado terminal seria menos instrutivo que um estado inicial? Nada garante que esse estado terminal represente uma menos-valia, desde que admitamos o princípio de que, em matéria de inconsciente, a relação do sujeito ao simbólico é fundamental.

Esse princípio pede que abandonemos a ideia, implícita em muitos sistemas, de que o que o sujeito coloca em palavras é uma elaboração imprópria e sempre distorcida de um vivido que seria uma realidade irredutível. É justamente a hipótese que está no fundo de *A consciência mórbida* de Blondel, bom ponto de referência de que me sirvo algumas vezes com vocês. Há, segundo Blondel, alguma coisa de tão original e irredutível no vivido do delirante, que, ao se exprimir, ele nos dá alguma coisa que só pode nos enganar. Nada mais nos resta que renunciar a penetrar este vivido impenetrável. É a mesma suposição psicológica, implícita no que se pode chamar o pensamento de nossa época, que se marca com o emprego usual e abusivo da palavra intelectualização. Há, para toda uma espécie de intelectuais modernos, alguma coisa de irredutível que a inteligência está destinada por definição a deixar escapar: Bergson muito fez para estabelecer esse preconceito perigoso.

De duas coisas uma: ou o delírio não pertence em nenhum grau ao domínio que é o nosso de analistas, não tem nada a ver com o inconsciente; ou ele está na dependência do inconsciente, tal como nós — nós o fizemos juntos — acreditamos poder elaborá-lo no curso destes últimos anos.

O inconsciente é, no fundo dele, estruturado, tramado, encadeado, tecido de linguagem. E não somente o significante desempenha ali um papel tão grande quanto o significado, mas ele desempenha ali o papel fundamental. O que com efeito caracteriza a linguagem é o sistema do significante como tal. O jogo complexo do significante e do significado coloca questões à beira das quais nos mantemos, porque não fazemos aqui um curso de linguística, mas vocês entreviram sobre isso bastante até aqui para saber que a relação do significante e do significado está longe de ser, como se diz na teoria dos conjuntos, biunívoca.

Os significados não são as coisas em estado bruto, aí já dadas numa ordem aberta à significação. A significação é o discurso humano na medida em que ele remete sempre a uma outra significação.O Sr. Saussure em seus célebres cursos de linguística dá a representação de um esquema com um fluxo que é a significação, e um outro, que é o discurso, o que ouvimos. Esse esquema mostra que o recorte de uma fase entre seus diferentes elementos já comporta uma certa parte de arbitrário. Há, sem dúvida, essas unidades que são as palavras, mas, quando se olha de perto, elas não são assim tão unitárias. Pouco importa aqui. Pois bem, o Sr. Saussure pensa que o que permite o recorte do significante é uma certa correlação entre o significante e o significado. Evidentemente, para que os dois possam ser recortados ao mesmo tempo, é preciso uma pausa.

Esse esquema é discutível. Vê-se bem, com efeito, que, no sentido diacrônico, com o tempo, se produz resvalamentos, e que a todo momento o sistema em evolução das significações humanas se desloca, e modifica o conteúdo dos significantes, que ganham empregos diferentes. Espero ter-lhes feito sentir isso com os exemplos que lhes dei ainda há pouco. Sob os mesmos significantes, há no curso das idades esses resvalamentos de significação que provam que não se pode estabelecer correspondência biunívoca entre os dois sistemas.

Um sistema do significante, uma língua, tem certas particularidades que especificam as sílabas, os empregos das palavras, as locuções nas quais elas se agrupam, e isso condiciona, até na sua trama mais original, o que se passa no inconsciente. Se o inconsciente é tal como Freud nos descreveu, um trocadilho pode ser em si mesmo a cavilha que sustenta um sintoma, trocadilho que não existe numa língua vizinha. Isso não quer dizer que o sintoma está sempre fundado em um trocadilho, mas ele está sempre fundado na existência do significante como tal, numa relação complexa de totalidade a totalidade, ou mais exatamente de sistema inteiro a sistema inteiro, de universo do significante a universo do significante.

A doutrina de Freud é tão assim que não há outro sentido a ser dado a seu termo *sobredeterminação*, e à necessidade que ele pôs de que, para que haja sintoma, é preciso que haja ao menos duplicidade, ao menos dois conflitos em causa, um atual e um antigo. Sem a duplicidade fundamental do significante e do significado, não há determinismo psicanalítico concebível. O material ligado ao conflito antigo é conservado no inconsciente enquanto significante em potencial, significante virtual, para ser tomado no significado do conflito atual e servir-lhe de linguagem, isto é, de sintoma.

Daí, quando abordamos os delírios com a ideia de que eles podem ser compreendidos no registro psicanalítico, na ordem da descoberta freudiana, e segundo o modo de pensamento que ela nos possibilita concernente ao sintoma, vocês veem bem que não há nenhuma razão para rejeitar, como fato de um compromisso puramente verbal, como uma fabricação secundária do estado terminal, a explicação que Schreber nos dá de seu sistema do mundo, mesmo se o testemunho que ele nos confia seja sem dúvida às vezes passível de crítica.

Nós sabemos bem que o paranoico, à medida que ele avança, repensa retroativamente seu passado e encontra até nos anos mais recuados a origem das perseguições cujo alvo é ele. Ele tem algumas vezes a maior dificuldade em situar um acontecimento, e sente-se bem sua tendência a projetar isso por um jogo de espelhos num passado que se torna ele próprio bastante indeterminado, um passado de retorno eterno, como Schreber o escreve. Mas o essencial não está aí. Um escrito tão extenso quanto o do presidente Schreber conserva um valor absoluto uma vez que supomos uma solidariedade contínua e profunda dos elementos significantes, do início ao fim do delírio. Numa palavra, a ordenação final do delírio nos permite entender os elementos primários que estavam em jogo — podemos em todos os casos legitimamente procurá-los.

É em que a análise do delírio nos revela a relação fundamental do sujeito no registro no qual se organizam e se desenvolvem todas as manifestações do inconsciente. Talvez mesmo ela venha a nos dar conta, se não do mecanismo último da psicose, pelo menos da relação subjetiva com a ordem simbólica que ela comporta. Talvez possamos ver claramente como, no curso da evolução da psicose, desde o momento de origem até a sua última etapa, na medida em que há uma etapa terminal na psicose, o sujeito se situa em relação ao conjunto da ordem simbólica, ordem original, meio distinto do meio real e da dimensão imaginária, com a qual o homem sempre lida, e que é constitutivo da realidade humana.

Sob o pretexto de que o sujeito é um delirante, não devemos partir da ideia de que seu sistema é discordante. É sem dúvida inaplicável, é um dos signos distintivos de um delírio. No que se comunica no seio da sociedade, ele é absurdo, como se diz, e mesmo muito incômodo. A primeira reação do psiquiatra em presença de um sujeito que começa a lhe contar coisas desse gênero com todas as cores, é sentir desagrado. Ouvir um senhor proferir afirmações ao mesmo tempo peremptórias e contrárias ao que se está habituado a reter como a ordem normal de causalidade, isso o incomoda, a sua primeira preocupação no interrogatório é fazer encaixar as pequenas cavilhas nos buraquinhos, como dizia Péguy nos seus últimos escritos, falando da experiência que ele assumia, e dessas pessoas que querem, no momento em que a grande catástrofe está declarada, que as coisas conservem a mesma relação que antes. *Proceda por partes, senhor,* dizem eles ao doente, e os capítulos já estão feitos.

Assim como todo discurso, um delírio deve ser julgado em primeiro lugar como um campo de significação que organizou um certo significante, de modo que as primeiras regras de um bom interrogatório, e de uma boa investigação das psicoses, poderiam ser a de deixar falar o maior tempo possível. Após, pode-se fazer uma ideia. Eu não digo que na observação as coisas se passem como eu disse, e em seu conjunto os clínicos aprenderam-nas bastante bem. Mas a noção de fenômeno elementar, as distinções das alucinações, dos distúrbios da atenção, da percepção, dos diversos níveis na ordem das faculdades, certamente contribuíram para obscurecer nossa relação com os delirantes.

Quanto a Schreber, deixaram-no falar, por uma boa razão, é que não lhe diziam nada, e ele teve todo o tempo para nos escrever seu grande livro.

2

Já vimos da última vez que Schreber introduziu distinções no concerto de suas vozes, na medida em que elas constituem essas diferentes entidades a que ele chama os reinos de Deus.

Essa pluralidade de agentes do discurso põe por si só um grave problema, pois ela nem por isso é concebida pelo sujeito como uma autonomia. Há coisas de grande beleza nesse texto para nos falar das vozes, e nos fazer sentir a relação delas com o fundo divino, e seria bom não nos deixarmos deslizar dizendo que elas emanam de lá porque seríamos nós que começaríamos então a fazer uma construção. É preciso seguir a linguagem do sujeito, e ele não falou em emanação.

No exemplar que eu tive entre as mãos, havia o rastro na margem das anotações de uma pessoa que devia ter-se na conta de muito letrada, porque tinha posto tais explicações em face do termo schreberiano processão. Essa pessoa tinha sem dúvida ouvido falar de Plotino, mas aí está uma dessas compreensões apressadas que se devem evitar. Eu não creio que se trate de alguma coisa como de uma processão plotiniana.

Na passagem que li para vocês, o ruído que faz o discurso, o sujeito insiste nisso, é tão moderado que ele o chama um cochicho. Mas esse discurso está ali todo o tempo, sem descontinuidade. O sujeito pode encobri-lo, é assim que ele se exprime, por suas atividades e suas próprias palavras, mas está sempre pronto a retomar a mesma sonoridade.

A título de hipótese de trabalho, como se diz nos dias de hoje, pode-se admitir que não é impossível que esse discurso seja sonorizado pelo sujeito. É adiantar muito, talvez demasiado, mas deixemos isso por ora. Esse discurso tem em todo o caso uma relação com o que supomos ser o discurso contínuo, memorizando para todo sujeito sua conduta a cada momento, e duplicando de alguma forma sua vida. Não só somos obrigados a admitir essa hipótese em virtude do que supusemos ser ainda há pouco a estrutura e a trama do inconsciente, mas é o que a experiência mais imediata nos permite discernir.

Alguém me contou, não há muito tempo, ter tido a seguinte experiência. Essa pessoa tendo sido surpreendida pela brusca ameaça de um carro a ponto de passar sobre o seu corpo, e tendo tido — tudo leva a pensar isso — os gestos que era preciso para se afastar dele, um termo surgiu, em sua cabeça se podemos assim dizer, vocalizado mentalmente, o de *traumatismo craniano*. Não se pode dizer que essa verbalização seja uma operação que faça parte da cadeia dos bons reflexos para evitar um choque que pudesse acarretar o dito traumatismo craniano, ela está, ao contrário, ligeiramente distante da situação, além de que ela supõe na pessoa todas as espécies de determinações que fazem do traumatismo craniano alguma coisa de particularmente significativo para ela. Vemos surgir aí esse discurso latente sempre pronto a emergir, e que intervém em seu plano próprio, com um alcance diferente do da música da conduta total do sujeito.

Esse discurso se apresenta ao sujeito Schreber, na etapa da doença de que ele nos fala, com um caráter dominante de *Unsinn*. Mas esse *Unsinn* não é totalmente simples. O sujeito que escreve e nos faz a sua confidência se descreve como sofrendo esse discurso, mas o sujeito que fala — e eles têm relação, sem o que não deveríamos qualificá-lo de louco — diz coisas muito claras, como esta que já citei — *Aller Unsinn hebt sich auf! Todo não-senso se anula, se levanta, se transpõe!* Eis o que o presidente Schreber nos diz ouvir, no registro da alocução a ele dirigida por seu interlocutor permanente.

É um termo extremamente rico esse *Aufheben*, é o signo de uma implicação, de uma busca, de um recurso próprio a esse *Unsinn*, que está longe de ser, como diz Kant em sua análise dos valores negativos, uma pura e simples ausência, uma privação de sentido. É um *Unsinn* muito positivo, organizado, são contradições que se articulam, e, é claro, todo o sentido do delírio de nosso sujeito está justamente aí, o que torna tão apaixonante seu romance. Esse *Unsinn* é o que se opõe, o que se compõe, o que se persegue, o que se articula desse delírio. A negação não é aqui uma privação, e nós vamos ver em relação a que ela vale.

Qual é nesse discurso a articulação do sujeito que fala nas vozes, e do sujeito que nos relata essas coisas como significantes? É de uma grande complexidade.

Comecei da última vez por encetar essa demonstração insistindo no caráter significativo da suspensão do sentido, que aparece pelo fato de que as vozes não completam as suas frases.

Há aí um procedimento particular de evocação da significação, que nos reserva sem dúvida a possibilidade de concebê-la como uma estrutura, aquela que acentuei a respeito desta doente que, no momento em que ela ouvia lhe dizerem *Porca*, murmurava entre os dentes *Eu venho do salsicheiro* — a saber, a voz alusiva, a visada indireta do sujeito. Já tínhamos podido entrever aí uma estrutura muito próxima do esquema que damos das relações entre sujeito que fala concretamente, que sustenta o discurso, e o sujeito inconsciente, que está ali, literalmente, nesse discurso alucinatório. Ele está ali, visado, não se pode dizer num além, já que justamente o outro não está presente no delírio, mas num aquém, uma espécie de além interior.

Prosseguir essa demonstração não seria impossível. Mas seria introduzir rápido demais talvez, se queremos proceder rigorosamente, esquemas que poderiam aparecer preconcebidos em relação ao dado. Há no conteúdo do delírio muitos dados de acesso mais simples, para que possamos proceder de outro modo, e não nos apressarmos.

Na verdade, não se apressar participa desta atitude de boa vontade cuja necessidade sustento aqui para avançar na estrutura do delírio. O colocar logo de saída no parêntese psiquiátrico é justamente a fonte de incompreensão na qual se mantiveram até o momento em relação a ele. Estabelecem logo de saída que se trata de um fenômeno anormal, e como tal, condenam-se a não compreendê-lo. Defendem-se dele, defendem-se assim de sua sedução, tão sensível no presidente Schreber, que interroga com toda a ingenuidade o psiquiatra — *O senhor não tem medo de vez em quando de ficar louco?* Mas isso é totalmente verdade. Um dos bons mestres que conhecemos tinha justamente o sentimento de onde isso o levaria, ao escutá-los, esses tipos que dizem durante todo o dia disparates tão singulares.

Não sabemos, nós psicanalistas, que o sujeito normal é essencialmente alguém que se coloca na posição de não levar a sério a maior parte de seu discurso interior? Observem bem nos sujeitos normais, e por conseguinte em vocês mesmos, o número de coisas em relações às quais a ocupação fundamental de vocês é verdadeiramente não levá-las a sério. Talvez seja precisamente a primeira diferença entre vocês e o alienado. E é por isso que o alienado encarna para muitos, e mesmo sem que ele diga isso para si mesmo, ali onde isso nos conduziria se começássemos a levar as coisas a sério.

Levemos portanto, sem demasiado temor, nosso sujeito a sério, nosso presidente Schreber, e já que não podemos penetrar logo de saída nem no objetivo, nem nas articulações, nem nos fins desse singular *Unsinn*, procuremos abordar com certas questões o que vemos, e onde não estamos sem bússola.

3

Em primeiro lugar, há um interlocutor?

Sim, há um, e que no fundo é único. Essa *Einheit* é muito divertida de ser considerada, se pensamos neste texto de Heidegger sobre o *logos* que traduzi, que vocês vão ver publicado no primeiro número de nossa nova revista, *La Psychanalyse*, e que identifica o *logos* com o *En* heraclitiano. E, precisamente, veremos que o delírio de Schreber é à sua maneira um modo de relação do sujeito com o conjunto da linguagem.

O que Schreber exprime nos mostra a unidade que ele sente vivamente naquele que sustenta esse discurso permanente diante do qual ele se sente como alienado, e ao mesmo tempo uma pluralidade nos modos e nos agentes secundários aos quais ele atribui as suas diversas partes. Mas a unidade é bem fundamental, ela domina, e ele a chama Deus. Aí a coisa fica clara. Se ele diz que é Deus, aquele homem tem as suas razões. Por que lhe recusar o manejo de um vocábulo cuja importância universal conhecemos? É mesmo uma das provas de sua existência para alguns. Sabemos suficientemente como é difícil discernir qual o seu conteúdo preciso para a maioria de nossos contemporâneos, por que então de modo especial nos recusaríamos a dar crédito ao delirante quando ele fala disso?

O impressionante é que Schreber é um discípulo da *Aufklärung*, ele é mesmo um de seus últimos florões, ele passou sua infância numa família em que não se fala de religião, ele nos dá a lista de suas leituras, tudo isso vale para ele como prova da seriedade do que experimenta. No fundo, não entra na discussão de saber se ele se enganou ou não, diz: *É assim*. É um fato de que eu tive as provas mais diretas, isso só pode ser Deus, se esta palavra tem um sentido. Eu nunca tinha levado a sério essa palavra até então, e, a partir do momento em que experimentei essas coisas, fiz a experiência de Deus. Não é a experiência que é a garantia de Deus, é Deus que é a garantia de minha experiência. Eu lhes falo de Deus, é preciso justamente que eu o tenha pego em algum lugar, e como não o peguei na minha bagagem de preconceitos e de infância, minha experiência é verdadeira. Aí, ele é finíssimo. Não só ele é, em suma, uma boa testemunha, como não comete abusos teológicos. Ele está além disso bem-informado, eu diria mesmo que é um bom psiquiatra clássico.

Encontra-se em seu texto uma citação da sexta edição de Kraepelin que ele investigou minuciosamente por seu lado, e isso lhe permite rir daquilo que esse autor assinala como uma estranheza, a de que aquilo que o delirante experimenta tenha uma alta força de convencimento.

Atenção, diz Schreber, não é isso em absoluto. Vê-se bem aí que eu não sou um delirante como dizem os médicos, porque sou inteiramente capaz de reduzir as coisas, não só ao que diz o meio, mas também ao bom senso. Assim, acontece que eu ouça o ruído do trem ou o do navio a vapor que avança graças às correntes, o que faz um ruído imenso, e as coisas que penso vêm inscrever-se nos intervalos regulares desses ruídos monótonos, exatamente como se modulam os pensamentos que giram na cabeça sobre esses ruídos que conhecemos bem quando estamos num vagão de estrada de ferro. Mas distingo muito bem as coisas, e as vozes que ouço são uma outra coisa, à qual vocês reconhecem o seu alcance e o seu sentido.

Essa análise schreberiana nos dá a oportunidade de criticar do interior certas teorias genéticas da interpretação ou da alucinação. E há muitos outros exemplos no texto.

Esse Deus, portanto, que lhe foi revelado, qual será? Ele é em primeiro lugar presença. E seu modo de presença é o modo falante.

Em primeiro lugar, uma observação. Não terei necessidade de ir procurar muito longe meus testemunhos para mostrar a importância da função providencial na ideia que os sujeitos têm da divindade. Não digo que seja a melhor maneira de abordar a coisa do ponto de vista teológico, mas enfim, abrindo um pouco ao acaso um livro que tenta nos falar dos deuses de Epicuro, li estas linhas extremamente bem escritas — *Desde que se crê nos deuses, fica-se persuadido de que eles regulam as ocupações humanas, de que esses dois aspectos da fé são conexos* (...). *A fé nasceu da observação, mil vezes repetida, de que a maioria de nossos atos não atingem seu objetivo, persiste muito necessariamente uma margem entre os nosso melhores desígnios concebidos e sua realização, e assim permanecemos na incerteza, mãe da esperança e do temor.*

O texto é do padre Festugière, muito bom escritor, e excelente conhecedor da Antiguidade grega. Sem dúvida o estilo um pouco apologético dessa introdução consagrada à constância da crença nos deuses é um pouco inclinado por seu tema, a saber, pelo fato de que é em torno da questão da presença dos deuses nos negócios humanos que se constrói todo o epicurismo, pois não se pode deixar de ficar surpreendido pela parcialidade dessa redução da hipótese divina à função providencial, isto é, à exigência de que sejamos recompensados por nossas boas intenções — quando elas são gentis, boas coisas lhes acontece. Mas, enfim, é significativo.

Tanto mais que não há vestígio disso em Schreber, cujo delírio é em grande parte teológico, e o parceiro, divino. Certamente, a notação de uma ausência é menos decisiva que a notação de uma presença, e o fato de não haver alguma coisa é sempre, na análise dos fenômenos, sujeito a caução. Se tivéssemos mais informações precisas sobre o delírio do presidente Schreber, isso poderia talvez ser contradito. Por outro lado, a notação de uma ausência é extraordinariamente importante para a localização de uma estrutura. Chamo-lhes, portanto, a atenção para isto: teologicamente válida ou não, a noção da providência, da instância que remunera, tão essencial ao funcionamento do inconsciente e que aflora no consciente, não há vestígio dela em Schreber. E, por conseguinte, dizemos, para ir rápido, que essa erotomania divina não deve certamente ser inscrita de imediato no registro do superego.

Logo, esse Deus está aí. Já sabemos que é aquele que fala todo o tempo, aquele que não para de falar não dizendo nada. A tal ponto isso é verdadeiro que Schreber consagra muitas páginas a considerar o que isso pode precisamente querer dizer, esse Deus que fala não dizendo nada, e que fala no entanto sem parar.

Essa função importuna não pode ser distinguida um só momento do modo de presença que é o de Deus. Mas as relações de Schreber com ele estão longe de se limitar a isso, e eu gostaria de acentuar agora a relação fundamental e ambígua em que Schreber está para com o seu Deus, e que se situa na mesma dimensão que aquela em que está aí, tagarelando sem cessar.

De alguma forma, essa relação apresenta desde a origem, antes mesmo que Deus seja revelado, no momento em que o delírio tem como suportes personagens do tipo Flechsig, em primeiro lugar o próprio Flechsig, o seu primeiro terapeuta. A expressão alemã que vou sublinhar depois de Freud exprime para o sujeito o seu modo de relação essencial para com o interlocutor fundamental, e permite estabelecer uma continuidade entre os primeiros e os últimos interlocutores do delírio, em que reconhecemos que há alguma coisa de comum entre Flechsig, as almas examinadas, os reinos de Deus, com suas diversas significações, posteriores e anteriores, superiores e inferiores, e enfim o Deus último, em que tudo parece no fim se resumir, ao mesmo tempo que Schreber se instala numa posição megalomaníaca. Que isso seja no início do delírio, em que se trata da iminência de uma violação, de uma ameaça dirigida contra a sua virilidade, sobre a qual Freud muito insistiu, ou que isso seja no fim, quando se estabelece uma efusão voluptuosa em que Deus é considerado como tendo encontrado satisfação ainda mais que o nosso sujeito, é disso que se trata, o que é mais atroz, é que vão *abandoná-lo sem mais nem menos.*[16]

A tradução francesa deste *liegen lassen* não é ruim, porque tem sonoridades sentimentais femininas. Em alemão, a coisa é muito menos acentuada e também muito mais ampla, é *deixar jazer.* No decorrer de todo o delírio schreberiano, a ameaça desse abandonar sem mais nem menos volta como um tema musical, como o fio vermelho que se encontra no tema literário ou histórico.

Bem no início, isso faz parte das intenções dos violadores perseguidores, e é o que é preciso evitar custe o que custar. Não se pode deixar de ter a impressão de que a relação global do sujeito com o conjunto dos fenômenos pelos quais ele está atormentado consiste nesta relação essencialmente ambivalente — seja qual for o caráter doloroso, penoso, importunante, insuportável desses fenômenos, a manutenção de sua relação com eles constitui uma necessidade cuja ruptura lhe seria absolutamente intolerável. Quando ela se encarna, isto é, cada vez que ele perde o contato com esse Deus — com o qual está em relação num duplo plano, o da audição e um outro mais misterioso, o de sua presença, ligada ao que ele chama a beatitude dos parceiros, e ainda mais aquela de seu parceiro do que a sua — cada vez que se interrompe a relação, que se produz a retirada da presença divina, eclodem todas as espécies de fenômenos internos de dilaceramento, de dor, diversamente intoleráveis.

Esse personagem com o qual Schreber lida numa dupla relação, diálogo e relação erótica, distintos e no entanto jamais disjuntos, se caracteriza igualmente por isto: ele não compreende absolutamente nada do que é propriamente humano. Esse traço não deixa de ser muitas vezes extremamente provocante na pena de Schreber. Questões que lhe são colocadas por Deus para incitá-lo a respostas implicadas na própria interrogação, e Schreber nunca se deixa levar ao ponto de respondê-las, ele diz — *São armadilhas bestas demais que estão me armando.* Schreber faz mesmo todas as espécies de desenvolvimento muito agradavelmente racionalizados sobre as dimensões da certeza, e propõe uma explicação. Como chegar a conceber que Deus seja tal que ele não compreenda verdadeiramente nada das necessidades humanas? Como se pode ser besta a ponto de crer, por exemplo, que se paro um instante de pensar em alguma coisa, eu me torne completamente idiota, ou mesmo volte a cair no nada? É, no entanto, o que faz Deus, disso se aproveitando para se retirar. Cada vez que isso se produz, eu me entrego a uma ocupação inteligente, e manifesto minha presença. Para que, apesar de suas mil experiências, esse Deus possa crer nisso, é preciso verdadeiramente que ele seja ineducável.

Schreber fornece sobre esse ponto desenvolvimentos que não são nem de longe ridículos, emite hipóteses, argumentos que não destoariam numa discussão propriamente teológica. Deus sendo perfeito e imperfectível, a própria noção de um progresso através da experiência adquirida é totalmente impensável. O próprio Schreber acha contudo esse argumento um pouco sofisticado, porque essa perfeição irredutível está inteiramente arrolhada nas coisas humanas. Em oposição ao Deus que sonda o íntimo das pessoas, o Deus de Schreber só conhece as coisas superficialmente, ele só vê o que vê, no tocante ao interior ele não compreende nada, mas como tudo está inscrito em alguma parte por aquilo que se chama o sistema de notação, nas fichinhas, no fim, no extremo dessa totalização, ele estará assim mesmo perfeitamente a par.

Schreber explica muito bem por outra via que é evidente que Deus não pode ter o menor acesso a coisas tão contingentes e pueris quanto a existência das máquinas a vapor e das locomotivas. Mas as almas que se elevam em direção das beatitudes tendo registrado tudo isso sob forma de discurso, Deus o recolhe, e desse modo ele tem mesmo assim alguma ideia do que se passa na terra no que diz respeito às mínimas invenções, do diabolô à bomba atômica. É um sistema lindíssimo, e tem-se a impressão de que ele é descoberto por um progresso extraordinariamente inocente, pelo desenvolvimento de consequências significantes, num desenvolvimento harmonioso e contínuo através de suas diversas fases, cujo motor é a relação perturbada que o sujeito mantém com alguma coisa que interessa o funcionamento total da linguagem, da ordem simbólica, e do discurso.

Não posso dizer todas as riquezas que isso comporta. Há por exemplo uma discussão das relações de Deus com os jogos de azar, que é de uma vivacidade extraordinária. Pode Deus prever o número que sairá na loteria? Não é uma questão idiota, e já que há aqui pessoas que têm uma forte crença em Deus, que elas se coloquem a questão. A ordem de onisciência que supõe o fato de adivinhar o papelzinho que sairá de uma grande esfera apresenta dificuldades consideráveis. Do ponto de vista do real, não há, nessa massa equilibrada, nenhuma diferença entre os pedacinhos de papel, senão uma diferença simbólica. É preciso portanto supor que Deus entre no discurso. É um prolongamento da teoria do simbólico, do imaginário e do real.

Há uma coisa que isso implica, é que as intenções de Deus não são claras. Nada é mais surpreendente do que ver como a voz delirante surgida de uma experiência incontestavelmente original, implica no sujeito uma espécie de ardência de linguagem que se manifesta pelo respeito com o qual ele conserva a onisciência e as boas intenções como substanciais à divindade. Mas ele não pode deixar de ver, particularmente nos inícios de seu delírio, nos quais os fenômenos penosos lhe vinham de toda espécie de personagens nocivas, que Deus permitiu ainda assim tudo isso. Esse Deus realiza uma política absolutamente inadmissível, de meias-medidas, meias-implicâncias, e Schreber deixa escapar a esse respeito a palavra perfídia. Afinal de contas, deve-se supor que há uma perturbação fundamental na ordem universal. Como dizem as vozes — *Lembrem-se de que tudo o que é mundializante comporta uma contradição em si.* É de uma beleza cujo brilho não tenho necessidade de lhes assinalar.

Nós nos deteremos por hoje na análise da estrutura da pessoa divina.

O passo seguinte consistirá em analisar a relação do conjunto da fantasmagoria com o próprio real. Com o registro simbólico, o registro imaginário, o registro real, faremos um novo progresso, que nos permitirá descobrir, eu o espero, a natureza daquilo de que se trata na interlocução delirante.

1º de fevereiro de 1956

X

DO SIGNIFICANTE NO REAL, E DO MILAGRE DO UIVO

O fato psiquiátrico primeiro.
O discurso da liberdade.
A paz do anoitecer.
A topologia subjetiva.

Acham que fui um pouco rápido da última vez ao levar em conta as considerações do presidente Schreber a respeito da onipotência e da onisciência, e parecendo sancionar a conveniência delas.

Eu simplesmente observava que aquele homem, para quem a experiência de Deus é inteiramente discurso, colocava a si mesmo questões a respeito do que se acha na junção do símbolo e do real, isto é, do que introduz no real a oposição simbólica. Talvez eu devesse ter precisado que era notável que fosse justamente isso que detinha o espírito do paciente — que, no registro de sua experiência, lhe parecia difícil entender que Deus possa prever o número que sairá na loteria.

Essa observação não exclui, é claro, as críticas que uma tal objeção pode ocasionar no espírito de quem se ache disposto a responder a ela. Alguém me observou, por exemplo, que os números se distinguem por coordenadas espaciais, e que é precisamente sobre isso que nos baseamos para distinguir os indivíduos quando se põe o problema do princípio de individualização.

No que me concerne, notei a sensibilidade do sujeito, em sua parte raciocinadora, relativamente à diferença que há entre a linguagem como simbólico e seu diálogo interior permanente — ou, mais exatamente, esse balanço em que se interroga e se responde a si mesmo um discurso que é sentido pelo sujeito como estranho, e manifestando-lhe uma presença.

É graças à experiência que ele nos comunica que foi engendrada dentro dele uma crença em Deus à qual nada o predispunha. A questão para ele foi perceber que ordem de realidade podia responder por esta presença que cobre uma parte do universo, mas não todo, pois a potência divina nada conhece do homem. Nada de seu interior, de seu sentimento da vida, de sua própria vida, nada disso é compreensível para Deus, que só recolhe essas coisas a partir do momento em que tudo é transformado em uma notação infinita.

Ora, a personagem extremamente raciocinadora que é Schreber, confrontada a uma experiência que tem para ele todas as características de uma realidade, e em que percebe o peso próprio da presença indiscutível de um deus de linguagem, detém-se, para evocar os limites de sua potência, num exemplo em que é de um manejo humano, artificial, da linguagem que se trata. Trata-se de um futuro contingente, a respeito do qual a questão da liberdade humana pode verdadeiramente ser colocada, e ao mesmo passo da imprevisibilidade em Deus.

O que nos interessa é que Schreber distingue entre dois planos para ele extremamente diferentes do uso da linguagem. Essa distinção só pode ganhar para nós sua importância na perspectiva em que admitamos o caráter radicalmente primeiro da oposição simbólica do mais e do menos, na medida em que eles não são distinguidos por nada mais do que a sua oposição, ainda que seja preciso que tenham um suporte material. Eles escapam contudo a qualquer outra coordenada real mas não à lei de sua equivalência no acaso.

A partir do momento em que instituímos um jogo de alternância simbólica devemos com efeito supor que nada distingue os elementos na eficiência real. Não é em virtude de uma lei de experiência, mas em virtude de uma lei *a priori*, que devemos ter probabilidades iguais de tirar o mais e o menos. O jogo só será considerado como correto na medida em que realizar o critério da igualdade das probabilidades. Nesse plano, podemos dizer que, pelo menos no nível gnosiológico da apreensão do termo, o simbólico dá aqui uma lei *a priori*, e introduz um modo de operação que escapa a tudo o que poderíamos fazer surgir de uma dedução dos fatos no real.

1

É preciso recolocarmos incessantemente a questão de saber por que somos tão apegados à questão do delírio.

Para compreender isso, temos simplesmente de nos lembrar da fórmula frequentemente empregada por alguns, imprudentemente, a respeito do modo de ação da análise, a saber, que devemos nos apoiar na parte sã do eu. Há exemplo mais patente da existência contrastada de uma parte sã e de uma parte alienada do eu do que os delírios que é clássico chamar parciais? Há exemplo disso mais impressionante que a obra desse presidente Schreber, que nos dá uma exposição tão sensível, tão atraente, tão tolerante, de sua concepção do mundo e de suas experiências, e que manifesta com uma grande força de asserção o modo inadmissível de suas experiências alucinatórias? Ora, quem portanto não sabe — aí está, eu diria, o fato psiquiátrico primeiro — que nenhum apoio na parte sã do eu não nos permitiria ganhar um milímetro sobre a parte manifestamente alienada?

O fato psiquiátrico primeiro, graças ao qual o novato se inicia na existência mesma da loucura como tal, leva a abandonar toda esperança — toda esperança de cura por meio desse expediente. Aliás sempre foi assim até à chegada da psicanálise, e seja qual for a força mais ou menos misteriosa a que se tenha recorrido, afetividade, imaginação, cenestesia, para explicar essa resistência a toda redução raciocinante de um delírio que se apresenta no entanto como plenamente articulado, e em aparência acessível às leis de coerência do discurso. A psicanálise dá, em compensação, ao delírio do psicótico uma sanção singular, porque ela o legitima no mesmo plano em que a experiência analítica opera habitualmente, e que ela torna a achar no seu discurso o que comumente descobre como discurso do inconsciente. Mas nem por isso ela acarreta o sucesso na experiência. Esse discurso, que emergiu no eu, se revela — por mais articulado que ele seja, e se poderia mesmo admitir que ele está em grande parte invertido, posto entre parênteses pela *Verneinung* — irredutível, não manejável, não curável.

Em resumo, poder-se-ia dizer, o psicótico é um mártir do inconsciente, dando ao termo mártir seu sentido, que é o de testemunhar. Trata-se de um testemunho aberto. O neurótico também é uma testemunha da existência do inconsciente, ele dá um testemunho encoberto que é preciso decifrar. O psicótico, no sentido em que ele é, numa primeira aproximação, testemunha aberta, parece fixado, imobilizado, numa posição que o coloca sem condição de restaurar autenticamente o sentido do que ele testemunha, e de partilhá-lo no discurso dos outros.

Vou tentar fazer-lhes sentir a diferença que há entre discurso aberto e discurso fechado a partir de uma homologia, e vocês verão que há no mundo normal do discurso uma certa dissimetria que já prepara aquela de que se trata na oposição da neurose à psicose.

Vivemos numa sociedade em que a escravidão não é reconhecida. É claro, quanto a qualquer sociólogo ou filósofo, que ela nem por isso está abolida. Isso é mesmo objeto de reivindicações bastante notórias. É claro também que, se a servidão não está abolida, ela aí está, se podemos dizer, generalizada. A relação daqueles a que a gente chama os exploradores não deixa de ser uma relação de servidores em relação ao conjunto da economia tanto quanto o é aquela do comum. Assim, a duplicidade senhor-escravo está generalizada no interior de cada participante de nossa sociedade.

A servidão básica da consciência nesse estado infeliz deve ser atribuída ao discurso que provocou essa profunda transformação social. Podemos chamar esse discurso de a mensagem de fraternidade. Trata-se de alguma coisa de novo, que não apareceu no mundo somente com o cristianismo, pois ele já estava preparado pelo estoicismo, por exemplo. Em suma, atrás da servidão generalizada, há um discurso secreto, uma mensagem de liberação, que subsiste de algum modo sob a forma de recalcado.

O mesmo se passará com o que chamaremos o discurso patente da liberdade? Com certeza que não. Perceberam há algum tempo uma discórdia entre o fato puro e simples da revolta e a eficácia transformadora da ação social. Eu diria mesmo que toda a revolução moderna foi instituída sobre essa distinção, e sobre a noção de que o discurso da liberdade era, por definição, não só ineficaz, mas também profundamente alienado em relação ao seu fim e ao seu objeto, que tudo o que se liga a ele de demonstrativo é, propriamente, o inimigo de todo progresso no sentido da liberdade, na medida em que ela pode aspirar a animar algum movimento contínuo na sociedade. Não é menos verdade que esse discurso da liberdade se articula no fundo de cada um como representando um certo direito do indivíduo à autonomia.

Um certo campo parece indispensável à respiração mental do homem moderno, aquele em que se afirma sua independência em relação, não só a todo senhor, mas também a todo deus, aquele de sua irredutível autonomia como indivíduo, como existência individual. Há justamente aí alguma coisa que merece ser comparada em todos os pontos a um discurso delirante. É um deles. Ele não está de graça na presença do indivíduo moderno no mundo, e nas suas relações com os seus semelhantes. Seguramente, se eu lhes pedisse para formulá-la, para atribuir igualmente o que cabe de liberdade imprescritível no estado atual das coisas, mesmo se vocês me respondessem com os direitos do homem, ou com o direito à felicidade, ou mil outras coisas, nós não iríamos longe antes de perceber que é em cada um de nós um discurso íntimo, pessoal, e que está bem longe de encontrar em algum ponto que seja o discurso do vizinho. Em suma, a existência de um discurso permanente de liberdade parece-me indiscutível no indivíduo moderno.

Agora, como poderá esse discurso ser conciliado não só com o discurso do outro, mas com a conduta do outro, por pouco que ele tenda a fundá-la abstratamente nesse discurso? Há aí um problema realmente desanimador. E os fatos mostram que há a todo momento não somente composição como que efetivamente cada um traz, mas antes abandono resignado à realidade. Da mesma maneira, o nosso delirante, Schreber, após ter acreditado ser o sobrevivente único do crepúsculo do mundo, se resigna a reconhecer a existência permanente da realidade exterior. Ele quase não pode justificar por que essa realidade está ali, mas deve reconhecer que o real está efetivamente sempre ali, que nada sensivelmente mudou. É para ele o mais estranho, pois que há aí uma ordem de certeza inferior ao que lhe traz a sua experiência delirante, mas ele se resigna a isso.

Seguramente, temos, nós, muito menos confiança no discurso da liberdade, mas logo que se trata de agir, e em particular em nome da liberdade, nossa atitude em face do que é preciso suportar da realidade, ou da impossibilidade de agir em comum no sentido dessa liberdade, tem inteiramente o caráter de um abandono resignado, de uma renúncia ao que é no entanto uma parte essencial de nosso discurso interior, a saber: que temos não só certos direitos imprescritíveis, mas também que esses direitos estão fundados em certas liberdades primeiras, exigíveis em nossa cultura para qualquer ser humano.

Há algo de derrisório nesse esforço dos psicólogos para reduzir o pensamento a uma ação começada, ou a uma ação elidida ou representada, e a fazê-la depender do que colocaria perpetuamente o homem ao nível da experiência de um real elementar, de um real de objeto que seria o seu. É por demais evidente que o pensamento constitui para cada um algo pouco estimável, que poderíamos chamar uma vã ruminação mental — mas por que depreciá-lo?

Todo o mundo põe incessantemente para si mesmo problemas que têm estreitas relações com essas noções de liberação interior e de manifestação de alguma coisa que está inclusa em si. Desse ponto de vista, chega-se logo a um impasse, considerando-se que toda espécie de realidade viva imersa no espírito da área cultural do mundo moderno gira essencialmente em torno de um mesmo ponto. Por isso sempre se volta ao caráter limitado, hesitante, de sua ação pessoal, e só se começa a considerar o problema como confuso a partir do momento em que verdadeiramente se pegam as coisas nas mãos enquanto pensador, o que não é a sorte de todo o mundo. Cada qual permanece no nível de uma contradição insolúvel entre um discurso, sempre necessário em certo plano, e uma realidade, à qual, tanto em princípio quanto de uma maneira provada pela experiência, ele não se coapta.

Será que não vemos, aliás, que a experiência analítica está profundamente ligada a esse duplo discursivo do sujeito, não discordante e derrisório, que é o seu eu? O eu de todo homem moderno?

Não é patente que a experiência analítica penetrou no fato de que, afinal de contas, ninguém, no estado atual das relações inter-humanas em nossa cultura, se sente à vontade? Ninguém se sente honesto simplesmente por ter de fazer face à menor demanda de conselho, por mais elementar que ela seja, estendendo-se sobre os princípios. Não é simplesmente porque ignoramos demais a vida do sujeito que não podemos responder-lhe se é melhor casar-se ou não casar-se em tal circunstância, e que seremos, se somos honestos, levados a uma posição de reserva — é porque a própria significação do casamento é para cada um de nós uma questão que permanece aberta, e aberta de tal modo que, quanto à sua aplicação em cada caso particular, não nos sentimos habilitados para responder quando somos chamados como diretor de consciência. Essa atitude, cuja pertinência cada qual pode experimentar a cada vez que não se abandona a si próprio em proveito de uma personagem, e não se coloca como moralista ou como onisciente, é também a primeira condição a ser exigida do que se pode chamar um psicoterapeuta — a psicoterapêutica deve ter ensinado a ele os riscos de iniciativas tão arriscadas.

É precisamente de uma renúncia a qualquer tomada de posição no plano do discurso comum, com suas dilacerações profundas, quanto à essência dos costumes e ao estatuto do indivíduo em nossa sociedade, é precisamente de evitação desse plano que a análise partiu. Ela se atém a um discurso diferente, inscrito no próprio sofrimento do ser que temos diante da gente, já articulado em alguma coisa que lhe escapa, seus sintomas e sua estrutura — na medida em que a neurose obsessiva, por exemplo, não é simplesmente sintoma, é também uma estrutura. A psicanálise não se coloca nunca no plano do discurso da liberdade, mesmo que este esteja sempre presente, constante no interior de cada um, com suas contradições e discordâncias, pessoal embora sendo comum, e sempre, imperceptivelmente ou não, delirante. A psicanálise visa, aliás, o efeito do discurso no interior do sujeito.

Logo, a experiência de um caso como o de Schreber — ou de qualquer outro doente que nos desse um relato tão extenso da estrutura discursiva — não é de tal natureza que nos permite nos aproximarmos um pouco mais de perto do problema do que o eu verdadeiramente significa? O eu não se reduz a uma função de síntese. Ele está indissoluvelmente ligado a esse tipo de mão morta, de parte enigmática necessária e insustentável, que constitui em parte o discurso do homem real com quem lidamos em nossa experiência, esse discurso estranho no seio de cada um enquanto ele se concebe como indivíduo autônomo.

2

O discurso de Schreber tem seguramente uma estrutura diferente. Schreber nota no início de um de seus capítulos, muito humoristicamente — *Dizem que eu sou paranoico.* Com efeito, naquela época, mal nos havíamos libertado suficientemente da primeira classificação kraepeliniana para qualificá-lo de paranoico, enquanto seus sintomas vão muito mais longe. Mas, quando Freud o nomeia parafrênico, vai ainda mais longe, pois a parafrenia é o nome que Freud propõe para a demência precoce, a esquizofrenia de Bleuler.

Voltemos a Schreber. *Dizem que eu sou um paranoico,* e dizem que os paranoicos são pessoas que relacionam tudo a elas. Nesse caso, eles se enganam, não sou eu que relaciono tudo a mim, é ele que relaciona tudo a mim, é esse Deus que fala sem parar no interior de mim mesmo por meio de seus diversos agentes e prolongamentos. É ele que tem o hábito desgraçado, seja o que for que eu experimente, de me fazer logo notar que isso me visa, ou mesmo que isso me cabe. Não posso tocar

— Schreber é músico — uma ária de *A flauta mágica,* sem que logo ele, que fala, me atribua os sentimentos correspondentes,mas eu mesmo não os tenho. A gente vê também o presidente Schreber ficar extremamente indignado que a voz intervenha para lhe dizer que ele é concernido por aquilo que está dizendo. Naturalmente, estamos num jogo de miragens, mas não é uma miragem ordinária a desse Outro considerado como radicalmente estranho, como errante, e que intervém para provocar perto do sujeito na segunda potência uma convergência, uma intencionalização do mundo exterior, que o próprio sujeito, na medida em que se afirma como *eu,* repele com grande energia.

Falamos de alucinações. Será que verdadeiramente temos o direito? Elas não nos são apresentadas como tais quando escutamos a narração. Segundo a noção geralmente acolhida, que a considera como uma percepção falsa, trata-se de alguma coisa que surge no mundo exterior, e se impõe como percepção, um distúrbio, uma ruptura no texto do real. Em outros termos, a alucinação está situada no real. A questão prévia é a de saber se uma alucinação verbal não exige uma certa análise de princípio que interroga a própria legitimidade dessa definição?

Sou obrigado a retomar aqui um caminho em que eu já os fatiguei um pouco, recordando-lhes os próprios fundamentos da ordem do discurso, e refutando seu estatuto de superestrutura, sua relação de pura e simples referência à realidade, seu caráter de signo, e a equivalência que haveria entre a nomeação e o mundo dos objetos. Tentemos retomar a questão por um aspecto um pouco mais próximo da experiência.

Nada é mais ambíguo que a alucinação verbal. As análises clássicas já nos fazem entrever, pelo menos em uma parte dos casos, a parte de criação do sujeito. É o que se chamou a alucinação verbal psicomotora, e os esboços de articulação observados foram recolhidos com alegria porque davam a esperança de uma explicação racional satisfatória do fenômeno da alucinação. Se esse problema merece ser abordado, é a partir da relação de boca a orelha. Ela não existe simplesmente de sujeito a sujeito, mas de fato para cada sujeito em si mesmo, o qual, ao mesmo tempo em que ele fala, está se ouvindo. Quando se foi até a esse ponto, creem já ter feito um passo e poder entrever muitas coisas. Na verdade, a esterilidade notável da análise do problema da alucinação verbal, resulta do fato de que esta observação é insuficiente. Que o sujeito ouça o que ele diz é precisamente aquilo em que não convém se deter, para voltar à experiência do que se passa quando ele ouve um outro.

O que acontece se vocês se apegam unicamente à articulação do que ouvem, ao sotaque, e mesmo às expressões dialetais, ao que quer que seja de literal no registro do discurso de seu interlocutor? É preciso acrescentar a isso um pouco de imaginação, pois talvez isso nunca possa ser estendido ao extremo, mas é muito claro quando se trata de uma língua estrangeira — o que vocês compreendem num discurso é outra coisa que o que está registrado acusticamente. É ainda mais simples se pensamos no surdo-mudo, que é suscetível de receber um discurso por sinais visuais transmitidos por meio dos dedos, segundo o alfabeto surdo-mudo. Se o surdo-mudo ficar fascinado pelas lindas mãos de seu interlocutor, ele não registrará o discurso veiculado por essas mãos. Eu diria mais — o que ele registra, ou seja, a sucessão dos sinais, sua oposição sem a qual não há sucessão, será que se pode dizer que, propriamente falando, ele o vê?

Todavia não podemos nos ater aí. Com efeito, o surdo-mudo, embora registrando a sucessão que lhe é proposta, pode muito bem não compreender nada se a gente se dirige a ele numa língua que ele ignora. Como aquele que escuta o discurso numa língua estrangeira, terá visto perfeitamente a dita frase, mas será uma frase morta. A frase só se torna viva a partir do momento que ela apresenta uma significação.

O que é que isso quer dizer? Se estamos bem persuadidos de que a significação se relaciona sempre a alguma coisa, que ela só vale na medida em que remete a uma outra significação, é claro que a vida de uma frase está profundamente ligada a este fato: o de que o sujeito está à escuta, que ele se reserva essa significação. O que distingue a frase enquanto compreendida da frase que não o é, o que não a impede de ser ouvida, é precisamente o que a fenomenologia do caso delirante coloca tão bem em destaque, a saber, a antecipação da significação.

É da natureza da significação, enquanto ela se projeta, tender incessantemente a se fechar para aquele que a ouve. Em outras palavras, a participação do ouvinte do discurso com aquele que é o seu emissor é permanente, e há um vínculo entre o ouvir e o falar que não é externo, no sentido em que nos ouvimos falar, mas que se situa no próprio nível do fenômeno da linguagem. É no nível em que o significante acarreta a significação, e não no nível sensorial do fenômeno, que o ouvir e o falar são como o direito e o avesso. Escutar as palavras, acomodar o seu ouvir a elas, é já ser mais ou menos obediente a elas. Obedecer não é outra coisa, é ir ao encontro, numa audição.

Resumamo-nos. O sentido vai sempre em direção a alguma coisa, em direção a uma outra significação, em direção ao encerramento da significação, ele sempre remete a alguma coisa que está adiante ou que volta sobre si mesmo. Mas há uma direção. Isso quer dizer que não temos ponto de parada? Eu estou certo de que esse retardo permanece sempre incerto no espírito de vocês considerando a minha insistência em dizer que a significação remete sempre à significação. Vocês se interrogam se afinal de contas o objetivo do discurso, que não é simplesmente o de abranger, nem mesmo o de ocultar o mundo das coisas, mas o de apoiar-se nele de vez em quando, não seria irremediavelmente falhado.

Ora, não podemos de maneira alguma considerar a indicação da coisa como seu ponto de parada fundamental. Há uma absoluta não equivalência do discurso com alguma indicação. Por mais reduzido que suponham o elemento último do discurso, jamais poderão substituí-lo pelo indicador — lembrar a observação justíssima de santo Agostinho. Se designo alguma coisa com um gesto do dedo, não se saberá nunca se meu dedo designa a cor do objeto, ou sua matéria, ou se é uma mancha, uma rachadura etc. É preciso o vocábulo, o discurso, para discernir isso. Há uma propriedade original do discurso em relação à indicação. Mas não é aí que encontramos a referência fundamental do discurso. Estamos procurando onde ele para? Pois bem, é sempre no nível desse termo problemático chamado o ser.

Não gostaria aqui de fazer um discurso demasiado filosófico, mas de mostrar-lhes, por exemplo, o que quero dizer quando lhes digo que o discurso visa essencialmente alguma coisa para a qual não temos outro termo que o ser.

Peço-lhes portanto que se detenham um instante nisso. Vocês estão no declínio de um dia de tempestade e de fadiga, vocês consideram a sombra que começa a invadir o que os cerca, e alguma coisa passa pela cabeça de vocês, que se encarna na formulação *a paz do anoitecer*.

Eu não penso que todo aquele que tem uma vida afetiva normal não saiba que isso aí é algo que existe, e que tem um valor bem diverso da apreensão fenomenal do declínio das cintilações do dia, da atenuação das linhas e das paixões. Há em *a paz do anoitecer* ao mesmo tempo uma presença e uma escolha no conjunto do que os cerca.

Que vínculo há entre a formulação *a paz do anoitecer* e o que vocês sentem? Não é absurdo indagar se seres, que não fariam existir essa paz do anoitecer como distinta, que não a formulariam verbalmente, poderiam distingui-la de qualquer outro registro no qual a realidade temporal pode ser apreendida. Isso poderia ser um sentimento pânico, por exemplo, da presença do mundo, uma agitação que vocês notam na mesma ocasião no comportamento do gato de vocês, que parece procurar em todos os cantos a presença de algum fantasma, ou essa angústia que atribuímos aos primitivos, sem nada saber disso, diante do pôr do sol, quando pensamos que eles temem talvez que o sol não virá, o que não é tampouco algo impensável. Em suma uma inquietude, uma busca. Aí está, não é, algo que deixa totalmente em aberto a questão de saber que relação mantém com sua formulação verbal essa ordem de ser, que tem realmente sua existência, equivalente a todas as espécies de outras existências em nosso vivido, e que se chama *a paz do anoitecer*.

Podemos observar agora que se passa alguma coisa de inteiramente diferente, se essa paz do anoitecer, nós é que a chamamos, se preparamos essa formulação antes de dá-la, ou se ela surpreende, se ela nos interrompe, apaziguando o movimento das agitações que nos habitavam. É precisamente quando não estamos à sua escuta, quando ela está fora de nosso campo e de repente ela nos cai em cima, que ela ganha todo o seu valor, surpreendidos que somos por essa formulação mais ou menos endofásica, mais ou menos inspirada, que nos vem como um murmúrio do exterior, manifestação do discurso enquanto ele mal nos pertence, que vem em eco ao que, de repente, há de significante para nós nessa presença, articulação sobre a qual não sabemos se ela vem de fora ou de dentro — *a paz do anoitecer*.

Sem fazer sobressair o que se dá da relação do significante, enquanto significante de linguagem, com alguma coisa que sem ele nunca seria nomeado, é sensível que menos o articulamos, menos falamos, e mais ele nos fala. Quanto mais alheios estamos àquilo de que se trata nesse ser, mais ele tem tendência a aparecer diante de nós, acompanhado dessa formulação pacificante que se apresenta como indeterminada, no limite do campo de nossa autonomia motora e daquela alguma coisa que nos é dita de fora, daquilo por que em última análise o mundo nos fala.

O que será que quer dizer esse ser, ou não, de linguagem que é *a paz do anoitecer*? Na medida em que não o esperamos, nem o desejamos, nem mesmo pensamos mais nele desde há muito tempo, é essencialmente como um significante que ele se apresenta diante de nós. Nenhuma construção experimentalista pode justificar a sua existência, há aí um dado, uma certa maneira de tomar esse momento do anoitecer como significante, e podemos ali estar abertos ou fechados. E é justamente na medida em que ali estávamos fechados que nós o recebemos, com esse singular fenômeno de eco, ou pelo menos o seu detonador, que consiste na aparição do que, no limite de nosso impacto pelo fenômeno, se formulará para nós mais comumente por estas palavras, *a paz do anoitecer*. Chegamos agora ao limite onde o discurso, se ele desemboca em alguma coisa além da significação, é sobre o significante no real. Nunca saberemos, na perfeita ambiguidade em que ele subsiste, o que ele deve ao casamento com o discurso.

Vejam que mais esse significante nos surpreende, isto é, em princípio nos escapa, mais ele já se apresenta diante de nós com uma franja, mais ou menos adequada, de fenômeno de discurso. Pois bem, trata-se para nós, é a hipótese de trabalho que proponho, de procurar o que houve no centro da experiência do presidente Schreber, o que ele sente sem o saber, na beira do campo de sua experiência, que é franja, levado que ele é na espuma provocada por esse significante que ele não percebe como tal, mas que organiza no seu limite todos esses fenômenos.

3

Eu lhes disse da última vez que a continuidade desse discurso perpétuo é sentida pelo sujeito, não só como um teste das suas capacidades de discurso, mas como um desafio e uma exigência fora dos quais ele se sente de repente atormentado por uma ruptura com a única presença no mundo que existe ainda na ocasião de seu delírio, aquela desse Outro absoluto, desse interlocutor que esvaziou o universo de toda presença autêntica. A que está ligada a volúpia inefável, tonalidade fundamental da vida do sujeito, que se prende a esse discurso?

Nessa observação particularmente vivida, e de um infrangível apego à verdade, Schreber nota o que se passa quando esse discurso, ao qual ele está dolorosamente suspenso, para. Ocorrem fenômenos que diferem daqueles do discurso contínuo interior, abrandamentos, suspensões, interrupções aos quais o sujeito é forçado a dar um complemento. O recuo do Deus ambíguo e duplo de que se trata, que se apresenta habitualmente sob sua forma dita interior, é acompanhado para o sujeito de sensações muito dolorosas, mas sobretudo de quatro conotações que pertencem à ordem da linguagem.

Em primeiro lugar, há o que se chama o milagre do uivo. Ele não pode impedir-se de deixar escapar um grito prolongado, que o atinge com uma tal brutalidade que ele próprio nota que, se nesse momento ele tiver algo na boca, isso pode fazê-lo cuspir. É preciso que ele se contenha para que isso não se produza em público, e ele nem sempre é capaz disso. Fenômeno bastante surpreendente, se vemos nesse grito, a borda mais extrema, mais reduzida, da participação motora da boca na fala. Se há alguma coisa por que a palavra falada venha a se combinar a uma função vocal absolutamente a-significante, e que contém no entanto todos os significantes possíveis, é justamente o que nos faz sentir arrepios ao ouvir o uivo do cão diante da lua.

Em segundo lugar, é o apelo de socorro que é tido como tendo sido ouvido pelos nervos divinos que se separaram dele, mas deixam atrás deles como que uma espécie de cauda de cometa. Num primeiro tempo, o do apego às terras, Schreber não podia ter comunhão efusiva com os raios divinos, sem que saltassem em sua boca uma ou várias almas examinadas. Mas a partir de uma certa estabilização de seu mundo imaginário, isso não se produz mais. Em compensação, ocorrem ainda fenômenos angustiantes, quando algumas dessas entidades animadas no meio das quais ele vive são, na retirada de Deus, deixadas para trás, e soltam o grito de socorro.

Esse fenômeno do apelo de socorro não é a mesma coisa que o uivo. O uivo é apenas um puro significante, enquanto o apelo de ajuda tem uma significação, por mais elementar que ela seja.

Mas não é tudo. Em terceiro lugar, há todas as espécies de ruídos de exterior, sejam eles quais forem, alguma coisa que se passa no corredor da casa de saúde, ou um ruído lá fora, um latido, um relincho, que são, diz ele, miraculados, feitos de propósito para ele. É sempre alguma coisa que tem um sentido humano.

Entre uma significação evanescente própria à do uivo e a emissão obtida pelo apelo — que nem mesmo é, segundo ele, o seu, já que isso o surpreende do exterior — observamos toda uma gama de fenômenos que se caracterizam por um explodir da significação. Schreber sabe perfeitamente que são ruídos reais, que ele está acostumado a ouvir em seu meio, contudo ele tem a convicção de que eles não ocorrem naquele momento por acaso, mas para ele, no caminho de volta à derrelição no mundo exterior, e em razão dos momentos intermediários de absorção no mundo delirante.

Os outros milagres, para os quais ele constrói toda uma teoria da criação divina, consistem no apelo de um certo número de seres vivos, que são em geral pássaros cantores — a serem distinguidos dos pássaros falantes que fazem parte do meio divino — que ele vê no jardim, e igualmente insetos, de espécies conhecidas — o sujeito teve um bisavô entomologista — criadas expressamente para ele pela onipotência da palavra divina. Assim, entre esses dois polos, o milagre do uivo e o apelo de socorro, se produz uma transição, em que se podem ver os vestígios da passagem do sujeito, absorvido em um vínculo incontestavelmente erotizado. As conotações aí estão — é uma relação feminino-masculino.

O fenômeno fundamental do delírio de Schreber estabilizou-se num campo *Unsinnig*, insensato, de significações erotizadas. Com o tempo, o sujeito acabou por neutralizar extremamente o exercício ao qual se submeteu, que consiste em completar as frases interrompidas. Qualquer outra maneira de responder, interrogando-as ou insultando-as, seria despropositada. É preciso, diz ele, que esteja ligado à atividade do próprio Deus que me fala em sua língua fundamental, seja qual for o caráter absurdo, humilhante de sua interrogação. Pois bem, cada vez que o sujeito sai desse campo enigmático, cada vez que se instaura um estado cuja vinda pareceria que ele deva desejá-lo como um descanso, produz-se uma iluminação em franja do mundo exterior, que o percorre com todos os elementos componentes da linguagem, como dissociados. Por um lado, a atividade vocal em sua forma mais elementar, e mesmo acompanhada por uma espécie de sentimento de confusão ligado no sujeito a uma certa vergonha. Por outro, uma significação que se conota como sendo a de um grito de socorro, correlativo ao abandono do qual ele é nesse momento o objeto, em seguida com essa alguma coisa que, após nossa análise, nos parecerá muito mais alucinatória, no fim de contas, que esses fenômenos de linguagem que permanecem em suma totalmente em seu mistério. Tanto mais que ele sempre os chama de palavras interiores.

Schreber descreve o singular trajeto dos raios que procedem a indução das palavras divinas — transformadas em fios, dos quais ele tem uma certa apreensão visual, ou pelo menos espacial, eles se dirigem em direção a ele do fundo do horizonte, giram em volta de sua cabeça, para virem dar uma estocada nele por detrás. Tudo nos leva a pensar que esse fenômeno, que preludia a encenação do discurso divino como tal, se desenvolve no que se poderia chamar um transespaço ligado à estrutura do significante e da significação, espacialização prévia a toda dualização possível do fenômeno da linguagem.

O que se passa no momento em que esse fenômeno cessa é diferente. A realidade torna-se o suporte de outros fenômenos, aqueles que classicamente são reduzidos à crença. Se o termo alucinação deve ser relacionado a uma transformação da realidade, é somente nesse nível que temos o direito de mantê-lo, para conservar uma certa coerência em nossa linguagem. O que assinala a alucinação é esse sentimento particular do sujeito, no limite do sentimento de realidade e do sentimento de irrealidade, sentimento de nascimento próximo, de novidade — e não qualquer uma —, de novidade a seu uso que faz irrupção no mundo exterior. Não é da mesma ordem que o que aparece relacionado com a significação ou a significância. Trata-se justamente de uma realidade criada, e que se manifesta realmente no interior da realidade como algo de novo. A alucinação enquanto invenção da realidade é aí o que constitui o suporte do que o sujeito experimenta.

Penso tê-los feito entender hoje o esquema que tentei apresentar-lhes, com tudo aquilo que ele comporta de problemático.

Nós nos interrogamos sobre o sentido a ser dado ao termo alucinação. Para chegar a classificar as alucinações de uma maneira que seja conforme, convém observá-las nos contrastes recíprocos, nas oposições complementares que o próprio sujeito assinala. Essas oposições fazem parte com efeito de uma mesma organização subjetiva, e, por serem dadas pelo sujeito, elas têm um valor muito maior que se fossem feitas pelo observador. Além disso, é preciso seguir sua sucessão no tempo.

Tentei fazê-los entrever que se trata em Schreber de alguma coisa que está sempre pronta a surpreendê-lo, que nunca se revela, mas que se situa na ordem de suas relações com a linguagem, desses fenômenos de linguagem aos quais o sujeito permanece apegado por uma compulsão muito especial, e que constituem o centro ao qual chega enfim à resolução de seu delírio.

Há aqui uma topologia subjetiva, que repousa inteiramente sobre isto, que nos é dado pela análise: o fato de que pode haver um significante inconsciente. Trata-se de saber como esse significante inconsciente se situa na psicose. Ele parece bem exterior ao sujeito, mas é uma outra exterioridade que aquela que se evoca quando alguém nos apresenta a alucinação e o delírio como uma perturbação da realidade, pois o sujeito permanece apegado a ela por uma fixação erótica. Temos aqui de conceber o espaço falante como tal, tal como o sujeito não pode prescindir dele sem uma transição dramática em que aparecem os fenômenos alucinatórios, isto é, em que a realidade se apresenta como atingida, como significante também.

Essa noção topográfica vai no sentido da questão já posta sobre a diferença entre a *Verwerfung* e a *Verdrängung* quanto à sua localização subjetiva. O que tentei fazê-los compreender hoje constitui uma primeira aproximação dessa oposição.

8 de fevereiro de 1956

XI

Da rejeição de um significante primordial

Um gêmeo cheio de delírio.
O dia e a noite.
A Verwerfung.
A Carta 52.

Nós temos abordado o problema das psicoses pela questão das estruturas freudianas. Esse título é modesto, e ele não chega ali onde desponta na verdade a nossa investigação, ou seja, a economia das psicoses, que procuramos pela via de uma análise da estrutura.

A estrutura aparece no que se pode chamar, no sentido próprio, o fenômeno. Seria surpreendente que alguma coisa da estrutura não apareça na maneira como, por exemplo, o delírio se apresenta. Mas a confiança que depositamos na análise do fenômeno é inteiramente distinta daquela que lhe deposita o ponto de vista fenomenológico, que se aplica em ver nele o que subsiste de realidade em si. Do ponto de vista que nos guia, não temos essa confiança *a priori* no fenômeno, pela simples razão de que nosso encaminhamento é científico, e de que o ponto de partida da ciência moderna é não se fiar nos fenômenos e procurar atrás algo de mais subsistente que o explique.

Não é preciso recuar diante da palavra. Se a psiquiatria desde um certo tempo fez uma marcha para trás que consistiu em desconfiar da explicação para pregar a compreensão, é que a via explicativa tinha se comprometido em impasses. Mas temos a nosso favor o testemunho da eficácia explicativa da investigação analítica, e é com a presunção de que aí também uma análise proveitosa do fenômeno nos levará à estrutura e à economia, que avançamos no domínio das psicoses.

Não é por simples satisfações de nosógrafo que procuramos resolver a distinção entre neuroses e psicoses. Essa distinção é mais do que evidente. É aproximando uma da outra que nos aparecerão relações, simetrias, oposições, que nos permitirão arquitetar uma estrutura aceitável para a psicose.

Nosso ponto de partida é o seguinte — o inconsciente está aí, presente na psicose. Os analistas o admitem, com ou sem razão, e nós admitimos com eles que é em todos os casos um ponto de partida possível. O inconsciente está ali, mas isso não funciona. Contrariamente ao que tinha sido possível acreditar, que ele esteja ali não comporta por si mesmo nenhuma resolução, muito pelo contrário, mas uma inércia bem especial. Por outro lado, a psicanálise não consiste em tornar consciente um pensamento, nem menos paradoxais as defesas de um *ego*, a fim de obter o que se chama imprudentemente seu reforço. Essa rejeição das duas vias pelas quais a psicanálise enveredou, primeiramente em seu estado nascente, em seguida em seu estado atual, desviado, é quase evidente desde que a gente se aproxime das psicoses.

Vocês encontrarão na revista anunciada de nossa Sociedade, em seu primeiro número sobre a linguagem e a fala, esta fórmula do liminar — *Se a psicanálise habita a linguagem, ela não poderia sem alterar-se desconhecê-la em seu discurso.* É todo o sentido do que eu lhes ensino há alguns anos, e é aí nesse ponto que estamos a respeito das psicoses. A promoção, a valorização na psicose dos fenômenos de linguagem é para nós o mais fecundo dos ensinamentos.

1

A questão do *ego* é manifestamente primordial nas psicoses, já que o *ego*, em sua função de relação com o mundo exterior, é o que aí foi posto fora de ação. É de forma paradoxal, portanto, que se quer dar-lhe o poder de manejar a relação com a realidade, de transformar essa relação, com fins que definem como sendo de defesa.

A defesa, sob a forma sumária na qual ela é apreendida atualmente, estaria na origem da paranoia. O *ego*, que ganha cada vez mais força na concepção moderna da análise, tendo com efeito o poder de fazer representar o mundo exterior de diversas maneiras, faria, no caso da psicose, surgir do mundo exterior algum sinal, destinado a prevenir, sob a forma da alucinação. Nós tornamos a encontrar aqui a concepção arcaica de que, uma vez surgido o acesso, o *ego* o percebe como perigoso.

Eu gostaria aqui de lembrar a vocês o sentido do que digo quanto ao *ego*, e de retomá-lo de outra maneira.

Seja qual for o papel que convenha atribuir-lhe na economia psíquica, um *ego* nunca está totalmente só. Ele comporta sempre um estranho gêmeo, o eu ideal, do qual falei quando de meus seminários de dois anos atrás. A fenomenologia mais aparente da psicose nos indica que esse eu ideal fala. É uma fantasia, mas ao contrário da fantasia, ou do fantasma, que mostramos com clareza nos fenômenos da neurose, é uma fantasia que fala, ou mais exatamente, é uma fantasia falada. É nisso que esse personagem que faz eco aos pensamentos do sujeito intervém, o vigia, designa gradativamente a sequência de suas ações, as comanda, não é suficientemente explicado pela teoria do imaginário e do eu especular.

Tentei na última vez mostrar-lhes que o eu, seja o que for que pensemos de sua função, e eu não irei mais longe do que dar a ele aquela de um discurso da realidade, comporta sempre como correlato um discurso que, esse, não tem nada a ver com a realidade. Com a impertinência que, como todos sabem, me caracteriza, eu o designei como o discurso da liberdade, essencial ao homem moderno enquanto estruturado por uma certa concepção de sua autonomia. Eu lhes indiquei o seu caráter fundamentalmente parcial e partidário, inexplicitável, parcelar, diferenciado e profundamente delirante. É desse análogo geral que parti para indicar a vocês o que, em relação ao eu, é suscetível, no sujeito atormentado pela psicose, de proliferar em delírio. Eu não digo que é a mesma coisa, digo que está no mesmo lugar.

Não há, portanto, *ego* sem esse gêmeo, digamos, cheio de delírio. Nosso paciente, que de vez em quando nos fornece imagens preciosas, diz-se num momento ser *um cadáver leproso que arrasta atrás de si um outro cadáver leproso*. Bela imagem efetivamente para o eu, pois há no eu algo fundamentalmente morto, e sempre duplicado por esse gêmeo, que é o discurso. A questão que nos colocamos é esta: esse duplo que faz com que o eu nunca seja senão a metade do eu, como é possível que ele se torne falante? Quem fala?

É o outro cuja função de reflexo eu lhes expus na dialética do narcisismo, o outro da parte imaginária da dialética do senhor e do escravo que fomos procurar no transitivismo infantil, no jogo de distinção em que se exerce a integração do *socius*, o outro que se concebe tão bem pela ação captante da imagem total no semblante? É justamente esse outro-reflexo, esse outro imaginário, esse outro que é para nós muito semelhante na medida em que ele nos dá a nossa própria imagem, em que nos capta pela aparência, em que nos fornece a projeção de nossa totalidade, é ele quem fala?

É uma questão que vale a pena de ser colocada. Nós a resolvemos implicitamente cada vez que falamos do mecanismo da projeção.

A projeção nem sempre tem o mesmo sentido, mas, quanto a nós, nós a limitamos a esse transitivismo imaginário que faz com que, no momento em que a criança bateu em seu semelhante, ela diga sem mentir — *Ele me bateu*, porque para ela é exatamente a mesma coisa. Isso define uma ordem de relação que é a relação imaginária, e que encontramos incessantemente em toda espécie de mecanismos. Há nesse sentido um ciúme por projeção, que projeta sobre o outro as tendência à infidelidade do sujeito, ou as acusações de infidelidade que ele tem de fazer pesar sobre si mesmo.

É o beabá perceber que a projeção delirante não tem nada a ver com isso. Pode-se dizer claramente que é também um mecanismo de projeção no sentido em que alguma coisa aparece no exterior que tem seu móbil no interior do sujeito, mas certamente não é o mesmo que aquele que acabo de lhes apresentar com o transitivismo da má intenção, e da qual o ciúme, que se poderia chamar comum, ou normal, está muito mais próximo. Basta nos debruçarmos sobre os fenômenos para perceber isso, e isso é perfeitamente distinguido nos escritos do próprio Freud sobre o ciúme. Os mecanismos em jogo na psicose não se limitam ao registro imaginário.

Onde vamos procurá-los, já que eles se ocultam ao investimento libidinal? Basta invocar o reinvestimento da libido sobre o corpo próprio? Esse mecanismo, comumente admitido como sendo o do narcisismo, é expressamente invocado pelo próprio Freud para explicar o fenômeno da psicose. Não se trataria em suma, para mobilizar a relação delirante, de nada mais do que permitir que ela, como se diz com desembaraço, se torne objetal de novo.

Sob um certo aspecto, isso abrange um certo número dos fenômenos interessados, mas não esgota o problema. Todo o mundo sabe, com a condição de que se seja psiquiatra, que, num paranoico bem constituído, não se pode falar em mobilizar esse investimento, enquanto nos esquizofrênicos, a desordem propriamente psicótica vai em princípio muito mais longe que nos paranoicos.

Isso não seria porque na ordem do imaginário não há meio de dar uma significação precisa ao termo narcisismo? Na ordem do imaginário, a alienação é constituinte. A alienação é o imaginário enquanto tal. Não há nada a esperar do modo de abordagem da psicose no plano do imaginário, pois que o mecanismo imaginário é o que dá a sua forma à alienação psicótica, mas não sua dinâmica.

Está sempre aí o ponto aonde chegamos juntos, e se não nos encontramos ali desarmados, se não confessamos nossa incapacidade em encontrar uma solução, é precisamente porque na nossa exploração da técnica analítica, depois do além do princípio do prazer com a definição estrutural do *ego* que ele implica, temos a noção de que, além do outro com *a* minúsculo do imaginário, devemos admitir a existência de um outro Outro.

Ele não nos satisfaz somente porque lhe damos uma maiúscula, mas porque o situamos como o correlato necessário da fala.

2

Essas premissas por si só põem em questão a teoria da cura analítica que, com insistência cada vez maior, a reduz a uma relação a dois. Ela é logo captada na relação do eu do sujeito com o eu ideal, do eu com o outro, um outro cuja qualidade pode variar sem dúvida, mas que será sempre, a experiência o prova, o outro sozinho e único da relação imaginária.

Quanto à pretensa relação de objeto que se trata de restituir, o sujeito é conduzido a uma curiosa experiência do que se poderiam chamar as fundações kleinianas do imaginário, a saber, o complexo oral. É claro, num sujeito que não é levado à alienação por si mesmo, isso só poderia se sustentar na base de um mal-entendido, constituído por uma espécie de incorporação ou devoração imaginária, que só pode ser, considerando-se que a relação analítica é uma relação de fala, uma incorporação do discurso do analista. Nessa concepção desviada, a análise não pode ser outra coisa senão a incorporação do discurso sugerido, e mesmo suposto do analista, ou seja, o contrário perfeito da análise.

Faço-me entender, e vou pois dizer-lhes a minha tese. Eu vou dizê-la por onde é mais arriscada, isto é, situando-a nesse plano genético que parece tão necessário para que vocês se sintam à vontade. Eu lhes direi depois que não é isso, mas, enfim, digamos em primeiro lugar que, se assim fosse, isso seria como vou lhes dizer.

Trata-se de uma tese que concerne a toda a economia psíquica. Ela é importante para a compreensão dos detalhes confusos que se desenvolvem em torno da fantasmática kleiniana, para refutar certas objeções que lhe são feitas, como para melhor situar o que ela pode trazer de verdadeiro ou fecundo à compreensão da precocidade dos recalques que ela implica. Com efeito, de encontro ao que diz Freud, que não há recalque propriamente dito antes do declínio do Édipo, a teoria kleiniana comporta ao contrário que o recalque existe desde as primeiras etapas pré-epidianas.

Minha tese pode igualmente esclarecer uma contradição que parece insolúvel no próprio Freud a respeito do autoerotismo. Por um lado, ele nos fala do objeto primitivo da primeira relação criança-mãe. Por outro lado, ele formula a noção do autoerotismo primordial, isto é, de uma etapa, por mais curta que a suponhamos, em que não há para a criança mundo exterior.

A questão é aquela do acesso primordial do ser humano à sua realidade na medida em que supomos que há uma realidade que lhe é correlativa — suposição implicada em qualquer introdução nesse tema, mas de que sabemos também que nos será preciso em alguma parte abandoná-la, porque não haveria problema a respeito dessa realidade, se justamente ela não fosse perpetuamente questionada. Há no homem alguma coisa que tenha esse caráter envolvente e coaptado ao mesmo tempo, que faz com que inventemos para o animal a noção do *Umwelt*?

Eu farei, de passagem, vocês observarem que essa hipótese nos serve para o animal na medida em que o animal é para nós um objeto, e que há condições, com efeito, rigorosamente indispensáveis para a existência dele. Nós nos deleitamos em pesquisar como ele funciona para estar sempre de acordo com essas condições primordiais, e é isso que chamamos um instinto, um comportamento ou um ciclo instintivo — se há coisas que não estão ali dentro, é preciso crer que não as vemos, e logo que não as vemos, ficamos tranquilos, e por que não com efeito?

Quanto ao homem, é bem evidente que isso não basta. O caráter aberto e proliferante de seu mundo não permite fazer dele seu correlativo biológico. É aí que tento distinguir para vocês, porque isso me parece coerente e prático, as três ordens do simbólico, do imaginário e do real. Tudo deixa transparecer que tudo o que nos mostra nossa experiência analítica se satisfaz em ser disposto nas três ordens de relações, a questão sendo a de saber a que momento cada uma dessas relações se estabelece.

Minha tese, e ela vai talvez dar a alguns a solução do enigma que parece ter constituído para eles minha bela página da última vez sobre a paz do anoitecer, é a seguinte — a realidade é marcada *de saída* pela aniquilação simbólica.

Embora ela esteja preparada por todo o nosso trabalho do ano passado, vou assim mesmo ilustrá-la mais uma vez, nem que seja apenas para tornar a encontrar aquela paz do anoitecer acolhida tão diversamente.

Não é uma excursão que, como diz Platão, produz uma discordância, e falta para com o tom analítico. Eu não creio em absoluto estar inovando. Se vocês lerem o texto de Freud sobre o presidente Schreber, vocês o verão abordar, como um argumento clínico para a compreensão do dito presidente, a função que representou em outro de seus pacientes a prosopopeia de Nietzsche em seu *Zaratustra*, assim nomeada: *Antes do nascer do sol.* Vocês podem se referir àquele passo — é precisamente por não lhes ter lido isso que eu mesmo me deixei levar por uma invocação da paz do anoitecer — vocês verão ali representada a mesma coisa que o que eu queria fazer vocês sentirem há uma semana, e que vou de novo lhes propor agora, falando-lhes do dia.

O dia é um ser distinto de todos os objetos que ele contém e manifesta, ele é mesmo provavelmente mais pesado e mais presente do que nenhum dentre eles, e é impossível pensar, ainda que fosse na experiência humana mais primitiva, como o simples retorno de uma experiência.

Basta evocar a prevalência, na vida humana dos primeiros meses, de um ritmo do sono, para que tenhamos boas razões para pensar que isso não é uma apreensão empírica que faz com que em certo momento — é assim que ilustro as primeiras aniquilações simbólicas — o ser humano se despregue do dia. O ser humano não está, como tudo nos leva a pensar que o animal está, simplesmente imerso em um fenômeno de alternância do dia e da noite. O ser humano põe o dia como tal, e com isso o dia vem à presença do dia — contra um fundo que não é um fundo de noite concreta, mas a ausência possível de dia, onde a noite se aloja, e inversamente aliás. O dia e a noite são muito cedo códigos significantes, e não experiências. Eles são conotações, e o dia empírico e concreto não vem ali senão como correlativo imaginário, na origem, muito cedo.

Aí está minha suposição, e uma vez que eu falo do ponto de vista genético, não devo de modo algum justificá-la na experiência. Há necessidade estrutural de pôr uma etapa primitiva em que aparecem no mundo os significantes como tais.

Esse nível deixando-lhes numa certa confusão, eu lhes proponho as coisas de uma forma dogmática, o que detesto — vocês sabem que minha maneira é dialética.

Antes que a criança aprenda a articular a linguagem, cumpre-nos supor que aparecem significantes que já são da ordem simbólica. Quando falo de uma aparição primitiva do significante, é alguma coisa que implica a linguagem. Isso não faz senão juntar-se com essa aparição de um ser que não está em parte alguma, o dia. O dia enquanto dia não é um fenômeno, o dia enquanto dia implica a conotação simbólica, a alternância fundamental do vocal conotando presença e ausência, sobre a qual Freud faz girar toda a sua noção do além do princípio do prazer.

É exatamente esse campo de articulação simbólica que viso agora em meu discurso, e é aí que se produz a *Verwerfung*.

Eu me regozijo de que alguns de vocês se atormentem a respeito dessa *Verwerfung*. Freud afinal de contas não fala disso muitíssimas vezes, e fui pegá-la nos dois ou três cantos onde ela se deixa surpreender, e mesmo algumas vezes ali onde ela não se deixa, mas onde a compreensão do texto exige que ela seja suposta.

A respeito da *Verwerfung*, Freud diz que *o sujeito não queria nada saber da castração, mesmo no sentido do recalque*. Com efeito, no sentido do recalque, sabe-se ainda algo daquilo de que nem mesmo não se quer, de uma certa maneira, nada saber, e cabe à análise nos ter mostrado que se sabe isso muitíssimo bem. Se há coisas de que o paciente não quer nada saber, mesmo no sentido do recalque, isso supõe um outro mecanismo. E como a palavra *Verwerfung* aparece em conexão direta com essa frase e também com algumas páginas antes, eu me apodero dela. Não me prendo especialmente ao termo, prendo-me ao que ele quer dizer, e creio que Freud quis dizer isso.

Objetam-me, da maneira mais pertinente, devo dizê-lo, que quanto mais a gente se aproxima do texto, menos se consegue compreendê-lo. É justamente por isso que é preciso fazer viver um texto pelo que segue e pelo que precede. É sempre pelo que segue que é preciso compreender um texto.

Aqueles que mais me fazem objeções me propõem, aliás, ir buscar, em outro texto de Freud, alguma coisa que não seria a *Verwerfung* mas, por exemplo, a *Verleugnung* — é curioso ver este *ver* proliferar em Freud. Nunca lhes dei uma lição puramente semântica sobre o vocabulário de Freud, mas lhes garanto que lhes poderia oferecer imediatamente uma boa dúzia. Eu começaria por lhes falar das conotações bancárias de todos esses termos, a conversão, o lançamento etc., e isso nos levaria longe, até às implicações primeiras dessa aproximação direta que Freud teve dos fenômenos da neurose. Mas não podemos nos eternizar nesses modos de abordagem. Confiem em mim um pouco no que concerne ao trabalho de sentido. Se escolhi *Verwerfung* para me fazer compreender, isso é fruto de um amadurecimento, meu trabalho me conduziu a isso. Pelo menos por um certo tempo, peguem o meu mel tal como eu lhes ofereço, e se encarreguem de fazer alguma coisa dele.

Essa *Verwerfung* está implicada no texto da *Verneinung*, que foi comentada aqui há dois anos pelo Sr. Jean Hyppolite, e é por isso que resolvi publicar sua intervenção no primeiro número da revista *La Psychanalyse*. Ali, vocês poderão ver, com o texto na mão, se, sim ou não, tínhamos razão, Hyppolite e eu, de nos ter engajado na via da *Verneinung*.

O texto de Freud, incontestavelmente, brilhante, está longe de ser satisfatório. Isso confunde tudo, isso não tem nada a ver com uma *Verdrängung*.

De que se trata quando falo de *Verwerfung*? Trata-se da rejeição de um significante primordial em trevas exteriores, significante que faltará desde então nesse nível. Eis o mecanismo fundamental que suponho na base da paranoia. Trata-se de um processo primordial de exclusão de um dentro primitivo, que não é o dentro do corpo, mas aquele de um primeiro corpo de significante.

É no interior desse corpo primordial que Freud supõe se constituir o mundo da realidade, como já pontuado, já estruturado em termos significantes. Freud descreve então todo o jogo da aproximação da representação com esses objetos já constituídos. A primeira apreensão da realidade pelo sujeito é o julgamento da existência, que consiste em dizer — Isso não é meu sonho ou minha alucinação ou minha representação, mas um objeto.

Trata-se — é Freud que fala aqui, não eu — de um pôr à prova do exterior pelo interior, da constituição da realidade do sujeito na redescoberta do objeto. O objeto é reencontrado numa busca, aliás não se encontra jamais o mesmo objeto. Essa constituição da realidade, tão essencial para a explicação de todos os mecanismos de repetição, inscreve-se na base de uma primeira bipartição, a qual recobre curiosamente certos mitos primitivos, que evocam alguma coisa de primordialmente manco que foi introduzido no acesso do sujeito à realidade humana. Eis o que é suposto por essa singular anterioridade que, na *Verneinung*, Freud dá ao que ele explica analogicamente como um julgamento de atribuição, em relação ao julgamento de existência. Há na dialética de Freud uma primeira divisão do bom e do ruim que só pode ser concebida se a interpretamos como a rejeição de um significante primordial.

O que quer dizer o significante primordial? É claro que, de modo bem preciso, isso não quer dizer nada.

O que explico aí a vocês tem todas as características do mito, que eu me sentia prestes a passar levemente para vocês nessa ocasião, e que o Sr. Marcel Griaule lhes relatou no ano passado — a divisão em quatro da placenta primitiva, o primeiro é a raposa que, arrancando sua parte de placenta, introduz um desequilíbrio donde decorre o ciclo que vai interessar à divisão dos campos, os vínculos de parentesco etc. O que lhes conto é também um mito, pois não creio de modo algum que haja em parte alguma um momento, uma etapa em que o sujeito adquire em primeiro lugar o significante primitivo, e que depois disso o jogo das significações é introduzido, e que depois disso ainda, significante e significado tendo se dado os braços, entremos no domínio do discurso.

Há aí, no entanto, uma representação que é tão necessária que estou bastante à vontade para dá-la, para satisfazer às exigências de vocês, mas também porque o próprio Freud vai nesse sentido, é preciso ver como.

3

Na carta a Fliess número 52, Freud retoma o circuito do aparelho psíquico.

Vocês conhecem, eu o espero, as cartas a Fliess, que nos foram liberadas por algumas mãos testamentares ou testemunhais com uma série de cortes e de expurgos que o leitor, seja qual for a justificação disso, não pode deixar de sentir como escandalosa. Nada poderia justificar que um texto seja cortado no ponto em que um complemento, fosse ele considerado como caduco ou mais fraco, nos estabeleceria sobre o pensamento de Freud.

O aparelho psíquico que ocupa Freud não é o aparelho psíquico tal como o concebe um professor atrás de uma mesa e diante de um quadro-negro, o qual lhes dá modestamente um modelo, que, enfim, parece funcionar — isso funciona bem ou isso funciona mal, pouco importa, o importante é ter dito alguma coisa que parece sumariamente se assemelhar ao que se chama realidade. Para Freud, trata-se do aparelho psíquico de seus doentes, não do indivíduo ideal, e é isso que o introduz nessa fecundidade verdadeiramente fulgurante que se vê, mais ainda do que em qualquer outra parte, nessa famosa carta 52. O que ele procura explicar não é qualquer estado psíquico, mas aquilo de que ele partiu, porque só há isso que seja acessível e se revela fecundo na experiência da cura — os fenômenos de memória. O esquema do aparelho psíquico em Freud é feito para explicar fenômenos de memória, isto é, o que não vai bem.

Não convém acreditar que as teorias gerais da memória que foram dadas sejam particularmente satisfatórias. Não é porque vocês são psicanalistas que estão dispensados de ler os trabalhos dos psicólogos, alguns fizeram coisas sensatas, encontraram, em experiências valiosas, discordâncias singulares — vocês verão os seus embaraços, os subterfúgios a que recorrem para tentar explicar o fenômeno da reminiscência. A experiência freudiana mostra, porém, que a memória que interessa à psicanálise é absolutamente distinta daquilo de que falam os psicólogos quando nos mostram o seu mecanismo no ser animado atormentado pela experiência.

Vou ilustrar o que quero dizer.

O polvo. É o animal mais bonito que existe. Ele desempenhou um papel fundamental nas civilizações mediterrâneas. No nosso tempo, pescam-no muito facilmente, colocam-no no fundo de um pequeno frasco de bocal largo, introduzem nele elétrodos, e olham. O polvo avança seus membros, e de maneira fulgurante os retira. E percebem que, bem rápido, ele desconfia de nossos elétrodos. Então nós o dissecamos, e descobrimos no que lhe serve de cérebro um nervo considerável, não só de aspecto, mas considerável pelo diâmetro dos neurônios tais como podem ser vistos ao microscópio. É isso que lhe serve de memória, isto é, que, se o cortamos no polvo vivo, pois bem, a apreensão da experiência vai muito menos bem, provoca-se alteração nos registros da memória, por isso pensa-se que é a sede da sua memória. E pensa-se hoje em dia que a memória do polvo funciona talvez como uma maquinazinha, a saber, que é alguma coisa que trabalha regularmente.

Não estou aí tão preocupado em distinguir para vocês o homem do animal, pois o que ensino a vocês é que, também no homem, a memória é alguma coisa que trabalha regularmente. Porém, a coisa é constituída de mensagens, é uma sucessão de pequenos sinais de mais ou menos, que se introduzem uns atrás dos outros, e que ficam girando como as luzinhas elétricas na praça do Ópera que acendem e apagam.

A memória humana é isso. Porém, o processo primário, o princípio do prazer, isso quer dizer que a memória psicanalítica de que fala Freud é, ao contrário da do polvo, alguma coisa de completamente inacessível à experiência. O que significaria senão que os desejos no inconsciente não se extinguem jamais, porque aqueles que se extinguem, por definição não se fala mais deles? Há os que não se extinguem jamais, que continuam a circular na memória e que fazem com que, em nome do princípio do prazer, o ser humano recomece indefinidamente as mesmas experiências dolorosas, nos casos em que as coisas se conectaram na memória de maneira tal que persistem no inconsciente. O que digo aí é apenas a simples articulação do que em princípio vocês já sabem, mas que é, naturalmente, o que vocês sabem como se não o soubessem. Procuro fazer não só que vocês saibam, mas mesmo que reconheçam que o sabem.

A memória freudiana não se situa numa espécie de contínuo da reação à realidade considerada como fonte de excitação. É surpreendente que tenhamos de nos desgastar tanto, quando Freud não fala de outra coisa — desordem, restrição, gravação, não é simplesmente o vocabulário dessa carta, é disso mesmo que se trata. *O que há de essencialmente novo na minha teoria,* diz Freud, *é a afirmação de que a memória não é simples, ela é gravada de diversas maneiras.*

Quais são então seus diversos registros? É sobretudo aí que essa carta me dá argumentos para o debate, e eu o lamento, pois que vocês vão se precipitar em cima dela, e vocês dirão para si mesmos — *Sim, é assim nessa carta, mas na carta vizinha, não o é.* É assim em todas as cartas. É a própria alma do desenvolvimento do pensamento freudiano. Sem o que uma infinidade de coisas não seriam explicáveis. Ele teria se tornado junguiano por exemplo.

Então, esses registros, o que será que é isso? Vocês vão ver aparecer alguma coisa que nunca viram, porque até o momento existem para vocês o inconsciente, o pré-consciente e o consciente. Sabe-se desde há muito tempo que o fenômeno de consciência e o fenômeno de memória se excluem, Freud formulou isso não só nessa carta, mas no sistema do processo do aparelho psíquico que ele oferece no fim da *Interpretação de sonhos.* É para ele uma verdade que não se pode dizer absolutamente experimental, é uma necessidade que se impõe a ele a partir do manejo da totalidade do sistema, e ao mesmo tempo se sente que há aí um primeiro *a priori* significante de seu pensamento.

No início do circuito da apreensão psíquica, há a percepção, Essa percepção implica a consciência. Isso deve ser alguma coisa como aquilo que ele nos mostra em sua famosa metáfora do bloco mágico.

Esse bloco mágico é feito de uma espécie de substância cor de ardósia sobre a qual há uma lâmina de acetato. Vocês escrevem no acetato e quando vocês o levantam, não há mais nada, ele está sempre virgem. Em compensação, tudo o que vocês escreveram em cima reaparece como sobrecarga na substância ligeiramente aderente, que permitiu a inscrição do que vocês escrevem pelo fato de que a ponta de seu lápis faz o acetato colar com esse fundo que aparece momentaneamente escurecendo-o de leve. Aí está, vocês sabem, a metáfora fundamental por onde Freud explica o que concebe como mecanismo do jogo da percepção em suas relações com a memória.

Que memória? A memória que lhe interessa. Nessa memória, há duas zonas, a do inconsciente e a do pré-consciente, e depois do pré-consciente vê-se surgir uma consciência acabada que não poderia ser senão articulada.

As necessidades de sua própria concepção das coisas se manifestam naquilo que entre a *Verneinung*, essencialmente fugidia, que desaparece logo que aparece, e a constituição do sistema da consciência, e mesmo já do *ego* — ele o chama o *ego oficial*, e *oficial* em alemão quer dizer *officiel* em francês, no dicionário ele nem mesmo é traduzido —, há os *Niederschrift*, há três deles. Temos aí o testemunho da elaboração de Freud de uma primeira apreensão do que pode ser a memória em seu funcionamento analítico.

Freud dá aqui pontos de verificação cronológicos, há sistemas que se constituem por exemplo entre zero e um ano e meio, depois entre um ano e meio e quatro anos, depois entre quatro e oito anos etc. Mas, apesar de ele nos dizer isso, não temos de pensar, mais do que ainda há pouco, que esses registros se constituem sucessivamente.

Por que os distinguimos, e como eles nos aparecem? Eles nos aparecem no sistema da defesa, que consiste nisto: ele não reaparece num registro das coisas que não nos causam prazer. Estamos aí, portanto, na economia oficial, é aí que não nos lembramos do que não nos agrada. Não nos lembramos das coisas que não causam prazer. Isso é completamente normal. Que chamemos isso de defesa, nem por isso é algo patológico. É mesmo o que é preciso fazer — se esquecemos as coisas que nos são desagradáveis, só podemos ganhar com isso. Uma noção da defesa que não parte daí falseia toda a questão. O que dá à defesa seu caráter patológico é que, em torno da famosa regressão afetiva, manifesta a regressão tópica. Uma defesa patológica, quando ela se manifesta de maneira indominável, provoca então ressonâncias injustificáveis, porque o que vale em um sistema não vale em outro. É dessa confusão dos mecanismos que resulta a desordem, e é a partir daí que falamos de sistema de defesa patológico.

Para bem compreendê-lo, vamos partir do melhor fenômeno conhecido, de que Freud sempre partiu, aquele que explica a existência do sistema *Unbewusstsein*.

O mecanismo da regressão tópica é aqui inteiramente claro no nível do discurso realizado que é aquele do oficial *ego*. Encontra-se aí uma superposição de acordos e de coerências entre os discursos, o significante e o significado, que constitui as intenções, os lamentos, a obscuridade, a confusão na qual vivemos, e graças a que sempre temos, quando expomos alguma coisa, esse sentimento de discordância de nunca estar inteiramente no que queremos dizer. É isso, a realidade do discurso. Ainda assim sabemos bem que o significado está suficientemente preso em nosso discurso para nossos usos de todos os dias. É quando queremos fazer um pouco melhor, chegar à verdade, que ficamos em plena desordem, e com justa razão. É aliás porque a maior parte do tempo abandonamos a partida.

Entre a significação e o significante, há realmente uma relação, que é aquela que fornece a estrutura do discurso. O discurso, seja o que vocês ouvem quando me escutam, e que existe — a prova é que às vezes vocês não o compreendem —, é uma cadeia temporal significante.

Mas ao nível da neurose, que fez ser descoberto o domínio do inconsciente freudiano enquanto registro de memória, o camarada, em vez de se servir das palavras, se serve de tudo o que está à sua disposição, ele esvazia os bolsos, endireita as calças, coloca aí as suas funções, as suas inibições, entra direitinho no jogo, ele mesmo se passa para trás com isso, com significante, é ele que se torna o significante. Seu real, ou seu imaginário, entra no discurso.

Se isso não são as neuroses, se não é isso que Freud ensinou, eu desisto.

No campo problemático dos fenômenos da *Verneinung*, acontecem fenômenos que devem provir de uma queda de nível, da passagem de um registro para outro, e que se manifestam curiosamente com o caráter do negado e do desmentido — é posto como não sendo existente. Aí está uma propriedade primeiríssima da linguagem, já que o símbolo é como tal conotação da presença e da ausência.

Isso não esgota a questão da função da negação no interior da linguagem. Há uma ilusão de privação que nasce do uso comum da negação. Além do mais, todas as línguas comportam toda uma gama de negações, que mereceriam cada uma um estado — a negação em francês, a negação em chinês etc.

O importante é isso. O que parece ser uma simplificação no discurso encobre uma dinâmica, mas esta nos escapa, é secreta. Há ilusão em crer que uma *Verneinung* se constata simplesmente na insistência do sujeito em dizer a respeito de um sonho *Não é meu pai*, todo o mundo sabe por experiência própria, o sujeito acusa o lance da interpretação e acaba por dizer que é seu pai, e, como ficamos contentes, não vamos mais adiante. O sujeito lhes diz — *Eu não estou com vontade de lhe dizer uma coisa desagradável.* Aí, é uma coisa totalmente outra. Ele o diz amavelmente, mas, por meio de uma dinâmica cujo imediatismo é sensível, ele está efetivamente dizendo alguma coisa de desagradável. É porque sentimos isso que acordamos para o mistério que pode representar essa ilusão de privação. Pensem no que Kant chamou uma grandeza negativa, em sua função, não só de privação, mas de subtração, em sua positividade verdadeira.

A questão da *Verneinung* permanece toda ela em suspenso. O importante é perceber que Freud só pôde concebê-la colocando-a em relação com alguma coisa de mais primitivo. Ele admite formalmente na carta 52 que a *Verneinung* primordial comporta uma primeira sinalização, *Wahrnehmungzeichen.* Ele admite a existência desse campo que chamo do significante primordial. Tudo o que ele diz a seguir nessa carta sobre a dinâmica das três grandes neuropsicoses às quais ele se prende, histeria, neurose obsessiva, paranoia, supõe a existência desse estado primordial que é o lugar eleito do que chamo a *Verwerfung*.

Para compreender isso, refiram-se ao que Freud constantemente levou em conta, a saber: que é preciso sempre supor uma organização anterior, pelo menos parcial, de linguagem, para que a memória e a historicização possam funcionar. Os fenômenos de memória pelos quais Freud se interessa sempre são fenômenos de linguagem. Em outros termos, é preciso já ter o material significante para fazer significar seja o que for. No *Homem dos lobos*, a impressão primitiva da famosa cena primordial permaneceu lá durante anos, não servindo para nada, e no entanto já significante, antes de ter o direito de exprimir seu efeito na história do sujeito. O significante é, pois, dado primitivamente, mas ele não é nada enquanto o sujeito não o faz entrar em sua história, que toma sua importância entre um ano e meio e quatro anos e meio. O desejo sexual é com efeito o que serve ao homem para se historicizar, na medida em que é nesse nível que se introduz pela primeira vez a lei.

Vejam agora o conjunto da economia do que nos traz Freud com esse simples esquema dessa pequena carta. Isso é confirmado por mil outros textos. Um de vocês, a quem eu felicitava por levantar a contradição do que está sendo elaborado aqui, fazia-me a observação de que o fim do texto do *Fetichismo* se refere muito diretamente ao que lhes estou explicando. Freud oferece aí uma revisão essencial à distinção que fez entre neurose e psicose, dizendo que, nas psicoses, a realidade é remanejada, que uma parte da realidade é suprimida, é que a realidade nunca é verdadeiramente escotomizada. É, no fim de contas, vocês verão isso de acordo com o contexto, a uma deficiência, a um buraco do simbólico que ele se refere, mesmo se no texto alemão é o termo *realidade* que é empregado.

Vocês não viram qual era o fenômeno primordial quando lhes apresentei casos concretos, pessoas que começam a nadar na psicose? Eu lhes mostrei uma delas que acreditava ter recebido um convite de uma personagem que se tinha tornado o amigo e o ancoradouro essencial de sua existência. Essa personagem se retira, e ei-la numa perplexidade ligada a um correlato de certeza, que é aquilo por que se dá a conhecer a abordagem do campo interdito cuja aproximação constitui por si mesma a entrada na psicose.

Como será que se entra nela? Como o sujeito é levado, não a se alienar no outro com *a* minúsculo, mas a se tornar essa alguma coisa que, do interior do campo onde nada pode ser dito, faz apelo para todo o resto, para o campo de tudo o que pode ser dito? Não é alguma coisa que evoca o que vocês veem manifestado no caso do presidente Schreber? — a saber: esses fenômenos de franja ao nível da realidade que se tornou significativa para o sujeito.

O delírio deles, os psicóticos o amam como amam a si mesmos. Dizendo isso, Freud, que não fez ainda o seu artigo sobre o narcisismo, acrescenta que é aí que jaz o mistério de que se trata. É verdade. Qual será a relação do sujeito com o significante que distingue os próprios fenômenos da psicose? O que faz com que o sujeito caia totalmente nessa problemática?

Eis as questões que nos colocamos este ano, e eu espero que as farei avançar para vocês antes das férias.

15 de fevereiro de 1956

Do Significante e do Significado

XII

A QUESTÃO HISTÉRICA

Do mundo pré-verbal.
Pré-consciente e inconsciente.
Signo, traço, significante.
Uma histeria traumática.

Chegamos ao ponto em que a análise do texto schreberiano levou a insistir sobre a importância dos fenômenos de linguagem na economia da psicose. É nesse sentido que se pode falar de estruturas freudianas das psicoses.

1

Que função têm esses fenômenos de linguagem nas psicoses?

Seria surpreendente que a psicanálise não nos trouxesse um modo novo de tratar a economia da linguagem nas psicoses, um modo que diferisse absolutamente da abordagem tradicional, que se conformava com as teorias psicológicas clássicas. A nossa referência é diferente — é o nosso esquema da comunicação analítica.

Entre S e A, a fala fundamental que a análise deve revelar, temos a derivação do circuito imaginário, que resiste à passagem daquela. Os polos imaginários do sujeito, *a* e *a'*, recobrem a relação dita especular, a do estádio do espelho. O sujeito, na corporeidade e na multiplicidade de seu organismo, em seu espedaçamento natural, que está em *a'*, se refere a essa unidade imaginaria que é o eu, *a*, onde ele se conhece e se desconhece, e que é aquilo de que ele fala — ele não sabe a quem, já que não sabe tampouco quem nele fala.

Eu dizia isso esquematicamente no tempo arcaico destes seminários — o sujeito começa por falar dele, e não fala com você — a seguir, ele fala com você, mas não fala dele — quando ele tiver falado dele, que terá sensivelmente mudado nesse meio-tempo, com você, teremos chegado ao fim da análise.

Se quisermos situar o analista nesse esquema da fala do sujeito, podemos dizer que ele está em algum lugar de A. Pelo menos ele deve estar aí. Se ele entra no acoplamento da resistência, justamente o que lhe é ensinado não fazer, então ele fala a partir de *a'*, e é no sujeito que ele se verá. Isso se produz da maneira mais natural se ele não é analisado — o que acontece de vez em quando, e direi mesmo que, por um certo lado, o analista jamais é completamente analista, pela simples razão de que é homem, e de que participa, ele também, dos mecanismos imaginários que dificultam a passagem da fala. Trata-se para ele de não se identificar com o sujeito, de ser bastante morto para não ser pego na relação imaginária, no interior da qual ele é sempre solicitado a intervir e a permitir a progressiva migração da imagem do sujeito em direção ao S, a coisa a revelar, a coisa que não tem nome, que só pode encontrar seu nome na medida em que o circuito tiver terminado diretamente de S em direção a A. O que o sujeito tinha a dizer através de seu falso discurso encontrará mais facilmente uma passagem à medida que a economia da relação imaginária tiver sido progressivamente diminuída.

Vou rapidamente, pois não estou aqui hoje para refazer-lhes toda a teoria do diálogo analítico. Quero simplesmente lhes indicar que a *palavra*[17] — a ser concebida com o acento que isso comporta, solução de um enigma, função problemática — se situa no Outro, por intermédio de quem se realiza toda fala plena, este *tu és* em que o sujeito se situa e se reconhece.

Pois bem, analisando a estrutura do delírio de Schreber no momento em que ele se estabilizou num sistema que liga o eu do sujeito a esse outro imaginário, esse estranho Deus que não compreende nada, que não responde, que engana o sujeito, soubemos reconhecer que há, na psicose, exclusão do Outro onde o ser se realiza na confissão da fala.

Os fenômenos em questão na alucinação verbal manifestam na sua própria estrutura a relação de eco interior em que o sujeito está relativamente a seu próprio discurso. Eles acabam por se tornar cada vez mais insensatos, como se exprime Schreber, esvaziados de sentido, puramente verbais, repisamentos, ritornelos sem objeto. O que será portanto essa relação especial com a fala? O que será que falta para que o sujeito possa acabar por ter necessidade de construir todo esse mundo imaginário? Para que no interior de si mesmo ele sofra esse automatismo da função do discurso? Não só o discurso o invade e o parasita, mas ele fica suspenso em sua presença.

Que o sujeito não possa, na psicose, reconstituir-se senão no que chamei a alusão imaginária, eu lhes mostrei *in vivo* numa apresentação de doentes. É o ponto preciso a que chegamos. A constituição do sujeito na alusão imaginária, é este o problema que temos de fazer avançar.

Até o momento, a gente se contentou com isso. A alusão imaginária parecia muito significativa. Encontrava-se aí todo o material, todos os elementos do inconsciente. Tem-se impressão de nunca se terem perguntado o que significava, do ponto de vista econômico, o fato de que essa alusão em si mesma não tivesse nenhum poder resolutivo. Percebeu-se isso assim mesmo, mas como um mistério, e com o progresso do tempo, esforçando-se por apagar as diferenças radicais dessa estrutura relativamente àquela estrutura das neuroses.

Em Estrasburgo colocaram-se as mesmas questões que em Viena. Pessoas que pareciam bastante sensíveis a certas perspectivas que eu abria, terminavam por me dizer — *Como o senhor opera nas psicoses?* — como se não houvesse bastante por fazer, diante de um auditório tão pouco preparado quanto aquele, para insistir no beabá da técnica. Eu respondia — *A questão está em ação um pouquinho. Será preciso tentar achar alguns pontos de referência, antes de falar da técnica, e mesmo da receita psicoterapêutica.* Insistiam ainda — *Não se pode contudo não fazer alguma coisa por eles?* — *Mas sim, certamente. Para falar disso, esperemos que certas coisas sejam isoladas.*

Para dar agora um passo à frente, devemos, como acontece muitas vezes, dar um passo atrás e voltar ao caráter fascinante que os fenômenos de linguagem apresentam na psicose — com efeito, isso é capaz de reforçar o que chamei ainda há pouco um mal-entendido.

Ouço dizer que eu estaria sustentando que tudo o que o sujeito tem a nos comunicar, ele o articula verbalmente, e que dessa forma eu negaria a existência, ao que se está muitíssimo apegado, do pré-verbal.

Essa posição extrema não deixa de provocar, entre os que se fixam nela, abjurações bastante vivas, que se manifestam por duas atitudes

— a mão no coração, relação com o que chamaremos a atestação autêntica por meio de deslocamentos em direção ao alto, e *a inclinação da cabeça*, tida como vindo pesar no prato da balança, que eu diminuiria a carga por demais à mercê do meu interpelador.

2

Pode ocorrer também que me digam — *Felizmente, você não é o único na Sociedade de Psicanálise. Existe também uma mulher de gênio, Françoise Dolto, que nos mostra a função essencial da imagem do corpo, e nos esclarece sobre a maneira como o sujeito se apoia em suas relações com o mundo. Aí, nós ficamos muito contentes de encontrar uma relação substancial, sobre a qual se brocha sem dúvida a relação da linguagem, mas que é infinitamente mais concreta.*

Não estou em absoluto criticando o que ensina Françoise Dolto. Ela faz um excelente uso de sua técnica e de sua extraordinária apreensão da sensibilidade imaginária do sujeito. Ela fala de tudo isso, e ensina também àqueles que a escutam a falar disso. Mas fazer essa observação não é resolver a questão.

Não fico surpreso de que alguma coisa persista como mal-entendido a ser dissipado, mesmo entre as pessoas que creem me seguir. Não pensem que eu esteja exprimindo uma decepção. Isso estaria em desacordo comigo mesmo, pois que lhes ensino que o próprio fundamento do discurso inter-humano é o mal-entendido.

Mas não é só por essa razão que não estou surpreso de que meu discurso possa suscitar uma certa margem de mal-entendido. É que, além disso, se devemos ser coerentes com nossas próprias noções na prática, se todo discurso válido deve justamente ser julgado nos próprios princípios que ele produz, eu diria que é com uma intenção expressa, se não absolutamente deliberada, que prossigo este discurso de tal maneira que lhes ofereço a oportunidade de não compreendê-lo completamente. Essa margem permite que vocês, vocês próprios, digam que acreditam me seguir, isto é, que fiquem numa posição problemática, que deixa sempre a porta aberta para uma retificação progressiva.

Em outros termos, se eu me arranjasse de maneira a ser facilmente compreendido, isto é, para que vocês tenham totalmente a certeza de que compreenderam, pois bem, em virtude mesmo de minhas premissas concernentes ao discurso inter-humano, o mal-entendido seria irremediável. Ao contrário, considerando a maneira como acredito que os problemas devam ser abordados, há sempre para vocês a possibilidade de estarem abertos a uma revisão do que é dito, de uma forma tanto mais cômoda quanto o fato de que vocês não tenham compreendido mais cedo me cabe inteiramente — vocês podem imputar-me isso.

É por essa razão que me permito voltar hoje a um ponto essencial.

Não digo que o que é comunicado na relação analítica passe pelo discurso do sujeito. Não tenho absolutamente, portanto, de distinguir, no próprio fenômeno da comunicação analítica, o domínio da comunicação verbal do da comunicação pré-verbal. Que essa comunicação pré ou mesmo extraverbal seja permanente na análise, isso não resta dúvida, mas se trata de ver o que constitui o campo propriamente analítico.

O que constitui o campo analítico é idêntico ao que constitui o fenômeno analítico, ou seja, o sintoma. E também um número enorme de outros fenômenos ditos normais ou subnormais, que não haviam sido até à análise elucidados quanto a seu sentido, estendendo-se para muito além do discurso e da fala, já que se trata das coisas que acontecem ao sujeito na sua vida quotidiana. Depois os lapsos, distúrbios de memória, sonhos, mais o fenômeno do chiste, que tem um valor essencial na descoberta freudiana porque ele permite ver claramente a coerência perfeita que tinha na obra de Freud a relação do fenômeno analítico com a linguagem.

Comecemos por dizer o que o fenômeno analítico não é.

A análise trouxe imensos esclarecimentos sobre o pré-verbal. Ele está, na doutrina analítica, essencialmente ligado ao pré-consciente. É a soma das impressões, internas ou externas, das informações que o sujeito recebe do mundo onde vive, das relações naturais que tem com ele — se é que é verdade que haja no homem relações que sejam inteiramente naturais, mas há algumas, por mais pervertidas que sejam. Tudo o que é da ordem do pré-verbal participa assim do que podemos chamar uma *Gestalt* intramundana. Lá dentro, o sujeito é a boneca infantil que ele foi, ele é o objeto excrementício, ele é esgoto, ele é ventosa. A análise nos convocou a explorar esse mundo imaginário, que participa de uma espécie de poesia bárbara, mas ela não foi em absoluto a primeira a fazer sentir isso, foram certas obras poéticas.

Estamos aí na iridescência considerável da grande significação afetiva. Para exprimi-la, as palavras vêm em abundância ao sujeito, elas estão à sua disposição, tão acessíveis e tão inesgotáveis em suas combinações quanto a natureza à qual correspondem. É o mundo da criança, no qual vocês se sentem à vontade, tanto mais que vocês foram familiarizados com as suas fantasias — o alto vale o baixo, o direito vale o avesso etc. A universal equivalência é a lei deste mundo, e é mesmo o que nos deixa bastante incertos para fixar aí as estruturas.

Esse discurso da significação afetiva alcança de imediato as fontes da fabulação. Em compensação, o discurso da reivindicação passional, por exemplo, é pobre ao lado, e repete sempre a mesma coisa. É que há ali o choque de razão. O suporte pré-verbal da relação imaginária se exprime, portanto, de modo bem natural sob forma de discurso. Encontramo-nos aqui num domínio familiar, sempre explorado tanto pela dedução empírica quanto pela dedução categorial *a priori*. A fonte e o bazar desse pré-consciente do que chamamos imaginário é bem conhecido, ele já foi felizmente abordado na tradição filosófica, e pode-se dizer que as ideias-esquemas de Kant se situam na orla desse domínio — ao menos é ali que elas poderiam encontrar as suas mais brilhantes credenciais.

A teoria clássica da imagem e da imaginação é evidentemente de uma insuficiência surpreendente. No fim de contas, esse domínio é insondável. Se fizemos progressos notáveis na sua fenomenologia, estamos longe de dominá-lo. Se a análise permitiu descobrir o problema da imagem em seu valor formador, que se confunde com o problema das origens, e mesmo o da essência da vida, é certamente dos biólogos e dos etiologistas que é preciso esperar progressos. Se o inventário analítico permite mostrar certos traços de economia essenciais da função imaginária, a questão nem por isso está esgotada.

Portanto, esse mundo pré-consciente, sempre pronto a sair na vida da consciência, à disposição do sujeito, salvo contraordem, esse mundo, jamais eu disse que ele tinha em si mesmo uma estrutura de linguagem. Digo, porque é a evidência, que ele se inscreve nela, que ele é refundido nela. Mas ele guarda as suas vias próprias, as suas comunicações particulares. E não foi a esse nível que a análise produziu a sua descoberta essencial.

Muito surpreendente é ver na análise a insistência na relação de objeto vir ao ativo de uma preponderância exclusiva do mundo da relação imaginária, e elidir o que é, propriamente falando, o campo da descoberta analítica. Pode-se seguir a dominação progressiva dessa perspectiva lendo o que desde algum tempo o chamado Kris está produzindo. A respeito da economia dos progressos da análise, ele insiste no que chama — pois ele leu Freud — os processos mentais pré-conscientes, e no caráter fecundo da regressão do eu, o que equivale a situar inteiramente no plano do imaginário as vias de acesso ao inconsciente. Ao contrário, se seguimos Freud, é claro que nenhuma exploração, por mais profunda, por mais exaustiva que seja, do pré-consciente, jamais levará a um fenômeno inconsciente como tal. A prevalência desmedida da psicologia do ego na nova escola americana induz a uma miragem que se assemelha àquela de um matemático, por nós suposta ideal, que, tendo percebido a existência das grandezas negativas, se poria a dividir indefinidamente uma grandeza positiva por dois, esperando transpor no limite a linha do zero e entrar no domínio sonhado.

É um erro grosseiro, ainda mais que não há nada sobre o que Freud mais insista que na diferença radical do inconsciente e do pré-consciente. Mas imaginam que, por mais que se diga que há uma barreira, isso se passa como quando, depois de se instalar uma divisória num armazém de cereais, os ratos acabam por passar. A imaginação fundamental que parece regular atualmente a prática analítica é que há alguma coisa que deve comunicar entre a neurose e a psicose, entre o pré-consciente e o inconsciente. Trata-se de forçar, de rilhar, e chegar-se-á a perfurar a parede.

Essa ideia leva os autores que são um pouquinho coerentes a fazer adjunções teóricas totalmente surpreendentes, como essa noção de esfera não conflitiva, como se diz, noção exorbitante, não progressiva, mas transgressiva. Nunca se tinha ouvido semelhante coisa, mesmo na psicologia mais neoespiritualista das faculdades da alma. Nunca ninguém tinha pensado fazer da vontade uma instância que se situasse num império não conflitivo. Vemos perfeitamente o que os levam a isso. O eu é para eles o quadro prevalente dos fenômenos, tudo passa pelo eu, a regressão do eu é a única via de acesso ao inconsciente. Onde situar consequentemente o elemento mediador indispensável para conceber a ação do tratamento analítico? — se não nessa espécie de eu verdadeiramente ideal, no pior sentido da palavra, que é a esfera não conflitiva, a qual se torna assim o lugar mítico das entificações mais incrivelmente reativas.

Em vista do pré-consciente, tal como acabamos de situá-lo, o que será o inconsciente?

Se digo que tudo o que pertence à comunicação analítica tem estrutura de linguagem, isso não quer dizer que o inconsciente se exprima no discurso. A *Traumdeutung*, a *Psicopatologia da vida quotidiana* e o *Chiste* tornam isso transparente — nada dos rodeios de Freud é explicável, salvo que o fenômeno analítico como tal, seja ele qual for, é, não uma linguagem no sentido em que isso significaria ser um discurso — eu nunca disse que é um discurso —, mas estruturado como uma linguagem. É nesse sentido que se pode dizer que é uma variedade fenomenal, e a mais reveladora, das relações do homem com o domínio da linguagem. Todo fenômeno analítico, todo fenômeno que participa do campo analítico, da descoberta analítica, daquilo com que lidamos no sintoma e na neurose, é estruturado como linguagem.

Isso quer dizer que é um fenômeno que apresenta sempre a duplicidade essencial do significante e do significado. Isso quer dizer que o significante tem aí sua coerência e seu caráter próprios, que o distinguem de qualquer outra espécie de signo. Vamos segui-lo rasto por rasto no domínio pré-consciente imaginário.

Partamos do sinal biológico. Há na própria estrutura, na morfologia dos animais, alguma coisa que tem esse valor captante, graças ao qual aquele que é o seu receptor, aquele que vê o vermelho do pintarroxo, por exemplo, e aquele que é feito para recebê-lo, entram numa série de comportamentos, num comportamento doravante unitário que liga o portador desse sinal àquele que o percebe. Eis o que nos dá uma ideia precisa do que se pode chamar a significação natural. Sem procurar de outro modo como isso se elabora para o homem, é claro que podemos chegar por uma sucessão de transições a uma depuração, uma neutralização do sinal natural.

Há nesse momento o rasto, o passo na areia, sinal com que Robinson não se engana. Ali, o sinal se separa do objeto. O rasto, no que ele comporta de negativo, conduz o sinal natural a um limite onde ele é evanescente. A distinção do sinal e do objeto é aqui claríssima, já que o rasto é justamente o que o objeto deixa, que partiu alhures. Objetivamente, não é necessário nenhum sujeito que reconheça o sinal para que ele esteja ali — o rasto existe mesmo se não há ninguém para olhá-lo.

A partir de quando passamos ao que é da ordem significante? O significante pode estender-se a muitos elementos do domínio do sinal. Mas o significante é um sinal que não remete a um objeto, mesmo sob a forma de rasto, embora o rasto anuncie, no entanto, o seu caráter essencial. Ele é também o sinal de uma ausência. Mas, na medida em que ele faz parte da linguagem, o significante é um sinal que remete a um outro sinal, que é como tal estruturado para significar a ausência de um outro sinal, em outros termos, para se opor a ele num par.

Eu lhes falei do dia e da noite. O dia e a noite não são de modo algum algo que seja definível pela experiência. A experiência pode indicar apenas uma série de modulações, de transformações, e mesmo uma pulsação, uma alternância da luz e da obscuridade, com todas as suas transições. A linguagem começa na oposição — o dia e a noite. E a partir do momento em que há o dia como significante, esse dia é entregue a todas as vicissitudes de um jogo por meio do qual ele acabará por significar coisas bem diversas.

Esse caráter do significante marca de maneira essencial tudo o que é da ordem do inconsciente. A obra de Freud, com a sua enorme armadura filológica jogando até na intimidade dos fenômenos, é absolutamente impensável se não se coloca no primeiro plano a dominância do significante nos fenômenos analíticos.

Esse lembrete deve nos levar um passo mais adiante.

3

Eu lhes falei do Outro da fala, na medida em que o sujeito aí se reconhece e se faz reconhecer. Aí está, numa neurose, o elemento determinante, e não a perturbação de tal relação, seja ela oral, anal e mesmo genital. Sabemos muitíssimo bem o quanto nos embaraça o manejo da relação homossexual, já que evidenciamos a sua permanência em sujeitos cuja diversidade é grande no plano das relações instintivas. Trata-se de uma questão que se coloca para o sujeito no plano do significante, no plano do *to be or not to be*, no plano de seu ser.

Quero ilustrar isso para vocês através de um exemplo, uma velha observação de histeria traumática — nenhum vestígio de elementos alucinatórios.

Se a escolhi, é que ela põe em ação no primeiro plano esse fantasma de gravidez e de procriação que é dominante na história do presidente Schreber, já que seu delírio conduz a isto: que uma nova humanidade de espírito schreberiano deve ser reengendrada por ele.

Trata-se de uma observação que se deve a Michael Joseph Eissler, um psicólogo da Escola de Budapeste, e recolhida no fim da guerra de 1914-18, que nos conta a história de um tipo que é condutor de bonde durante a revolução húngara.

Ele tem trinta e três anos, é um protestante húngaro — austeridade, solidez, tradição camponesa. Ele abandonou sua família no fim da adolescência a fim de ir para a cidade. Sua vida profissional está marcada por mudanças que não são sem significação — primeiramente ele é padeiro, depois trabalha num laboratório químico, enfim, é condutor de bonde. Ele puxa a sineta e picota as passagens, mas também foi motorneiro.

Um dia, ele desce do veículo, tropeça, cai no chão, e é arrastado alguns metros. Fica com um galo, uma dor do lado esquerdo. É levado ao hospital, onde se dão conta que ele não tem nada de grave. Dão-lhe uns pontinhos no couro cabeludo para fechar a ferida. Tudo se passa bem. Ele torna a sair depois de ter sido examinado em todos os pontos. Ele foi bem radiografado, asseguram-se de que não tem nada. Mesmo ele contribuiu nisso com a sua parte.

E depois, progressivamente, ele se torna propenso a crises que se caracterizam pela intensificação de uma dor na primeira costela, dor que se propaga a partir desse ponto, e leva o sujeito a um estado de mal-estar crescente. Ele se estende, deita-se do lado esquerdo, pega um travesseiro que o imobilize. E as coisas persistem e se agravam com o tempo. As crises duram vários dias, voltam periodicamente. Elas aumentam cada vez mais, até ao ponto de acarretar verdadeiras perdas de sentido no sujeito.

Tornam a examiná-lo em todos os pontos. Não encontram absolutamente nada. Pensam numa histeria traumática, e o enviam ao nosso autor, que o analisa.

O homem participa da primeira geração analítica, vê os fenômenos com muito frescor, explora-os de trás para diante. Entretanto, essa observação é de 1921, e ela participa já da espécie de sistematização que começa a marcar correlativamente, parece, a observação e a prática, e que vai produzir esta virada de onde surgirá a inversão que insistirá na análise das resistências. Eissler já está extremamente impressionado pela nova psicologia do *ego*. Em compensação, ele conhece bem as coisas mais antigas, as primeiras análises de Freud sobre o caráter anal, ele se recorda da ideia segundo a qual os elementos econômicos da libido podem desempenhar um papel decisivo na formação do eu. E sente-se que ele se interessa muito pelo eu de seu sujeito, pelo seu estilo de comportamento, pelas coisas que traduzem nele os elementos regressivos, na medida em que se inscrevem não só nos sintomas, mas na estrutura.

Ele assinala com muita pertinência as curiosas atitudes do sujeito. Após a primeira sessão, o sujeito se senta bruscamente no divã e se põe a olhá-lo com olhos saindo das órbitas, boquiaberto, como se descobrisse um monstro inesperado e enigmático. Outras vezes, o sujeito dá mostras bastante surpreendentes de transferência. Uma vez, em particular, ele se endireita bruscamente, para de novo cair na posição anterior, mas com o nariz contra o divã expondo ao analista suas pernas pendentes de uma forma cuja significação geral não escapa ao analista.

Esse sujeito é suficientemente bem adaptado. Ele tem com seus camaradas relações que são as de um sindicalista militante, meio líder, e se interessa muito pelo que o liga socialmente a eles. Ele goza nesse meio de um prestígio incontestável. O nosso autor nota igualmente a maneira particular como seu autodidatismo se exerce, todos os seus papéis estão bem em ordem. Vocês veem que Eissler tenta encontrar traços do caráter anal, e progride. Mas a interpretação que ele acaba por dar ao sujeito de suas tendências homossexualizantes, deixa-o totalmente indiferente — nada se modifica. Há esse mesmo batente que Freud encontrava com o homem dos lobos alguns anos antes, e cuja chave não é inteiramente dada por ele naquele caso, porque sua pesquisa tinha então um outro objeto.

Olhemos mais de perto essa observação. O desencadeamento da neurose com seu aspecto sintomático, que tornou necessária a intervenção do analista, supõe sem dúvida um trauma, que deve ter despertado alguma coisa. Na infância do sujeito, encontramos traumas às pencas. Ele era bem pequeno, começava a se pôr a engatinhar no chão, sua mãe pisou no seu polegar. Eissler não deixa de assinalar que naquele momento alguma coisa de decisivo deve ter-se produzido, pois que, segundo a vontade da tradição familiar, ele teria após aquele incidente começado a chupar o polegar. Vocês estão vendo — castração — regressão. Encontram-se outras coisas assim. Há, porém, um pequeno inconveniente, é que se percebe, com a vinda do material, que o que foi decisivo na descompensação da neurose não foi o acidente, mas os exames radiológicos.

O analista não vê todo o alcance do que ele nos traz, e se ele tem uma ideia preconcebida, vai no outro sentido. É por ocasião dos exames que o colocam sob a mira de instrumentos misteriosos, que o sujeito desencadeia suas crises. E essas crises, o seu sentido, a sua modalidade, a sua periodicidade, o seu estilo, aparecem ligados de forma muito evidente à fantasia de uma gravidez.

A manifestação sintomática do sujeito é dominada por esses elementos relacionais que colorem suas relações com os objetos, de maneira imaginária. Pode-se reconhecer aí a relação anal, ou homossexual, ou isto, ou aquilo, mas esses elementos mesmos estão considerados na questão que é posta — *Será que sou ou não alguém capaz de procriar?* Essa questão se situa evidentemente ao nível do Outro, na medida em que a integração à sexualidade está ligada ao reconhecimento simbólico.

Se o reconhecimento da posição sexual do sujeito não está ligado ao aparelho simbólico, a análise, o freudismo, não têm mais por que existir, não significam absolutamente nada. O sujeito encontra o seu lugar num aparelho simbólico pré-formado que instaura a lei na sexualidade. E essa lei não permite mais ao sujeito realizar sua sexualidade senão no plano simbólico. É o que quer dizer o Édipo, e se a análise não soubesse disso, ela não teria descoberto absolutamente nada.

O que está em discussão no nosso sujeito, é a questão *Quem sou eu?*, ou *Sou eu*, é uma relação de ser, é um significante fundamental. É na medida em que essa questão foi reanimada como sendo simbólica, e não reativada como imaginária, que foi desencadeada a descompensação de sua neurose, e que seus sintomas foram organizados. Sejam quais forem as suas qualidades, a sua natureza, o material a que eles recorreram, estes tomam valor de formulação, de reformulação, mesmo de insistência, dessa questão.

Essa chave não basta por si mesma. Ela é confirmada por elementos de sua vida passada que conservam todo o relevo para o sujeito. Ele pôde um dia observar, escondido, uma mulher da vizinhança de seus pais que soltava gemidos que não acabavam mais. Ele a surpreendeu em suas contorções, as pernas levantadas, e soube de que se tratava, tanto mais que, não chegando ao fim o trabalho do parto, o médico teve de intervir, e ele viu ser levada por um corredor a criança em pedaços, que foi tudo o que se pôde tirar.

Além disso, o caráter feminizado do discurso é tão imediatamente perceptível que, quando nosso analista participa ao sujeito os primeiros elementos, ele obtém dele esta observação: que o médico que o examinou disse a sua mulher — *Eu não consigo perceber o que ele tem. Parece que, se ele fosse uma mulher, eu o compreenderia bem melhor.* Ele percebeu o lado significativo, mas não percebeu — pela simples razão de que não tinha aparelho analítico, que só é concebível no registro das estruturações de linguagem — que tudo isso é tão somente um material, favorável certamente, que o sujeito utiliza para exprimir a sua questão. Servir-se-ia também de qualquer outro, para exprimir o que está além de toda relação, atual ou inatual, um *Quem sou eu? Um homem ou uma mulher?*, e *Sou eu capaz de gerar?*

Quando se tem essa chave, toda a vida do sujeito se reordena em sua perspectiva. Fala-se, por exemplo, de suas preocupações anais. Mas em torno de que funciona o interesse que ele tem nos seus excrementos? Em torno da questão de saber se pode haver nos seus excrementos sementes de frutas ainda capazes de germinar se postas na terra.

O sujeito tem uma grande ambição, a de se ocupar com a criação de galinhas, e em especial com o comércio de ovos. Ele se interessa por toda espécie de questões relativas à botânica, todas centradas em torno de germinação. Pode-se mesmo dizer que toda uma série de acidentes que se passaram com ele na sua profissão de condutor de bonde está ligada ao espedaçamento da criança que ele presenciou. Não é a origem extrema da questão do sujeito, mas é uma particularmente expressiva.

Terminemos por onde começamos, o último acidente. Ele cai do bonde, que se tornou para ele um aparelho significativo, ele tomba, ele dá à luz a si mesmo. O tema único de fantasia de gravidez domina, mas enquanto quê? Enquanto significante — o contexto o mostra — da questão de sua integração à função viril, à função de pai. Pode-se notar que ele se arranjou para desposar uma mulher que já tinha uma criança, e com a qual ele só pôde ter relações insuficientes.

O caráter problemático de sua identificação simbólica sustenta toda compreensão possível da observação. Tudo o que é dito, tudo o que é expresso, tudo o que é gestualizado, tudo o que é manifestado, só ganha seu sentido em função da resposta a ser formulada sobre esta relação fundamental simbólica — *Sou eu um homem, ou sou uma mulher?*

Quando eu lhes exponho as coisas assim, vocês não podem deixar de fazer a aproximação com aquilo em que insisti no caso Dora. A que será ela levada com efeito, senão a uma questão acerca de seu sexo. Não sobre o sexo que ela tem, mas — *O que é ser uma mulher?* Os dois sonhos de Dora são absolutamente transparentes a esse respeito — não se fala de outra coisa, *O que é ser uma mulher*, e, especificamente, *O que é um órgão feminino?* Observem que nós nos encontramos aí diante de alguma coisa de singular — a mulher se interroga sobre o que é ser uma mulher, da mesma forma que o sujeito macho se interroga sobre que é ser uma mulher.

É desse ponto que retomaremos na próxima vez. Valorizaremos as dissimetrias que Freud sempre sublinhou no complexo de Édipo, e que confirmam a distinção do simbólico e do imaginário como retomei hoje.

Para a mulher, a realização de seu sexo não se faz no complexo de Édipo de uma forma simétrica à do homem, não pela identificação com a mãe, mas ao contrário pela identificação com o objeto paterno, o que lhe destina um desvio suplementar. Freud jamais largou essa concepção, o que quer que se tenha feito desde então, especialmente das mulheres, para restabelecer a simetria. Mas a desvantagem em que se acha a mulher quanto ao acesso à identidade, seu próprio sexo quanto à sexualização como tal, na histeria transforma-se numa vantagem, graças à sua identificação imaginária com o pai, que lhe é perfeitamente acessível, em virtude especialmente de sua posição na composição do Édipo.

Para o homem, em compensação, o caminho será mais complexo.

14 de março de 1956

XIII

A QUESTÃO HISTÉRICA (II): "O QUE É UMA MULHER?"

Dora e o órgão feminino.
A dissimetria significante.
O simbólico e a procriação.
Freud e o significante.

Qual é o sentido de minha conferência de ontem à noite sobre a formação do analista? É que o essencial consiste em distinguir cuidadosamente o simbolismo propriamente dito, ou seja, o simbolismo enquanto estruturado na linguagem, aquele no qual nós nos entendemos aqui, e o simbolismo natural. Resumi isso numa fórmula — *ler na borra de café não é ler nos hieróglifos.*

Para aquele auditório tal como se compunha, era necessário fazer reavivar um pouco a diferença do significante e do significado. Dei exemplos, alguns humorísticos, dei o esquema, e passei às aplicações. Lembrei que a prática fascina a atenção dos analistas sobre as formas imaginárias, tão sedutoras, a significação imaginária do mundo subjetivo quando se trata de saber — é o que interessou a Freud — o que organiza esse mundo, e permite deslocá-lo. Assinalei que a dinâmica dos fenômenos do campo analítico está ligada à duplicidade que resulta da distinção entre significante e significado.

Não é por acaso que foi um junguiano que veio trazer aí o termo símbolo. No fundo do mito junguiano, há, com efeito, o símbolo concebido como uma flor que sobe do fundo, um desabrochar do que está no fundo do homem enquanto típico. A questão é saber se o símbolo é isso, ou se é, ao contrário, alguma coisa que envolve e forma o que meu interlocutor chama lindamente a criação.

A segunda parte de minha conferência concernia ao que resulta na análise do esquecimento da estruturação significante-significado. E aí pude indicar aquilo em que a teoria do ego atualmente promovida nos círculos nova-iorquinos muda inteiramente a perspectiva na qual devem ser abordados os fenômenos analíticos, e participa da mesma obliteração. Isso redunda, com efeito, em colocar no primeiro plano a relação de ego a ego. E a simples inspeção dos artigos de Freud entre 1922 e 1924 mostra que o eu não é nada do que se faz dele atualmente no uso analítico.

1

Se o que chamam o reforço do eu existe, isso só pode ser a acentuação da relação fantasmática sempre correlativa do eu, e mais especialmente no neurótico de estrutura típica. No que lhe concerne, o reforço do eu vai no sentido exatamente oposto ao da dissolução, não somente dos sintomas, que estão propriamente falando em sua significância, mas podem, dada a oportunidade, ser mobilizados, mas da própria estrutura.

Qual é o sentido do que Freud trouxe com sua nova tópica, quando ele insistiu no caráter imaginário da função do eu? É precisamente o da estrutura da neurose.

Freud coloca o eu em relação com o caráter fantasmático do objeto. Quando ele escreve que o eu tem o privilégio do exercício, da prova da realidade, que é ele que atesta para o sujeito a realidade, o contexto não é duvidoso — o eu aí está como uma miragem, o que Freud chamou o ideal do eu. Sua função não é a de objetividade, e sim a de ilusão, ela é fundamentalmente narcísica, e é a partir dela que o sujeito dá a nota da realidade a seja o que for.

Dessa tópica resulta qual é, nas neuroses típicas, o lugar do eu. O eu em sua estruturação imaginária é para o sujeito como um de seus elementos. Da mesma forma que Aristóteles formulava que não convém dizer *o homem pensa*, nem *a alma pensa*, e sim *o homem pensa com a sua alma*, diremos que o nevrosado põe sua questão neurótica, sua questão secreta e amordaçada, com o seu eu.

A tópica freudiana do ego nos mostra como uma histérica ou um histérico, como um obsessivo, usa de seu eu para pôr a questão, isto é, justamente para não pô-la. A estrutura de uma neurose é essencialmente uma questão, e é justamente por isso que ela foi durante muito tempo para nós uma pura e simples questão. O neurótico está numa posição de simetria, ele é a questão que nos colocamos, e é justamente porque ela nos toca tanto quanto ele, que temos a maior repugnância em formulá-la em termos mais precisos.

Isso se ilustra no modo como lhes falo desde sempre da histeria, à qual Freud deu o esclarecimento mais eminente no caso de Dora.

Quem é Dora? É alguém que está presa num estado sintomático bem claro, só que Freud, segundo ele próprio nos confessa, cometeu um erro sobre o objeto do desejo de Dora, na medida mesma em que ele próprio está por demais centrado na questão do objeto, isto é, em que ele não faz intervir a duplicidade subjetiva de base que aí está implicada. Ele se pergunta o que Dora deseja, antes de se perguntar quem deseja em Dora. E Freud termina por perceber que, neste balé a quatro — Dora, seu pai, o Sr. E a Sra. K. —, é a Sra. K. o objeto que verdadeiramente interessa a Dora, na medida em que ela própria está identificada com o Sr. K. A questão de saber onde está o eu de Dora fica assim resolvida — o eu de Dora é o Sr. K. A função preenchida no esquema do estádio do espelho pela imagem especular, em que o sujeito situa seu sentido para se reconhecer, onde pela primeira vez ele situa o seu eu, esse ponto externo de identificação imaginária é no Sr. K. que Dora o coloca. É na medida em que ela é o Sr. K. que todos os seus sintomas adquirem o seu sentido definido.

A afonia de Dora se produz durante as ausências do Sr. K., e Freud a explica de uma forma muito bela — ela não tem mais necessidade de falar uma vez que ele já não está ali, basta apenas escrever. Isso o deixa apesar de tudo um pouco perplexo. Se ela se cala assim, é na realidade porque o modo de objetivação não está estabelecido em nenhuma outra parte. A afonia sobrevém porque Dora é deixada diretamente em presença da Sra. K. Tudo o que ela pôde entender das relações desta com seu pai gira em torno da felação, e aí está algo de infinitamente mais significativo para compreender a intervenção de sintomas orais.

A identificação de Dora com o Sr. K. é o que faz manter essa situação, até o momento da descompensação neurótica. Se ela se queixa dessa situação, isso ainda faz parte da situação, pois é na medida em que está identificada com o Sr. K. que ela se queixa.

Que diz Dora através de sua neurose? Que diz a histérica-mulher? Sua questão é a seguinte: *O que é ser uma mulher?*

Há assim um aprofundamento na dialética do imaginário e do simbólico no complexo de Édipo.

O que caracteriza, com efeito, a apreensão freudiana dos fenômenos é que ela mostra sempre os planos da estrutura do sintoma, apesar do movimento de entusiasmo dos psicanalistas pelos fenômenos imaginários remexidos na experiência analítica.

A propósito do complexo de Édipo, as boas vontades não faltaram para sublinhar analogias e simetrias no caminho que têm de seguir o menino e a menina — e o próprio Freud indicou muitos dos traços comuns. Entretanto, jamais cessou de insistir na dissimetria essencial do Édipo num e noutro sexo.

A que se prende essa dissimetria? À relação de amor primário com a mãe, vocês me dirão, mas Freud estava longe de estar aí na época em que começava a ordenar os fatos que constatava na experiência. Ele evoca, entre outros, o elemento anatômico, que faz com que para a mulher os dois sexos sejam idênticos. Mas está aí bem esquematicamente a razão da dissimetria?

Os estudos pormenorizados que Freud faz sobre esse assunto são densíssimos. Nomearei alguns deles — *Algumas consequências psíquicas da distinção anatômica entre os sexos, Sexualidade feminina, A dissolução do complexo de Édipo.* O que eles fazem aparecer? — se não isto: que a razão da dissimetria se situa essencialmente ao nível simbólico, que ela depende do significante.

Não há, propriamente, diremos nós, simbolização do sexo da mulher como tal. Em todo o caso, a simbolização não é a mesma, não tem a mesma fonte, não tem o mesmo modo de acesso que a simbolização do sexo do homem. E isso, porque o imaginário fornece apenas uma ausência, ali onde alhures há um símbolo muito prevalente.

É a prevalência da *Gestalt* fálica que, na realização do complexo edípico, força a mulher a tomar emprestado um desvio através da identificação com o pai, e portanto a seguir durante um tempo os mesmos caminhos que o menino. O acesso da mulher ao complexo edípico, sua identificação imaginária, se faz passando pelo pai, exatamente como no menino, em virtude da prevalência da forma imaginária do falo, mas na medida em que esta é ela própria tomada como o elemento simbólico central do Édipo.

Se, tanto para a menina como para o menino, o complexo de castração assume um valor-pivô na realização do Édipo, é muito precisamente em função do pai, porque o falo é um símbolo do qual não há correspondente, equivalente. É de uma dissimetria no significante que se trata. Essa dissimetria significante determina as vias por onde passará o complexo de Édipo. As duas vias fazem eles passarem na mesma vereda — a vereda da castração.

A experiência do Édipo atesta a predominância do significante nas vias de acesso da realização subjetiva, pois a assunção pela menina de sua situação não seria de modo algum impensável no plano imaginário. Todos os elementos estão aí para que a menina tenha uma experiência da posição feminina que seja direta, e simétrica à realização da posição masculina. Não haveria obstáculo algum se essa realização tivesse de se cumprir na ordem da experiência vivida, da simpatia do ego, das sensações. E no entanto a experiência mostra uma diferença surpreendente — um dos sexos é forçado a tomar a imagem do outro sexo por base de sua identificação. Que as coisas sejam assim não pode ser considerado como uma pura extravagância da natureza. O fato não pode ser interpretado senão na perspectiva em que é a ordenação simbólica que tudo regula.

Ali onde não há material simbólico, há obstáculo, falha, na realização da identificação essencial à realização da sexualidade do sujeito. Essa falha provém do fato de que, num ponto, o simbólico está falto de material — pois lhe é preciso algum. O sexo feminino tem uma característica de ausência, de vazio, de buraco, que faz com que aconteça ser menos desejável que o sexo masculino no que ele tem de provocante, e com que uma dissimetria essencial apareça. Se tudo devesse ser discernido na ordem de uma dialética das pulsões, não se veria por que um tal desvio, uma tal anomalia seria requerida.

Essa observação está longe de nos bastar quanto à questão que está em jogo, a saber: a função do eu nos histéricos macho e fêmea. A questão não está simplesmente ligada ao material, ao armazém-acessório do significante, mas à relação do sujeito com o significante em seu conjunto, com aquilo a que pode corresponder o significante.

Se falei ontem à noite de seres de linguagem, era para surpreender meu auditório. Os seres de linguagem não são seres organizados, mas que eles sejam seres, que imprimam suas formas no homem, não resta dúvida. Minha comparação com os fósseis era portanto, até um certo ponto, totalmente indicada. Contudo é certo que eles não têm nem por isso uma existência substancial em si.

2

Consideremos o paradoxo que resulta de certos entrecruzamentos funcionais entre os dois planos do simbólico e do imaginário.

Por um lado, parece que o simbólico seja o que nos entrega todo o sistema do mundo. É porque o homem tem palavras que ele conhece as coisas. E o número das coisas que ele conhece corresponde ao número das coisas que ele pode nomear. Não há de que duvidar. Por outro lado, não é duvidoso tampouco que a relação imaginária está ligada à etologia, à psicologia animal. A relação sexual implica a captura pela imagem do outro. Em outros termos, um dos domínios aparece aberto à neutralidade da ordem do conhecimento humano, o outro parece ser o próprio domínio da erotização do objeto. É isso que, à primeira vista, se manifesta para nós.

Ora, a realização da posição sexual no ser humano está ligada, nos diz Freud — e nos diz a experiência — à prova da travessia de uma relação fundamentalmente simbolizada, a do Édipo, que comporta uma posição que aliena o sujeito, isto é, o faz desejar o objeto de um outro, e possuí-lo por procuração de um outro. Encontramo-nos portanto aí numa posição estruturada na própria duplicidade do significante e do significado. É na medida em que a função do homem e da mulher é simbolizada, é na medida em que ela é literalmente arrancada ao domínio do imaginário para ser situada no domínio do simbólico, que se realiza toda posição sexual normal, consumada. É pela simbolização a que é submetida, como uma exigência essencial, a realização genital — que o homem se viriliza, que a mulher aceita verdadeiramente sua função feminina.

Inversamente, coisa não menos paradoxal, é na ordem do imaginário que se situa a relação de identificação a partir da qual o objeto se realiza como objeto de concorrência. O domínio do conhecimento é fundamentalmente inserido na primitiva dialética paranoica da identificação com o semelhante. É daí que parte a primeira abertura de identificação com o outro, a saber: um objeto. Um objeto se isola, se neutraliza, e como tal se erotiza particularmente. É o que faz entrar, no campo do desejo humano, infinitamente mais objetos materiais do que os que entram na experiência animal.

Nesse cruzamento recíproco do imaginário e do simbólico, reside a fonte da função essencial desempenhada pelo eu na estruturação da neurose.

Quando Dora se vê interrogar a si mesma sobre *o que é uma mulher?*, ela tenta simbolizar o órgão feminino como tal. Sua identificação com o homem, portador de pênis, é para ela, nessa ocasião, um meio de aproximar-se dessa definição que lhe escapa. O pênis lhe serve literalmente de instrumento imaginário para apreender o que ela não consegue simbolizar.

Se há muito mais histéricos-mulheres que histéricos-homens — é um fato de experiência clínica —, é porque o caminho da realização simbólica da mulher é mais complicado. Tornar-se uma mulher e interrogar-se sobre o que é uma mulher são duas coisas essencialmente diferentes. Eu direi mesmo mais — é porque não nos tornamos assim que nos interrogamos, e até certo ponto, interrogar-se é o contrário de tornar-se. A metafísica de sua posição é o subterfúgio imposto à realização subjetiva na mulher. Sua posição é essencialmente problemática, e até um certo ponto inassimilável. Mas, uma vez que a mulher é introduzida na histeria, é preciso dizer também que sua posição apresenta uma estabilidade particular, em virtude de sua simplicidade estrutural — quanto mais simples é uma estrutura, menos ela revela pontos de ruptura. Quando sua questão adquire forma sob o aspecto da histeria, é facílimo para a mulher colocá-la pela via mais curta, a saber: a da identificação com o pai.

Na histeria masculina, a situação é seguramente muito mais complexa. Na medida em que no homem a realização edípica é melhor estruturada, a questão histérica tem menos chances de ser posta. Mas se ela se coloca, qual será ela? Há aqui a mesma dissimetria que no Édipo — o histérico, homem e mulher, se põe a mesma questão. A questão do histérico macho concerne também à posição feminina.

A questão do sujeito que evoquei na última vez girava em torno da fantasia da gravidez. Isso basta para esgotar a questão? Sabe-se desde há muito que o espedaçamento anatômico, enquanto fantasmático, é um fenômeno histérico. Essa anatomia fantasmática tem um caráter estrutural — não se produz uma paralisia, nem uma anestesia segundo as vias e a topografia das ramificações nervosas. Nada na anatomia nervosa recobre, seja o que for, do que é produzido nos sintomas histéricos. É sempre de uma anatomia imaginária que se trata.

Podemos agora precisar o fator comum à posição feminina e à questão masculina na histeria? — fator que se situa sem dúvida no nível simbólico, mas sem talvez a ele se reduzir inteiramente. Trata-se da questão da procriação. Tanto a paternidade como a maternidade têm uma essência problemática — são termos que não se situam pura e simplesmente no nível da experiência.

Eu conversava recentemente com um de meus alunos sobre problemas, de há muito levantados, a propósito da prática da *couvade*, e ele me lembrava os esclarecimentos que os etnógrafos puderam trazer recentemente sobre esse problema. Fatos de experiência obtidos a partir de uma investigação levada a cabo, porque é aí que isso aparece claramente, em tal tribo da América Central, permitem efetivamente resolver de pronto certas questões que se colocam quanto à significação do fenômeno. O que agora se vê nesse ponto é um questionamento da função do pai, e do que ele traz na criação do novo indivíduo. A *couvade* situa-se no nível de uma questão concernente à procriação masculina.

Nessa via, a elaboração seguinte não lhes parecerá talvez forçada.

O simbólico dá uma forma na qual se insere o sujeito no nível de seu ser. É a partir do significante que o sujeito se reconhece como sendo isto ou aquilo. A cadeia dos significantes tem um valor explicativo fundamental, e a própria noção de casualidade não é outra coisa.

Há, contudo, uma coisa que escapa à trama simbólica, é a procriação em sua raiz essencial — que um ser nasça de um outro. A questão de saber o que liga dois seres no aparecimento da vida não se põe para o sujeito senão a partir do momento em que esteja no simbólico, realizado como homem ou como mulher, e mesmo que um acidente o impeça de ter acesso a isso. Isso pode ocorrer também em virtude dos acidentes biográficos de cada um.

Nada explica tampouco que seja preciso que seres morram para que outros nasçam. Há uma relação essencial entre a reprodução sexuada e a aparição da morte, dizem os biólogos, e se for verdade, isso mostra que também eles giram em torno da mesma questão. A questão de saber o que liga dois seres no aparecimento da vida não se põe para o sujeito senão a partir de quando ele está no simbólico, realizado como homem ou como mulher, mas na medida em que um acidente o impeça de aceder até aí. Isso pode ocorrer outrossim em virtude dos acidentes biográficos de cada um.

São as mesmas questões que Freud coloca no plano de fundo do *Além do princípio de prazer*. Do mesmo modo que a vida se reproduz, ela é forçada a repetir o mesmo ciclo, para ir ter com o fim comum da morte. É para Freud o reflexo de sua experiência. Cada neurose reproduz um ciclo particular na ordem do significante, no fundo da questão que a relação do homem com o significante como tal coloca.

Há, com efeito, algo de radicalmente inassimilável ao significante. É, simplesmente, a existência singular do sujeito. Por que será que ele está ali? De onde ele sai? Que está fazendo ali? Por que vai desaparecer? O significante é incapaz de dar-lhe a resposta, pela simples razão de que ele o coloca justamente além da morte. O significante o considera já como morto, ele o imortaliza por essência.

Como tal, a questão da morte é um outro modo da criação neurótica da questão, seu modo obsessivo. Indiquei isso ontem à noite, e deixo-o de lado hoje, porque tratamos este ano das psicoses e não das neuroses obsessivas. As considerações de estrutura que lhes proponho são ainda prelúdios ao problema posto pelo psicótico. Se eu me interesso especialmente pela questão posta na histeria, é que se trata justamente de saber em que se distingue dela o mecanismo da psicose, principalmente o do presidente Schreber, em que se projeta também a questão da procriação, da procriação feminina bem particularmente.

3

Gostaria de terminar indicando-lhes os textos de Freud que justificam o que lhes disse ontem à noite.

O meu trabalho é compreender o que fez Freud. Por conseguinte, interpretar mesmo o implícito em Freud é, a meus olhos, legítimo. Isso é para dizer a vocês que não é a fim de recuar diante de minhas responsabilidades que lhes peço reportarem-se ao que certos textos articularam potentemente.

Reportemo-nos a esses anos, em torno de 1896, onde o próprio Freud nos diz que ele montou sua doutrina — ele deixou passar muito tempo antes de divulgar o que tinha a dizer. Ele marca bem o tempo de latência, sempre de três ou quatro anos, que houve entre o momento em que ele compôs suas obras principais e aquele em que as fez circular. A *Traumdeutung* foi escrita três ou quatro anos antes de sua publicação. Da mesma forma, a *Psicopatologia da vida quotidiana*, e o caso de Dora.

Constatamos que a estruturação dupla, que é a do significante e do significado, não aparece mais tarde. Desde a carta 46 por exemplo, Freud nos diz que ele começa a ver surgir em sua experiência, e a poder construir as etapas do desenvolvimento do sujeito, assim como a pôr isso em relação com a existência do inconsciente e seus mecanismos. É surpreendente vê-lo empregar o termo *Ubersetzung* para designar tal etapa das experiências do sujeito enquanto ela é ou não traduzida. *Traduzida*, o que isso quer dizer? Trata-se do que se passa a níveis definidos pelas idades do sujeito — de um a quatro anos, depois de quatro a oito anos, depois o período pré-pubertário, enfim o período de maturidade.

É interessante destacar a ênfase que Freud dá ao significante. A *Bedeutung* não pode ser traduzida como especificando o significante em relação ao significado. Do mesmo modo, na carta 52, já uma vez fiz notar que ele disse isto: *Eu trabalho com a suposição de que nosso mecanismo psíquico nasceu de conformidade com a estratificação, por uma ordenação dentro da qual, de vez em quando, o material que se tem sob a mão sofre um remanejamento de conformidade com novas relações e uma reviravolta na inscrição, uma reinscrição.* O que é essencialmente novo na teoria é a afirmação de que a memória não é simples, que ela é plural, múltipla, registrada sob diversas formas.

Eu os faço observar o parentesco do que é dito ali com o esquema que lhes comentei outro dia. Freud sublinha que essas diferentes etapas são caracterizadas pela pluralidade das inscrições mnésicas.

Há, de saída, a *Wahrnehmung*, a percepção. É uma posição primeira, primordial, que permanece hipotética, já que, de algum modo, nada disso vem à tona no sujeito. Há em seguida a *Bewusstsein*, a consciência.

Consciência e memória se excluem como tais. É um ponto sobre o qual Freud jamais variou. Pareceu-lhe sempre que a memória pura, enquanto inscrição, e aquisição pelo sujeito de uma nova possibilidade de reagir, devia permanecer completamente imanente ao mecanismo, e não fazer intervir nenhuma apreensão do sujeito por si mesmo.

A etapa *Wahrnehmung* aí está para marcar que é preciso supor alguma coisa de simples na origem da memória, concebida como feita por uma pluralidade de registros. A primeira registração das percepções, inacessíveis à consciência, ela também é ordenada por associações de simultaneidade. Temos aí a exigência original de uma primitiva instauração de simultaneidade.

É o que lhes mostrei no ano passado nos exercícios demonstrativos concernentes ao símbolo. As coisas tornavam-se interessantes, lembrem-se, a partir do momento em que estabelecemos a estrutura dos grupos de três. Colocar grupos de três juntos é, com efeito, instaurá-las na simultaneidade. O nascimento do significante é a simultaneidade, e também sua existência é uma coexistência sincrônica. Saussure insiste muito nesse ponto.

A *Bewusstsein* é da ordem de lembranças conceituais. A noção de relação causal aparece ali pela primeira vez enquanto tal. É o momento em que o significante, uma vez constituído, se ordena secundariamente por alguma outra coisa, que é a aparição do significado.

Só em seguida é que intervém a *Vorbewusstsein*, terceiro modo de remanejamento. É a partir desse pré-consciente que os investimentos serão tornados conscientes, segundo certas regras precisas. Essa segunda consciência do pensamento está verossimilmente ligada à experiência alucinatória das representações verbais, a emissão dos vocábulos. O exemplo mais radical disso é a alucinação verbal, ligada ao mecanismo paranoico pelo qual nós auditivizamos a representação dos vocábulos. É a isso que está ligada a aparição da consciência, que, de outro modo, seria sempre sem nenhum vínculo com a memória.

Em tudo o que se segue, Freud manifesta que o fenômeno da *Verdrängung* consiste na queda de alguma coisa que é da ordem da expressão significante, no momento da passagem de uma etapa de desenvolvimento a uma outra. O significante registrado em uma dessas etapas não transpõe a seguinte, com o modo de reclassificação só-depois que exige toda fase nova de organização significante-significação em que entra o sujeito.

Eis a partir do que é preciso explicar a existência do recalcado. A noção de inscrição num significante que domina o registro é essencial à teoria da memória, na medida em que ela está na base da primeira investigação por Freud do fenômeno do inconsciente.

21 de março de 1956

XIV

O SIGNIFICANTE, COMO TAL, NÃO SIGNIFICA NADA

A noção de estrutura.
A subjetividade no real.
Como situar o início do delírio.
Os entre-eu.

Ad usum autem orationis, incredibile est, nisi diligenter attenderis, quanta opera machinata natura sit.

Quantas maravilhas encerra a função da linguagem se vocês quiserem ficar diligentemente atentos a ela — vocês sabem que é aquilo por que nos esforçamos aqui. Vocês não se espantarão portanto por eu lhes dar essa frase de Cícero como epígrafe, já que é sobre esse tema que vamos, este trimestre, retomar o estudo das estruturas freudianas das psicoses.

Trata-se, com efeito, do que Freud deixou com referência às estruturas das psicoses, e é por isso que as qualificamos de freudianas.

1

A noção de estrutura merece por si mesma que nela nos detenhamos. Tal como a fazemos funcionar eficazmente na análise, ela implica um certo número de coordenadas, e a própria noção de coordenada dela faz parte. A estrutura é em primeiro lugar um grupo de elementos formando um conjunto covariante.

Eu disse um *conjunto*, e não uma *totalidade*. Com efeito, a noção de estrutura é analítica. A estrutura se estabelece sempre pela referência de algo que é coerente com algo diverso, que lhe é complementar. Mas a noção de totalidade só intervém se lidamos com uma relação fechada com um correspondente, de que a estrutura é solidária. Pode haver, ao contrário, uma relação aberta, que chamaremos suplementaridade. O ideal sempre pareceu, àqueles que avançaram numa análise estrutural, ser o de encontrar o que ligava as duas, a fechada e a aberta, o de descobrir do lado da abertura uma circularidade.

Penso que vocês já estão bastante orientados para compreender que a noção de estrutura já é por si própria uma manifestação do significante. O pouco que acabo de indicar-lhes sobre sua dinâmica, sobre o que ela implica, dirige vocês em direção à noção de significante. Interessar-se pela estrutura é não poder negligenciar o significante. Na análise estrutural, encontramos, como na análise da relação entre significante e significado, relações de grupos fundadas em conjuntos, abertos ou fechados, mas comportando essencialmente referências recíprocas. Na análise da relação entre significante e significado, aprendemos a insistir na sincronia e na diacronia, e isso se acha na análise estrutural. No fim de contas, ao olhá-las de perto, a noção de estrutura e a do significante aparecem inseparáveis. De fato, quando analisamos uma estrutura, é sempre, pelo menos idealmente, do significante que se trata. O que melhor nos satisfaz numa análise estrutural é a extração tão radical quanto possível do significante.

Nós nos situamos em um campo distinto do das ciências naturais, e do qual vocês sabem que não é tudo chamá-lo o das ciências humanas. Como fazer a demarcação? Em que medida devemos nos aproximar dos ideais da ciência da natureza, entendendo-as tal como se desenvolvem para nós, ou seja, a física com a qual lidamos? Em que medida não podemos não nos distinguir dela? Pois bem, é em relação a essas definições do significante e da estrutura que pode ser traçada a fronteira que convém.

Na física, nós nos impusemos como lei partir desta ideia de que, na natureza, ninguém se serve do significante para significar. É o que distingue nossa física de uma física mística, e mesmo da física antiga, que nada tinha de mística mas que não se impunha estritamente essa exigência. Para nós, tornou-se a lei fundamental, exigível a todo enunciado da ordem das ciências naturais, a de que não há ninguém que se sirva do significante.

Ele está no entanto bem ali, na natureza, o significante, e se não fosse o significante que procurássemos lá, não encontraríamos ali absolutamente nada. Extrair uma lei natural é extrair uma fórmula insignificante. Menos ela significa alguma coisa, mais contentes ficamos. Por isso é que ficamos perfeitamente contentes com o coroamento da física einsteiniana. Vocês estarão errados em crer que as pequenas fórmulas de Einstein que põem em relação a massa de inércia com uma constante e alguns expoentes tenham a menor significação. É um puro significante. E é por essa razão que, graças a ele, temos o mundo no oco da mão.

A noção de que o significante significa algo, de que há alguém que se serve desse significante para significar algo, chama-se *Signatura rerum*. É o título de uma obra de Jacó Boêmio. Isso queria dizer que, nos fenômenos naturais, o nomeado Deus ali está para nos falar sua língua.

Mas nem por isso se deve crer que nossa física implique a redução de toda significação. No limite há uma, mas sem ninguém para significá-la. No interior da física, a existência tão somente de um sistema significante implica pelo menos esta significação, que haja uma, a de *Umwelt*. A física implica a conjunção minimal destes dois significantes seguintes: *o um* e *o todo* — que todas coisas são uma, ou que o um é todas as coisas.

Esses significantes da ciência, por mais reduzidos que sejam, vocês estariam errados em crer que eles são dados, e que um empirismo qualquer permita isolá-los. Nenhuma teoria empírica é suscetível de explicar a simples existência dos primeiros números inteiros. Mesmo que o Sr. Jung se tenha esforçado para nos convencer do contrário, a história, a observação, a etnografia, mostram-nos que, a um certo nível de uso do significante, numa tal cultura, comunidade ou povoado, é uma conquista aceder ao número 5 por exemplo. Pode-se muito bem distinguir, do lado do Orenoco, entre a tribo que aprendeu a significar o número 4, sem ir além dele, e aquela para a qual o número 5 abre possibilidades surpreendentes, aliás coerentes com o conjunto do sistema significante onde ela se insere.

Isso não é um dito espirituoso. Deve ser tomado ao pé da letra. O efeito fulgurante do número 3 quando ele chegou a tal tribo da Amazônia foi notado por pessoas que sabiam o que diziam. O enunciado das séries de números inteiros não é evidente. É inteiramente concebível, e a experiência mostra que a coisa é assim, que além de um certo limite numa série as coisas se confundem e que não se vê mais do que a confusão da multidão. A experiência mostra igualmente que, o número 1 não exigindo sua eficácia máxima senão de um retorno, não é dele que, na aquisição do significante, podemos destacar com o dedo a origem.

Essas considerações parecem contradizer as observações que lhes fiz sobre isso, que todo sistema de linguagem comporta, abrange, a totalidade das significações possíveis. Não é nada assim, pois isso não quer dizer que todo sistema de linguagem esgota as possibilidades do significante. É completamente diferente. A prova disso é que, por exemplo, a linguagem de uma tribo australiana pode exprimir tal número pela lua crescente.

Essas observações podem parecer-lhes vir de longe. Elas são contudo essenciais para retomar do início o nosso intento deste ano. Nosso ponto de partida, o ponto a que voltamos sempre, pois estaremos sempre no ponto de partida, é que todo verdadeiro significante é, enquanto tal, um significante que não significa nada.

2

A experiência o prova — quanto mais o significante nada significa, mais indestrutível ele é.

Eles enveredam por uma direção insensata, aqueles que gracejam com o que se pode chamar o poder das palavras, demonstrando, o que é sempre fácil, as contradições em que se cai com o jogo de tal conceito, aqueles que zombam do nominalismo, como se diz, em tal filosofia.

É certamente fácil criticar o que pode ter de arbitrário ou de fugidio no uso de uma noção como a de sociedade, por exemplo. Não faz tanto tempo assim que se inventou o vocábulo, e é possível divertir-se vendo a que impasse concreto conduz, no real, a noção da sociedade como responsável pelo que acontece ao indivíduo, cuja exigência finalmente se traduziu pelas construções socialistas. Há, com efeito, alguma coisa de radicalmente arbitrário no surgimento da noção de sociedade — não digo de cidade. Pensem que no nosso amigo Cícero, e na mesma obra, a nação é somente, se posso assim dizer, a deusa da população — ela preside aos nascimentos. De fato, a ideia moderna de nação não está nem mesmo no horizonte do pensamento antigo, e não é simplesmente a casualidade de um vocábulo que nos demonstra isso.

Todas essas coisas não são evidentes. Lícito é concluir daí que a noção de sociedade pode ser posta em dúvida. Mas é precisamente na própria medida em que podemos pô-la em dúvida que ela é um significante verdadeiro. É também por essa razão que ela entrou na nossa realidade social como uma roda de proa, como a relha de um arado.

Quando se fala do subjetivo, e mesmo quando aqui o colocamos em questão, sempre permanece a miragem no espírito de que o subjetivo se opõe ao objetivo, de que ele está do lado daquele que fala, e se encontra por esse fato mesmo do lado das ilusões — quer ele deforme o objetivo, quer o contenha. A dimensão até o presente elidida na compreensão do freudismo é a de que o subjetivo não está do lado daquele que fala. É algo que reencontramos no real.

Sem dúvida o real de que se trata não deve ser tomado no sentido em que o compreendemos habitualmente, implicando a objetividade, confusão que sem parar se faz nos escritos analíticos. O subjetivo aparece no real na medida que supõe que temos à nossa frente um sujeito capaz de se servir do significante, do jogo do significante. E capaz de servir-se dele como nós nos servimos — não para significar algo, mas precisamente para enganar sobre o que se tem de significar. É utilizar o fato de que o significante é outra coisa que a significação, por apresentar um significante que engana. Isso é tão essencial que é, a rigor, o primeiro encaminhamento da física moderna. A discussão cartesiana do Deus enganador é o passo impossível de evitar em todo fundamento de uma física no sentido em que entendemos esse termo.

O subjetivo é para nós o que distingue o campo da ciência em que se baseia a psicanálise, do conjunto do campo da física. É a instância da subjetividade como presente no real que é o motor essencial que faz com que digamos algo de novo quando distinguimos por exemplo essas séries de fenômenos de aparência natural, que chamamos neuroses ou psicoses.

São as psicoses uma série de fenômenos naturais? Entram elas num campo de explicação natural? Chamo *natural* o campo da ciência em que não há ninguém que se sirva do significante para significar.

Essas definições, peço-lhes encarecidamente retê-las, porque não as dou para vocês senão após ter tido o cuidado de decantá-las.

Eu as creio apropriadas, em particular, a trazerem a maior clareza quanto ao sujeito das causas finais. A ideia de causa final repugna à ciência tal como está ela atualmente constituída, mas esta se utiliza incessantemente de uma maneira camuflada, na noção de retorno ao equilíbrio por exemplo. Se entendemos simplesmente por *causa final* uma causa que age por antecipação, que tende para alguma coisa que está adiante, ela não pode absolutamente ser eliminada do pensamento científico, e há causa final nas fórmulas einsteinianas tanto quanto em Aristóteles. A diferença é bem precisamente esta — esse significante, não há ninguém que o empregue para significar o que quer que seja — só tem o seguinte: há um universo.

Lia no Sr. [...] que ele se maravilhava com a existência do elemento água — como são bem percebidos os cuidados que o Criador tomou no tocante à ordem e ao nosso prazer, pois se a água não fosse elemento ao mesmo tempo maravilhosamente fluido, pesado e sólido, não veríamos os barquinhos navegarem tão lindamente no mar. Isso está escrito, e estaríamos errados em crer que o autor fosse um imbecil. Somente que ele estava ainda na atmosfera de um tempo em que a natureza era feita para falar. Isso nos escapa em virtude de uma certa purificação sobrevinda em nossas exigências causais. Mas essas pretensas ingenuidades eram naturais a pessoas para quem tudo o que se apresentava com uma natureza significante era feito para significar alguma coisa.

Atualmente estão se entregando a uma curiosíssima operação, que consiste em sair de certas dificuldades apresentadas por domínios limítrofes, em que é preciso fazer entrar a questão do uso do significante como tal, por meio precisamente da noção de comunicação, com a qual nos entretemos aqui de vez em quando. E se coloquei nesse número de revista, com a qual vocês todos estão um pouco familiarizados, o artigo de Tomkins, é para dar-lhes um exemplo da maneira ingênua de se servir da noção de comunicação, Vocês verão que é possível ir muito longe, e isso não deixou de ser feito.

Há pessoas capazes de dizer que, no interior do organismo, as diversas ordens de secreção interna trocam entre si mensagens, sob a forma por exemplo de hormônios que vêm avisar aos ovários que está tudo bem, ou, ao contrário, que isso claudica ligeiramente. Estaria aí um uso legítimo das noções de comunicação e de mensagem? Por que não? — se a mensagem é simplesmente da ordem do que se passa quando enviamos um raio, invisível ou não, numa célula fotoelétrica. Isso pode ir muito longe. Se, limpando o céu com a vassoura de um projetor, vemos aparecer algo no meio, isso pode ser considerado como a resposta do céu. A crítica se faz por si mesma. Porém, é ainda tomar as coisas de uma maneira muito fácil.

Quando se pode realmente falar em comunicação? Vocês vão me dizer que é evidente — é preciso uma resposta. Isso pode sustentar-se, é uma questão de definição. Diremos que há comunicação a partir do momento em que a resposta se registra? Mas o que é uma resposta? Só há uma forma de defini-la, é dizer que alguma coisa volta ao ponto de partida. E o esquema do *feedback*. Todo retorno de alguma coisa que, registrado em alguma parte, aciona por esse motivo uma operação de regulação, constitui uma resposta. E a comunicação começa aí, com a autorregulação.

Mas será que já estamos no nível do significante? Direi — não. Numa máquina termoelétrica mantida por um *feedback*, não há uso do significante. Por quê? O isolamento do significante como tal implica outra coisa, que se apresenta de início de maneira paradoxal, como toda distinção dialética. Há uso próprio do significante a partir do momento em que, ao nível do receptor, o que importa não é o efeito do conteúdo da mensagem, não é o acionamento no órgão de tal reação pelo fato de que o hormônio sobrevenha, mas isto — que no ponto de chegada da mensagem, a mensagem é registrada para posterior utilização.

Isso implica uma subjetividade? Olhemos de bem perto. Não é certo. O que é que distingue a existência do significante como tal, tal como venho mais uma vez tentar precisar-lhes a fórmula enquanto sistema correlativo de elementos que pegam seus lugares sincrônica e diacronicamente uns em relação aos outros?

Estou no mar, capitão de um pequeno navio. Vejo coisas que na noite se agitam, de uma forma que me leva a pensar que possivelmente se trata de um sinal. Como vou reagir? Se não sou ainda um ser humano, reajo por todas as espécies de manifestações, como se diz, modeladas, motoras e emocionais, satisfaço as descrições dos psicólogos, compreendo alguma coisa, enfim faço tudo o que eu lhes digo que é preciso saber não fazer. Se, em contrapartida, sou um ser humano, inscrevo em meu quadro de bordo — *Na hora tal, em tal grau de longitude e de latitude, percebemos isto e aquilo.*

É isso que é fundamental. Coloco minha responsabilidade ao abrigo. A distinção do significante está aí. Escrituro o sinal como tal. É o certificado de recepção que é o essencial da comunicação enquanto tal, não significativa, mas significante. Se vocês não articularem vigorosamente essa distinção, vocês recairão constantemente nas significações que podem somente mascarar-nos o móbil original do significante enquanto ele exerce sua função própria.

Retenhamos bem isso. Mesmo quando no interior de um organismo, vivo ou não, ocorrem transmissões que estão fundadas na efetividade do tudo ou nada, mesmo quando, em virtude da existência de um limiar por exemplo, há alguma coisa que não é até um certo nível, e depois, de repente, produz um certo efeito — retenham o exemplo dos hormônios —, não podemos ainda falar de comunicação, se na comunicação implicamos a originalidade da ordem do significante. Com efeito, não é na qualidade de tudo ou nada que alguma coisa é significante, é na medida em que algo que constitui um todo, o signo, está ali justamente para não significar nada. É aí que começa a ordem do significante enquanto ele se distingue da ordem da significação.

Se a psicanálise nos ensina alguma coisa, se a psicanálise constitui uma novidade, é justamente que o desenvolvimento do ser humano não é de maneira alguma diretamente dedutível da construção, das interferências, da composição das significações, isto é, dos instintos. O mundo humano, o mundo que conhecemos, no qual vivemos, no meio do qual nos orientamos, e sem o qual não podemos absolutamente nos orientar, não implica somente a existência das significações, mas a ordem do significante.

Se o complexo de Édipo não é a introdução do significante, peço que dele me seja dada uma concepção qualquer. Seu grau de elaboração não é tão essencial à normalização sexual senão porque introduz o funcionamento do significante como tal na conquista do dito homem ou mulher. Não é porque o complexo de Édipo é contemporâneo da dimensão, ou da tendência, genital, que se pode um só instante conceber que ele seja essencial a um mundo humano realizado, a um mundo que tenha sua estrutura de realidade humana.

Pensem nisso um instante — se há alguma coisa que não é com toda a certeza feita para introduzir a articulação e a diferenciação no mundo, é justamente a função genital. O que, em sua essência própria, vai à mais misteriosa das efusões, é justamente o que há de mais paradoxal em relação a qualquer estruturação real do mundo. Não é a dimensão instintiva que é operante na etapa a transpor do Édipo. A esse respeito, é, ao contrário, o material tão diverso que nos mostram as etapas pré-genitais que nos permite conceber, de modo mais fácil, como, por analogia de significação, o modo da matéria, para chamá-lo por seu nome, se liga ao que o homem tem imediatamente em seu campo. As trocas corporais, excrementícias, pré-genitais, são suficientes para estruturar um mundo de objetos, um mundo de realidade humana completa, isto é, onde haja subjetividades.

Não há outra definição científica da subjetividade senão a partir da possibilidade de manejar o significante com fins puramente significantes, e não significativos, isto é, não exprimindo nenhuma relação direta que seja da ordem do apetite.

As coisas são simples. Mas é preciso ainda que a ordem do significante, o sujeito a adquira, a conquiste, seja colocado em seu lugar numa relação de implicação que afeta seu ser, o que resulta na formação do que chamamos em nossa linguagem o superego. Não há necessidade de ir muito longe na literatura analítica para ver que o uso que é feito desse conceito convém perfeitamente à definição do significante, que é a de não significar nada, com o que ele é capaz de dar a todo momento significações diversas. O superego é o que nos coloca a questão de saber qual é a ordem de entrada, de introdução, de instância presente, do significante que é indispensável para que funcione um organismo humano, o qual tem de arranjar-se não só com o meio natural, mas com um universo significante.

Tornamos a encontrar aí a encruzilhada na qual eu os deixei da última vez, quando falava das neuroses. A que se prendem os sintomas? — senão à implicação do organismo humano em alguma coisa que é estruturada como uma linguagem, com o que tal elemento de seu funcionamento vai entrar em jogo como significante. Estive mais avançado neste assunto da última vez, tomando o exemplo da histeria. A histeria é uma questão centrada em torno de um significante que permanece enigmático quanto à sua significação. A questão da morte, a do nascimento, são, com efeito, as duas últimas que justamente não têm solução no significante. É o que dá aos neuróticos seu valor existencial.

As psicoses agora. O que querem elas dizer? Qual é a função das relações do sujeito com o significante nas psicoses? Já tentamos delinear isso várias vezes. Que sejamos assim forçados a abordar as coisas de uma forma sempre periférica deve ter sua razão de ser na própria questão. Somos por ora forçados a constatar isso. Há aí um obstáculo, uma resistência, que só nos livrará sua significação na medida em que tivermos conduzido as coisas bastante longe para nos darmos conta da razão por que isso é assim.

3

Reabordemos o problema com o propósito de avançar, como o fizemos de cada vez, mais um passo.

Vocês se lembram do esquema a que chegamos. Assinalei para vocês que devia haver alguma coisa que não se realizara, em certo momento, no domínio do significante, que tinha sido *verworfen.* O que constituiu assim o objeto de uma *Verwerfung* reaparece no real. Esse mecanismo é distinto de tudo o que conhecemos, por outro lado, da experiência, quanto as relações do imaginário, do simbólico e do real.

Freud articulou potentemente, e até no texto que trabalhamos sobre o presidente Schreber, a distinção radical que há entre convicção passional e convicção delirante. A primeira depende da projeção intencional, é, por exemplo, um ciúme em que fico ciumento no outro de meus próprios sentimentos, em que são minhas próprias pulsões de infidelidade que imputo ao outro. Tratando-se da segunda, Freud tem esta fórmula: o que foi rejeitado do interior reaparece pelo exterior, ou ainda, como se tenta expressá-lo numa linguagem amplificadora, que o que foi suprimido na ideia reaparece no real. E, então, o que é que isso quer dizer precisamente?

Na neurose também, vemos esse jogo da pulsão e suas consequências. Não há nessa fórmula algo que nos deixa a desejar, algo de confuso, de defeituoso, e mesmo de insensato? Todos os autores se limitam a essa fórmula, e quando eu a apresentei a vocês sob essa forma, não quis trazer nada de original. Penso encontrar entre vocês alguém que me ajudará a olhar de mais perto os trabalhos em que Katan tentou examinar de perto o mecanismo da neoformação psicótica. Vocês verão a que impasse extravagante ele chega, de onde ele só sai à custa de fórmulas contraditórias. Isso revela bem as dificuldades conceituais em que nos embrenhamos se confundirmos, por pouco que seja, a noção de realidade com a de objetividade, mesmo com a de significação, se passamos de uma realidade distinta da prova do real, de uma realidade ao sentimento do real.

Toda uma pretensão fenomenológica, que excede largamente o campo da psicanálise, e que aí reina apenas na medida em que ela reina igualmente alhures, está fundada na confusão do domínio da significância e do domínio da significação. Partindo de trabalhos que têm seu grande rigor como elaboração na função do significante, a fenomenologia pretensamente psicológica resvala no domínio da significação. É aí sua confusão fundamental. Ela a isso é conduzida como uma cadela na pista, e exatamente como a cadela, isso não a conduzirá jamais a nenhuma espécie de resultado científico.

Vocês conhecem a pretensa oposição do *Erklären* e do *Verstehen*. Nisso aí, devemos sustentar que só há estrutura científica ali onde há *Erklären*. O *Verstehen* é a abertura para todas as confusões. O *Erklären* não implica em absoluto significação mecânica, nem coisas dessa ordem. A natureza do *Erklären* é o recurso ao significante como fundamento único de toda estruturação científica concebível.

No caso Schreber, vemos no início um período de perturbação, de momento fecundo. Ele apresenta todo um conjunto sintomático que, na verdade, por ser em geral escamoteado, ou mais exatamente por nos ter escapado por entre os dedos, não pôde ser elucidado analiticamente, e, a maior parte do tempo, sempre será reconstruído. Ora, reconstruindo-o, podemos nele encontrar, faltando bem pouca coisa, toda a aparência das significações e dos mecanismos cujo jogo seguimos na neurose. Nada se parece tanto com uma sintomatologia neurótica quanto uma sintomatologia pré-psicótica. Uma vez formulado o diagnóstico, vão nos dizer então que o inconsciente se acha aí exposto de fora, que tudo o que é do *id* passou no mundo exterior, e que as significações em jogo são tão claras que não podemos precisamente intervir de maneira analítica.

É a posição clássica, e que conserva seu valor. O paradoxo que ela comporta não escapou a ninguém, mas as razões que são dadas para explicá-lo têm todo o aspecto de tautologia ou de contradição. São superestruturações de hipóteses inteiramente insensatas. Basta nos interessarmos pela literatura analítica como sintoma para percebermos isso.

Onde está a conexão? No fato de que o mundo do objeto seja atingido, capturado, induzido de alguma forma por uma significação em relação com as pulsões que caracterizam as psicoses? É a edificação do mundo exterior que distingue as psicoses? No entanto, se há realmente alguma coisa por que se poderia igualmente definir a neurose, é isso. A partir de que momento vamos decidir que o sujeito transpôs os limites, que ele está no delírio?

Tomemos o período pré-psicótico. O nosso presidente Schreber vive alguma coisa que é da natureza da perplexidade. Ele nos dá, em estado vivo, essa questão sobre a qual eu lhes dizia que está no fundo de toda forma neurótica. Está atormentado — nos indica isso a seguir

— com estranhos pressentimentos, é bruscamente invadido por essa imagem, aquela menos propícia, parece, para entrar no espírito de um homem de sua espécie e de seu estilo, segundo a qual deveria ser muito bonito ser uma mulher sendo copulada. É um período de confusão pânica. Como situar o limite entre esse momento de confusão e aquele em que seu delírio terminou por construir que ele era efetivamente uma mulher, e não qualquer uma, a mulher divina, ou mais exatamente a prometida de Deus? Estará aí algo que basta para situar a entrada na psicose? Certamente que não. Katan relata um caso que ele viu se pronunciar num período muito mais precoce que o de Schreber, e do qual ele pôde ter uma noção direta, tendo chegado no momento em que o caso virava. Trata-se de um rapaz na puberdade, cujo período pré-psicótico o autor analisa muito bem, dando-nos a noção que, naquele sujeito, nada ali é da ordem do acesso a algo que possa realizá-lo no tipo viril. Faltou tudo. E se ele tenta conquistar a tipificação da atitude viril, é por intermédio de uma imitação, de um atrelamento, na esteira de um de seus companheiros. Como este e nas suas passadas, ele se entrega às primeiras manobras sexuais da puberdade, a masturbação especialmente, ele renuncia a isso logo depois por injunção do dito companheiro, e passa a identificar-se a ele por uma série de exercícios denominados de conquista sobre si mesmo. E se comporta como se estivesse nas mãos de um pai severo, que é o caso de seu companheiro. Como ele, ele se interessa por uma menina, a qual, como por acaso, é a mesma por quem seu companheiro se interessa. E quando ele tiver ido bastante longe nessa identificação com o colega, a menina lhe cairá prontinha nos braços.

Aí se encontra manifestamente o mecanismo do *como se* que a Sra. Helena Deutsch avaliou como uma dimensão significativa da sintomatologia dos esquizofrênicos. É um mecanismo de compensação imaginária — verifiquem a utilidade da distinção dos três registros, — compensação imaginária do Édipo ausente, que lhe teria dado a virilidade sob a forma, não da imagem paterna, mas do significante, do *nome-do-pai.*

Quando a psicose eclode, o sujeito vai se comportar como antes, como homossexual inconsciente. Nenhuma significação emerge que seja basicamente diferente do período pré-psicótico. Todo o seu comportamento em relação ao amigo, que é o elemento piloto de sua tentativa de estruturação no momento da puberdade, vai se encontrar no seu delírio. A partir de que momento ele delira? A partir do momento em que ele diz que seu pai o persegue para matá-lo, para roubá-lo, para castrá-lo. Todos os conteúdos implicados nas significações neuróticas estão ali. Mas o ponto essencial, que não se põe em destaque, é que o delírio começa a partir do momento em que a iniciativa vem de um Outro, com um A maiúsculo, em que a iniciativa está fundada numa atividade subjetiva. *O Outro quer* isso, e ele quer sobretudo que se saiba disso, ele quer significar.

Desde que haja delírio, entramos a todo o pano no domínio de uma intersubjetividade, cujo problema todo é saber por que ela é fantasmática. Mas em nome da fantasia, onipresente na neurose, ligados que estamos à sua significação, esquecemos a sua estrutura, a saber: que se trata de significantes, de significantes como tais, manejados por um sujeito com fins significantes, tão puramente significantes que a significação permanece muito frequentemente problemática. O que tornamos a encontrar nessa sintomatologia implica sempre o que lhes indiquei no ano passado a propósito do sonho da injeção de Irma — a imisção dos sujeitos.

O próprio da dimensão intersubjetiva é que vocês têm no real um sujeito capaz de servir-se do significante como tal, isto é, não para informá-los, mas precisamente para iludi-los. Essa possibilidade é o que distingue a existência do significante. Mas isso não é tudo. Desde que haja sujeito e uso do significante, há uso possível do entre-eu, isto é, do sujeito interposto. Essa imisção dos sujeitos é um dos elementos mais manifestos do sonho da injeção de Irma. Lembrem-se só dos três doutores chamados um a um por Freud, que quer saber o que há na garganta de Irma. E essas três personagens burlescas operam, sustentam as teses, só diziam besteiras. São os entre-eu, que desempenham aí um papel essencial.

Eles estão à margem da interrogação de Freud, cuja preocupação maior é nesse momento a defesa. Numa carta a Fliess, ele escreve a esse respeito — *Eu estou bem no meio do que está fora da natureza.* A defesa é com efeito isso, na medida em que ela tem uma relação essencial com o significante, não com a prevalência da significação, mas com a idolatria do significante como tal. Isso é apenas uma indicação.

A imisção dos sujeitos, não é precisamente isso que nos aparece no delírio? Aí está um traço tão essencial a qualquer relação intersubjetiva que se pode dizer que não há língua que não comporte torneios gramaticais inteiramente especiais para indicá-lo.

Tomo um exemplo. É toda a diferença que há entre o *médico-chefe que fez operar esse doente pelo seu residente* e *o médico-chefe que devia operar esse doente, ele o fez operar por seu residente.* Vocês devem sentir bem que, embora isso redunde na mesma ação, isso quer dizer duas coisas completamente diferentes. É disso que se trata o tempo todo no delírio. *Fazem* eles *fazerem* isso. É aí que está o problema, em vez de podermos dizer com toda a simplicidade que o *id* está brutalmente presente, e reaparece no real.

Trata-se, no fundo da psicose, de um impasse, de uma perplexidade concernente ao significante. Tudo se passa como se o sujeito reagisse a isso com uma tentativa de restituição, de compensação. A crise está desencadeada fundamentalmente por alguma questão sem dúvida. O que é que...? Eu nada sei disso. Suponho que o sujeito reage à ausência do significante pela afirmação tanto mais reforçada por um outro que, como tal, é essencialmente enigmático. O Outro, com um A maiúsculo, eu lhes disse que ele estava excluído, enquanto detentor do significante. Por isso ele é tanto mais potentemente afirmado, entre ele e o sujeito, no nível do outro com minúscula, do imaginário. É aí que se passam todos os fenômenos de entre-eu que constituem o que é aparente na sintomatologia da psicose — ao nível do outro sujeito, daquele que, no delírio, tem a iniciativa, o professor Flechsig no caso de Schreber, ou o Deus de tal modo capaz de seduzir que põe em perigo a ordem do mundo, em razão da atração.

É ao nível do entre-eu, isto é, do outro com minúscula, do duplo do sujeito, que é ao mesmo tempo seu eu e não seu eu, que aparecem falas que são uma espécie de comentário corrente da existência. Vemos esse fenômeno no automatismo mental, mas ele é aqui bem mais acentuado, já que há um uso por assim dizer implicante do significante nas frases começadas, depois interrompidas. O nível do significante que é aquele da frase compreende um meio, um início e um fim, exige portanto um termo. É o que permite um jogo na espera, uma desaceleração que se produz ao nível imaginário do significante, como se o enigma, por falta de poder formular-se de maneira verdadeiramente aberta, ou talvez pela afirmação primordial da iniciativa do outro, desse sua solução mostrando que aquilo de que se trata é o significante.

Do mesmo modo que, no sonho da injeção de Irma, a fórmula em caracteres encorpados que aparece ao cabo está ali para mostrar a solução do que está na ponta do desejo de Freud — nada mais importante efetivamente do que uma fórmula de química orgânica — semelhantemente, encontramos no fenômeno do delírio, nos comentários e no zumbido dos discursos em estado puro, a indicação de que aquilo de que se trata é a questão do significante.

11 de abril de 1956

XV

Dos significantes primordiais, e da falta de um

Uma encruzilhada.
Significantes de base.
Um significante novo no real.
Aproximações do buraco.
A compensação identificatória.

A distinção sobre a qual insisto este ano, a do significante e do significado, se mostra particularmente justificada, pela consideração das psicoses. Gostaria hoje de fazer vocês sentirem isso.

1

Que procuramos nós, analistas, quando abordamos uma perturbação mental, quer ela se mostre de maneira patente ou esteja latente, quer ela se mascare ou se revele nos sintomas ou nos comportamentos? Procuramos sempre a significação. É isso que nos distingue. Contam com o analista para não se deixar enganar quanto à significação verdadeira. Quando ele revela o alcance que adquire para o sujeito um objeto qualquer, é sempre do registro da significação que se trata, de uma significação em que ele considera que algo do sujeito está interessado. É aqui onde quero detê-los, pois há aí uma encruzilhada.

O interesse, o desejo, a apetência, que prende o sujeito em uma significação, leva a investigar-lhe o tipo, o molde, a pré-formação, no registro das relações instintivas, onde esse sujeito aparece correlativo do objeto. Daí a construção da teoria dos instintos, fundações sobre as quais repousa a descoberta analítica. Há aí um mundo, direi quase um labirinto, relacional, que comporta tantas bifurcações, comunicações, voltas, que nos satisfazemos com isso — isto é, no fim de contas, que nos perdemos nelas. O fato é sensível em nosso manejo quotidiano dessas significações.

Tomemos como exemplo essa inclinação homossexual que é um componente essencial do drama do Édipo. Dizemos que a significação da relação homossexual tende a transparecer no Édipo invertido. No caso da neurose, dizemos a maior parte do tempo que o sujeito se defende contra essa inclinação mais ou menos latente nos seus comportamentos, e que tende sempre a aparecer. Falamos de defesa — há várias modalidades —, procuramos uma causa para ela, e definimos essa causa como sendo o temor da castração. Aliás, jamais nos faltam explicações — se aquela não agrada, encontramos-lhe uma outra.

Mas quer seja aquela ou uma outra, não é perceptível, como a menor prática da literatura analítica o mostra, que jamais se põe a questão da ordem de coerência que está em jogo?

Por que admitir que a orientação homossexual do investimento libidinal comporta logo de saída uma coerência causal para o sujeito? Em que será que a captura pela imago homossexual comporta, para o sujeito, que ele perca seu pênis? Que ordem de causalidade implica o que se chama o processo primário? Até onde admitir aí uma relação causal? Quais são os modos de causalidade que o sujeito apreende numa captura imaginária? Será que basta que nós a vejamos, essa relação imaginária — com todas as suas implicações elas mesmas construídas, pois que se trata do imaginário — para que ela se dê no sujeito? — quando a vemos de fora. Não digo que estejamos errados em pensar que o temor da castração, com todas as suas consequências, entra automaticamente em jogo num sujeito macho pego na captura passivante da relação homossexual. Digo que nós nunca nos colocamos a questão. E esta teria sem dúvida respostas diferentes segundo os diferentes casos. A coerência causal está aqui construída, por uma extrapolação abusiva das coisas do imaginário no real. Ali onde se trata do princípio do prazer, de resolução e de retorno ao equilíbrio, de exigência de desejo, deslizamos de forma toda natural ao fazer intervir o princípio de realidade — ou outra coisa.

Isso nos permite voltar à nossa encruzilhada. A relação do desejo é concebida à primeira vista como essencialmente imaginária. É a partir daí que nos embrenhamos no catálogo dos instintos, de suas equivalências e desembocaduras uns nos outros. Detenhamo-nos ao invés, para nos perguntar se são apenas as leis biológicas que tornam um certo número de significações instintivamente interessantes para o sujeito humano. Qual será, nesse ponto, a parte do que depende do significante?

De fato, o significante, com seu jogo e sua insistência próprios, intervém em todos os interesses do ser humano — por mais profundos, primitivos e elementares que nós os suponhamos.

Durante dias e lições, tentei por todos os meios fazer com que vocês entrevissem o que poderemos chamar provisoriamente a autonomia do significante, a saber: que há leis que lhe são próprias. Elas são sem dúvida extremamente difíceis de isolar, pois que esse significante, nós o colocamos sempre em jogo em algumas significações.

O que significa dizer o interesse da consideração linguística do problema. É impossível estudar como funciona esse fenômeno que se chama a linguagem, e que é o mais fundamental das relações inter-humanos, se não se faz, no início, a distinção do significante e do significado. O significante tem suas leis próprias, independentemente do significado. E o passo que peço que vocês deem nesse seminário é o de me seguir quando lhes digo que o sentido da descoberta analítica não é simplesmente o de ter achado significações, mas o de ter estado muito mais longe do que jamais se esteve em sua leitura, a saber, até o significante. Que se negligencie esse fato explica os impasses, as confusões, círculos e tautologias, que a investigação analítica encontra.

2

A força da descoberta analítica não está nas significações ditas libidinais ou instintivas relativas a toda uma série de comportamentos. Isso é verdade, há isso. Mas, no ser humano, as significações mais próximas da necessidade, as significações relativas à inserção mais animal no meio enquanto nutritivo e enquanto cativante, as significações primordiais, estão submetidas, em sua sequência e em sua própria instauração, às leis que são aquelas do significante.

Se lhes falei do dia e da noite, é para lhes fazer sentir que o dia, a própria noção do dia, a palavra dia, a noção da vinda do dia, é alguma coisa, propriamente falando, de inapreensível em alguma realidade. A oposição do dia e da noite é uma oposição significante, que ultrapassa infinitamente todas as significações que ela pode acabar por recobrir, e mesmo qualquer espécie de significação. Se tomei como exemplo o dia e a noite, é naturalmente porque nosso tema é o homem e a mulher. O significante-homem como o significante-mulher são coisas diferentes de uma atitude passiva e atitude ativa, atitude agressiva e atitude cedente, outra coisa que comportamentos. Há sem nenhuma dúvida um significante escondido aí atrás que, é claro, não é absolutamente em parte alguma encarnável, mas que está assim mesmo encarnado o mais justo possível na existência da palavra *homem* e da palavra *mulher*.

Se esses registros do ser estão em alguma parte, é, afinal de contas, nas palavras. Não é obrigatório que sejam vocábulos verbalizados. É possível que seja um sinal numa muralha, é possível que, para o dito primitivo, seja uma pintura ou uma pedra, mas está em outro lugar que não em tipos de comportamentos ou *patterns*.

Não é uma novidade. Quando dizemos que o complexo de Édipo é essencial para que o ser humano possa aceder a uma estrutura humanizada do real, isso não quer dizer outra coisa.

Tudo o que ocorre em nossa literatura, os princípios fundamentais sobre os quais nos acomodamos, o implicam — para que haja realidade, acesso suficiente à realidade, para que o sentimento da realidade seja um justo guia, para que a realidade não seja o que ela é na psicose, é preciso que o complexo de Édipo tenha sido vivido. Ora, não podemos articular esse complexo, sua cristalização triangular, suas diversas modalidades e consequências, sua crise terminal, dita declínio, sancionada pela introdução do sujeito em uma dimensão nova, a não ser na medida em que o sujeito é ao mesmo tempo ele próprio e os dois outros parceiros. É o que significa o termo identificação que empregamos a todo instante. Há portanto aí intersubjetividade, e organização dialética. Isso é impensável se o campo que localizamos com o nome de Édipo não tiver uma estrutura simbólica.

Não penso que essa análise possa ser posta em dúvida. O fato de que não seja geralmente aceita não muda nada. Basta que alguns a tenham como certa para que, por esse meio mesmo, seja posta a sua questão. O equilíbrio, a justa situação do sujeito humano na realidade depende de uma experiência puramente simbólica, em um de seus níveis pelo menos, de uma experiência que implica a conquista da relação simbólica como tal.

Refletindo sobre isso, teremos necessidade da psicanálise para sabê-lo? Não ficamos perplexos de que os filósofos não tenham destacado há muito tempo o fato de que a realidade humana é irredutivelmente estruturada como significante?

O dia e a noite, o homem e a mulher, a paz e a guerra — eu poderia ainda enumerar outras oposições que não se extraem do mundo real, mas lhe dão sua armação, seus eixos, sua estrutura, que o organizam, que fazem com que haja efetivamente para o homem uma realidade, e com que ele nela se reconheça. A noção da realidade, tal como a fazemos intervir na análise, supõe essa trama, essas nervuras de significantes. Isso não é novo. Está perpetuamente implicado no discurso analítico, mas jamais isolado como tal. Isso poderia não ter inconveniente, mas tem, por exemplo, no que se escreve sobre as psicoses.

Tratando-se das psicoses, invocam os mesmos mecanismos de atração, de repulsão, de conflito e de defesa que a respeito das neuroses, ainda que fenomenológica e psicopatologicamente distintos, para não dizer opostos. Contenta-se com os mesmos efeitos de significação. Aí está o erro. Daí a necessidade de nos determos na existência da estrutura do significante como tal, e, em resumo, tal como ele existe na psicose.

Retomo as coisas do ponto de partida, e digo o mínimo — pois que distinguimos significante e significado, devemos admitir a possibilidade de que a psicose não esteja somente na dependência do que manifesta, no nível das significações, sua proliferação, seu labirinto, no qual o sujeito estaria perdido, e mesmo preso a uma fixação, mas de que ela provém essencialmente de algo que se situa ao nível das relações do sujeito com o significante.

O significante deve ser concebido em primeiro lugar como distinto da significação. O que o distingue é o fato de ser em si mesmo sem significação própria. Tentem imaginar em consequência o que pode ser a aparição de um puro significante. Naturalmente, nem mesmo podemos imaginá-lo, por definição. E no entanto, já que nos colocamos questões de origem, é preciso ainda assim tentar se aproximar do que isso pode representar.

Que haja significantes de base sem os quais a ordem das significações humanas não poderia estabelecer-se, nossa experiência nos faz sentir com muita frequência. Não é também o que nos explicam todas as mitologias? *Pensamento mágico*, assim se exprime a babaquice científica moderna toda vez que ela se acha diante de algo que ultrapassa os cerebrozinhos encarquilhados daqueles para os quais parece que, a fim de entrar no domínio da cultura, a condição necessária é que nada os prenda a um desejo qualquer que os humanizasse. *Pensamento mágico*, esse termo lhes parece bastar para explicar que as pessoas que tinham todas as chances de ter as mesmas relações que nós ao nascerem tenham interpretado o dia, a noite, a terra e o céu como entidades que se conjugam e que copulem numa família baralhada por assassinatos, incestos, eclipses extraordinários, desaparecimentos, metamorfoses, mutilações, por um ou outro dos termos? Acreditam vocês que aquelas pessoas tomem essas coisas realmente ao pé da letra? É realmente colocá-los no mesmo nível do evolucionista dos dias atuais, que crê tudo explicar.

Creio que, no tocante ao que se deve à insuficiência do pensamento, nada temos a invejar aos Antigos.

Não fica claro, ao contrário, que essas mitologias visam à instalação, à posição em pé do homem no mundo? — e fazem-lhe saber quais são os significantes primordiais, como conceber suas relações e sua genealogia. Não é necessário aqui ir buscar a mitologia grega ou egípcia, pois que o Sr. Griaule veio explicar-lhes a mitologia da África. Tratava-se de uma placenta dividida em quatro, e um dos pedaços, arrancado antes dos outros, introduzia entre os quatro elementos primitivos a primeira dissimetria e a dialética, por que se explicam tanto a divisão dos campos quanto a maneira como as vestes são usadas, o que significam as vestes, a tecelagem, uma ou outra arte etc. É a genealogia dos significantes, na medida em que ela é essencial a um ser humano para se reconhecer aí dentro. Não são simplesmente estacas de orientação, nem moldes exteriores, estereotipados, aplicados às condutas, nem simplesmente *patterns*. Isso lhe permite uma livre circulação num mundo doravante ordenado. O homem moderno está talvez bem menos aquinhoado.

É graças a seus mitos que o primitivo se acha aí dentro da ordem das significâncias. Ele tem chaves para todas as espécies de situações extraordinárias. Se ele se coloca em oposição declarada a tudo, alguns significantes o suportam ainda, os quais, por exemplo, lhe dizem exatamente a forma de punição que sua saída comporta, a qual pôde produzir desordens. A regra lhe impõe seu ritmo fundamental. Quanto a nós, estamos reduzidos a permanecer muito medrosamente no conformismo, tememos nos tornar um pouquinho loucos logo que não digamos exatamente a mesma coisa que todo o mundo. É essa a situação do homem moderno.

Encarnemos o mínimo que seja essa presença do significante no real. A saída de um significante novo, com toda a repercussão que isso pode comportar até o mais íntimo das condutas e dos pensamentos, a aparição de um registro, como aquele de uma nova religião por exemplo, não é algo que possamos manipular facilmente, a experiência o prova. Há virada das significações, mudança do sentimento comum, relações socialmente condicionadas, mas há também todas as espécies de fenômenos ditos reveladores que podem parecer sob certa forma bastante perturbadora para que os termos de que nos servimos nas psicoses não sejam absolutamente impróprios. A aparição de uma nova estrutura nas relações entre os significantes de base, a criação de um novo termo na ordem do significante, têm um caráter devastador.

Isso não é problema nosso. Não temos a obrigação de nos interessar pela aparição de um significante, pois é um fenômeno que jamais encontramos profissionalmente. Em compensação, lidamos com sujeitos que vemos claramente, à evidência, algo que se desenrola ao nível da relação edípica, um núcleo irredutível. A questão suplementar que os convido a que se coloquem é esta: não é concebível, nos sujeitos imediatamente acessíveis que os psicóticos são, considerar as consequências da falta essencial de um significante?

Ainda aí, não digo nada de novo. Formulo simplesmente de maneira clara o que está implicado em nosso discurso quando falamos do complexo de Édipo. Uma neurose sem Édipo, isso não existe. Levantou-se essa questão, mas não é verdadeira. Numa psicose, admitimos perfeitamente que alguma coisa não funcionou, não se completou no Édipo essencialmente. Certo analista teve de estudar *in vivo* um caso de paranoia, homólogo, em determinados aspectos, ao caso do presidente Schreber. Ele diz coisas, no fim de contas, bem próximas das que lhes digo, só que manifestamente ele se enrola, porque não pode formulá-las como proponho a vocês de fazerem, dizendo a psicose consiste em um buraco, uma falta ao nível do significante.

Isso pode parecer-lhes impreciso, mas é suficiente, mesmo se não podemos dizer de imediato o que é esse significante. Vamos ao menos fazer-lhe o cerco por aproximação, a partir das significações conotadas em sua proximidade. Pode-se falar da aproximação de um buraco? Por que não? Nada há mais perigoso que a aproximação de um vazio.

3

Há uma outra forma de defesa que aquela que provoca uma tendência ou uma significação proibida. É a defesa que consiste em não se aproximar do lugar em que não há resposta à questão.

Fica-se mais tranquilo assim e, por fim de contas, é essa a característica das pessoas normais. *Não nos coloquemos questões* — ensinaram-nos, e é por isso que estamos aqui. Mas, enquanto psicanalistas, somos mesmo assim preparados para tentar esclarecer os infelizes que, eles sim, colocaram-se questões. Estamos certos de que os neuróticos se puseram uma questão. Os psicóticos, não é tão certo. A resposta lhes veio talvez antes da questão — é uma hipótese. Ou então a questão se pôs sozinha — não é impensável.

Não há questão para um sujeito sem que haja um outro a quem ele a tenha posto. Alguém me dizia recentemente, numa análise — *No fim de contas, eu nada tenho a perguntar a ninguém.* Era uma confissão triste. Eu lhe fiz observar que, em todo o caso, se ele tinha algo a pedir, forçosamente seria preciso que o pedisse a alguém. É a outra face da mesma questão. Se colocamos fortemente essa relação em nossa cabeça, não parecerá extravagante que eu diga que é tão possível que a questão se tenha posto primeiramente quanto que não tenha sido o sujeito que a tenha posto. Como lhes mostrei em minhas apresentações de casos, o que se passa na entrada de uma psicose é dessa ordem.

Lembrem-se daquele sujeito que evidentemente nos parecia, para nós, muito lúcido. Tenho em vista a maneira como ele tinha crescido e prosperado na existência, no meio da anarquia, nada além que um pouco mais evidente que nos outros, de sua situação familiar, ele se apegara a um amigo, que se tornara seu ponto de enraizamento na existência, e de repente algo tinha ocorrido, ele não era capaz de explicar o quê. Sacamos muito bem que isso dizia respeito ao aparecimento da filha de seu parceiro, e completamos dizendo que ele sentiu esse fato como incestuoso, daí a defesa.

Não somos muito exigentes quanto ao rigor de nossas articulações desde que aprendemos com Freud que o princípio de contradição não funciona no inconsciente — fórmula sugestiva e interessante, mas, se atentarmos bem, um pouco curta — quando uma coisa não funciona num sentido, ela é explicada pelo seu contrário. E é por isso que a análise explica admiravelmente as coisas. Esse rapazinho tinha compreendido muito menos que nós. Ele tropeçava ali diante de algo, e, faltando-lhe uma chave, ele tinha ido colocar-se durante três meses em seu leito, para se achar. Ele estava na perplexidade.

Um mínimo de sensibilidade que nosso ofício nos dá nos faz ver claramente algo que se encontra sempre no que se chama de a pré-psicose, a saber, o sentimento de que o sujeito chegou à beira do buraco. Isso deve ser tomado ao pé da letra. Não se trata de compreender o que se passa ali onde não estamos. Não se trata de fenomenologia. Trata-se de conceber, não de imaginar, o que se passa para um sujeito quando a questão lhe vem dali onde não há significante, quando é o buraco, a falta que se faz sentir como tal.

Repito isso para vocês, não se trata de fenomenologia. Não se trata de bancar os loucos — fazemos isso de modo bastante habitual, em nosso diálogo interno. Trata-se de determinar as consequências de uma situação assim determinada.

Nem todos os tamboretes têm quatro pés. Há os que ficam em pé com três. Contudo, não há como pensar que venha faltar mais um só senão a coisa vai mal. Pois bem, saibam que os pontos de apoio significantes que sustentam o mundinho dos homenzinhos solitários da multidão moderna são em número muito reduzido. É possível que de saída não haja no tamborete pés suficientes, mas que ele fique firme assim mesmo até certo momento, quando o sujeito, numa certa encruzilhada de sua história biográfica, é confrontado com esse defeito que existe desde sempre. Para designá-lo, contentamos-nos até o presente com o termo *Verwerfung*.

Isso pode acarretar mais de um conflito, mas não se trata essencialmente das constelações conflitivas que, na neurose, se explicam por uma descompensação significativa. Na psicose, é o significante que está em causa, e como o significante não é nunca solitário, como ele sempre forma alguma coisa de coerente — é a significância mesma do significante — a falta de um significante leva necessariamente o sujeito a reconsiderar o conjunto do significante.

Eis a chave fundamental do problema da entrada na psicose, da sucessão de suas etapas e de sua significação.

Os termos nos quais as questões são habitualmente postas implicam de fato o que estou lhes dizendo. Um Katan, por exemplo, formula que a alucinação é um modo de defesa como os outros. Ele percebe entretanto que há aí fenômenos bem avizinhados, mas que diferem — a certeza de significação sem conteúdo, que se pode chamar simplesmente a interpretação, difere com efeito da alucinação propriamente dita. Ele explica os dois por meio de mecanismos destinados a proteger o sujeito, e segundo um modo outro que aquele que está em ação nas neuroses. Nas neuroses, é a significação que por um tempo desaparece, eclipsada, e vai aninhar-se alhures, enquanto a realidade vai aguentar bem o rojão. Tais defesas não são suficientes no caso das psicoses, e é na realidade que aparece o que deve proteger o sujeito. Este situa fora o que pode suscitar nele a pulsão instintiva, contra a qual se trata de fazer frente.

É evidente que o termo realidade, tal qual é aqui utilizado, é inteiramente insuficiente. Por que não ousar dizer que o mecanismo para o qual se apela é o *id*? — pois que se considera que ele tem o poder de modificar e de perturbar o que se pode chamar a verdade da coisa.

Segundo o que explicam, trata-se para o sujeito de proteger-se contra as tentações homossexuais. Ninguém nunca se ocupou em dizer — Schreber menos que os outros — que de repente ele não via mais as pessoas, que a própria face de seus semelhantes machos era, pela mão do Eterno, recoberta por um manto. Ele sempre os via muitíssimo bem. Consideram simplesmente que ele não os via por aquilo que eles verdadeiramente eram para ele, a saber: como objetos de atração amorosa. Não se trata portanto do que se chama vagamente de realidade, como se fosse a mesma coisa que a realidade das muralhas contra as quais batemos com a cabeça, trata-se de uma realidade significante, que não nos apresenta simplesmente botaréus e obstáculos, mas uma verdade que se verifica e se instaura por si mesma como orientando esse mundo, e introduzindo os seres, para chamá-los pelo nome deles.

Por que então não admitir que o *id* é capaz de escamotear a verdade da coisa?

Mas podemos também pôr a questão em sentido inverso, ei-la: que se passa quando a verdade da coisa falta, quando não há mais nada para representá-la em sua verdade, quando por exemplo o registro do pai está em falta?

O pai não é simplesmente o gerador. Ele é também aquele que possui de direito a mãe, e, em princípio, em paz. Sua função é central na realização de Édipo, e condiciona o acesso do filho — que é também uma função, e correlativa da primeira — ao tipo da virilidade. Que se passa se uma certa falta se produziu na função formadora do pai?

O pai pôde ter efetivamente um certo modo de relação tal como o filho adere a uma posição feminina, mas não é por temor à castração.

Todos nós conhecemos aqueles filhos delinquentes ou psicóticos que proliferam à sombra de uma personalidade paterna de caráter excepcional, de um desses monstros sociais que a gente chama de *monstros sagrados*. São personagens frequentemente muito marcadas por um estilo de irradiação e de sucesso, mas de maneira unilateral, no registro de uma ambição ou de um autoritarismo desenfreados, às vezes de um talento, de um gênio. Não é obrigatório que haja gênio, mérito, mediocridade ou maldade, basta que haja o unilateral e o monstruoso. Não é certamente por acaso se uma subversão psicopática de personalidade se produz especialmente em uma tal situação.

Suponhamos que essa situação comporte precisamente para o sujeito a impossibilidade de assumir a realização do significante pai ao nível simbólico. O que lhe resta? Resta-lhe a imagem a que se reduz a função paterna. É uma imagem que não se inscreve em nenhuma dialética triangular, mas cuja função de modelo, de alienação especular, dá ainda assim ao sujeito um ponto de enganchamento, e lhe permite apreender-se no plano imaginário.

Se a imagem captadora é desmedida, se a personagem em questão se manifesta simplesmente na ordem da potência, e não na do pacto, é uma relação de rivalidade que aparece, a agressividade, o temor etc. Na medida em que a relação permanece no plano imaginário, dual e desmedido, ele não tem a significação de exclusão recíproca que o afrontamento especular comporta, mas a outra função, que é aquela da captura imaginária. A imagem adquire em si mesma e logo de saída a função sexualizada, sem ter necessidade de nenhum intermediário, de nenhuma identificação com a mãe nem com quem quer que seja. O sujeito adota então essa posição intimidada que observamos no peixe ou no lagarto. A relação imaginária se instaura sozinha, num plano que não tem nada de típico, que é desumanizante, porque não deixa lugar para a relação de exclusão recíproca que permite fundar a imagem do eu na órbita que dá o modelo do outro, mais acabado.

A alienação é aqui radical, ela não está ligada a um significado aniquilante, como um certo modo de relação rivalitária com o pai, mas com um aniquilamento do significante. Essa verdadeira despossessão primitiva do significante, será preciso que o sujeito dela se encarregue e assuma a sua compensação, longamente, na vida, por uma série de identificações puramente conformistas a personagens que lhe darão o sentimento do que é preciso fazer para ser um homem.

É assim que a situação pode se sustentar durante muito tempo, que certos psicóticos vivem compensados, têm aparentemente os comportamentos comuns considerados como normalmente viris, e de uma só vez, misteriosamente, Deus sabe por quê, se descompensam. O que será que torna subitamente insuficientes as muletas imaginárias que permitiam ao sujeito compensar a ausência do significante? Como o significante repõe como tal suas exigências? Como o que é falho intervém e interroga?

Antes de tentar resolver esses problemas, gostaria de fazê-los observar como se manifesta a aparição da questão posta por uma falta do significante. Ela se manifesta por fenômenos de franja em que o conjunto de significante está posto em jogo. Uma grande perturbação do discurso interior, no sentido fenomenológico do termo, se realiza, e o Outro mascarado que está sempre em nós aparece a um só tempo elucidado, revelando-se em sua função própria. Pois essa função é a única que retém então o sujeito ao nível do discurso, o qual inteiramente ameaça faltar-lhe, e desaparecer. Tal é o sentido do crepúsculo da realidade que caracteriza a entrada nas psicoses.

Tentaremos avançar um pouco mais longe da próxima vez.

18 de abril de 1956

XVI

Secretários do alienado

A leitura.
O assassinato d'almas.
As implicações do significante.
Os homenzinhos.
As três funções do pai.

Que Schreber tenha sido *excepcionalmente dotado*, como ele mesmo o exprime, para a observação dos fenômenos cuja sede é ele próprio, e a investigação da verdade deles, dá a seu testemunho seu valor incomparável.

Leitura das Memórias

1

Paremos um instantinho. Comecei por essa leitura para indicar-lhes o que pretendo fazer hoje, a saber, levá-los a um certo número de passagens que escolhi da melhor maneira nas aproximadamente quatrocentas a quinhentas páginas do livro de Schreber.

Vamos aparentemente nos contentar em passar por secretários do alienado. Empregam habitualmente essa expressão para censurar a impotência dos seus alienistas. Pois bem, não só nos passaremos por seus secretários, mas tomaremos ao pé da letra o que ele nos conta — o que até aqui foi considerado como coisa a ser evitada.

Não é por não ter estado longe o bastante na sua escuta do alienado, que os grandes observadores que fizeram as primeiras classificações tornaram sem vigor o material que lhes era oferecido? — a tal ponto que lhes pareceu problemático e fragmentário.

Apresentei na sexta-feira uma psicose alucinatória crônica. Vocês não ficaram surpreendidos, aqueles que lá estavam, em ver como o que se obtém é mais vivo se, ao invés de tentar determinar a todo custo se a alucinação é verbal ou sensorial ou não sensorial, escutamos simplesmente o sujeito? O doente do outro dia fazia surgir, inventava, como por uma espécie de reprodução imaginativa, questões sobre as quais se sentia bem que elas haviam estado anteriormente implicadas por sua situação, sem que o doente o tenha formulado propriamente falando. É claro, não basta se ater a isso aí para ter tudo compreendido, pois trata-se de saber por que as coisas se passam assim. Mas é preciso começar por tomar as coisas em seu equilíbrio, e esse equilíbrio se situa ao nível do fenômeno significante-significado.

Essa dimensão está muito longe de estar esgotada pela psicologia, ou a metapsicologia, ou a parapsicologia clássica tradicional, que utilizam categorias escolares — alucinação, interpretação, sensação, percepção. Sente-se bem que isso de modo algum está no nível em que se põe o problema, e que é mesmo um começo bem ruim, que não deixa nenhuma esperança de pôr corretamente a questão do que é delírio, e do nível onde se produz o deslocamento do sujeito em relação aos fenômenos de sentido.

Não seria exagerado sugerir aos psicólogos e médicos que recorram ao que deve ser assim mesmo acessível à experiência do homem comum. Eu proponho-lhes um exercício. Reflitam um pouquinho sobre o que é a leitura.

O que vocês chamam leitura? Qual o momento ótimo da leitura? Quando vocês estão seguríssimos de que vocês leem? Vocês me dirão que isso não suscita nenhuma dúvida, e que se tem o sentimento da leitura. Há muitas coisas que aí vão de encontro a isso. Nos sonhos, por exemplo, podemos ter o sentimento de ler alguma coisa, quando manifestamente não podemos afirmar que haja correspondência com um significante. A absorção de certos tóxicos pode nos conduzir ao mesmo sentimento. Isso não nos dá a ideia de que não podemos nos fiar na apreensão sentimental da coisa, e que é preciso fazer intervir a objetividade da relação do significante e do significado? É aí então que o problema realmente começa, e com ele as complicações.

Há, por exemplo, o caso daquele que finge estar lendo. Num tempo já distante em que eu viajava em países que acabavam de conquistar a independência, vi um senhor, o intendente de um figurão do Atlas, pegar um papelzinho que lhe era destinado, e constatei logo que ele não podia absolutamente compreender nada, pois o segurava de cabeça para baixo. Mas, com muita gravidade, ele articulava algo, aquela história de salvar as aparências perante o ambiente respeitoso. Ele lia ou não lia? Incontestavelmente, ele lia o essencial, a saber, que eu tomava aquilo como plausível.

O outro extremo é o caso no qual vocês já sabem de cor o que há no texto. Isso acontece mais frequentemente do que se crê. Aqueles textos de Freud que são de uso corrente na formação psicológica e médica de vocês, pode-se dizer que vocês já o sabem de cor. É o que permite relativizar singularmente o que constitui o fundo da literatura dita científica, pelo menos em nosso domínio. Tem-se muitas vezes a impressão de que o que dirige muito profundamente a intenção do discurso não é talvez outra coisa senão ficar exatamente nos limites do que já foi dito. Parece que a última intenção desse discurso é fazer um sinal aos destinatários, e provar que o signatário é, se posso assim dizer, não nulo, que é capaz de escrever o que todo mundo escreve.

Observam aqui uma falta flagrante de correspondência entre as capacidades intelectuais dos autores, as quais variam seguramente dentro de limites muito amplos, e a notável uniformidade do que eles nos trazem no discurso. A vida científica mais comum nos oferece essas defasagens patentes. Por que então, condenar de antemão à caducidade o que se externa de um sujeito que se presume estar na ordem do insensato, mas cujo testemunho é mais singular, e mesmo inteiramente original? Por mais perturbadas que possam estar suas relações com o mundo exterior, mesmo assim não guarda talvez seu testemunho o seu valor?

De fato, damo-nos conta, e não simplesmente a respeito de um caso tão notável quanto aquele do presidente Schreber, mas com respeito ao menos importante desses sujeitos, de que, se soubermos escutar, o delírio das psicoses alucinatórias crônicas manifesta uma relação muito específica do sujeito em relação ao conjunto do sistema da linguagem em suas diferentes ordens. Só o doente pode testemunhar isso, e ele o testemunha com a maior energia.

Não temos razão alguma para não aceitar como tal o que ele nos diz, sob pretexto de sei lá o quê, que seria inefável, incomunicável, afetivo — vocês sabem, tudo o que se arquiteta sobre os pretensos fenômenos primitivos. O sujeito dá testemunho efetivamente de uma certa virada na relação com a linguagem, que se pode nomear erotização, ou apassivação. Sua maneira de sofrer em seu conjunto o fenômeno do discurso revela-nos seguramente uma dimensão constitutiva, uma vez que não procuremos o menor denominador comum dos psiquismos. Essa dimensão, é a distância entre o vivido psíquico, e a situação semiexterna em que, em relação a todo fenômeno da linguagem, se acha não somente o alienado, mas qualquer sujeito humano.

Metodologicamente, estamos, portanto, no direito de aceitar o testemunho do alienado em sua posição em relação à linguagem, e devemos tê-lo em conta na análise de conjunto das relações do sujeito com a linguagem. É o interesse maior e permanente do legado que Schreber nos fez de suas memórias, coisa efetivamente memorável e digna de ser meditada.

2

O próprio Schreber nos indica que algo foi dentro dele, num certo momento, profundamente perturbado. Uma certa fissura apareceu na ordem de suas relações com o outro, que ele chama misteriosamente *o assassinato d'alma*.

Isso fica na penumbra, mas nossa experiência das categorias analíticas nos permite nos referenciarmos aí. Trata-se de alguma coisa que tem essencialmente relação com as origens do eu, com o que é para o sujeito a elipse de seu ser, com essa imagem em que ele se reflete sob o nome de eu.

Essa problemática se insere entre a imagem do eu e essa imagem encarecida, cumulada em relação à primeira, a do grande Outro, a imago paterna, enquanto ela instaura a dupla perspectiva, no interior do sujeito, do eu e do ideal do eu, para não falar, nessa circunstância, do superego. Temos a impressão de que é na medida em que ele não conseguiu, ou perdeu esse Outro, que ele encontra o outro puramente imaginário, o outro diminuído e decaído com o qual não pode ter outras relações que não as de frustração — esse outro o nega, literalmente o mata. Esse outro é o que há de mais radical na alienação imaginária.

Ora, a captura pelo duplo é correlativa da aparição do que se pode chamar o discurso permanente, subjacente na inscrição que se faz no curso da história do sujeito, e duplicando todos os seus atos. Não é impossível aliás ver surgir esse discurso no sujeito normal.

Eu lhes darei um exemplo disso quase acessível em uma extrapolação vivida, aquela do personagem isolado na ilha deserta. Robinson Crusoé, com efeito, é um dos temas do pensamento moderno, e, segundo sei, aparecido pela primeira vez em Baltasar Gracian. É um problema psicológico acessível, se não à imaginação, ao menos à experiência — que se passa quando o sujeito humano vive sozinho? O discurso latente se torna o quê? Ao fim de dois ou três anos de vida solitária, o que se torna a ordem de vocalização *eu vou vender madeira?*

Vocês podem também tentar descobrir o que se tornam as vocalizações para uma pessoa que se perde na montanha — e não é sem dúvida sem razão que o fenômeno é mais nítido nas montanhas, pois esses lugares são talvez menos humanizados. O que se passa — a saber: a mobilização sensível do mundo exterior em relação a uma significação pronta a surgir de todos os cantos — pode nos dar a ideia desse lado perpetuamente pronto a aflorar de um discurso semialienado. A existência permanente desse discurso pode ser considerada como análoga ao que se passa no alienado — os fenômenos de verbalização em Schreber só fazem em suma sublinhá-la. A questão é agora saber por que, na margem do quê, para significar o quê, mobilizado por quê, o fenômeno aparece no delirante.

Tomo uma outra passagem, escolhida igualmente ao acaso, porque tudo isso é de tal forma insistente em Schreber que se acha por toda a parte uma confirmação dos fenômenos que indico.

Leitura das Memórias, *p.248-249.*

Encontramos a seguir algumas considerações sobre a desaceleração da cadência. É aí que devemos aprofundar mais nossa análise.

É essencial aos fenômenos de significação que o significante não seja recortável. Não se secciona um pedaço de significante como se secciona uma fita cassete. Se vocês cortarem uma fita cassete, a frase se interrompe, mas o efeito da frase não para no mesmo ponto. O significante comporta em si mesmo todas as espécies de implicações, e não é porque vocês são escutadores ou decifradores de profissão que podem em certos casos completar a frase. A unidade de significação mostra de maneira permanente o significante funcionando segundo certas leis. O fato de que, no interior do delírio, as vozes joguem com essa propriedade não pode ser tido como indiferente, e não podemos eliminar a hipótese de que o motivo fundamental seja justamente uma relação mais radical, mais global, com o fenômeno do significante.

Colocar-nos-emos a partir daí a questão de saber por que é, com efeito, na relação com o significante que o sujeito investe todas as suas capacidades de interesse. Abordar o problema nesse nível não é em absoluto mudar a função da energética, não é repelir em nada a noção de libido. Trata-se somente de saber o que significa, na psicose, o interesse eletivo pela relação com o significante.

Eis uma nota breve com respeito à relação entre a inteligência divina e a inteligência humana (*Leitura das* Memórias).

Por mais elaborada que ela nos pareça, a equivalência entre os nervos e os dizeres presentificados está fundada na experiência primitiva do sujeito. Os nervos são esses palavrórios e esses ritornelos, essa insistência verbalizada que se tornou seu universo. No mesmo tempo, em compensação, as presenças acessórias de seu círculo são condenadas à irrealidade, e tornam-se homens *atamancados às três pancadas*. As presenças que contam tornaram-se essencialmente verbais, e a soma dessas presenças verbais é para ele idêntica à presença divina, só a única presença que lhe é seu correlativo e seu abonador.

A noção de que a inteligência divina é a soma das inteligências humanas se enuncia em fórmulas bastante rigorosas e bastante elegantes para que tenhamos a impressão de estar diante de um tasquinho de sistema filosófico. Se eu lhes tivesse perguntado de quem seria, talvez pouco faltasse para vocês responderem — *Espinosa*.

A questão é saber o que vale esse testemunho do sujeito. Pois bem, ele nos dá sua experiência, que se impõe como a própria estrutura da realidade para ele.

O quinto capítulo concerne em particular à língua dita fundamental, da qual já lhes ensinei que, no testemunho do sujeito, ela é feita de uma espécie de velho-alemão particularmente cheio de sabor, e recheado de expressões arcaicas hauridas nas subjacências etimológicas daquela língua.

Leitura das Memórias, *p.53-54.*

Não estamos longe. Sente-se que o sujeito meditou certamente mais sobre a natureza do surgimento da fala do que nós o fizemos até agora talvez. Ele se dá bem conta de que a fala se situa num nível bem diverso da exercitação dos órgãos que podem materializá-la. Vocês notarão que ele introduz o sonho como pertencendo essencialmente ao mundo da linguagem. Não é inútil observar que surpreendente ilogismo isso representa da parte do alienado que, ao que se sabe, não é tido como conhecendo o caráter altamente significante que damos ao sonho desde Freud. É certo que Schreber não tinha a menor noção sobre ele.

3

A nota da página 55 é uma fenomenologia de uma grande riqueza quanto às significações que circulavam no contexto de uma burguesia alemã de tradição bastante longa, pois que podemos referenciar a história dos Schreber a partir do século XVIII. Eles fizeram parte da vida intelectual de seu país de maneira bastante brilhante — voltarei mais adiante à personalidade do pai de Schreber. Os temas que vão surgir num segundo tempo do delírio estão manifestamente ligados a esse complexo de cerco cultural cujo desdobramento vimos tristemente com o célebre partido que lançou toda a Europa na guerra. O cerco pelos eslavos, o cerco pelos judeus, tudo já se acha lá nesse homem de bem que não parece ter participado de nenhuma tendência política passional que seja, a não ser durante o período de seus estudos, nessas corporações estudantis das quais ele fala.

Voltaremos à existência das almas que são o suporte das frases que incluem perpetuamente o sujeito em seu tumulto. Elas virão com o tempo mitigar-se nesses famosos *homenzinhos* que atraíram muito a atenção dos analistas. Katan, em particular, consagrou um artigo a eles, a esses homenzinhos, que puderam dar a oportunidade para todo tipo de interpretações mais ou menos engenhosas, como a de assimilá-los aos espermatozoides que o sujeito, ao rejeitar a masturbação a partir de um certo momento, se recusa a perder. Não cabe repelir uma tal interpretação, mas, mesmo se a admitimos, ela não esgota o problema.

O importante é que se trata de personagens regressivos, voltados a sua célula procriativa original. Katan parece esquecer os trabalhos bem antigos de Silberer, que foi quem primeiro falou dos sonhos em que figuravam certas imagens do espermatozoide, ou da célula fêmea primitiva do óvulo. Nessa época que pode passar por arcaica, Silberer tinha entretanto visto muito bem que a questão era sobretudo apreender que função desempenhavam essas imagens, quer elas fossem fantasmáticas ou oníricas. Aliás, é curioso ver, em 1908, alguém tomar em consideração a noção do que significam essas imagens. Segundo ele, a aparição delas tem uma significação mortal. Trata-se de um retorno às origens. É o equivalente de uma manifestação do instinto de morte. No caso presente, vamos claramente, já que os homenzinhos se produzem no contexto do crepúsculo do mundo, fase verdadeiramente constitutiva do movimento do delírio.

O que quer que seja, não podemos nesta ocasião deixar de nos perguntar se não é de uma certa incompletude da realização da função paterna que se trata em Schreber. Todos os autores, com efeito, tentam explicar a eclosão do delírio de Schreber em relação ao pai. Não que Schreber esteja nesse momento em conflito com seu pai — há muito tempo que este desapareceu. Não que ele esteja num momento de fracasso no acesso às funções paternas, já que ele, ao contrário, galga uma etapa brilhante de sua carreira, e está numa posição de autoridade que parece instá-lo a assumir verdadeiramente uma posição paterna, oferecer-lhe um apoio para idealizar essa posição e se referir a ela. É, portanto, de uma vertigem do sucesso, mais do que do sentimento do fracasso, que dependeria o delírio do presidente Schreber. Eis em torno de que gira a compreensão que os autores dão do mecanismo determinante da psicose, pelo menos no plano psíquico.

De minha parte darei três respostas concernentes à função do pai.

Normalmente, a conquista da realização edípica, a integração e a introjeção da imagem edípica, se faz pela via — Freud nos disse isso sem ambiguidade — da relação agressiva. Em outros termos, é pela via de um conflito imaginário que se faz a integração simbólica.

Há uma via de uma outra natureza. A experiência etnológica nos mostra a importância, por mais residual que seja, do fenômeno da *couvade* — a realização imaginária se faz aqui pela atualização simbólica da conduta. Não é algo dessa natureza que pudemos situar na neurose? A gravidez do histérico descrita por Eissler, que se produz em consequência de uma ruptura traumática de seu equilíbrio, não é imaginária, mas bem simbólica.

Não há uma terceira via que está de algum modo encarnada no delírio? Esses homenzinhos são formas de reabsorção, mas são também a representação do que acontecerá no futuro — o mundo será repovoado por homens-Schreber, homens de espírito schreberiano, diminutos seres fantasmáticos, procriação após o dilúvio. Tal é a perspectiva.

Em suma, na forma normal, o destaque é dado à realização simbólica do pai por via do conflito imaginário — na forma neurótica ou paraneurótica, à realização imaginária do pai por via de um exercício simbólico da conduta. E aqui, que vemos? — senão a função real da geração.

É algo que não interessa a ninguém, nem aos neuróticos, nem aos primitivos. Não digo que estes não saibam a função real que o pai desempenha na geração. Simplesmente isso não lhes interessa. O que lhes interessa é o engendramento da alma, o engendramento do espírito pelo pai, o pai enquanto simbólico ou enquanto imaginário. Porém, curiosamente, no delírio, é a função real do pai na geração que vemos surgir sob uma forma imaginária, se ao menos admitimos a identificação que fazem os analistas entre os homenzinhos e os espermatozoides. Há aí um movimento girando entre as três funções que definem a problemática da função paterna.

Estamos agora, engajados na leitura deste texto, e na tarefa de atualizá-lo ao máximo no registro dialético significante-significado.

A todos e a cada um dos que estão aqui, direi isto — se vocês abordam, como é legítimo seguramente, a questão do ser, não a peguem de muito alto. Na dialética fenomênica articulada que lhes apresentei, é justamente a fala que é o centro de referência.

25 de abril de 1956

XVII

METÁFORA E METONÍMIA (I): "SA GERBE N'ÉTAIT POINT AVARE, NI HAINEUSE"

A verdade do Pai.
A invasão do significante.
Sintaxe e metáfora.
A afasia de Wernicke.

Sie lieben also den Wahn wie sich selbst das ist das Geheimnis. Essa frase foi colhida nas cartas a Fliess, onde se vê serem esboçados com um relevo singular os temas que aparecerão sucessivamente na obra freudiana.

Teríamos o tom de Freud se não tivéssemos essas cartas? Sim, mesmo assim, mas elas nos ensinam que esse tom jamais abrandou e não é outra coisa senão a expressão do que orienta e vivifica sua investigação. Em 1939 ainda, quando escreve *Moisés e o monoteísmo*, sente-se que sua interrogação apaixonada não diminuiu, e que é sempre da mesma forma obstinada, quase desesperada, que ele se esforça por explicar como é possível que o homem, na própria posição de seu ser, seja tão dependente dessas coisas para as quais ele não é manifestamente feito. Isso é dito e nomeado — trata-se da verdade.

Reli *Moisés e o monoteísmo* com o propósito de preparar a exposição que me encarregaram de fazer para vocês sobre a pessoa de Freud, dentro de suas semanas. Parece-me que se pode encontrar aí uma vez mais a confirmação do que tento aqui fazê-los sentir, a saber, que a análise é absolutamente inseparável de uma questão fundamental sobre a maneira como a verdade entra na vida do homem. A dimensão da verdade é misteriosa, inexplicável, nada permite decisivamente discernir-lhe a necessidade, pois que o homem se acomoda perfeitamente à não verdade. Tentarei mostrar-lhes que é justamente a questão que até o fim atormenta Freud em *Moisés e o monoteísmo*.

Sente-se nesse pequeno livro o gesto que renuncia e a figura que se cobre. Aceitando a morte, ele continua. A interrogação renovada em torno da pessoa de Moisés, de seu hipotético medo, não tem outra razão senão responder à questão de saber por que via a dimensão da verdade entra de maneira viva na vida, na economia do homem. Freud responde que é por intermédio da significação última da ideia do pai.

O pai é de uma realidade sagrada em si mesma, mais espiritual que nenhuma outra, pois que, em suma, nada na realidade vivida indica propriamente falando a função, a presença, a dominância. Como a verdade do pai, como essa verdade que o próprio Freud chama de espiritual vem a ser promovida ao primeiro plano? A coisa não é pensável senão pelo viés desse drama a-histórico, inscrito até na carne dos homens na origem de toda a história — a morte, o assassinato do pai. Mito evidentemente, mito muito misterioso, impossível de ser evitado na coerência do pensamento de Freud. Há aí alguma coisa de velado.

Todo o nosso trabalho do ano passado vem confluir aqui — não se pode negar o caráter inevitável da intuição freudiana. As críticas etnográficas não atingem o alvo. Aquilo de que se trata é de uma dramatização essencial pela qual entra na vida um exceder interior do ser humano — o símbolo do pai.

A natureza do símbolo deve ainda ser esclarecida. Aproximamo-nos de sua essência situando-o no mesmo ponto da gênese que o instinto de morte. É uma só e mesma coisa que exprimimos. Tendemos para um ponto de convergência — que significa essencialmente o símbolo em seu papel de significante? Qual será a função original e iniciadora, na vida humana, da existência do símbolo enquanto significante puro?

Essa questão nos reconduz ao nosso estudo das psicoses.

1

A frase que escrevi no quadro-negro é característica do estilo de Freud, e eu a dou a vocês para que guardemos a sua vibração.

Freud fala nessa carta das diferentes formas de defesa. É uma palavra demasiado empregada em nossa prática para que não nos perguntemos com efeito — quem se defende? o que é que se defende? contra quê se defende? A defesa em psicanálise dirige-se contra uma miragem, um nada, um vazio, e não contra tudo o que existe e pesa na vida. Esse último enigma é velado pelo próprio fenômeno no momento preciso em que o apreendemos. Essa carta mostra-nos pela primeira vez, e de maneira particularmente clara, os diferentes mecanismos das neuroses e das psicoses.

Contudo, no momento de chegar à psicose, Freud fica tomado como que por um enigma mais profundo. Ele diz — *Quanto aos paranoicos, quanto aos delirantes, quanto aos psicóticos, eles amam o delírio deles como amam a si mesmos..*

Há aí um eco, ao qual é preciso dar seu peso pleno, ao que é dito no mandamento: *ama o teu próximo como a ti mesmo.*

O sentido do mistério jamais falta no pensamento de Freud. É seu início, seu meio e seu fim. Creio que, ao deixá-lo se dissipar, perdemos o essencial mesmo do próprio encaminhamento em que deve estar fundamentada toda a análise. Se perdemos um só instante o mistério perdemo-nos numa nova forma de miragem.

Freud teve o sentimento profundo de que, nas relações do sujeito psicótico com o seu delírio, alguma coisa ultrapassa o jogo do significado e das significações, o jogo do que nós chamaremos mais tarde as pulsões do *id.* Há aí uma afeição, um apego, uma presentificação essencial, cujo mistério continua sendo para nós quase total, o mistério de que o delirante, o psicótico, está unido ao seu delírio como a algo que é ele próprio.

É com essa vibração no ouvido que abordamos de novo a questão da última vez, concernente à função econômica que a relação de linguagem assume na forma e na evolução da psicose.

Partamos dos dados que são as frases que Schreber nos diz ouvir, provenientes desses seres intermediários, diversos em sua natureza, os vestíbulos do céu, as almas finadas ou as almas bem-aventuradas, essas sombras, essas formas ambíguas de seres despossuídos de sua existência e portadoras de voz.

A parte plena da frase, onde estão as palavras-núcleos, como se exprime o linguista, que dão o sentido da frase, não é sentida como alucinatória. Ao contrário, a voz se detém para forçar o sujeito a proferir a significação de que se trata na frase.

Agora é o momento... que ele seja mortificado! Aí está a expressão implicada que tem peso significativo. Nosso sujeito nos quer dizer que ele não alucinou. Ele está colocado em equilíbrio precário, no que resta de vazio após a parte gramatical ou sintática da frase, feita de vocábulos auxiliares, articulatórios, conjuntivos ou adverbiais, e verbalizada de maneira súbita e como que exterior, enquanto frase do outro. É uma frase desse sujeito ao mesmo tempo vazio e pleno, que chamei o entre-eu do delírio.

É portanto agora demasiado assim segundo a concepção das almas. Essa concepção das almas tem toda a sua função no que é verbalizado pelas instâncias um pouco superiores, segundo Schreber, aos sujeitos portadores de ritornelos martelados pelo coro, feitos com palavras que ele considera como vazias. Ela faz alusão a noções funcionais que decompõem seus diversos pensamentos. Uma psicologia tem, com efeito, seu lugar no interior de seu delírio, uma psicologia dogmática, que lhe é exposta pelas vozes que o interpelam, explicando-lhe como seus pensamentos são feitos.

Em particular, o que está implicado tomou a forma alucinatória e não é dado em voz alta na alucinação, é o *pensamento principal*. O vivido delirante do sujeito nos dá, ele próprio, sua essência no fenômeno. Ele indica que o fenômeno vivido da alucinação, elementar ou não, é desprovido de pensamento principal. *Nós, os raios, somos desprovidos de pensamento*, isto é, do que significa alguma coisa.

Em relação à cadeia do delírio, se assim se pode dizer, o sujeito nos parece ao mesmo tempo agente e paciente. O delírio é tanto mais sofrido por ele quanto mais ele não o organiza. Seguramente, como produto acabado, esse delírio pode até um certo ponto ser qualificado de loucura raciocinante, no sentido em que a sua articulação é lógica por certos aspectos, mas de um ponto de vista secundário. Que a loucura redunde numa síntese dessa natureza não é menos problemático que a sua própria existência. Isso se produz no curso de uma gênese que parte de elementos talvez cheios dessa construção, mas que, em sua forma original, apresentam-se como fechados, e mesmo enigmáticos.

Há, em primeiro lugar, alguns meses de incubação pré-psicótica em que o sujeito está num estado de confusão profunda. É o momento em que se produzem os fenômenos de crepúsculo do mundo, que caracterizam o início de um período delirante. Por volta de meados de maio de 1894, ele entrou na casa de Flechsig. Em meados de novembro de 1893 começam os fenômenos alucinatórios, as comunicações verbalizadas que ele atribui aos escalões diversos daquele mundo fantasmático, formado por dois estágios da realidade divina, o reino de Deus anterior e o reino posterior, e de todas as espécies de entidades que estão na via de uma reabsorção mais ou menos avançada nessa realidade divina.

Essas entidades que são as almas vão num sentido oposto ao que ele chama *a ordem do universo*, noção fundamental na estruturação de seu delírio. Ao invés de ir na via de reintegrar o Outro absoluto, elas vão ao contrário no sentido de se apegar a ele mesmo, Schreber, segundo formas que variam no curso da evolução do delírio. Na origem, vemos expresso claramente, em sua experiência vivida, o fenômeno da introjeção, quando ele diz que a alma de Flechsig lhe entra desse modo e que isso se parece com filamentos como aqueles de uma teia de aranha, que sendo demasiado grossa lhe é inassimilável, e que isso torna a sair por sua boca. Temos aí uma espécie de esquema vivido da introjeção, que se atenuará mais tarde, será aplainado sob uma forma muito mais espiritualizada.

De fato, Schreber estará cada vez mais integrado a esta fala ambígua à qual ele adere fortemente, e à qual, com todo o seu ser, ele dá resposta. Ele a ama literalmente como a si próprio. Quase que não se pode qualificar esse fenômeno de diálogo interior, pois que é precisamente em torno da existência do outro que gira a significação da preeminência do jogo significante, cada vez mais esvaziado de significação.

Qual é a significação desta ocupação progressiva do significante que vai esvaziar-se de significado à medida que ele ocupa mais lugar na relação libidinal, e investe todos os momentos, todos os desejos do sujeito?

Eu me detive numa série desses textos que se repetem, e que seria fastidioso lhes expor aqui em sua totalidade. Algo me surpreendeu — mesmo quando as frases podem ter um sentido, nunca se encontra nada que se pareça a uma metáfora.

Mas o que será a metáfora?

2

Introduzo vocês aqui numa ordem de interrogação para a qual a atenção de vocês nunca foi atraída.

A metáfora não é a coisa no mundo das mais fáceis de falar. Bossuet diz que é uma comparação abreviada. Todo o mundo sabe que isso não é inteiramente satisfatório, e creio que na verdade nenhum poeta o aceitaria. Quando digo *nenhum poeta* é porque poderia ser uma definição do estilo poético dizer que ele começa na metáfora, e que ali onde a metáfora cessa, a poesia também.

Sa gerbe n'était point avare, ni haineuse — Victor Hugo. Aí está uma metáfora. Certamente que não é uma comparação latente, não é: *do mesmo modo que* o feixe se espalhava entre os necessitados, *do mesmo modo* nossa personagem não era em absoluto avara, nem odienta. Não há comparação, mas identificação. A dimensão da metáfora deve ser para nós de acesso menos difícil que para qualquer outro, sendo a única condição a de que reconheçamos como a designamos habitualmente, a saber, identificação. Mas não é tudo — o uso que fazemos aqui do termo *simbólico* nos leva de fato a reduzir-lhe o sentido, a designar a única dimensão metafórica do símbolo.

A metáfora supõe que uma significação seja o dado que domina, e que ela inflete, comanda o uso do significante, tão bem que toda espécie de conexão preestabelecida, diria lexical, se acha desatada. Nada que esteja no uso do dicionário pode, por um instante, sugerir-nos que um feixe possa ser avaro, e muito menos odiento. E, no entanto, é claro que o uso da língua só é suscetível de significação a partir do momento em que é possível dizer *Seu feixe não era nem avaro, nem odiento*, isto é, em que a significação arranca o significante de suas conexões lexicais.

É a ambiguidade do significante e do significado. Sem a estrutura significante, isto é, sem a articulação predicativa, sem a distância mantida entre o sujeito e seus atributos, não se poderia qualificar o feixe de avaro e de odiento. É porque há uma sintaxe, uma ordem primordial de significante, que o sujeito é mantido separado, como diferente de suas qualidades. Está completamente excluído que um animal faça uma metáfora, embora não tenhamos razão alguma para pensar que ele também não tenha a intuição do que é generoso e pode lhe conceder facilmente e com abundância o que ele deseja. Mas, na medida em que não há a articulação, o discursivo — que não é simplesmente significação, como o que ela comporta de atração e de repulsão, mas alinhamento de significante —, a metáfora é impensável na psicologia animal da atração, do apetite e do desejo.

Essa fase do simbolismo que se exprime na metáfora supõe a similaridade, a qual é manifestada unicamente pela posição. É pelo fato de que o feixe é o sujeito de *avaro* e de *odiento*, que ele pode ser identificado com Booz em sua falta de avareza e em sua generosidade. É pela similaridade de posição que o feixe é literalmente idêntico ao sujeito Booz. Sua dimensão de similaridade é seguramente o que há de mais impressionante no uso significativo da linguagem, que domina de tal modo a apreensão do jogo do simbolismo que isso nos mascara a existência da outra dimensão, a sintática. No entanto, essa frase perderia toda espécie de sentido se baralhássemos as palavras em sua ordem.

Eis o que se negligencia quando se fala de simbolismo — a dimensão ligada à existência do significante, a organização do significante.

3

O que, a partir daí, não pode deixar de ocorrer e que ocorreu a um linguista amigo meu, Roman Jakobson, é que a distribuição de certas perturbações chamadas afasias devem ser revistas à luz da oposição entre, por um lado, as relações de similaridade, ou de substituição, ou de escolha, e também as de seleção ou de concorrência, em suma, de tudo o que é da ordem do sinônimo, e, por outro lado, as relações de contiguidade, de alinhamento, de articulação significante, de coordenação sintática. Nessa perspectiva, a oposição clássica das afasias sensoriais e das afasias motoras, de há muito já criticada, se coordena de forma surpreendente.

Todos vocês conhecem a afasia de Wernicke. O afásico encadeia uma sequência de frases de caráter gramatical extraordinariamente desenvolvido. Dirá: — *Sim, compreendo. Ontem, quando eu estava lá em cima, ele já disse, e eu queria, eu lhe disse, não é isso, a data, não inteiramente, não aquela...*

O sujeito mostra com isso um domínio completo de tudo o que é articulação, organização, subordinação e estruturação da frase, mas ele fica sempre ao lado do que quer dizer. Vocês não podem nem um só instante duvidar de que o que ele quer dizer esteja presente, mas ele não consegue dar ao que é visado na frase uma encarnação verbal. Desenvolve em torno toda uma franja de verbalização sintática, cuja complexidade e cujo nível de organização estão longe de indicar uma perda de atenção da linguagem. Mas se vocês lhe pedirem uma definição, um equivalente, sem mesmo querer induzi-lo até a metáfora, se vocês o confrontam com esse uso da linguagem que a lógica chama a metalinguagem, ou linguagem sobre a linguagem, aí ele fica baratinado.

Não se trata de fazer a menor comparação entre uma perturbação desse tipo e o que se passa com os psicóticos. Mas quando Schreber ouve *Factum est*, e isso para, há certamente aí um fenômeno que se manifesta a nível das relações de contiguidade. As relações de contiguidade dominam, por causa da ausência ou do enfraquecimento da função de equivalência significativa por via de similaridade.

Não podemos deixar de levar em consideração essa analogia surpreendente para opor, nós também, sob a dupla rubrica da similaridade e da contiguidade, o que se passa no sujeito delirante alucinatório. Não se poderia pôr melhor em evidência a dominância da contiguidade no fenômeno alucinatório do que apontando o efeito de fala interrompida, e de fala interrompida tal como ela precisamente se dá, isto é, como investida, e digamos, libidinalizada. O que se impõe ao sujeito é a parte gramática da frase, aquela que só existe por seu caráter significante e por sua articulação. É aquela que se torna um fenômeno imposto no mundo exterior.

O afásico de que eu falava não pode comunicar o essencial. Daí um discurso aparentemente vazio, que, coisa curiosa, mesmo nos sujeitos mais experimentados, entre os neurólogos, provoca irresistivelmente sempre um riso embaraçado. Aí está um tipo que está se servindo de imensos blablablás extraordinariamente articulados, algumas vezes ricos em inflexões, mas que nunca pode chegar ao cerne do que ele tem a comunicar. O desequilíbrio do fenômeno de contiguidade que vem no primeiro plano do fenômeno alucinatório, e em torno do qual se organiza todo o delírio, não deixa de ter analogia com isso.

Como de costume, é sempre o significado que colocamos no primeiro plano de nossa análise, porque é seguramente o que há de mais sedutor, e é o que, à primeira vista, parece ser a dimensão própria da investigação simbólica da psicanálise. Mas ao desconhecer o papel mediador primordial do significante, ao desconhecer que é o significante que é na realidade o elemento-guia, não só desequilibramos a compreensão original dos fenômenos neuróticos, a própria interpretação dos sonhos, mas nos tornamos absolutamente incapazes de compreender o que se passa nas psicoses.

Se uma parte, tardia, da investigação analítica, aquela que concerne à identificação e ao simbolismo, está do lado da metáfora, não negligenciamos o outro lado, o da articulação e o de contiguidade, com o que aí se esboça de inicial e de estruturante na noção de causalidade. A forma retórica que se opõe à metáfora tem um nome — ela se chama metonímia. Ela concerne à substituição de alguma coisa que se trata de nomear — estamos, com efeito, ao nível do nome. Nomeia-se uma coisa por uma outra que é o seu continente, ou a parte, ou que está em conexão com.

Se, empregando a técnica da associação verbal, tal como é praticada a nível de laboratório, vocês propuserem ao sujeito uma palavra como *choça*, ele tem mais de uma maneira de responder. Certas respostas estarão no registro da contiguidade. *Choça* — *Queime-a*. O sujeito pode também dizer-lhes *casebre*, ou *cabine* — aí já há o equivalente sinonímico, só um pouquinho mais e iremos à metáfora, dizendo — *retiro*, por exemplo. Mas há também um outro registro. Se o sujeito diz por exemplo *colmo*, já não é inteiramente a mesma coisa. É uma parte da choça que permite designá-la inteiramente — pode-se a rigor falar de uma aldeia composta de três colmos, para dizer três casinhas. Trata-se aí de evocação. O sujeito pode também dizer *sujeira*, ou *pobreza*. Não estamos mais na metáfora, estamos na metonímia.

A oposição da metáfora e da metonímia é fundamental, pois o que Freud colocou originalmente no primeiro plano nos mecanismos da neurose, bem como naqueles dos fenômenos marginais da vida normal ou do sonho, não é nem a dimensão metafórica, nem a identificação. É o contrário. De uma forma geral, o que Freud chama a condensação, é o que se chama em retórica a metáfora, o que ele chama o deslocamento é a metonímia. A estruturação, a existência lexical do conjunto do aparelho significante, são determinantes para os fenômenos presentes na neurose, pois o significante é o instrumento com o qual se exprime o significado desaparecido. É por essa razão que de novo dirigindo a atenção para o significante, nada mais fazemos do que voltar ao ponto de partida da descoberta freudiana.

Na próxima semana, retomaremos a questão estudando por que esses jogos de significantes na psicose acabam por ocupar o sujeito inteiramente. Não é do mecanismo da afasia que se trata nesse caso, é de uma certa relação com o outro como faltante, deficiente. É a partir da relação do sujeito com o significante e com o outro, com os diferentes estágios da alteridade, o outro imaginário e o Outro simbólico, que poderemos articular esta intrusão, esta progressiva ocupação psicológica do significante que se chama a psicose.

2 de maio de 1956

XVIII

METÁFORA E METONÍMIA (II): ARTICULAÇÃO SIGNIFICANTE E TRANSFERÊNCIA DE SIGNIFICADO

Afasia sensorial e afasia motora.
O vínculo posicional.
Toda linguagem é metalinguagem.
Pormenor e desejo.

Introduzindo aqui a oposição da similaridade e da contiguidade, não quero dizer que considero a psicose como em nada comparável à afasia.

Direi mais. O que retenho das duas ordens de distúrbios que foram distinguidos na afasia, é que há entre eles a mesma oposição que aquela que se manifesta, não mais de forma negativa, mas positiva, na metáfora e na metonímia.

Cheguei a dizer que essa oposição tinha mergulhado alguns num grande embaraço, e que uns disseram aos outros: — *A metáfora nos mostrou bem a importância da oposição, contestação e confusão.*

A oposição do significante e do significado não é um mero substituto da oposição famosa e não menos inextricável da ideia ou do pensamento, e da palavra. Alguém, um gramático sensacional, fez uma obra notável, na qual há apenas um erro, seu infeliz subtítulo, *Das palavras ao pensamento.* Essa formulação, espero, não pode mais ser sustentada por nenhum de vocês.

1

Vemos claramente a vida constante da metáfora nas transferências de significado cujo exemplo lhes dei da última vez com *Sa gerbe n'était point avare, ni haineuse.*

Aí está um bom exemplo de metáfora. Pode-se dizer em um sentido que a significação domina tudo, que é ela bruscamente que imprime ao sujeito, *seu feixe*, esse valor que o mostra dispersando-se generosamente, como se fosse de vontade própria. Só que o significante e o significado estão sempre numa relação que se pode qualificar de dialética.

Não se trata de uma nova trituração da relação sobre a qual repousa a noção de expressão, em que a coisa, aquilo a que se refere, é expresso pela palavra, considerada como etiqueta. É precisamente para dissolver essa ideia que meu discurso é feito.

Vocês devem ter ouvido falar dos afásicos, e conhecem a sua fala extraordinariamente viva e rápida, desembaraçada na aparência, até um certo ponto ao menos. Eles se expressam admiravelmente sobre o tema sem poder dizer a palavra, servindo-se de toda uma articulação sintática extremamente matizada para visar a algo cujo nome e cuja indicação precisa eles têm na ponta da língua, mas só são capazes de ficar girando em torno.

O que cativa aqui é a permanência da intencionalidade do sujeito apesar dessa impotência verbal localizada.

Pretendeu-se pôr em destaque uma espécie de déficit intelectual, de ordem pré-demencial, que lhe seria correlativo. É um progresso que matiza a primeira noção maciça segundo a qual se trata de uma incapacidade de apreender passivamente as imagens verbais, e que indica que o distúrbio é bem mais complexo do que parecia à primeira vista. Mas sejam quais forem os déficits que o sujeito poderá assinalar se nós o introduzimos numa tarefa definida, segundo os modos que caracterizam a posição dos testes, nada será resolvido enquanto não soubermos o mecanismo e a origem.

Pode-se ver o sujeito formular seu protesto a respeito da leitura da observação que comporte tal pormenor histórico preciso, de uma data, uma hora, um comportamento. É nesse momento que o doente manifesta seu discurso, seja qual for o caráter perturbado e jarganofásico. Será que estaria ele se enganando, contudo é a respeito de um pormenor histórico definido, que ele possuía exatamente cinco minutos antes, que ele começa a entrar no diálogo. Percebe-se aqui a presença e a intensidade da intencionalidade no centro do desenvolvimento do discurso, que não consegue juntar-se a ela.

Do ponto de vista da fenomenologia, a linguagem do afásico sensorial é uma linguagem de paráfrases. Sua jarganofasia — o vocábulo é um pouco forte demais — se caracteriza pela abundância e facilidade da articulação e do desenvolvimento das frases, por mais parcelares que elas se tornem no desfecho final.

A paráfrase se opõe diretamente à metáfrase, se chamarmos desse modo o que é da ordem de uma tradução literal. Isso significa que se vocês lhe pedirem para traduzir, dar um sinônimo, repetir a mesma frase, aquela mesma que ele acaba de dizer, ele é incapaz disso. Ele pode dar continuidade, a partir do discurso de vocês ou do dele, mas ele tem as maiores dificuldades para comentar um discurso. Vocês obtêm dele réplicas tão vivas, tão patéticas no desejo de fazer-se entendido que isso acaba sendo quase cômico. É preciso estar interessado pelo próprio fenômeno para não rir.

Portanto, há aí um distúrbio da similaridade, que consiste nisto: o sujeito é incapaz da metáfrase, e o que ele tem a dizer está inteiramente no domínio da paráfrase.

Ao lado da afasia sensorial, há aquela que se chama grosseiramente motora. Ela começa pelos distúrbios do agramatismo, bem conhecidos agora, e vai até uma redução extrema do estoque verbal — na imagem imortalizada, é o famoso *lápis* que ele não consegue mais enunciar. Essa outra dimensão do déficit afásico pode muito bem ordenar-se na ordem dos distúrbios da contiguidade.

É aqui essencialmente a articulação, a sintaxe da linguagem, que, progressivamente, na escala dos casos e na evolução de certos sujeitos, se degrada, a ponto de torná-los incapazes de articular numa frase composta o que eles podem entretanto corretamente nomear. Eles guardam a capacidade nominativa, mas perdem a capacidade proposicional. Eles não são capazes de construir a proposição.

Em virtude mesmo das propriedades do significante e do significado, a tentação eterna à qual sucumbe o próprio linguista, e com mais forte razão aquele que não é linguista, é a de considerar que é o lado mais aparente no fenômeno que lhe dá plena configuração.

Até um certo ponto, os linguistas foram vítimas dessa ilusão. O destaque que eles dão por exemplo à metáfora sempre muito mais estudada que a metonímia, dá prova disso. Na linguagem plena e viva, é o que há de mais surpreendente, mas também de mais problemático — como pode ser que a linguagem tenha seu ponto máximo de eficácia quando ela consegue dizer alguma coisa dizendo outra? Isso é com efeito cativante, e creem mesmo ir com isso ao âmago do fenômeno da linguagem, à contravertente de uma noção ingênua.

A noção ingênua gostaria que houvesse superposição, e como que decalque, da ordem das coisas à ordem das palavras. Acreditam ter dado um grande passo dizendo que o significado nunca atinge seu fim senão por intermédio de um outro significado, remetendo a uma outra significação, é apenas o primeiro passo, e não se percebe que é preciso dar um segundo. É preciso perceber que, sem a estruturação do significante, nenhuma transferência de sentido seria possível.

Um certo número dos que aí estão com razão perceberam da última vez que é o que eu queria dizer, ao salientar o papel do significante na metáfora.

2

O déficit, se abordamos as coisas por esse viés, tem duas vertentes.

A primeira é a da dissolução do vínculo da significação intencional com o aparelho do significante. Este subsiste globalmente para o sujeito, que, todavia, não consegue mais dominá-lo em função de sua intenção. A segunda, é a da dissolução do vínculo interno do significante. Enfatizam o fato de que há aí uma espécie de decomposição regressiva, que se explica bastante bem pela teoria jacksoniana segundo a qual uma decomposição das funções vai na ordem inversa de sua aquisição, não no desenvolvimento — a linguagem não se reduz à linguagem idealmente primeira da criança — mas a um verdadeiro *turning*.

De minha parte, será que foi nesse ponto que quis insistir?

Digo — *não*. Segundo uma espécie de lei geral de ilusão concernente ao que se produz na linguagem, não é o que aparece no primeiro plano que é o importante. O importante é a oposição entre dois tipos de vínculos que são eles mesmos internos ao significante.

Em primeiro lugar, o vínculo posicional, que é o fundamento do vínculo que chamei ainda há pouco proposicional. É o que, numa dada língua, instaura esta dimensão essencial que é aquela da ordem das palavras. Para que vocês compreendam isso, basta lembrarem-se de que *Pedro mata Paulo* não é equivalente a *Paulo mata Pedro*.

Observem, a respeito da segunda forma dos distúrbios afásicos, a rigorosa coerência que existe entre a manutenção da função posicional da linguagem, e aquela de um estoque suficiente de termos. É um fenômeno clínico absolutamente incontestável, e que nos mostra a ligação fundamental do significante.

O que aparece a nível gramatical como característico do vínculo posicional se acha a todos os níveis para instaurar a coexistência sincrônica dos termos.

A locução verbal é a sua forma mais elevada. Num nível mais baixo, há a palavra, que parece apresentar uma estabilidade sobre a qual vocês sabem que ela foi com razão contestada. Se a independência da palavra se manifesta sob certos ângulos, ela não pode ser considerada como radical. A palavra não pode em grau algum ser considerada como unidade da linguagem, embora ela constitua uma forma elementar privilegiada. Num nível ainda inferior, vocês encontram as oposições ou pares fonemáticos, que caracterizam o último elemento radical de distinção de uma língua a outra.

Em francês, por exemplo, *boue* e *pou* se opõem, seja qual for o sotaque que vocês tenham. Mesmo se vocês tiverem tendência, porque são das regiões fronteiriças, a pronunciar *boue* como *pou*, vocês pronunciarão o outro *pou* diferentemente, porque o francês é uma língua na qual essa oposição vale. Em outras línguas, há oposições inteiramente desconhecidas do francês. Essa ligação de oposição é essencial à função da linguagem. Ela deve ser distinguida do vínculo de similaridade, implicado no funcionamento da linguagem, e que está ligado à possibilidade indefinida da função de substituição, a qual só é concebível no fundamento da relação posicional.

O que está no princípio da metáfora não é a significação, que seria transposta de Booz ao feixe. Admito muito bem que alguém me objete que o feixe de Booz é metonímico e não metafórico, e que, subjacente a essa magnífica poesia, jamais diretamente nomeado, há o pênis real de Booz. Mas não é isso que constitui a virtude metafórica desse feixe, é que ele está posto na posição de sujeito na proposição, no lugar de Booz. Trata-se de um fenômeno de significantes.

Vamos até ao limite da metáfora poética que vocês mesmos não hesitariam em qualificar de surrealista, embora não se tenha aguardado pelos surrealistas para fazer metáforas. Vocês não podem dizer se é sensato ou insensato. Não direi que é a melhor maneira de exprimir as coisas, mas, em todo o caso, isso atinge um objetivo.

Tomemos uma fórmula sobre a qual vocês não me contestarão que ela seja inegavelmente uma metáfora. Vocês verão se é o sentido que a sustenta.

O amor é um calhau rindo no sol.[18]

O que isso quer dizer? É incontestavelmente uma metáfora. É bastante provável que, se ela surgiu, é que comporta um sentido. Quanto a encontrar para ela um... poderia fazer um seminário a respeito. Isso me parece uma definição incontestável do amor, e direi que é a última em que me detive, porque me parece indispensável se se quer evitar cair sem parar em confusões irremediáveis.

Em suma, uma metáfora antes de mais nada é sustentada por uma articulação posicional. A coisa pode ser demonstrada até em suas formas mais paradoxais.

Nenhum de vocês deixou de ouvir falar, penso, deste exercício que um poeta de nosso tempo fez sob a rubrica de *Uma palavra para um outro.* Trata-se de uma pequena comédia em um ato de Jean Tardieu. Trata-se do diálogo de duas mulheres. Anuncia-se uma, a outra vai ao encontro dela, e lhe diz:

Querida, queridinha, desde quantas pedrinhas roladas não tinha eu tido o garoto padeiro para açucará-la!

Pobre de mim, querida, lhe responde a outra, *eu própria estava tão desvidrada, meus três mais jovens caranguejos*[19] etc.

Isso confirma que, mesmo sob uma forma paradoxal, não só o sentido se mantém, mas que ele tende a se manifestar de uma forma bem especialmente feliz e metafórica. Pode-se dizer que ele é de algum modo renovado. Seja qual for o esforço do poeta para levar adiante o exercício no sentido da demonstração, estamos a cada instante a dois dedos da metáfora poética. Não é de um registro diferente do que brota como poesia natural desde que uma significação potente esteja envolvida.

O importante não é que a similaridade seja sustentada pelo significado — cometemos o tempo todo esse erro —, é que a transferência do significado não é possível senão em virtude da própria estrutura da linguagem. Toda linguagem implica uma metalinguagem, ela já é metalinguagem de seu registro próprio. É porque toda linguagem se destina virtualmente a ser traduzida que ela implica metáfrase e metalíngua, a linguagem falando da linguagem. A transferência do significado, de tal forma essencial à vida humana, só é possível em virtude da estrutura do significante.

Coloquem direitinho na cabeça que a linguagem é um sistema de coerência posicional. Num segundo tempo, que esse sistema se reproduz no interior de si mesmo com uma extraordinária, e pavorosa, fecundidade.

Não é por nada que a palavra *prolixidade* é a mesma palavra que *proliferação*. *Prolixidade* é a palavra pavorosa. Todo uso da linguagem suscita um pavor, que paralisa as pessoas e se traduz pelo medo da intelectualidade. *Ele intelectualiza demais*, dizem. Isso serve de álibi ao medo da linguagem. De fato, vocês observarão que há verbalismo ali onde se comete o erro de outorgar demasiado peso ao significado, ao passo que é impelindo mais longe no sentido da independência do significante e do significado que toda operação de construção lógica adquire seu pleno alcance.

Pelo menos para os fenômenos que nos interessam, é sempre na medida em que se adere mais ao que se chama a mitologia significativa que se cai no verbalismo. As matemáticas, ao contrário, utilizam uma linguagem de puro significante, uma metalinguagem por excelência. Elas reduzem a linguagem à sua função sistemática em cima da qual um outro sistema de linguagem é construído, capturando o primeiro em sua articulação. A eficácia dessa maneira de proceder não é suspeita em seu registro próprio.

3

Quando se lê os retóricos, percebe-se que jamais eles chegam a uma definição completamente satisfatória da metáfora e da metonímia.

Daí resulta, por exemplo, esta fórmula: a metonímia é uma metáfora pobre. Poder-se-ia dizer que a coisa deve ser tomada no sentido exatamente contrário — a metonímia está no ponto de partida, e é ela que torna possível a metáfora. Mas a metáfora é de um outro grau que a metonímia.

Estudemos os fenômenos mais primitivos, e tomemos um exemplo particularmente vivo para nós, analistas. O que há de mais primitivo como expressão direta de uma significação, isto é, de um desejo, que o que Freud relata de sua filha caçula? — aquela que assumiu depois uma posição tão interessante na análise — Anna.

Anna Freud adormecida — as coisas estão, vocês estão vendo, em estado puro — fala em seu sonho: *Morangos grandões, framboesas, flans, mingaus.*

Eis algo que parece ser do significado em estado puro. E é a forma mais esquemática, mais fundamental, da metonímia. Sem dúvida alguma ela os deseja, aqueles morangos, aquelas framboesas. Mas não é evidente que esses objetos estejam ali todos juntos. Que estejam ali, justapostos, coordenados na nominação articulada, se deve à função posicional que os coloca em posição de equivalência. É o fenômeno essencial.

Se há algo que nos mostra indiscutivelmente que não se trata aí de um fenômeno de expressão puro e simples, que uma psicologia, digamos junguiana, nos faria compreender como substituto imaginário do objeto chamado, é precisamente que a frase começa por quê? Pelo nome da pessoa, *Anna Freud*. É uma criança de dezoito meses, e estamos no plano de nomeação, da equivalência, da coordenação nominal, da articulação significante como tal. É somente no interior desse quadro que é possível a transferência de significação.

É o cerne do pensamento freudiano. A obra começa pelo sonho, seus mecanismos de condensação e de deslocamentos, de figuração, todos eles são da ordem da articulação metonímica, e é sobre esse fundamento que a metáfora pode intervir.

É ainda mais apreensível ao nível da erotização da linguagem. Se há uma ordem de aquisição, não é certamente aquela que permitiria dizer que as crianças começam por tal elemento do estoque verbal antes que por tal outro. Há a maior diversidade. Não se pega a linguagem por uma extremidade, como certos pintores começam seus quadros pelo lado esquerdo. A linguagem, para nascer, deve sempre ser tomada em seu conjunto. Em contrapartida, para que possa ser tomada em seu conjunto, é preciso que ela comece a ser tomada pela ponta do significante.

Falam do caráter concreto da linguagem na criança. É, contrariamente à aparência, algo que se relaciona à contiguidade. Alguém me confiou recentemente a palavra de seu filho, um menino, que, com dois anos e meio, segurou a mãe dele quando esta se inclinava para dizer-lhe boa-noite, chamando-a assim: *Minha garotona, cheia de bumbum e de músculos.*

Essa linguagem não é evidentemente a mesma que a de *Sa gerbe n'était point avare, ni haineuse.* A criança não faz isso ainda. Ela não diz tampouco que *O amor é um calhau rindo no sol.* Dizem-nos que a criança compreende a poesia surrealista e abstrata, a qual seria um retorno à infância. É idiota — as crianças detestam a poesia surrealista, e repugnam certas etapas da pintura de Picasso. Por quê? Porque elas ainda não estão na dimensão da metáfora, mas na da metonímia. E, quando apreciam certas coisas da pintura de Picasso, é que se trata de metonímia.

A metonímia é também sensível numa certa passagem da obra de Tolstoi, em que cada vez que se trata de aproximar-se de uma mulher, vocês veem surgir em seu lugar, procedimento metonímico de alto estilo, uma sombra de pinta, uma mancha no lábio superior etc. De uma forma geral, a metonímia anima esse estilo de criação que se chama, por oposição ao estilo simbólico e à linguagem poética, o estilo dito realista. A promoção do pormenor que o caracteriza nada tem de mais realista do que qualquer outra coisa. Só vias muito precisas podem fazer de um pormenor o guia da função desejante — qualquer pormenor não pode ser promovido como equivalente de tudo.

A prova é a dificuldade por que passamos para fazer valer alguns desses pormenores, através de uma série de transferências significativas, nas experiências de labirinto destinadas a pôr em evidência o que chamamos a inteligência dos animais. Prefiro que se chame a isso de inteligência — é uma simples questão de definição. Trata-se da extensão do campo real em que podemos fazer entrar o animal com suas capacidades atuais de discernimento, contanto que o interesse instintivamente, de forma libidinal.

O pretenso realismo da descrição do real pelo pormenor não se concebe senão no registro de um significante organizado graças a que, pelo fato de que a mãe é *Minha garotona cheia de bumbum e de músculos*, a criança evoluirá de uma certa maneira. É certo que é justamente em função de suas precoces capacidades metonímicas que, num determinado momento, as nádegas poderão se tornar para ele um equivalente materno. Tal sentido, cuja sensibilização sobre o plano vital podemos conceber, não muda absolutamente nada no problema.

É na base da articulação metonímica que esse fenômeno pode se produzir. É preciso em primeiro lugar que a coordenação significante seja possível para que as transferências de significado possam se produzir. A articulação formal do significante é dominante em relação à transferência do significado.

Como pôr agora a questão da repercussão na função da linguagem de toda perturbação da relação com o outro? Do mesmo modo que se opõem metáfora e metonímia, do mesmo modo se opõem as funções fundamentais da fala — a fala fundadora e as palavras de passe.

Por que uma e outra são fundamentalmente necessárias? Qual é a distinção entre elas? É algo que se coloca em relação a um terceiro termo. Se é de tal modo necessário ao homem usar a fala para encontrar ou para se reencontrar, é em função de sua propensão natural a decompor-se em presença do outro.

De que maneira ele se compõe e se recompõe? Voltaremos a isso numa próxima vez, mas vocês podem sacar desde já, nos fenômenos que Schreber apresenta, o uso que podemos fazer dessas categorias.

Eu lhes falei na última vez das frases interrompidas, mas há também a questão e a resposta. Isso deve ser compreendido em seu valor de oposição em relação à dimensão da fala fundadora, na qual não se pede ao outro a opinião dele. A função da questão e da resposta, na medida em que é valorizada pela iniciação verbal, em que ela é o seu complementar e sua raiz, desnuda, em relação ao que tem a palavra fundadora de profundamente significativa, o fundamento significante da dita fala. O fenômeno delirante desnuda aliás a todos os níveis a função significante como tal.

Vou dar-lhes um outro exemplo. Vocês conhecem essas famosas equivalências que o delirante Schreber dá como formuladas pelos pássaros do céu, desfilando no crepúsculo. Encontramos nelas assonâncias — *Santiago ou Cartago, Chinesenthum ou Jesus-Christum.* Será simplesmente o absurdo que deve ser retido nisso? O fato que surpreende Schreber é que os pássaros do céu são sem miolos. Quanto a isso, Freud não tem dúvida — são menininhas.

Mas o importante não é a assonância, é a correspondência termo a termo de elementos de discriminação muito vizinhos, que só têm alcance para um poliglota como Schreber, no interior do sistema linguístico alemão.

Schreber, com toda a sua perspicácia, mostra-lhes uma vez mais que o que é procurado é da ordem do significante, isto é, da coordenação fonemática. A palavra latina *Jesus-Christum* não é aqui, sentimos, um equivalente de *Chinesenthum*, senão na medida em que, em alemão, a terminação *tum* tem uma sonoridade particular.

A promoção do significante como tal, a emergência dessa subestrutura sempre escondida que é a metonímia, é a condição de toda investigação possível dos distúrbios funcionais da linguagem na neurose e na psicose.

9 de maio de 1956

XIX

Conferência: Freud no século

Abertura da sessão,
Pelo professor Jean Delay

Por ocasião do centenário do nascimento de Freud, nascido a 16 de maio de 1856, foram organizadas em Paris manifestações para comemorá-lo.

Convém lembrar que é em Paris, acompanhando o ensino de Charcot na Salpêtrière, momento em que só tinha vinte e nove anos, que Freud encontrou a sua via. E ele mesmo, no artigo da edição de suas Obras Completas, sublinhou tudo o que ele devia ao ensino da Salpêtrière.

Essa filiação não prejudica em nada a sua originalidade evidente, brilhante, pois só a ele se deve a psicanálise enquanto método e enquanto doutrina. Podemos, e até devemos, ter reservas para com certos aspectos teóricos e práticos da psicanálise. Mas não é menos verdade que, pondo em destaque o papel dos conflitos afetivos e dos distúrbios do instinto nas neuroses, ele trouxe uma contribuição muito importante à psiquiatria. E por outro lado, pondo em destaque o papel do inconsciente em todas as manifestações da vida mental, pode-se dizer que ele trouxe uma contribuição que ultrapassa o âmbito das ciências médicas, e que se aplica ao conjunto das ciências humanas.

Por isso me pareceu necessário por ocasião deste centenário, pedir a Jacques Lacan, que dirige aqui, com Daniel Lagache e a Sra. Favez-Bou-

tonier, a Sociedade Francesa de Psicanálise, para fazer uma exposição sobre Freud e sua influência no século. Ele me pareceu particularmente qualificado para fazê-lo, pois que conhece admiravelmente a vida e a obra de Freud.

E cá estou portanto hoje, encarregado pelo professor doutor Jean Delay, de uma missão que, por ser diferente da do ensino que se dá continuidade aqui a cada semana no mesmo dia sob o seu patronato, honra-me enormemente — ou seja, falar de Freud à audiência, nova na matéria, dos estudantes no estágio de psiquiatria, e com a intenção de comemorar o centenário de seu nascimento.

Há aí uma dualidade de fins que impõe talvez alguma diplopia ao meu discurso, o de instruir honrando, de honrar instruindo — e eu teria de me desculpar, se esperasse acomodar a visada desse discurso até fazer coincidir a vinda do homem ao mundo e sua vinda ao sentido supremo de sua obra.

Por isso meu título, *Freud no século*, pretende sugerir mais que uma referência cronológica.

1

Quero começar por dizer o que, por aparecer sob o nome de Freud, ultrapassa o tempo de sua aparição, e oculta sua verdade até em seu próprio desvelamento — que o nome de *Freud* significa *alegria*.

Disso o próprio Freud estava consciente, como o atestam muitas coisas, tal análise de sonho que eu poderia produzir, dominada por uma soma de palavras compósitas, mais especialmente por uma palavra com ressonância ambígua, anglófona e germanófona ao mesmo tempo, e em que ele enumera os pequenos lugares encantadores dos arredores de Viena.

Se me detenho nesse nome, não é por procedimento panegírico. Antecipo numa articulação de meu discurso, lembrando que sua família, como todas as famílias da Morávia, da Galícia, das províncias limítrofes da Hungria, tiveram, em virtude de um edito de José II em 1785, de escolher esse sobrenome de uma lista de nomes próprios — é um nome próprio feminino, adotado com bastante frequência na época. Mas esse sobrenome era em épocas mais antigas um nome judeu, que através da história já se encontra traduzido de outro modo.

Isso lhes permite lembrar que através da assimilação cultural dos significantes ocultos, persiste essa recorrência de uma tradição puramente literal, que nos conduz sem dúvida muito longe no coração da estrutura com a qual Freud respondeu a suas questões. Seguramente, para bem compreendê-lo, seria preciso desde agora evocar a que ponto ele reconhecia sua dependência para com a tradição judia e a sua estrutura literal, que vai, diz ele, até imprimir-se na estrutura de língua. Freud pôde dizer de maneira incontestável, por ocasião de seu sexagésimo aniversário, numa mensagem dirigida a uma comunidade confessional, que reconhecia nela sua mais íntima identidade.

Há certamente um contraste entre esse reconhecimento, e sua recusa precoce, de ataque, quase ofensiva para com aqueles de seus próximos que ele mais tem razões para contemporizar, à fé religiosa de seus pais. É talvez por esse viés que melhor poderíamos ser introduzidos ao que nos faria compreender a maneira como as questões se colocaram para Freud.

Todavia, não é por aí que eu o abordarei. Pois, na verdade, nem sempre são as abordagens mais simples que parecem as mais claras. Não são essas, em suma, para as quais estamos melhor preparados. E certamente não é sem razão que é preciso frequentemente, para fazer ouvir verdades, passar por vias mais complexas.

Não é tampouco na biografia de Freud que encontraremos a raiz da subversão que sua descoberta trouxe.

Não parece que um toque de neurose, que pode servir certamente para compreender Freud, tenha jamais guiado alguém antes dele na mesma via. Nada menos perverso, parece-me, que a vida de Freud. Se se tratasse de procurar por esse lado o preço de suas audácias, nem a pobreza do estudante, nem os anos de luta do pai de família numerosa, me parecem bastar para explicar alguma coisa que chamarei uma abnegação quanto às relações de amor, que é preciso justamente assinalar quando se trata do renovador da teoria do Eros.

As revelações recentes, as cartas à noiva, grande atração de uma recente biografia, nos parecem ser completadas por um não sei quê que chamarei de enternecedor egocentrismo, que consiste em exigir do outro um conformismo sem reservas aos ideais de sua bela alma, e em se afligir com o pensamento do favor feito a um outro na noite memorável em que ele recebe dela o primeiro penhor de seu amor. Tudo isso se reduz ao que chamarei uma crueza de virgem, que podemos perdoar, ao encontrar o correspondente não menos indiscreto nas mesmas cartas à noiva que foram publicadas de nosso Hugo.

Essa divulgação, afinal de contas bastante oportuna, me impede, quanto a mim, de me deter na dignidade de uma união onde a confidência do próprio Freud indica o respeito mútuo e a vigilância dos encargos familiares, e, em suma, da alta tradição das virtudes familiares judias. Pois não pode deixar de transparecer, através dessas primeiras cartas, não sei que redução ao mínimo denominador comum de uma convenção pequeno-burguesa, de um amor cujo luxo sentimental não exclui a economia e a raiva longo tempo conservada por Freud contra a sua noiva, por lhe ter feito perder, por causa de um deslocamento inoportuno, a glória de ser o inventor do uso cirúrgico da cocaína. Isso deixa entrever bastante uma relação de forças psíquicas para a qual o termo ambivalência, empregado a torto e a direito, calharia muitíssimo mal.

Na verdade, não seguiremos a geografia dessas devastações no tempo.

Ouvi um dia falar de Freud nestes termos — *sem ambição e sem necessidades.* A coisa é cômica se se pensa no número de vezes, ao longo de toda a sua obra, em que Freud nos confessa sua ambição, sem dúvida avivada por tantos obstáculos, mas que vai muito mais longe no inconsciente, como ele nos soube mostrar. Seria preciso, para fazer-lhes sentir isso, pintar-lhes — como Jung um dia, falando a minha pessoa, o fez — a recepção de Freud na Universidade que ele conduzia ao enfoque mundial? Quero dizer, pintar a onda, cuja significação simbólica ele foi o primeiro a ter mostrado, florir numa mancha crescente suas calças claras.

Eu o direi? Não está aí o relevo com que desejaria aclarar a figura de Freud, pois na verdade parece que nada possa ir além do que ele próprio nos liberou de sua confidência nesta longa autobiografia que constituem suas primeiras obras, a *Traumdeutung*, a *Psicopatologia da vida quotidiana*, e o *Witz*. Ninguém, em um sentido, foi tão longe na confissão, pelo menos na medida em que impõe a um homem o cuidado com sua autoridade. E não se trata aí, bem longe disso, de diminuir-lhe o alcance. O frêmito em que essas confidências se suspendem nos dá talvez o sentimento de uma barreira, mas nada permitiu depois atravessá-la — mesmo os mais indiscretos fazedores de hipóteses nada puderam jamais acrescentar ao que ele próprio nos confiou.

Há algo aí que merece que nos detenhamos, e que é próprio para nos fazer sentir o valor de um método crítico em que eu os introduzirei de surpresa, dizendo-lhes que uma obra se julga pela medida de seus próprios critérios.

Se a descoberta da psicanálise é justamente a de ter reintegrado na ciência todo um campo objetivável do homem e a de ter mostrado a sua supremacia, e se esse campo é aquele do sentido, por que procurar a gênese dessa descoberta fora das significações que seu inventor encontrou em si mesmo na via que o conduzia a ela, por que procurar em outro lugar que no registro em que esta deve se isolar com todo o rigor? Se é a algum móbil estranho ao campo descoberto por nosso autor, e a nenhum outro, que nos é necessário recorrer para explicar o que ele é, a prevalência desse campo se torna caduca, por ser subordinada.

Pôr a supremacia e não a subordinação do sentido enquanto causa eficiente é aparentemente negar os princípios da ciência moderna. Com efeito, para a ciência positiva à qual pertencem os mestres de Freud, essa plêiade que Jones evoca com muita justeza no início de seu estudo, toda dinâmica do sentido é, por petição de princípio, negligenciável, fundamentalmente superestrutura. Portanto é uma revolução a ciência que Freud trouxe, se esta tem o valor que ele pretende.

Terá ela esse valor? Terá ela essa significação?

2

Quero me deter aqui para tentar restituir-lhes a perspectiva que mostra o relevo próprio, atualmente apagado, da obra de Freud.

Peço-lhes sem demora que fiquem atentos a um contraste entre o que a obra de Freud significa autenticamente e o que atualmente se oferece a vocês como o sentido da psicanálise. Para muitos de vocês, os estudantes, e à medida que se aproximam mais das coisas da esfera mental, a psicanálise é um meio de abordagem que permite melhor compreender, diz-se, o doente mental.

Não poderia deixar de recomendar insistentemente àqueles que entre vocês têm ocasião de praticar a literatura analítica — e Deus sabe se ela se tornou enorme, quase difusa — de conjugar a essa leitura uma dosagem pelo menos proporcional da leitura do próprio Freud. Vocês verão resplandecer a diferença.

O termo frustração, por exemplo, tornou-se o *leit-motiv* das mães poedeiras da literatura analítica de língua inglesa, com tudo o que ele comporta de abandonismo e de relação de dependência. Ora, esse termo está simplesmente ausente da obra de Freud. O uso primário de noções extraídas de seu contexto, como aquela de prova de realidade, ou de noções bastardas como aquela de relação de objeto, o recurso ao inefável do contato afetivo e da experiência vivida, tudo isso é propriamente estranho à inspiração da obra de Freud.

Esse estilo tende desde algum tempo a se rebater no nível de um otimismo néscio posto no princípio de um moralismo equívoco, e fundado num esquematismo igualmente grosseiro, que é realmente a imagem mais sumária com a qual tenha sido dado ao homem recobrir seu próprio desenvolvimento — a famosa sucessão das fases ditas pré-genitais da libido. A reação não deixou de se fazer sentir, de sorte que estamos agora na restauração pura e simples de uma ortopedia do eu, da qual todo o mundo teria sorrido há somente cem anos atrás como a mais simplista petição de princípio.

Esse deslizamento bastante inverossímil se deve, creio, ao fato de que há um profundo desconhecimento em pensar que a análise é feita para nos servir de passarela a fim de aceder a uma espécie de penetração intuitiva, e de comunicação fácil com o paciente. Se a análise tivesse sido apenas um aperfeiçoamento da relação médico-doente, nós literalmente não teríamos necessidade dela.

Bem recentemente, lendo um velho texto de Aristóteles, a *Ética a Nicômaco*, com a intenção de nele reencontrar a origem dos termos freudianos sobre o prazer — é uma leitura saudável — dei com um termo curioso que quer dizer algo como *temível*. E isso me explicou muitas coisas, em particular por que são às vezes os melhores espíritos entre os jovens psiquiatras que se precipitam nessa via errada, que parece cativá-los. Penso, com efeito, que paradoxalmente são os melhores, os garotos terrivelmente inteligentes. Eles temem sê-lo, eles têm medo — *Aonde iríamos nós se nos deixássemos levar por nossa nobre inteligência?* E ei-los a se empenharem numa análise em que lhes ensinam que sua intelectualização é uma forma de resistência. Quando eles saem dela, estão todos encantados, aprenderam o que vale a bitola dessa famosa intelectualização que foi por muito tempo para eles uma barreira. Nesse estádio, meu discurso não pode mais dirigir-se a eles.

Em contraste, de que se trata na obra de Freud? Qual foi o seu relevo, e resumindo, qual foi o seu estilo? Só o seu estilo bastaria para distinguir-lhe o alcance. Peço-lhes encarecidamente que se reportem, para sabê-lo, a uma outra forma de resistência que não foi muito melhor vista do que aquela à qual fazia alusão há pouco.

Pensaram muito tempo que a resistência primeira encontrada pela obra de Freud tinha sido devida ao fato de que ele tocava nas coisas da sexualidade. Por que, meu Deus, as coisas da sexualidade teriam elas sido menos bem-vindas naquela época que na nossa, em que elas parecem fazer o regalo de todos?

Por outro lado, foi preciso esperar nosso tempo para que algum doutor bem-intencionado assinalasse o parentesco da *Naturphilosophie* com a obra de Freud tal como ela reinou na Alemanha no início do século XIX. É um momento que está longe de ter sido tão fugaz e tão contingente quanto o Sr. Jones, numa perspectiva anglo-saxônica, o representa para nós, e tampouco na França não estávamos, sobretudo no momento em que Freud começou a ser difundido sem certas tendências irracionalistas ou intuicionistas, preconizando o recurso à efusão afetiva e mesmo sentimental, para compreender o homem, e até mesmo os fenômenos naturais — não tenho precisão de evocar o nome de Bergson. Por que as pessoas honestas e cultivadas viram imediatamente na obra de Freud não sei que excesso de cientismo? Por que os próprios estudiosos, que pareciam enfadados pelos resultados e pela originalidade do método, cujo estatuto eles não identificaram imediatamente, jamais pensaram tampouco em remeter Freud à filosofia vitalista ou irracionalista que era então muito mais vivaz?

Na verdade, ninguém se enganou aí. Trata-se, com efeito, de uma manifestação do espírito positivo da ciência enquanto explicativo que está em causa na psicanálise. Ele está tão longe de um intuicionismo quanto possível. Ela nada tem a ver com esta compreensão apressada, curto-circuitizada, que simplifica e reduz de tal modo seu alcance. Para repô-la em sua verdadeira perspectiva, trata-se apenas de abrir a obra de Freud, e de ver o lugar que nela possui uma certa dimensão, que jamais foi bem posta em destaque. O valor de oposição que ela assume em face da evolução atual da análise pode agora ser reconhecido, nomeado e orientado para uma verdadeira reforma dos estudos analíticos.

Focalizo o ponto essencial, e digo-lhes do que se trata, de uma maneira que vai tentar ser rápida e palpável.

Abram *A interpretação de sonhos.* Vocês não verão nada que se pareça com essa grafologia de desenhos infantis que acabou por se tornar o tipo mesmo da interpretação analítica, nada com essas manifestações ascendentes e descendentes do sonho diurno. Se isso se parece com alguma coisa, é com uma decifração. E a dimensão de que se trata é a do significante. Peguem tal sonho de Freud, vocês verão dominar uma palavra como *Autodidasker*. É um neologismo. Daí se encontra o *Askel*, e algumas outras recordações. A própria forma da palavra é absolutamente essencial quando se trata de interpretar. Uma primeira interpretação, orientação ou dicotomia, nos dirigirá para o lado da *sala*. Encontraremos aí Alex, o irmão de Freud, por intermédio de uma outra transformação, puramente fonética e verbal. Freud encontra em sua lembrança um romance de Zola em que figura um personagem de nome Sandoz. Como Freud o reconstrói, Zola fez *Sandoz* a partir de *Aloz*, anagrama de seu nome, substituindo o *Al*, início de *Alexandre* pela segunda sílaba *sand*. Pois bem, do mesmo modo que se pôde fazer *Sandoz* com Zola, *Alex* está incluído no *Askel* que Freud sonhou. Como a última parte da palavra *Autodidasker*.

Eu lhes digo o que Freud fez. Digo-lhes como procede seu método. E, na verdade, basta abrir em qualquer página o volume da *Traumdeutung* para encontrar o equivalente. Eu teria podido tomar qualquer outro sonho, aquele por exemplo em que ele fala das gracinhas que lhe fizeram a respeito de seu nome, ou aquele em que figura uma bexiga natatória. Vocês acharão sempre uma sucessão de homonímias ou de metonímias, de formações onomásticas que são absolutamente essenciais à compreensão do sonho, e sem as quais este se dissipa, se esvaece.

O Sr. Emil Ludwig escreveu contra Freud um livro de uma injustiça quase difamatória, onde evoca a impressão de alienação delirante que se teria ao lê-lo. Direi quase que prefiro um tal testemunho ao apagamento dos ângulos, à redução adocicante por que procede a literatura analítica que pretende seguir Freud. A incompreensão, a recusa, o choque manifestados por Emil Ludwig — quer seja ele honesto ou de má-fé, pouco nos interessa — traz consigo mais testemunhos do que a dissolução da obra de Freud que se realiza na decadência em que resvala a análise.

Como o papel fundamental da estrutura do significante pôde ser omitido? Naturalmente, nós compreendemos por quê. O que se exprime no interior do aparelho e o jogo do significante, é algo que sai do fundo do sujeito, que pode chamar-se de seu desejo. Desde o momento em que esse desejo é preso no significante, é um desejo significado. E então todos nós ficamos fascinados pela significação desse desejo. E nós, nós esquecemos, apesar dos lembretes de Freud, o aparelho do significante.

Freud sublinha no entanto que a elaboração do sonho é o que faz do sonho o primeiro modelo da formação dos sintomas. Ora, essa elaboração se parece muito com uma análise lógica e gramatical, que se tornou apenas um pouco mais erudita do que aquela que fazemos nos bancos escolares. Eis o registro que é o nível normal do trabalho freudiano. É o mesmo registro que faz da linguística a ciência mais avançada das ciências humanas, se é verdade que queremos reconhecer apenas que o que distingue a ciência positiva, a ciência moderna, não é a quantificação, mas a matematização, e particularmente a combinatória, isto é, linguística, incluindo a série e a recorrência.

Aí está o relevo da obra freudiana, sem o que nada do que ele desenvolve a seguir nem sequer é pensável.

Não sou apenas eu que o digo. Publicamos recentemente o primeiro volume da revista onde inauguramos nossa tentativa de retomada da inspiração freudiana, e vocês lerão ali que o que se acha no fundo dos mecanismos freudianos são essas velhas figuras de retórica, que com o tempo acabaram por perder para nós o seu próprio sentido, mas que suscitaram durante séculos um interesse prodigioso. A retórica, ou a arte do orador, era uma ciência e não apenas uma arte. Nós nos perguntamos agora, como um enigma, por que esses exercícios puderam cativar durante tão longo tempo grupos inteiros de homens. Se é uma anomalia, ela é análoga à existência dos psicanalistas, e é talvez da mesma anomalia que se trata nas relações do homem com a linguagem, que volta no curso da história de uma forma recorrente sob incidências diversas, e se nos apresenta agora na descoberta freudiana, sob o ângulo científico. Freud tornou a encontrá-la em sua prática médica, quando se deparou nesse campo em que são vistos os mecanismos da linguagem dominar e organizar sem o conhecimento do sujeito, fora do seu eu consciente, a construção de certos distúrbios que se chamam neuróticos.

Eis um outro exemplo que Freud dá no início da *Psicopatologia da vida quotidiana*, e que comentei em meu seminário. Freud não reencontra o nome *Signorelli*, e uma série de outros nomes se apresentam a ele, *Botticelli, Boltraffio, Trafoi*. Como Freud construiu a teoria desse esquecimento? É no curso de pequena viagem à Bósnia *Herzegovina* que, falando com alguém, ele tem essa espécie de fuga do nome. Há também o início de uma frase pronunciada por um camponês. —

Herr, o que pode se ter a dizer agora? Trata-se da morte de um doente, diante da qual um médico não pode nada. Temos portanto aqui *Herr*, e a morte, que está escondida, pois Freud, não mais que qualquer um de nós, não tem razão particular para demorar-se em seu pensamento. Qual é o outro lugar em que Freud já teve a oportunidade de repelir a ideia da morte? Num lugar que não é longe da Bósnia, onde ele teve péssimas notícias de um dos seus doentes.

Eis o mecanismo. Seu esquema, análogo àquele de um sintoma, basta para demonstrar a importância essencial do significante. É na medida em que *Signorelli*, e a sequência de nomes, são palavras equivalentes, traduções umas das outras, metáfrases se quiserem, que a palavra está ligada à morte recalcada, recusada por Freud. Ele tranca todas, até no interior da palavra *Signorelli*, que só se liga a ela da forma mais distante — *Signor, Herr*.

O que é que vem no lugar como resposta? Vem o outro, que é Freud e que não é Freud, o outro que é do lado do esquecimento, o outro de onde o eu de Freud foi retirado, e que responde em seu lugar. Ele não dá a resposta, já que é proibido falar, mas dá o começo do telegrama, ele responde *Trafoi* e *Boltraffio*, do qual ele faz o intermediário da metonímia, do deslizamento entre *Herzegovina* e *Bósnia*. Freud tem desse mecanismo exatamente a mesma concepção que aquela que aqui exponho. Verifiquem.

Do mesmo modo, tudo o que Freud trouxe de luminoso, de único, sobre o tema do *Witz*, só se concebe a partir do material significante de que se trata.

Eis o que além de todos os determinismos e de todas as formações, além de todos os pressentimentos, Freud encontra, passados os quarenta anos. Nem se precisa dizer, ele tinha um pai, tinha uma mãe, como todo o mundo, e seu pai morreu, qualquer um sabe que isso não passa nunca despercebido, mas esses dados não devem ainda assim fazer-nos desconhecer a importância da descoberta da ordem positiva do significante para a qual sem dúvida alguma coisa nele o preparava, a longa tradição literária, literalista, da qual ele dependia.

A descoberta que ele fez no manejo dos sonhos distingue-se radicalmente de toda interpretação intuitiva dos sonhos, tal como esta pôde ser antes dele praticada. Tinha ele aliás uma alta consciência do caráter crucial em seu pensamento dessa aventura que é a *Traumdeutung*, e, escrevendo a Fliess, ele fala a respeito com uma espécie de fervor, ele a chama *minha planta de jardineiro*. Ele quer dizer com isso que trata-se de uma espécie nova que saiu de seu ventre.

3

A originalidade de Freud, que desconcerta nosso sentimento, mas por si só permite compreender o efeito de sua obra, é o recurso ao literal. É o sal da descoberta freudiana e da prática analítica. Se não restasse fundamentalmente alguma coisa disso, há muito tempo que da psicanálise não restaria mais nada. Tudo decorre disso. Qual é esse outro que fala no sujeito, e de que o sujeito não é nem mestre, nem semelhante, qual é o outro que fala nele? Tudo está aí.

Não é bastante dizer que é seu desejo, pois seu desejo é libido, o que, não o esqueçamos, quer dizer antes de mais nada capricho extravagante, desejo desmedido, do fato de que ele fala. Se não houvesse significantes para suportar essa ruptura, esses despedaçamentos, esses deslocamentos, essas transmutações, essas perversões, essas isolações do desejo humano, este não teria nenhuma dessas características que fazem o fundo do material significativo que a análise dá.

Não é bastante tampouco dizer que esse outro é de algum modo nosso semelhante, sob o pretexto de que ele fala a mesma linguagem que o que podemos chamar o discurso comum, aquele que se crê racional, e que o é, com efeito, algumas vezes. Pois nesse discurso do outro, o que creio ser eu não é mais sujeito, mas objeto. É uma função de miragem, onde o sujeito só se reconhece como desconhecimento e negação.

É a partir daí que convém compreender a teoria do eu.

Freud produziu em várias etapas, e estaríamos errados em crer que é preciso datá-la de *Das Es*. Talvez vocês já tenham ouvido falar da famosa tópica freudiana. Temo que vocês tenham ouvido falar demais dela, pois a maneira como ela é interpretada vai no sentido contrário àquele por que Freud a ensinou. É desde 1914, com seu artigo capital, a *Introdução ao narcisismo*, que Freud fez uma teoria do eu, anterior a essa tópica, agora vinda para o primeiro plano.

A referência principal, única, da teoria e da prática analítica atuais, a saber, as famosas etapas ditas pré-genitais da libido, que imaginam estar no início da obra freudiana, são de 1915, o narcisismo é de 1914.

Freud enfatizou a teoria do eu com fins que não são difíceis de conhecer. Tratava-se de evitar dois escolhos. O primeiro é o dualismo.

Há uma espécie de mania em um certo número de analistas que consiste em fazer do inconsciente um outro eu, um eu ruim, um duplo, um semelhante simétrico do eu — quando a teoria do eu em Freud é feita ao contrário para mostrar que o que chamamos nosso eu é uma certa imagem que temos de nós, que nos dá uma miragem, de totalidade sem dúvida. Essas miragens-piloto não polarizam de modo algum o sujeito no sentido do conhecimento de si que se diz profundo — não me prendo, quanto a mim, a esse adjetivo. A função do eu é nomeadamente designada em Freud como análoga em tudo ao que se chama na teoria da escrita um determinativo.

Nem todas as escritas são alfabéticas. Algumas são ideofonéticas, e comportam determinativos. Em chinês, uma coisa como esta quer dizer *uma coisa mais ou menos justa*, mas se vocês acrescentam isso, que é um determinativo, isso vira *governar*. E se, ao invés de porem esse determinativo, vocês colocarem um outro, isso quer dizer *doença*. O determinativo acentua de uma certa maneira, faz entrar numa classe de significações alguma coisa que já tem sua individualidade fonética de significante. Pois bem, o eu é exatamente para Freud uma espécie de determinativo, por onde certos elementos do sujeito são associados a uma função especial que surge naquele momento no horizonte de sua teoria, a saber, a agressividade, considerada como característica da relação imaginária com o outro na qual o eu se constitui por identificações sucessivas e superpostas. Seu valor móvel, seu valor de signo, o distingue essencialmente da entidade do organismo como um todo. E está justamente aí o outro escolho que Freud evitava.

Com efeito, Freud, embora reunindo num centro a personalidade que fala no inconsciente, quis evitar a miragem da famosa *personalidade total* que não perdeu ocasião de ganhar vantagem através de toda a escola norte-americana, a qual não para de deleitar-se com esse termo, para preconizar a restauração da prioridade do eu. É um desconhecimento completo do ensino de Freud. A personalidade total é precisamente o que Freud quer distinguir como fundamentalmente estranho à função do eu tal como foi vista até então pelos psicólogos.

Há no movimento da teoria freudiana uma dupla alienação.

Há o outro enquanto imaginário. É na relação imaginária com o outro que se instaura a tradicional *Selbst-Bewusstein* ou consciência de si. Não é de maneira alguma nesse sentido que pode realizar-se a unidade do sujeito. O eu nem mesmo é o lugar, a indicação, o ponto de reunião, o centro organizador do sujeito, é profundamente dissimétrico a ele. Embora seja nesse sentido que ele vai começar por fazer compreender a dialética freudiana — não posso de maneira alguma esperar minha realização e minha unidade, do reconhecimento de um outro que está preso comigo numa relação de miragem.

Há também o outro que fala de meu lugar, aparentemente, esse outro que está em mim. É um outro de uma natureza totalmente diferente da do outro, meu semelhante.

Eis o que nos ensina Freud.

Se ainda fosse preciso confirmar isso, teríamos somente de observar de que maneira se prepara a técnica da transferência. Tudo se faz para evitar a relação de eu a eu, a miragem imaginária que poderia estabelecer-se com o analista. O sujeito não está face a face com o analista. Tudo é feito para que tudo se apague de uma relação dual, de semelhante a semelhante.

Por outro lado, é da necessidade de uma orelha, de um outro, auditor, que deriva a técnica analítica. A análise do sujeito não pode ser realizada senão com um analista. Isso nos lembra que o inconsciente é essencialmente fala, fala do outro, e não pode ser reconhecida senão quando o outro a remete a vocês.

Eu gostaria ainda de dizer-lhes, antes de terminar, o que Freud acresce no fim de sua vida, quando já desde algum tempo ele deixou atrás de si a turba de seus seguidores. Não posso duvidar um só instante, só no testemunho do tom e do estilo do diálogo de Freud com todos aqueles que o cercavam, da noção profunda que ele tinha da radical insuficiência deles, de sua total incompreensão. Há um momento na obra de Freud entre 1920 e 1924 em que ele simplesmente dá um salto. Ele sabe que já não lhe resta muito tempo de vida — ele morreu aos 83 anos, em 1939 —, e vai direto ao fundo do problema, a saber, o automatismo da repetição.

Essa noção da repetição nos embaraça de tal modo que se tenta reduzi-la a uma repetição das necessidades. Se lemos Freud ao contrário, vemos que o automatismo de repetição, como desde o início de toda a sua teoria da memória, está fundado na questão que lhe coloca a insistência de uma fala que, no sujeito, volta até que ela tenha dito sua última palavra, uma fala que deve tornar a voltar, apesar da resistência do eu que é defesa, isto é, aderência ao contrassenso imaginário da identificação com o outro. A repetição é fundamentalmente insistência de uma fala.

E, com efeito, a última palavra da antropologia freudiana concerne ao que possui o homem e faz dele, não o suporte de um irracional — o freudismo não é um irracionalismo, ao contrário —, mas o suporte de uma razão da qual ele é mais a vítima do que o senhor, e pela qual ele é de antemão condenado.

É a última palavra, o fio vermelho que atravessa toda a obra freudiana. De ponta a ponta, desde a descoberta do complexo de Édipo até o *Moisés e o monoteísmo*, passando pelo paradoxo extraordinário do ponto de vista científico de *Totem e tabu*, Freud se colocou apenas, pessoalmente, uma só questão — como esse sistema do significante sem o qual não há nenhuma encarnação possível, nem da verdade, nem da justiça, como esse *logos* literal pode ele ter controle sobre um animal que não tem o que fazer com ele, e que com ele não se preocupa? — pois isso não interessa em grau algum suas necessidades. É no entanto isso mesmo que faz o sofrimento neurótico.

O homem é efetivamente possuído pelo discurso da lei, e é com esse discurso que ele se castiga, em nome dessa dívida simbólica que ele não cessa de pagar sempre mais em sua neurose.

Como esse controle pode ser estabelecido, como o homem entra nessa lei, que lhe é estranha, com a qual ele nada tem a ver como animal? É para explicá-la que Freud constrói o mito do assassinato do pai. Não digo que é uma explicação, mas lhes mostro por que Freud fomentou esse mito. É preciso que o homem se constitua em sua parte interessada[20] enquanto culpado. Isso subsiste na obra de Freud até o fim, e nos faz confirmar o que lhes apresento aqui, e ensino alhures.

Daí, qual é o centro de gravidade da descoberta freudiana, qual é sua filosofia? Não que Freud tenha feito filosofia, ele sempre negou que fosse filósofo. Mas pôr uma questão já é sê-lo, mesmo se não se sabe que ela está sendo posta. Portanto, Freud o filósofo, que ensina ele? Para deixar em sua proporção, em seu lugar, as verdades positivas que ele nos ensinou, não esqueçamos que sua inspiração é fundamentalmente pessimista. Ele nega qualquer tendência ao progresso. Ele é fundamentalmente anti-humanista, na medida em que há no humanista esse romantismo que gostaria de fazer do espírito a flor da vida. Freud deve ser situado numa tradição realista e trágica, o que explica que é à sua luz que podemos hoje compreender e ler os trágicos gregos.

Mas, para nós, trabalhadores, para nós, estudiosos, para nós, médicos, para nós, técnicos, que direção nos indica esse retorno à verdade de Freud?

É aquela de um estudo positivo cujos métodos e cujas formas nos são dados nessa esfera das ciências ditas humanas que concerne à ordem da linguagem, à linguística. A psicanálise devia ser a ciência da linguagem habitada pelo sujeito. Na perspectiva freudiana, o homem é o sujeito preso e torturado pela linguagem.

Seguramente a psicanálise nos introduziu a uma psicologia, mas qual? A psicologia propriamente dita é efetivamente uma ciência, e com objetos perfeitamente definidos. Mas por causa sem dúvida das ressonâncias significativas da palavra, nós resvalamos ao confundi-la com algo que se relaciona com a alma. Pensa-se que cada um tem *sua* psicologia. Fariam melhor, neste segundo emprego, chamá-la pelo nome que ela poderia ter. Não nos enganemos aí — a psicanálise não é uma egologia. Na perspectiva freudiana da relação do homem com a linguagem, esse ego não é absolutamente unitário, sintético, ele é decomposto, complexificado em diferentes instâncias, o eu, o superego, o isso. Conviria certamente não fazermos de cada um desses termos um pequeno sujeito à nossa maneira, mito grosseiro que não avança em nada, nem esclarece nada.

Freud não pôde ter dúvida sobre os perigos que corria sua obra. No momento em que, em 1938, ele pega a pena para seu último prefácio ao *Moisés e o monoteísmo*, coloca uma nota bem curiosa — *Eu não partilho*, diz ele, *a opinião de meu contemporâneo Bernard Shaw, que pretende que o homem só se tornaria capaz de alguma coisa se lhe fosse permitido chegar à idade de trezentos anos. Não penso que esse prolongamento da existência teria a menor vantagem, a menos* — diz a tradução — *que as condições do futuro sejam totalmente transformadas.*

Aí está de fato o triste caráter dessas traduções. Em alemão, isso tem sentido bem diverso — *seria preciso que houvesse muitas outras coisas profundamente modificadas, na base, na raiz, dentro das determinações da vida.*

Essa palavra do velho Freud continuando a prosseguir sua meditação antes de deixar sua mensagem na decomposição me parece fazer eco aos termos com que o coro acompanha os últimos passos de Édipo em direção ao pequeno bosque de Colona. Acompanhado da sabedoria popular, ele medita sobre os desejos que fazem com que o homem persiga sombras, ele designa esse desvario que faz com que ele nem mesmo possa saber onde estão esses bosques. Espanto-me de que ninguém — salvo alguém que colocou isso em latim, de maneira bastante razoável — nunca tenha sabido bem traduzir o *mê phúnai* que profere o coro. Reduzem-no ao valor de um verso que diz que mais vale *não ter nascido*, quando o sentido é inteiramente claro — a única forma de superar todas essas questões de *logos*, a única forma de acabar com elas, seria *não ter nascido tal*. É o sentido mesmo que acompanha o gesto do velho Freud, no momento em que repele com a mão todo desejo de que sua vida se prolongue.

É verdade que ele próprio, em alguma parte em seu trabalho sobre o *Witz*, em outras palavras, sobre a agudeza, nos indica uma resposta. *Mais valeria não ter nascido — infelizmente, isso acontece apenas uma vez a cada 200.000.*

Eu lhes dou essa resposta.

16 de maio de 1956

As Imediações do Buraco

XX

O APELO, A ALUSÃO

A entrada na psicose.
Tomar a palavra.
Loucura do amor.
A evolução do delírio.

O mesmo paralelo é possível em virtude da omissão de diversas relações que, nos dois casos, devem ser remediadas pelo contexto. Se essa concepção do método de representação nos sonhos não foi até aqui seguida, isso, como se deve compreender logo de saída, deve ser atribuído ao fato de que os psicanalistas são inteiramente ignorantes da atitude e do modo de conhecimento com os quais um filólogo deve aproximar-se de um problema como aquele que está presente nos sonhos.

Esse texto é bastante claro. A aparente contradição formal que vocês podem dele colher, pois que Freud diz que os sonhos se exprimem antes em imagens do que de outro modo, é restituída e rearranjada logo que ele mostra de que espécie de imagens se trata — a saber, de imagens que intervêm numa escrita, isto é, nem mesmo por seu sentido próprio, pois há algumas que estarão ali, não para serem lidas, mas simplesmente para trazerem ao que deve ser lido um expositor sem o qual isso continuaria sendo enigmático.

Outro dia escrevi no quadro caracteres chineses. Teria podido escrever também muitos hieróglifos antigos — o pronome da primeira pessoa, por exemplo, que se desenha com dois pequenos sinais que têm um valor fonético, e pode ser acompanhado por uma imagem mais ou menos vigorosa, que está ali para dar aos outros sinais o seu sentido. Mas os outros sinais não são menos autográficos do que o boneco, e devem ser lidos num registro fonético.

A comparação com os hieróglifos é ainda mais válida, certa, porquanto está difundida na *Traumdeutung*, e Freud a ela volta sem cessar.

Freud não era ignorante do que é realmente a escrita hieroglífica. Ele era apaixonado por tudo o que tocava à cultura do antigo Egito. Muitíssimas vezes, ele faz referências ao estilo, à estrutura significante dos hieróglifos, e ao modo de pensamento algumas vezes contraditório, superposto, das crenças dos antigos egípcios. E ele se refere a isso de bom grado para nos dar, por exemplo, uma imagem expressiva de tal modo de coexistência de conceitos contraditórios nos neuróticos.

No fim do mesmo texto, ele evoca a linguagem que é a dos sintomas, e fala da especificidade da estruturação significante nas diferentes formas de neuroses e de psicoses. Ele aproxima de uma só vez, num resumo notável, as três grandes neuropsicoses. *É assim*, diz ele, *que o que um histérico exprime vomitando, um obsessivo o exprimirá tomando medidas muito penosamente protetoras contra a infecção, enquanto um parafrênico será conduzido a queixas e a suspeitas. Nos três casos, serão diferentes representações do desejo do paciente de vir ao que foi reprimido em seu inconsciente, e sua reação defensiva contra esse fato.*

Isso, para pôr as coisas a caminho.

1

Entremos em nosso assunto.

Não estamos longe do tema da procriação, que está no fundo da sintomatologia do caso Schreber. Mas não é ainda hoje que o atingiremos diretamente.

Eu gostaria, por um outro viés ainda, e a propósito do que vocês puderam ouvir segunda-feira à noite de nosso amigo Serge Leclaire, repor a questão do que chamo o significante último na neurose.

Embora sendo essencialmente um significante, não é, naturalmente, um significante sem significação. Insisto nisto: ele não depende da significação, mas é a sua fonte.

As duas vertentes, macho e fêmea, da sexualidade, não são dados, não são nada que possamos deduzir de uma experiência. Como poderia o indivíduo se achar nisso aí, se ele já não tivesse o sistema do significante, na medida em que ele instaura o espaço que lhe permite ver como um objeto enigmático, a distância, o que é a coisa menos fácil de se aproximar, a saber, sua própria morte? O que não é menos fácil de ser aproximado, se vocês pensarem nisso, se vocês pensarem precisamente que longo processo dialético é necessário a um indivíduo para chegar a isso, e quanto nossa experiência é feita de excessos e de falhas na aproximação do polo macho e do polo fêmeo. Realidade sobre a qual podemos nos pôr a questão de saber se ela é mesmo apreensível fora dos significantes que a isolam.

A noção que temos da realidade como esse em torno de que giram os fracassos e os tropeços da neurose, não nos deve desviar de observações segundo as quais a realidade com que lidamos é sustentada, tramada, constituída por uma trança de significantes. A relação do ser humano com o significante, é preciso destacarmos a sua perspectiva, o plano, a dimensão própria, para saber somente o que dizemos quando dizemos por exemplo que, na psicose, algo vem faltar na relação do sujeito com a realidade. Trata-se, com efeito, de uma realidade estruturada pela presença de um certo significante que é herdado, tradicional, transmitido — e como? É claro, pelo fato de que, em torno do sujeito, fala-se.

Se admitimos agora, como um fato de experiência corrente, que por não ter atravessado a prova de Édipo, não ter visto abrirem-se diante de si seus conflitos e impasses, e não tê-la resolvido, deixa o sujeito numa certa falta, numa certa impotência em realizar essas justas medidas que se chamam a realidade humana, é justamente porque consideramos que a realidade implica a integração do sujeito em um certo jogo de significantes. Não faço aí senão formular o que é admitido por todos, de uma forma de certo modo implícita, na experiência analítica.

Indicamos de passagem que o que caracteriza a posição histérica é uma questão que se relaciona precisamente com os dois polos significantes do macho e da fêmea. O histérico a formula através de todo o seu ser — como se pode ser macho ou ser fêmea? O que implica justamente que o histérico tem assim mesmo a sua referência. A questão é aquilo em que se introduz e se suspende, e se conserva, toda a estrutura do histérico, com sua identificação fundamental com o indivíduo do sexo oposto ao seu, por onde seu próprio sexo é interrogado. À maneira histérica de questionar *ou... ou...*, opõe-se a resposta do obsessivo, a denegação, *nem... nem...*, nem macho, nem fêmea. Essa denegação se faz no fundo da experiência mortal, e a ocultação de seu ser à questão, que é uma maneira de ficar a ela suspenso. O obsessivo é muito precisamente nem um nem outro — pode-se dizer também que ele é um e outro ao mesmo tempo.

Eu passo, pois tudo isso só é proposto para situar o que se passa no psicótico, que se opõe à posição de cada um dos sujeitos das duas grandes neuroses.

Em meu discurso sobre Freud de quinze dias atrás, falei da linguagem enquanto ela é habitada pelo sujeito, o qual daí toma mais ou menos a fala, e por todo o seu ser, isto é, em parte sem que ele saiba. Como não ver na fenomenologia da psicose que tudo, do início até o fim, se deve a uma certa relação do sujeito com essa linguagem, de uma só vez promovida ao primeiro plano da cena, que fala sozinha, em voz alta, com seu ruído e seu furor, bem como com sua neutralidade? Se o neurótico habita a linguagem, o psicótico é habitado, possuído, pela linguagem.

O que vem ao primeiro plano mostra que o sujeito está submetido a uma prova, ao problema de alguma falta concernente ao discurso permanente que sustenta o quotidiano, a coisa bruta da experiência humana. Do monólogo permanente, alguma coisa se destaca, que aparece como uma espécie de música a várias vozes. Sua estrutura merece um exame mais detido para nos perguntarmos por que ele é feito dessa maneira.

É, na ordem dos fenômenos, algo que nos aparece imediatamente como estruturado. Não esqueçamos que a própria noção de estrutura é pedida emprestada à linguagem. Desconhecer isso, reduzi-lo a um mecanismo, é tão demonstrativo quanto irônico. O que Clérambault destacou com o nome de fenômenos elementares da psicose, o pensamento repetido, contraditado, comandado, que é senão esse discurso redobrado, retomado em antíteses? Mas, sob pretexto de que há aí uma estruturação, totalmente formal — e Clérambault tem mil vezes razão em insistir nesse ponto — ele deduz disso que nos encontramos diante de simples fenômenos mecânicos. É inteiramente insuficiente. É bem mais fecundo concebê-lo em termos de estrutura interna da linguagem.

O mérito de Clérambault é ter mostrado seu caráter *ideicamente neutro*, o que quer dizer em sua linguagem que está em plena discordância com as afeições do sujeito, que nenhum mecanismo afetivo basta para explicá-lo, e na nossa, que é estrutural. Pouco nos importa a fraqueza da dedução etiológica ou patogênica, perto do que ele valoriza, a saber, que é preciso ligar de novo o núcleo da psicose a uma relação do sujeito com o significante sob seu aspecto mais formal, sob o seu aspecto de significante puro, e que tudo o que se constrói ali em torno são apenas reações de afeto ao fenômeno primeiro, a relação com o significante.

A relação de exterioridade do sujeito com o significante é tão surpreendente que todos os clínicos insistiram nisso de alguma forma. A síndrome da influência deixa ainda certas coisas no vago, mas a síndrome de ação exterior, por mais ingênua que pareça, sublinha bem a dimensão essencial do fenômeno, a exterioridade do psicótico em relação ao conjunto do aparelho da linguagem. Daí se pôr a questão de saber se o psicótico verdadeiramente entrou na linguagem.

Muitos clínicos se debruçaram sobre os antecedentes do psicótico. Helena Deutsch valorou um certo *como se* que parece marcar as primeiras etapas do desenvolvimento daqueles que, num momento qualquer, sucumbirão na psicose. Eles não entram jamais no jogo dos significantes, a não ser por uma espécie de imitação exterior. A não integração do sujeito no registro do significante nos dá a direção na qual a questão se põe quanto ao prévio da psicose — que só é solúvel seguramente pela investigação analítica.

Acontece recebermos pré-psicóticos em análise, e sabemos em que isso dá — isso dá em psicóticos. Não se colocaria a questão das contraindicações da análise se todos nós não tivéssemos na memória tal caso de nossa prática, ou da prática de nossos colegas, em que uma bela e boa psicose — psicose alucinatória, não falo de uma esquizofrenia precipitada — é desencadeada quando das primeiras sessões de análise um pouco acaloradas, a partir das quais o sentencioso analista se torna rapidamente um emissor que faz ouvir ao analisado durante o dia todo o que deve fazer e não fazer.

Não tocamos aí, na nossa própria experiência, e sem ter de procurar mais longe, no que está no cerne dos motivos de entrada na psicose? É o que se pode propor de mais árduo a um homem, e ao que seu ser no mundo não enfrenta tão frequentemente — é o que se chama *tomar a palavra*, eu entendo a sua, o contrário mesmo de dizer *sim, sim, sim* à do vizinho. Isso não se exprime forçosamente em palavras. A clínica mostra que é justamente nesse momento, se sabemos referenciá-lo a níveis muito diversos, que a psicose se declara.

Trata-se algumas vezes de um empenho mínimo de tomada de palavra, quando o sujeito vivia até então em seu casulo, como uma traça. É a forma, muito bem delineada por Clérambault, com o nome de automatismo mental das solteironas. Penso na riqueza maravilhosa que caracteriza seu estilo — como Clérambault não pôde se deter nos fatos? Não havia verdadeiramente razão para distinguir esses infelizes seres esquecidos de todos cuja existência ele descreve tão bem, e nos quais, contra a menor provocação, o automatismo mental surge, a partir desse discurso nelas sempre mantido latente e inexprimido.

Se admitimos que o desfalecimento do sujeito no momento de abordar a palavra verdadeira situa sua entrada, seu deslizamento, no fenômeno crítico, na fase inaugural da psicose, podemos entrever como isso vem se conjugar ao que já elaboramos.

2

A noção de *Verwerfung* indica-lhes que deve haver já previamente alguma coisa que falta na relação com o significante na primeira introdução aos significantes fundamentais.

É, bem evidentemente, uma ausência irreparável para toda pesquisa experimental. Não há nenhum meio de apreender, no momento em que isso falta, alguma coisa que falta. Isso seria, no caso do presidente Schreber, a ausência do significante macho primordial com o qual ele pôde parecer durante anos poder ser igual — ele tinha o ar de ter seu papel de homem, de ser alguém, como todo o mundo. A virilidade significa realmente alguma coisa para ele, pois que também é objeto de seus vivíssimos protestos quando da irrupção do delírio, que logo de saída se apresenta sob a forma de uma questão sobre seu sexo, um apelo que lhe vem de fora, como na fantasia — *como seria belo ser uma mulher sendo copulada.* O desenvolvimento do delírio exprime que não há para ele nenhum outro meio de realizar-se, de afirmar-se como sexual, senão admitindo-se como uma mulher, como transformado em mulher. É o eixo do delírio. Pois há dois planos que cumpre distinguir.

De um lado, a progressão do delírio revela a necessidade de reconstruir o cosmo, a organização inteira do mundo, em torno disto: de que há um homem que não pode ser senão a mulher de um Deus universal. Por outro lado, não esqueçamos que esse homem pareceu em seu discurso comum, até à época crítica de sua existência, saber como todo o mundo que ele era um homem, e o que ele chama em alguma parte sua honra de homem o impele a altos gritos quando ele vem, de uma só vez, ser titilado um pouco fortemente pela entrada em jogo do enigma do Outro absoluto, que surge com as primeiras badaladas de anúncio do delírio.

Logo, somos conduzidos aqui a esta distinção, que serve de trama a tudo o que temos até o momento deduzido da própria estruturação da situação analítica — a saber, o que chamei o outro com minúscula e o Outro absoluto.

O primeiro, o outro com um *a* minúsculo, é o outro imaginário, a alteridade em espelho, que nos faz depender da forma de nosso semelhante. O segundo, o Outro absoluto, é aquele ao qual nós nos dirigimos para além desse semelhante, aquele que somos forçados a admitir para além da relação da miragem, aquele que aceita ou que se recusa na nossa presença, aquele que na ocasião nos engana, do qual não podemos jamais saber se ele não nos engana, aquele ao qual sempre nos endereçamos. Sua existência é tal que o fato de se endereçar a ele, de ter com ele como que uma linguagem, é mais importante que tudo o que pode ser uma aposta entre ele e nós.

O desconhecimento da distinção desses dois outros na análise, onde ela está por toda a parte presente, está na origem de todos os falsos problemas, e particularmente daquele que aparece agora que insistiram no primado da relação de objeto.

Há, com efeito, uma discordância patente entre a posição freudiana segundo a qual o recém-nascido, em sua entrada no mundo, está numa relação dita autoerótica, ou seja, numa relação na qual o objeto não existe, e a observação clínica de que seguramente, desde o início da vida, temos todos os indícios de que todas as espécies de objetos existem para o recém-nascido. Essa dificuldade não pode encontrar sua solução senão ao distinguir o outro imaginário na medida em que ele é estruturalmente a forma originária do campo no qual se estrutura para o recém-nascido humano uma multiplicidade de objetos, e o Outro absoluto, o Outro com um A maiúsculo, que é seguramente o que visa Freud — que os analistas negligenciaram mais tarde — quando ele fala da não existência, na origem, de nenhum Outro.

Há para isso uma boa razão, é que esse Outro é tudo em si, diz Freud, mas, da mesma feita, inteiramente fora de si.

A relação extática com o Outro é uma questão que não data de ontem, mas, por ter sido deixada na sombra durante alguns séculos, ela merece de nós, analistas, que lidamos todo o tempo com ele, que nós a retomemos.

Fazia-se na Idade Média a diferença entre o que se chamava a teoria física e a teoria extática do amor. Colocava-se assim a questão da relação do sujeito com o Outro absoluto. Digamos que, para compreender as psicoses, devemos fazer recobrir-se em nosso esqueminha a relação amorosa com o Outro enquanto radicalmente Outro, com a situação em espelho, de tudo o que é da ordem do imaginário, do *animus* e da *anima*, que se situa segundo os sexos num lugar ou em outro.

A que se deve a diferença entre alguém que é psicótico e alguém que não o é? Ela se deve a isto: para o psicótico uma relação amorosa é possível abolindo-o como sujeito, enquanto ela admite uma heterogeneidade radical do Outro. Mas esse amor é também um amor morto.

Pode parecer-lhes que seja um curioso e singular desvio o de recorrer a uma teoria medieval do amor para introduzir a questão da psicose. De outro modo, no entanto, é impossível conceber a natureza da loucura.

Reflitam, sociologicamente, nas formas de namoro, no fato de se apaixonar, atestadas na cultura.

Os psicólogos colocam na ordem do dia apenas a questão dos *patterns*. Em certas culturas, as coisas se saem bastante bem no seu circuito para que se deva ficar muitíssimo embaraçado quanto ao problema de saber como dar uma forma ao amor — a crise está aberta desde o momento em que se traz no primeiro encontro a clássica orquídea, que se coloca no corpete. Tomemos por ponto de referência a técnica, pois tratava-se de uma, ou a arte, de amar, digamos a prática da relação de amor que reinou durante um certo tempo do lado de nossa Provença ou de nosso Languedoc. Há aí toda uma tradição que se prolongou pelo romance arcádico do estilo *Astreia*, e pelo amor romântico, e em que se observa uma degradação dos *patterns* amorosos, que se tornaram cada vez mais incertos.

Com toda a certeza, no curso dessa evolução histórica, o amor-paixão, na medida em que é praticado nesse estilo que se chama platônico ou idealista apaixonado, tornou-se cada vez mais uma coisa ridícula, ou o que se chama comumente, e com razão, uma loucura. O tom se degradou, a coisa caiu na derrisão. Jogamos sem dúvida com esse processo alienado e alienante, mas de maneira cada vez mais exterior, sustentada por uma miragem cada vez mais difusa. A coisa, se já não se passa com uma bela mulher ou com uma dama, se realiza na sala escura do cinema, com a imagem que está na tela.

É da ordem do que quero pôr em destaque. Essa dimensão vai no sentido da loucura da pura miragem, na medida em que o acento original da relação amorosa está perdido. Isso nos parece cômico, esse sacrifício total de um ser ao outro levado adiante sistematicamente por pessoas que tinham tempo de fazer só isso. Era uma técnica espiritual, que tinha seus modos e seus registros, que mal entrevemos, tendo em vista a distância a que estamos dessas coisas. Haveria em que nos interessar, a nós outros analistas, esse ambíguo de sensualidade e de castidade, tecnicamente sustentado, parece, no curso de um concubinato singular, sem relação física, ou pelo menos com relações diferidas.

O caráter de degradação alienante, de loucura, que conota os dejetos dessa prática, perdidos no plano sociológico, nos apresenta a analogia do que se passa no psicótico, e dá seu sentido à frase de Freud que eu lhes trouxe outro dia, segundo a qual o psicótico ama seu delírio como a si próprio.

O psicótico não pode apreender o Outro senão na relação com o significante, ele se demora apenas numa casca, num invólucro, numa sombra, a forma da fala. Ali onde a fala está ausente, ali se situa o Eros do psicotizado, é ali que ele encontra seu supremo amor.

Tomando nesse registro, muitas coisas se aclaram, e, por exemplo, a curiosa entrada de Schreber em sua psicose, com a curiosa fórmula que ele emprega do *assassinato d'alma*, eco bem singular, confessem, da linguagem do amor, no sentido técnico que acabo de pôr em destaque diante de vocês, o amor no tempo do Mapa do Terno. Esse assassinato d'alma, sacrifical e misterioso, simbólico, é formado na entrada da psicose segundo a linguagem da preciosidade.

Que é que entrevemos da entrada na psicose? — senão que é na medida de um certo apelo ao qual o sujeito não pode responder que se produz uma abundância imaginária de modos de seres que são outras tantas relações com o outro com *a* minúsculo, abundância que suporta um certo modo da linguagem e da fala.

3

Desde a origem, sublinhei a intrusão do que Schreber chama a língua fundamental, e que é afirmado como uma espécie de significante particularmente pleno.

Esse velho alemão, diz ele, está cheio de ressonâncias por sua nobreza e sua simplicidade. Há passagens em que as coisas vão muito mais longe — Schreber atribui o mal-entendido com Deus ao fato de que este não sabe fazer a distinção entre o que exprime os verdadeiros sentimentos das pequenas almas, e portanto do sujeito, e o discurso no qual ele se exprime comumente no curso de suas relações com os outros. A distinção está assim literalmente traçada entre o discurso inconsciente que o sujeito exprime com todo o seu ser e o discurso comum.

Freud diz isso em algum lugar — há mais verdade psicológica no delírio de Schreber que nos psicólogos. É a aposta de Freud. Schreber é mais verdadeiro do que tudo o que os psicólogos podem dizer a seu respeito, ele sabe muito mais sobre os mecanismos e os sentimentos humanos que os psicólogos. Se Deus não se detém nas necessidades quotidianas do homem, se ele não compreende nada do homem, é que o compreende bem demais. A prova é que ele introduz na língua fundamental também o que se passa enquanto o homem dorme, isto é, seus sonhos. Schreber aponta isso como se houvesse lido Freud.

A isso se opõe desde o início uma vertente do significante que nos é dada por suas qualidades, sua densidade própria. Não por sua significação, mas por sua significância. O significado é vazio, o significante é retido por suas qualidades puramente formais, que servem, por exemplo, para fazer séries. É a linguagem dos pássaros do céu, o discurso das meninas, ao qual Schreber reconhece o privilégio de ser sem significação.

É entre esses dois polos que se situa o registro no qual se joga a entrada na psicose — a palavra reveladora, que abre uma dimensão nova, e dá um sentimento de compreensão inefável, a qual não recobre nada que seja até então experimentado, e, por outro lado, a banalidade, o refrão.

A partir do que chamo a badalada de anúncio da entrada na psicose, o mundo soçobra na confusão, e podemos seguir passo a passo como Schreber o reconstruiu, numa atitude de consentimento progressivo, ambíguo, reticente, *reluctant*, como dizem os ingleses. Ele admite pouco a pouco que a única forma de sair disso, de salvar uma certa estabilidade em suas relações com as entidades invasoras, desejantes, que são para ele os suportes da linguagem desencadeada de sua algazarra interior, é a de aceitar sua transformação em mulher. Não vale mais, depois de tudo, ser uma mulher de espírito que um homem cretinizado? Seu corpo é assim progressivamente invadido por imagens de identificação feminina às quais ele abre a porta, deixa apoderar-se, faz-se possuir por elas, remodelar. Há em alguma parte, numa nota, a noção de deixar as imagens entrarem dentro dele. E é a partir desse momento que ele reconhece que o mundo não parece aparentemente ter mudado a tal ponto desde o início de sua crise — retorno de um certo sentimento, sem dúvida problemático, da realidade.

Tratando-se da evolução do delírio, convém observar que são em primeiro lugar as manifestações plenas da palavra que se produzem, e elas são satisfatórias para ele. Mas, à medida que seu mundo se reconstrói no plano imaginário, o sentido recua para outros lugares. A palavra se produz primeiro no que ele chama *os reinos de Deus anteriores*. Depois, Deus retrocede na distância, no afastamento, e o que corresponde às primeiras grandes intuições significantes se oculta sempre mais. À medida que ele reconstrói seu mundo, o que está perto dele e com o qual ele lida, a palavra desse Deus interior com o qual ele tem esta singular relação que é uma imagem da copulação, como o mostra o primeiro sonho da invasão da psicose, esse Deus entra no universo do repisamento, da banalidade repetida, do sentido vazio e da objetivação. No espaço vibrante de sua introspecção, o que ele chama *a tomada das notas* conota doravante a cada instante seus pensamentos, os registra e os endossa. Há aí um deslocamento na relação do sujeito com a palavra falada.

Os fenômenos falados alucinatórios que têm para o sujeito um sentido no registro da interpelação, da ironia, do desafio, da alusão, fazem sempre alusão ao Outro com um A maiúsculo, como a um termo que está sempre presente, mas jamais visto e jamais nomeado, a não ser de maneira indireta. Essas considerações nos conduzirão a observações linguísticas a respeito de um fato que está ao alcance da mão de vocês, e que vocês jamais entendem, quero falar dos dois modos distintos do uso dos pronomes pessoais.

Há pronomes pessoais que se declinam, *eu, me, tu, te, ele, o* etc. No registro, *me, te, o*, o pronome pessoal é suscetível de ser elidido. No outro *eu, mim, ti, lhe*, ele não se elide.

Vocês percebem a diferença? *Eu o quero*, ou *eu quero a ele* ou *a ela*, não é a mesma coisa.

Ficaremos nisso aí por hoje.

31 de maio de 1956

XXI

O PONTO DE BASTA

Sentido e escansão.
Laçada e segmentação.
"Sim, eu venho em seu templo..."
O temor a Deus.
O Pai, ponto de basta.

O sujeito ouve com sua orelha algo que existe ou que não existe? É bem evidente que isso não existe, e que consequentemente é da ordem da alucinação, isto é, de uma percepção falsa. Isso deve nos bastar?

Essa concepção maciça da realidade redunda numa explicação bem misteriosa sustentada pelos analistas, segundo a qual uma suposta recusa em perceber provoca um buraco, e que surge então na realidade uma pulsão rejeitada pelo sujeito. Mas por que aparecerá nesse buraco alguma coisa de tão complexo e arquitetado quanto a fala? É o que não se diz.

Certamente, uma tal explicação constitui já um progresso em relação à concepção clássica, mas podemos ir mais adiante, Em suma, podemos esperar do fenômeno da psicose que ele nos permita restaurar a justa relação, cada vez mais desconhecida no trabalho analítico, do significante e do significado.

1

Lembro-lhes que no fim do período em que se dissolve para ele o mundo exterior, e enraizando-se nesse período, aparece em Schreber uma estruturação das relações de significante e do significado que se apresenta desta forma — há sempre dois planos.

Sem dúvida eles são indefinidamente subdivididos no interior de si mesmos. Mas o esforço de Schreber para sempre situar um plano anterior e um plano além lhe é evidentemente imposto por sua experiência, e isso nos guia em direção a alguma coisa que é verdadeiramente básica na estrutura psicótica. Eu os fiz algumas vezes tocá-la de uma forma imediata em minha apresentação de casos.

Num desses dois planos, produzem-se sobretudo fenômenos considerados pelo sujeito como neutralizados, significando cada vez menos um outro verdadeiro, palavras, diz ele, aprendidas de cor, repisadas àqueles que lhe repetem, pássaros do céu que não sabem o que dizem. Esse termo pássaro conduz ao papagaio — trata-se da transmissão de algo de vazio, que fatiga e esgota o sujeito. No seu nascimento, esses fenômenos se situam no limite da significação, mas eles se tornam em breve bem o contrário — resíduos, dejetos, corpos vazios.

Já evoquei essas frases interrompidas que sugerem uma sequência. Elas nos ensinam muitíssimo sobre a unidade que prevalece ao nível do significante, e em particular, que este não é isolável.

Essas frases retidas são em geral interrompidas no momento em que o vocábulo pleno que lhe daria seu sentido ainda está faltando, mas está implicado. Já destaquei mais de um exemplo. O sujeito ouve por exemplo — *Vocês falam ainda...* e a frase se interrompe. Isso quer dizer — *Vocês falam ainda... línguas estrangeiras?*

A dita *concepção das almas* é esse diálogo, muito mais pleno que os repisamentos que as almas trocam com ele sobre seu próprio sujeito, ensinando-lhe toda uma psicologia dos pensamentos. O que em primeiro lugar se manifestou, no início do delírio, como um modo de expressão inefável e saboroso, se afasta, torna-se enigmático, passa nos *reinos de Deus posteriores*, ao nível dos quais se multiplicam as vozes importunas e absurdas. Atrás ainda dessas vozes, outras vozes estão ali que, elas, se exprimem com fórmulas surpreendentes.

Eu lhes lembrarei uma delas que não é das menos notáveis — *Agora nos falta... o pensamento principal.* Elas lhe falam ainda da *Gesinnung*, o que pode querer dizer convicção ou fé. A *Gesinnung*, explicam elas, é algo que devemos a todo homem de bem, e mesmo ao pecador mais desgraçado, sob condição de exigências de purificação inerentes à ordem do universo, que lhe devemos na troca na qualidade do que deve regular nossas relações com os seres humanos. É realmente da fé que se trata, da boa fé mínima implicada pelo reconhecimento do outro.

Tal momento de suas alucinações vai ainda muito mais longe. Temos a expressão singularíssima [...]. É uma palavra rara, extremamente difícil de traduzir. Depois de consultar pessoas entendidas nisso, eu tinha chegado à noção de que se trata de nada mais do que o que chamo a palavra de base, a chave, a cavilha última, ao invés da solução. Sua conotação é técnica, na arte da caça — seria o que os caçadores chamam medas de estercos, isto é, os rastros da caça graúda.

O destaque essencial me parece ser o recuo ou a migração do sentido, sua ocultação num plano que o sujeito é levado a situar como um plano por detrás. Dois estilos se opõem, dois alcances. De um lado, a escansão, que joga sobre as propriedades do significante, com a interrogação implícita que ela comporta, e que vai até à coerção. Por outro lado, o sentido, que tem por natureza ocultar-se, acusar-se como algo que se oculta, mas que se põe ao mesmo tempo como um sentido extremamente pleno cuja fuga aspira o sujeito em direção ao que seria o cerne do fenômeno delirante, seu umbigo. Vocês sabem que este último termo, umbigo, é empregado por Freud para designar o ponto em que o sentido do sonho parece acabar num buraco, um nó, além do qual é verdadeiramente no cerne do ser que parece se prender o sonho.

Essa descrição não é nada mais do que fenomenológica. Encarreguem-se de tirar o máximo dela para o que se está visando aqui, a saber, encontrar uma explicação, um mecanismo. Nós nos entregamos a um trabalho de análise científica sobre fenômenos cujos modos de manifestações nos são, para nós médicos, clínicos, familiares — a condição de familiaridade é essencial para que não percamos o sentido da experiência analítica. A relação fenomênica de que falo cabe inteira na distinção, cem vezes sublinhada por mim, entre significante e significado.

Sem dúvida alguma vocês devem acabar por se dizerem — *Afinal de contas, não sabemos que, nas significações que orientam a experiência analítica, esse significante é dado pelo corpo próprio? E, inversamente, que, quando ele fala desse significante de que tal elemento se acha ausente, não coloca ele, por um lance de prestidigitação cujo segredo ele detém, a significação no cimo do significante? É sempre uma pelotiquice de um registro no outro, por necessidades da demonstração.*

Pois bem, concordo perfeitamente que há, com efeito, alguma coisa dessa ordem, e é justamente o que gostaria de explicar hoje para vocês.

O problema é fazer com que vocês sintam de maneira viva aquela coisa cuja intuição global vocês devem contudo possuir, e que lhes mostrei no ano passado, a respeito de tal fenômeno da neurose, por um jogo de letras que alguns retiveram, e este ano a respeito da psicose — as significações elementares que chamamos desejo, ou sentimento, ou afetividade, essas flutuações, essas sombras, e mesmo essas ressonâncias, têm uma certa dinâmica que não se explica senão no plano do significante na medida em que ele é estruturante.

O significante não faz apenas dar o invólucro, o recipiente da significação, ele a polariza, a estrutura, a instala na existência. Sem um conhecimento exato da ordem própria do significante e de suas propriedades, é impossível compreender seja o que for, não digo da psicologia — basta limitá-la de uma certa maneira —, mas certamente da experiência psicanalítica.

É o que gostaria de mostrar-lhes hoje.

A oposição do significante e do significado está, vocês sabem disso, na base da teoria linguística de Ferdinand de Saussure. Ela foi expressa no famoso esquema das duas curvas.

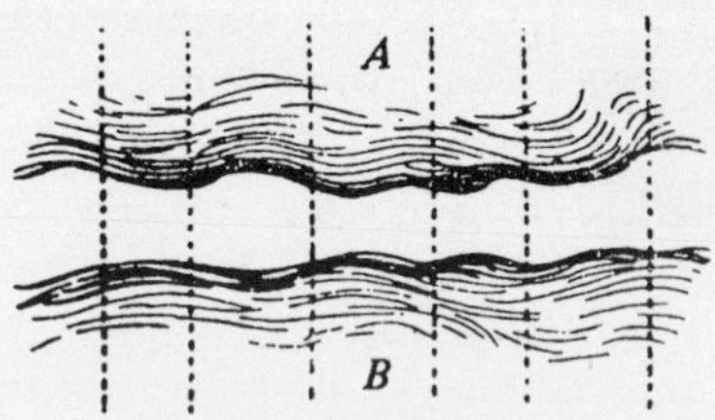

Esquema de Saussure

No nível superior, Saussure situa a sequência do que ele nomeia pensamentos — sem a menor convicção, pois que sua teoria consiste precisamente em reduzir esse termo para conduzi-lo ao de significado, na medida em que ele é distinguido do significante e da coisa — e ele insiste sobretudo em seu aspecto de massa amorfa. É o que, no que nos toca, chamaremos provisoriamente a massa sentimental da corrente do discurso, massa confusa em que as unidades aparecem, ilhotas, uma imagem, um objeto, um sentimento, um grito, um apelo. É um contínuo, enquanto embaixo, o significante está ali como pura cadeia do discurso, sucessão de vocábulos, em que nada é isolável.

Como mostrar-lhes por uma experiência?

Devo dizer-lhes que passei uma semana procurando, voltado para o pronome pessoal, de como imajar para vocês na língua francesa a diferença do *je* e do *moi*, a fim de explicar-lhes como o sujeito pode perder o seu domínio, se não o contato, na psicose. Mas, tratando-se da pessoa do sujeito e de seu funcionamento, não se pode deter nessa encarnação pronominal — é da estrutura do termo como tal que se trata, pelo menos para nossas línguas. Só digo isso a vocês para garantir os passos que quero mandá-los dar hoje.

Tendo chegado a ontem de noite, eu tinha uma montanha de documentos. Mas os modos de abordagem dos linguistas são tão diversos, tão contraditórios, necessitaram tantos planos diferentes para mostrar a vocês o que isso quer dizer, que me achei reproduzindo num papel essa dupla onda do discurso.

Aí está algo cuja intuição nos é perfeitamente próxima. A relação do significado e do significante parece sempre fluida, sempre pronta a se desfazer. O analista sabe, mais do que ninguém, o que essa dimensão tem de impegável, e como ele próprio pode hesitar antes de se lançar a ela. Há aí um passo avante a ser dado, para se chegar àquilo que está em causa, um sentido realmente utilizável em nossa experiência.

Saussure tenta definir uma correspondência entre essas duas ondas, que as segmentaria. Mas só o fato de que sua solução permaneça aberta, pois que ela deixa a locução problemática, e a frase fica na mesma, mostra bem ao mesmo tempo o sentido do método e seus limites.

Pois bem, eu disse isto com os meus botões — *Partir de quê?* E me ponho a procurar uma frase, um pouquinho à maneira desse pseudo-Shakespeare, desprovido de inspiração, que passearia de um lado para o outro, repetindo — *To be or not... to be or not...* — suspenso até que ele encontre a continuação, retomando o início — *To be or not... to be.* Eu começo por um *sim.* E, como não sou anglófono, mas de língua francesa, o que me vem depois é — *Sim, eu venho em seu templo adorar o Eterno.*[21]

Isso quer dizer que o significante não é isolável.

É facílimo ver claramente logo de imediato. Retenham isso no *Sim, eu* — por que não? Se vocês tivessem uma orelha verdadeiramente semelhante a uma máquina, a cada instante do desenvolvimento da frase seguiria um sentido. *Sim, eu* tem um sentido, que faz mesmo provavelmente o alcance do texto.

Todo o mundo se pergunta por que a cortina sobe neste *Sim, eu venho...*, e diz-se — *É a conversação que continua.* É, em primeiro lugar, porque isso faz sentido. O *sim* inaugural tem realmente um sentido, ligado a uma espécie de ambiguidade que permanece no vocábulo *oui* em francês. Não é necessário lidar com uma mulher da sociedade para perceber que *sim* quer dizer às vezes *não*, e *não* às vezes *talvez*. O *sim* é tardio em francês, ele aparece depois do *si*,[22] após o *da*,[23] que encontramos engraçadamente em nossa época no *dac*.[24] Já que ele vem de algo que quer dizer *Comme c'est bien, ça*, o *sim* é em geral uma confirmação, e pelo menos uma concessão. Quase sempre, um *Sim, mas* vai bem no estilo.

Sim, eu venho em seu templo... Não esqueçam qual é a personagem que se apresenta aí empurrando-se um pouquinho de nada, é o nomeado Abner. Trata-se de um oficial da rainha, nomeada Atália, que dá à história o seu título, e que domina bastante tudo o que se passa por ser a sua personagem principal. Quando um de seus soldados começar dizendo *Sim, eu venho em seu templo...*, não se sabe de forma alguma aonde tudo isso vai chegar. Isso pode terminar também por qualquer coisa — *Eu venho em seu templo... prender o Sumo sacerdote*, por exemplo. É preciso verdadeiramente que tenha terminado para que se saiba de que se trata. A frase só existe acabada, e seu sentido lhe vem só depois. É preciso que tenhamos chegado inteiramente ao fim, isto é, do lado desse famoso Eterno.

Estamos aí na ordem dos significantes, e espero ter-lhes feito sentir o que é a continuidade do significante. Uma unidade significante supõe uma certa laçada enlaçada[25] que situa os seus diferentes elementos.

2

Eis sobre o que eu me tinha detido um tempo. Mas este pequeno início tem um interesse muito maior. Ele me faz perceber que toda a cena é uma lindíssima oportunidade de fazer-lhes sentir diante de que os psicóticos se detêm, porque a função deles é a de compreender algo sobre o que eles não compreendem nada, e até onde os linguistas não levam adiante, apesar do método maravilhoso que têm na mão. Quanto a nós, iremos um pouco mais longe.

Retomemos a cena. Quem está ali, escutando o nomeado Abner? É Joad, o Sumo sacerdote, que está cuidadosamente tramando o pequeno complô que vai redundar na subida ao trono de seu filho, que ele ocultou do massacre aos dois anos e meio e educou num profundo retiro. Vocês podem imaginar com que sentimento ele escuta esta declaração do oficial: *Sim, eu venho em seu templo adorar o Eterno*. O velho pode perfeitamente pensar, em eco — *O que é que ele vem portanto fazer aqui?* O tema continua —

Sim, eu venho em seu templo adorar o Eterno,
Venho, segundo o uso antigo e solene,
Celebrar com você a famosa jornada
Onde no monte Sinai a lei nos foi dada.[26]

Em suma, conversa-se. E depois que o Eterno foi repentinamente abandonado aí, não se voltará a falar dele até o fim da peça. Evocam-se recordações, era o bom tempo, *o povo santo em multidão inundava os pórticos*, mas, enfim, as coisas mudaram realmente, *de adoradores zelosos apenas um pequeno número.*

Aí, começamos a compreender de que se trata. *De adoradores zelosos apenas um pequeno número* — é um tipo que pensa que é o momento de ir ter com a Resistência. Aí, estamos no plano da significação — enquanto o significante prossegue o seu caminhozinho, *adoradores zelosos* indica aquilo de que se trata, e a orelha do Sumo sacerdote não deixa, imaginamos isso bem, de colher esse *zelo* de passagem. *Zelo* vem do grego, e quer dizer algo como a emulação, a rivalidade, a imitação, porque nesse jogo só se ganha fazendo o que convém, colocando-se na aparência dos outros.

A agudeza aparece no fim do primeiro discurso, sabendo-se que —

Receio que Atália, nada lhe escondendo,
A você mesmo do altar fazendo arrancá-lo
Não acabe enfim contra você essas vinganças funestas
E com um respeito forçado não despoje os restos.

Aí, vemos surgir uma palavra que tem muita importância — *receio.* É etimologicamente a mesma palavra que temer, e o temor vai aparecer. Há aí algo que mostra a agudeza significativa do discurso, que traz uma indicação de duplo sentido. Situemo-nos aqui ao nível do registro superior, a saber, daquele que Saussure chama a massa amorfa dos pensamentos — ela é talvez amorfa em si, mas ela não é simplesmente isso, porque é preciso que o outro a adivinhe.

Abner está ali com efeito, zeloso sem nenhuma dúvida, mas quando dali a pouco o Sumo sacerdote vai agarrá-lo pelo pescoço e lhe dizer — *Nada de tantas histórias, de que se trata? Em que se reconhece aqueles que são outra coisa que zelosos?* — vai-se perceber como as coisas são embaraçosas. Muitas provas de sua potência não têm sido dadas por Deus desde há muito tempo, enquanto a de Atália e dos seus tem-se manifestado até então sempre triunfante. De modo que, quando ele evoca essa nova ameaça, não sabemos bem aonde ele quer chegar. É uma faca de dois gumes. É também uma advertência, um bom conselho, um conselho de prudência, e mesmo o que se chama sabedoria.

O outro tem respostas muito mais breves. Ele tem muitas razões para isso, e principalmente que ele é o mais forte, tem o trunfo mestre, se assim podemos dizer — *De onde lhe vem hoje*, responde simplesmente, *esse negro pressentimento?* — e o significante cola perfeitamente com o significado. Mas vocês podem constatar que ele não deixa escapar estritamente nada, ele só faz retorquir, remeter ao sujeito uma questão sobre o sentido do que ele tem a dizer.

Nesse ponto, novo desenvolvimento de Abner, que começa, na verdade, a entrar um pouco mais adiante no jogo significativo. É uma mistura de pomada lisonjeira — *Você pensa ser santo e justo impunemente?* — e de beatice falseada, que consiste em contar que há um certo Mathan que, ele sim, é de qualquer maneira indominável. Ele não se arrisca muito longe na denúncia da soberba Atália, que continua sendo mesmo assim sua rainha. O bode expiatório se acha aí muito oportunamente para continuar a armar os engodos.

Não se sabe sempre a que se quer chegar, se há —

Creia-me, mais penso nisso menos posso duvidar
Que contra você sua cólera não esteja pronta a eclodir.

Isso mostra bem o caráter movente das personagens. Menos ele pode duvidar... essa dúvida não é um travesseiro tão desagradável, mas não é mais inteiramente o momento de descansar.

Eu o observava ontem...

Aí estamos no plano do oficial de informações.

...e via seus olhos
Lançarem sobre o lugar santo olhares furiosos.

Gostaria de fazer-lhes observar que depois de todos os bons procedimentos que Abner dá como penhor no curso da troca, nada se haverá passado no final, se ficamos no plano da significação. Nesse plano, tudo pode se resumir em alguns engodos. Cada um sabe um pouquinho mais do que aquilo que está prestes a afirmar. Aquele que sabe muito mais é Joad, mas para ir ao encontro do que o outro pretende saber, ele só faz alusão ao fato de que ali ronda um mistério, em outras palavras, um Eliacin no santuário.

Mas vocês têm o testemunho surpreendente da maneira precipitada como o nomeado Abner vai em cima — *Ela se enganara*, diz ele mais tarde, isto é — *Ela falhou numa parte do massacre? E se restasse alguém dessa famosa família de David?* Essa dica mostra bastante que, se Abner vem ali, é atraído pela carne fresca. Mas ele não sabe no fim de contas nem mais nem menos no final do diálogo do que no início, e essa primeira cena poderia em sua plenitude significativa se resumir a isto —

— *Venho à Festa-Deus.*
— *Muito bem, diz o outro, entrem na procissão, e não falem nas fileiras.*

Não é isso de modo algum, só com uma condição — é que vocês percebam o papel do significante. Se vocês percebem isso, veem que há um certo número de palavras-chaves subjacentes ao discurso dos dois personagens, e que se recobrem em parte. Há a palavra *recear*, a palavra *temor*, a palavra *extermínio*. *Recear* e *temor* são empregadas em primeiro lugar por Abner, que nos leva ao ponto que acabo de indicar-lhes, isto é, no momento em que Joad toma verdadeiramente a palavra.

Aquele que põe um freio ao furor das vagas
Sabe também dos maus deter os complôs.
Submetido com respeito a sua vontade santa,
Temo a Deus, caro Abner, e não tenho outro temor.

Temo a Deus, diz você... lhe replica ele, enquanto ele, Abner, jamais disse isso,

... sua verdade me toca.
Eis como esse Deus responde por minha boca.

E vemos aparecer aqui a palavra que lhes assinalei no início, o *zelo* —

Com o zelo de minha lei será que adianta adornar-se?
Com votos estéreis você pensa me honrar?
Que fruto me cabe de todos os seus sacrifícios?
O sangue de seus reis grita, e de modo algum é escutado.
Rompa, rompa todo pacto com a impiedade.

Do meio de meu povo extermine os crimes.
E você virá então me imolar vítimas.

Não convém acreditar que sejam vítimas inocentes sob formas mais ou menos fixas em lugares apropriados. Quando Abner observa que a Arca Santa é muda e não entrega mais oráculos, retrucam-lhe vivamente que —

Povo ingrato. Como! Sempre as maiores maravilhas
Sem abalar teu coração tocarão tuas orelhas?
É preciso, Abner, é preciso lembrar-lhe o curso
Dos prodígios famosos realizados em nossos dias?
Dos tiranos de Israel as célebres desgraças,
E Deus julgado fiel em todas as suas ameaças,
O ímpio Achad, destruído, e de seu sangue manchado
O campo que pelo assassinato ele tinha usurpado;
Perto desse campo fatal Jezabel imolada,
Sob os pés dos cavalos essa rainha espezinhada,
Em seu sangue inumano os cães saciados,
E de seu corpo horrendo os membros dilacerados;
(...)

Sabemos portanto de que espécie de vítima vai se tratar.

Em suma, qual é aqui o papel do significante? O medo é algo de particularmente ambivalente, nós, analistas, não o ignoramos — é não só algo que impele vocês para a frente como também algo que os puxa para trás, é algo que faz de vocês um ser duplo e que, quando o exprimem diante de uma personagem junto de quem vocês querem dar mostras de ter medo, os coloca a cada instante na postura de reflexo. Mas há algo diverso, que parece homônimo, e é o *temor a Deus.*

Não é de modo algum semelhante. É o significante, antes rígido, que Joad tira de seu bolso no preciso momento em que o advertiram de um perigo.

O temor a Deus é um termo essencial numa certa linha de pensamento religioso sobre a qual vocês estariam errados se acreditassem que é simplesmente a linha geral. O temor *aos* deuses, de que Lucrécio quer liberar seus camaradinhas, é coisa inteiramente diversa, um sentimento multiforme, confuso, pânico. O temor *a* Deus ao contrário, no qual está fundada uma tradição que remonta a Salomão, é princípio de uma sabedoria e fundamento do amor a Deus. E, além disso, essa tradição é precisamente a nossa.

O temor a Deus não é um significante que está espalhado por toda a parte. Foi preciso alguém para inventá-lo, e propor aos homens, como remédio para um mundo feito de terrores múltiplos, ter medo de um ser que não pode, afinal de contas, exercer suas sevícias senão pelos males que estão aí, multiplamente presentes, na vida humana. Substituir os inumeráveis temores pelo temor de um ser único que não tem outro meio de manifestar sua potência senão pelo que é temido atrás desses inumeráveis temores é demais.

Vocês me dirão — *Eis uma perfeita ideia de padre!* Pois bem, vocês não têm razão. Os padres não inventaram absolutamente nada nesse gênero. Para inventar uma tal coisa, é preciso ser poeta ou profeta, e precisamente na medida em que esse Joad o é um pouco, ao menos pela graça de Racine, é que ele pode usar, como o faz, desse significante maior e primordial.

Pude evocar apenas brevemente a história cultural desse significante, mas lhes indiquei suficientemente que ele é inseparável de uma certa estruturação. É o significante que domina a coisa, pois, no tocante às significações, elas mudaram completamente.

Esse famoso temor a Deus realiza o lance de prestidigitação de transformar, de um minuto a outro, todos os temores numa perfeita coragem. Todos os temores — *Eu não tenho outro temor* — são trocados contra o que se chama o temor a Deus, que, por mais coercitivo que seja, é o contrário de um temor.

O que se passou no fim da cena é muito precisamente isto: o temor a Deus, o nomeado Joad o passou ao outro, e como convém, pelo lado favorável, e sem dor. E, a um só tempo, Abner vai embora inteiramente sólido, com esta palavra que reflete esse *Deus fiel em todas as suas ameaças.* Não se trata mais de zelo, e vai se juntar à tropa fiel. Em suma, ele próprio se tornou o suporte do engodo em que vai vir se engatar a Rainha. A peça já foi representada, ela acabou. É na medida em que Abner não lhe dirá uma palavra sobre os verdadeiros perigos que ela corre, que a Rainha se prenderá no anzol que doravante ele representa.

A virtude do significante, a eficácia da palavra *temor*, foi transformar o *zelo* do início, com tudo o que a palavra comporta de ambíguo, e de duvidoso, e mesmo de sempre apta a todas as viradas, na *fidelidade* do fim. Essa transmutação é da ordem do significante como tal. Nenhuma acumulação, nenhuma superposição, nenhuma soma de significações, pode bastar para justificá-la. É na transmutação da situação pela invenção do significante que reside todo o progresso dessa cena, a qual, do outro modo, seria digna do Serviço de Informações.

Quer se trate de um texto sagrado, de um romance, de um drama, de um monólogo ou de uma conversação qualquer, vocês me permitirão representar a função do significante por um artifício espacializante, do qual não temos nenhuma razão de nos privar. Esse ponto em torno do qual deve exercer-se toda análise concreta do discurso, chamá-lo-ei um ponto de basta.

Quando a agulha do colchoeiro, que entrou no momento *Deus fiel em todas as suas ameaças*, torna a sair, está no papo, o cara diz — *Vou me juntar à tropa fiel.*

Se analisássemos essa cena como uma partitura musical, veríamos que é aí o ponto em que vêm se atar o significado e o significante, entre a massa sempre flutuante das significações que circulam realmente entre esses dois personagens, e o texto. É por esse texto admirável, e não pela significação, que *Atália* deve o fato de não ser uma peça de atração.

O ponto de basta é a palavra *temor*, com todas essas conotações trans-significativas. Em torno desse significante, tudo se irradia e tudo se organiza, como nessas linhazinhas de força formadas à superfície de uma trama pelo ponto de basta. É o ponto de convergência que permite situar retroativa e prospectivamente tudo o que se passa nesse discurso.

3

O esquema do ponto de basta é essencial na experiência humana.

Por que esse esquema mínimo da experiência humana, que Freud nos deu no complexo de Édipo, conserva para nós seu valor irredutível e no entanto enigmático? E por que esse privilégio do complexo de Édipo? Por que Freud quer sempre, com tanta insistência, reencontrá-lo por toda a parte? Por que há aí um nó que lhe parece tão essencial que ele não pode abandoná-lo na menor observação particular? — se não é porque a noção do pai, muito próxima daquela de temor a Deus, lhe dá o elemento mais sensível na experiência do que chamei o ponto de basta entre o significante e o significado.

Levei talvez muito tempo para explicar-lhes isso, mas creio entretanto que isso constitui imagem, e permite-lhes discernir como pode acontecer, na experiência psicótica, o significante e o significado se apresentarem sob uma forma completamente dividida.

Pode-se crer que, numa psicose, tudo está ali no significante. Tudo tem ar de estar ali. O presidente Schreber parece compreender perfeitamente bem o que é ser atravessado pelo professor Flechsig, e alguns outros que vêm pôr-se no seu lugar. O enfadonho é precisamente que ele o diga, e da maneira mais clara — por que, nesse momento, isto provocaria, como nos é explicado, distúrbios tão profundos em sua economia libidinal?

Não, é num outro registro que é preciso abordar o que se passa na psicose. Eu não sei o total, mas não é impossível que se chegue a determinar o número mínimo de pontos de ligação fundamentais entre o significante e o significado necessários para que um ser humano seja dito normal, e que, quando eles não estão estabelecidos, ou afrouxam, produzem o psicótico.

O que lhes proponho é ainda totalmente grosseiro, mas é o ponto a partir do qual poderemos na próxima vez examinar o papel da *personação* do sujeito, a saber, a maneira como se diferenciam em francês *je* e *moi*.

Naturalmente, nenhuma língua particular tem privilégio na ordem dos significantes, os recursos de cada uma são extremamente diferentes e sempre limitados. Mas, igualmente, qualquer uma, cobre todo o campo das significações.

Onde, no significante, está a pessoa? Como um discurso se sustenta de pé? Até que ponto um discurso que parece pessoal pode, somente no plano do significante, portar muitos traços de impersonalização para que o sujeito não o reconheça como seu?

Não estou dizendo a vocês que está aí o motor do mecanismo da psicose, digo que o mecanismo da psicose se manifesta nisso. Antes de delinear esse mecanismo, é preciso que nos exerçamos em reconhecer, nos diferentes estágios do fenômeno, em que pontos o basta é saltado. Um catálogo completo desses pontos nos permitiria encontrar correlações surpreendentes, e perceber que não é de uma maneira qualquer que o sujeito despersonaliza o seu discurso.

Há a esse respeito uma experiência ao alcance de nossa mão, Clérambault percebeu isso. Ele faz alusão em primeiro lugar ao que se passa quando somos de repente tomados pela evocação afetiva de um acontecimento de nosso passado difícil de ser suportado. Quando não se trata de comemoração, mas realmente de ressurgimento do afeto, quando, recordando-nos de uma cólera, estamos bem perto de uma cólera, quando, recordando-nos de uma humilhação, revivemos a humilhação, quando, recordando-nos de uma ruptura de ilusão, sentimos a necessidade de reorganizar nosso equilíbrio e nosso campo significativo, no sentido em que se fala de campo social — pois bem, é o momento mais favorável, nota Clérambault, para a emergência, a que ele chama emergência puramente automática, de trechos de frase algumas vezes tomados na experiência mais recente, e que não tem nenhuma espécie de relação significativa com aquilo de que se trata.

Esses fenômenos de automatismo estão na verdade admiravelmente observados — mas há muitos outros —, e basta ter o esquema adequado para situar no fenômeno de uma forma não mais puramente descritiva, mas verdadeiramente explicativa. Eis a ordem de coisas a que nos conduz uma observação como a do presidente Schreber, sem dúvida única nos anais da psicopatologia.

Na próxima vez, retomarei as coisas no *eu* e no *tu*.

Não há necessidade de que eles estejam expressos na frase, para aí estar. *Vem* é uma frase, e implica um *eu* e um *tu*.

No esquema que lhes dei, onde estarão eles, esse *eu* e esse *tu*? Vocês ficam imaginando talvez que o *tu* está ali, ao nível do Outro com A maiúsculo? De forma alguma. É por aí que começaremos — o *tu* em sua forma verbalizada não recobre de forma alguma esse polo a que chamamos Outro com A maiúsculo.

6 de junho de 1956

XXII

"Tu és aquele que me seguirás"

O Outro é um lugar.
O tu do Superego.
Devolução e constatação.
A via média.
O apelo do significante.

Eu sou muito mais eu. Antes, eu era um paraeu que acreditava ser o verdadeiro, e que era absolutamente falso.

Em todo o caso, quero precisar que somos numerosos, aqueles que sustentamos a Frente Popular.

Essas frases, que são atestadas, foram recolhidas por mim na gramática de Damourette e Pichon, obra considerável e muito instrutiva, quando mais não seja pela quantidade enorme de documentos muito inteligentemente classificados, sejam quais foram os erros de conjunto e de pormenor.

Essas duas frases, sendo uma falada e a outra escrita, nos mostram que isso sobre o que vou fazer girar hoje a reflexão de vocês, não é um artifício forjado, uma sutileza literária implantada injustificadamente.

A primeira frase foi manifestamente recolhida, Pichon dá indicação disso pelas iniciais, de uma paciente em análise, a Sra. X, em tal data, *Eu sou muito mais eu*, diz ela, sem dúvida muito satisfeita com algum progresso realizado pelo tratamento, *antes eu era um paraeu, que acreditava ser...*[27] Graças a Deus, a língua francesa, frequentemente ambígua no falado, permite aqui, graças ao encontro do silêncio consonântico e de um vogal inicial, distinguir perfeitamente aquilo de que se trata. O verbo está na primeira pessoa do singular, sou eu *que acreditava*. Através do relativo, a primeira pessoa transmitiu-se na relativa.

Vocês me dirão — *Isso é evidente*. É o que me respondeu uma mulher encantadora a quem recentemente eu tentava interessar nesses assuntos, propondo-lhe o problema da diferença que há entre *eu sou a mulher que não abandonarei você* e *eu sou a mulher que não abandonará você*. Eu devo dizer que não tive sucesso algum. Ela recusou se interessar por essa diferença tênue, cuja importância no entanto vocês já estão sentindo.

O uso manifesta isso suficientemente, pois que, na mesma frase, a Sra. X continua — *Eu sou muito mais eu. Antes, eu era um paraeu que acreditava ser o verdadeiro e que era absolutamente falso.*

Penso que não há frase que se exprima com mais justeza. *Ele era absolutamente falso*, esse paraeu. De *eu* na primeira parte da frase, ele se tornou um *ele* na segunda.

Há algumas dessas assim em Pichon, igualmente bastante curiosas, e sempre de atualidade — *Em todo o caso, quero precisar que somos numerosos, aqueles que sustentamos a Frente Popular, votada por seus candidatos, e que acreditavam em um ideal perseguido bem diferente, numa ação bem diferente e numa realidade bem diferente etc.*

Se prestarem atenção, vocês recolherão às pencas exemplos como esses. A questão é a de saber se a personação que está na principal atravessa ou não a tela, a lente que fica na entrada da relativa. A tela é manifestadamente neutra, ela não varia. Trata-se portanto de saber em que consiste o poder de penetração, se assim se pode dizer, da personação antecedente.

Veremos que esse pontinho de linguística se encontra em outras línguas de uma forma muito viva. Mas evidentemente seria preciso ir procurar em outras formas de sintaxe. Voltaremos a isso daqui a pouco.

1

Eu os deixei da última vez no momento de examinar que ângulo novo pode trazer o avanço que fizemos concernente à função do significante, à questão acalorada, atualizada confusamente pela função da relação de objeto, e presentificada tanto pela estrutura quanto pela fenomenologia da psicose, questão acalorada que é a do outro.

Até aqui lhes mostrei a duplicidade desse outro, entre o outro imaginário e o Outro com A maiúsculo, esse Outro de que trato nesse curto discurso que lhes apresentei na última sessão do ano passado, e que acaba de sair em *L'évolution psychiatrique* com o título "A coisa freudiana".

Peço desculpas por citar a mim mesmo, mas de que serve polir nossas próprias fórmulas, se não é para fazer uso delas. Digo — *O Outro é portanto o lugar onde se constitui o eu que fala com aquele que ouve.* Digo isso depois de algumas observações sobre o fato de que há sempre um Outro além de todo diálogo concreto, de todo jogo interpsicológico. A fórmula que lhes citei deve ser tomada como um ponto de partida, trata-se de saber a que ela conduz.

Gostaria que vocês sentissem toda a diferença que há entre uma tal perspectiva e aquela que é hoje confusamente aceita. Dizer que o Outro é o lugar onde se constitui aquele que fala com aquele que escuta é bem diferente de partir da ideia de que o outro é um ser.

Estamos na análise intoxicados desde algum tempo por temas incontestavelmente vindos do discurso dito existencialista, no qual o outro é o *tu*, aquele que pode responder, mas num modo que é aquele de uma simetria, de uma correspondência completa, o *alter ego*, o irmão. Faz-se uma ideia fundamentalmente recíproca da intersubjetividade. Acrescentem a isso as confusões sentimentais que se inscrevem sob a rubrica do personalismo, e o livro de Martin Buber sobre *o Eu e o Tu* — a confusão será definitiva, e irremediável, a menos que se volte à experiência.

Em vez de ter trazido o que quer que seja ao esclarecimento do fundamento da existência do outro, a experiência existencialista só fez deixá-la sempre mais radicalmente pendente à hipótese da projeção — sobre a qual, é claro, todos vocês vivem — segundo a qual o outro não é senão uma certa semelhança humana, animada por um *eu* reflexo do meu.

Animismo, antropomorfismo, estão aí sempre prestes a surgir, e na verdade impossíveis de serem refutados, assim como as referências sumárias a uma experiência de linguagem conquistada quando de seus primeiros balbucios. Fizeram-nos ver que o domínio do *tu* e do *eu* não é imediatamente adquirido pela criança, mas a aquisição se resume, no fim de contas, para a criança, em poder dizer *eu* quando vocês lhe disseram *tu*, em compreender que, quando lhe dizemos *você vai fazer isso*, ela deve dizer em seu registro *eu vou fazer isso.*

Essa concepção simétrica redundou entre os analistas em algumas verdades primeiras, em afirmações sensacionais desse gênero, que ouvi da boca de alguém que pertence ao que se chama o outro grupo: *Não se pode fazer a análise de alguém para quem o outro não existe.*

Eu me pergunto o que isso quer dizer, que *o outro não existe*. Pergunto-me se essa fórmula comporta mesmo um valor de aproximação, por menor que seja. De que se trata? De um vivido, de um sentimento irredutível? Tomemos nosso caso Schreber, para quem toda a humanidade passou um tempo no estado de sombras atamancadas às três pancadas — pois bem, há para ele um outro, um outro singularmente acentuado, um Outro absoluto, um Outro completamente radical, um Outro que não é nem posição, nem um esquema, um Outro do qual ele nos afirma que se trata de um ser vivo lá do seu modo, e sobre o qual ele sublinha bem que é capaz, quando ameaçado, de ser egoísta como as demais pessoas vivas. Deus, encontrando-se em condições de ser ameaçado em sua independência por essa desordem de que ele é o primeiro responsável, manifesta relações espasmódicas de defesa. Ele guarda todavia uma alteridade tal que é estranho às coisas vivas, e mais especialmente desprovido de toda compreensão a respeito das necessidades vitais de nosso Schreber.

Que haja para Schreber um outro que seja assim é suficientemente indicado pelo início singularmente espirituoso, humorístico, de um dos capítulos de suas *Memórias*, onde ele diz não ser de forma alguma paranoico. O paranoico é alguém que relaciona tudo a si mesmo, é alguém cujo egocentrismo se alastra — ele leu Kraepelin — mas *eu*, diz ele, *é completamente diferente, é o Outro que relaciona tudo a mim*. Há um Outro, e isso é decisivo, estruturancial.

Então, antes de falar do outro como de algo que se situa ou não se situa a uma certa distância, que somos capazes ou não de abraçar, de estreitar, e mesmo de consumir em doses mais ou menos rápidas, tratar-se-ia de saber se a própria fenomenologia das coisas tal como se apresentam em nossa experiência não obriga a uma abordagem diferente — e precisamente, àquela que adoto quando digo — antes de ver como ele vai ser mais ou menos realizado — que o Outro deve ser em primeiro lugar considerado como um lugar, o lugar em que a fala se constitui.

As pessoas — já que hoje nos interessamos por elas — devem vir de algum lugar. Elas vêm em primeiro lugar de uma maneira significante, entendam bem, formal. A fala se constitui para nós, tanto de um *eu*, quanto de um *tu*. São dois semelhantes. A palavra falada os transforma, dando-lhes uma certa justa relação, mas — e é sobre isto que quero insistir — uma distância que não é simétrica, uma relação que não é recíproca. Com efeito, o *eu* não está nunca ali onde ele aparece sob a forma de um significante particular. O *eu* está sempre ali na qualidade de presença sustentando o conjunto do discurso, no estilo direto ou no estilo indireto. O *eu* é o *eu* daquele que pronuncia o discurso. Tudo o que se diz tem sob si um *eu* que o pronuncia. É no interior dessa enunciação que o *tu* aparece.

Aí estão as verdades primeiras, de tal forma primeiras que vocês se arriscam a procurar mais longe do que na ponta do seu nariz. Não há mais nada para entender além do que acabo de fazer observar. Que o *tu* já esteja no interior do discurso é uma evidência. Jamais houve *tu* em outro lugar do que ali onde se diz *tu*. É aí que para começar temos de encontrá-lo, neste vocalise, *tu*. Partamos daí.

Quanto ao *eu*, é ele também uma moeda, um elemento fiduciário circulando no discurso? Espero responder a isso daqui a pouco, mas coloco desde agora a questão, para que vocês não a percam de vista, e saibam aonde quero chegar.

2

O *tu* está longe de se dirigir a uma pessoa inefável, a essa espécie de além cujo acento primeiro as tendências sentimentalistas à moda do existencialismo gostariam de nos mostrar. É coisa totalmente diversa no uso.

O *tu* não é sempre o *tu* pleno que se leva enormemente em conta, e do qual vocês sabem que, eventualmente, eu mesmo evoco em exemplos mais significativos. *Você é meu mestre, você é minha mulher* — aprecio muito essas fórmulas por fazerem compreender a função da fala.

Trata-se hoje de recentrar o alcance dado a esse *tu*, que está longe de ter sempre esse emprego pleno.

Vou conduzi-los a algumas observações linguísticas.

A segunda pessoa está longe de ser sempre empregada com essa ênfase. Quando se diz no uso mais corriqueiro — *Não se pode passear neste lugar sem que você seja abordado*, não se trata na realidade de nenhum *tu*, de nenhum *você*. O *você* assume quase o valor da partícula de indeterminação do sujeito, é o seu correspondente.

Algo de mais significativo ainda — *Quando se chega a esse grau de sabedoria, não resta mais a você que morrer.* Aí também, de que *você*, de que *tu* se trata? Não é certamente a quem quer que seja que estou me endereçando nessa fala. Peço encarecidamente a vocês tomarem a frase no seu conjunto porque não há frase que possa destacar-se da plenitude de sua significação. O que esse *você* visa é tão pouco um outro que direi que é o resto daqueles que se obstinariam em viver após esse discurso — se a sabedoria diz que não há outro fim para tudo a não ser a morte, não lhes resta mais que morrer. Isso lhes mostra bastante que a função da segunda pessoa nessa ocasião é justamente a de visar o que é ninguém, o que se despersonaliza.

De fato, esse *tu* que se mata aí é aquele que conhecemos perfeitamente pela fenomenologia da psicose, e pela experiência comum, é o *tu* que em nós diz *tu*, esse *tu* que se faz sempre mais ou menos discretamente ouvir, esse *tu* que fala sozinho, e que nos diz *você percebe* ou *você é sempre o mesmo.* Como na experiência de Schreber, esse *tu* não tem necessidade de dizer *tu* para ser o *tu* que nos fala. Basta um pouquinho de nada de desagregação — Schreber teve largamente sua dose — para que ele venha com coisas como *não ceder ao primeiro convite.*

Isso visa esse algo que não é denominado e que reconstruímos em Schreber como a tendência homossexual, mas isso pode ser outra coisa, já que os convites, as intimações, não são raros, mas constantes. Esta frase é com efeito a regra de conduta de muitos — *Não cedam a seu primeiro movimento, isso poderia ser bom,* como se diz. E que é que lhes ensinam se não é justamente nunca ceder ao primeiro convite? Reconhecemos aqui nosso velho e bom amigo, o superego, que nos aparece de repente sob sua forma fenomênica, ao invés de sob amáveis hipóteses genéticas. Esse superego é realmente algo como a lei, mas é uma lei sem dialética, e não é por nada que o reconhecem, mais ou menos acertadamente, no imperativo categórico, com o que chamarei sua neutralidade nociva — um certo autor o nomeia de sabotador interno.

Esse *tu*, estaríamos errados em desconhecer que ele está ali como um observador — ele vê tudo, entende tudo, anota tudo. É justamente o que se passa em Schreber, e é seu modo de relação com isso que se exprime nele por esse *tu* incansável incessante, que o provoca a respostas sem nenhuma espécie de sentido.

Eu tenho vontade de citar a velha expressão *Nul ne s'en doute*,[28] que se espalhava outrora nos catálogos de telefone a respeito de uma polícia privada. Sente-se aí como se trata de um ideal. Como todo o mundo ficaria feliz, se, com efeito, ninguém suspeitasse. Mas por mais que fiquemos atrás da cortina, há sempre os bicos dos sapatões que ficam de fora. Para o superego, é a mesma coisa. Mas seguramente, ele não suspeita de nada. Nada há de menos duvidoso que tudo o que aparece por intermédio desse *tu*.

É incrível que possamos esquecer essa aresta primeira, que é aquela que nossa experiência analítica manifesta — que o *tu* está aí como um corpo estranho. Um analista, o Sr. Isakower, chegou mesmo a compará-lo com o que se produz num pequeno crustáceo do gênero camarão que possui a propriedade particular de ter, no início de sua existência, a sua câmara vestibular, órgão regulador do equilíbrio, aberto para o meio marinho. Mais tarde, essa câmara vestibular será fechada, e compreenderá um certo número de pequenas partículas espalhadas no meio, que lhe facilitarão a adoção da posição vertical ou horizontal. São esses mesmos animaizinhos que, no início de sua existência, lançam docemente na concha alguns grãozinhos de areia, depois, por um processo fisiológico, a câmara se fecha. Basta substituir esses grãos de areia por pequenas partículas de limalha para que possamos conduzir essas encantadoras figurinhas ao fim do mundo com um eletroímã, ou fazê-las nadar com as patas no ar.

Eis a função do *tu* no homem, segundo o Sr. Isakower, e eu faria disso de bom grado um pequeno apólogo para fazer compreender a experiência do *tu*, mas em seu nível mais baixo. Negligenciar que ela resulta no *tu* como significante é desconhecer tudo de sua função.

Os analistas — a via que sigo não é aqui solitária — chamaram atenção ainda para outro ponto. Não posso me estender longamente sobre a relação que existe entre o superego, que nada mais é que a função do *tu*, e o sentimento de realidade. Não tenho necessidade de insistir pela simples razão de que isso está enfatizado em todas as páginas da observação do presidente Schreber. Se o sujeito não duvida da realidade do que ele ouve, é em função desse caráter de corpo estranho que apresenta a intimação do *tu* delirante. Tenho necessidade de evocar a filosofia de Kant, que não reconhece realidade fixa senão no céu estrelado acima de nossas cabeças, e na voz da consciência de dentro? Esse estrangeiro, como o personagem de Tartufo, é o verdadeiro possuidor da casa, e diz de bom grado ao eu: *Cabe a você sair.* Quando o sentimento de estranheza se manifesta em alguma parte nunca é do lado do superego — é sempre o eu que não se reconhece mais, é o eu que entra no estado *tu*, é o eu que se crê no estado de duplo, isto é, expulso da casa enquanto o *tu* continua sendo possuidor das coisas.

Isso é a experiência. Nem por isso é preciso que nos atenhamos aí. Mas, enfim, é preciso lembrar bem essas verdades para compreender onde está o problema de estrutura.

Pode parecer-lhes estranho que eu mecanize assim as coisas, e vocês ficam imaginando talvez que me limito a uma noção elementar do discurso que ensino, que tudo está contido na relação do eu com o tu, do eu com o outro.

É sobre isso que os linguistas — para não falar dos psicanalistas — começam a balbuciar toda vez que abordam a questão do discurso. Pode-se mesmo lamentar o fato de que Pichon, na obra muito notável de que falei, se acredite obrigado a lembrar como base de sua definição dos repartitórios — como ele se exprime — verbais, que é preciso partir da ideia de que o discurso se dirige sempre a um outro, ao alocutário. E começar pelo plano locutório simples, que se acha no imperativo *Vem*. Não há necessidade de falar muito sobre isso — *Vem* supõe um *eu*, supõe um *tu*. Há por outro lado um plano narrativo que será delocutório, onde há sempre *mim* e *ti*, mas onde se visa algo diverso.

É preciso crer que não se fica plenamente satisfeito com uma tal repartição pois que, relativamente à interrogação, um problema novo se coloca, que introduziremos como uma dissimetria, que fará simetria com a condição de que consideremos que a cifra 3 é a melhor.

Se o narrativo é *il vient*, o interrogativo é *vient-il?*[29] Mas nem tudo é simples nessa função. A prova é que se diz *Le roi vient-il?*, o que mostra bem que *t-il* não é na interrogação inteiramente o mesmo sujeito que na narração. Isso pode querer dizer que há um rei que ele venha, ou se o rei vem. A questão é muito mais complexa desde que a gente se aproxime do uso concreto da linguagem. O imperativo *vem* deixa a ilusão de uma presença simétrica, bipolar de um *eu* ou de um *tu*. Mas o *eu* ou o *tu* estão também presentes quando se faz referência a esse terceiro objeto que se chama uma terceira pessoa?

A dita terceira pessoa não existe. Digo-lhes isso de passagem para começar a abalar alguns princípios certamente bem tenazes no espírito de vocês em função do ensino primário da gramática. Não há terceira pessoa, o Sr. Benveniste o demonstrou perfeitamente.

Paremos um pouco para situar a questão que o sujeito se coloca, ou mais exatamente, a questão que *eu* me ponho sobre o que *eu* sou, ou posso esperar ser.

Em nossa experiência, jamais a encontramos senão expressa pelo sujeito fora de si mesmo, e sem que ele o saiba. É todavia fundamental, pois que é a questão que está no fundamento da neurose, e é aí que a apanhamos pelas orelhas.

Essa questão, quando ela aflora, nós a vemos decompor-se singularmente. Ela aflora sob formas que não têm nada de interrogativo, como *Possa eu chegar a isso!*, mas que estão entre a exclamação, o desejo, a fórmula dubitativa. Se quisermos lhe dar um nadinha a mais de consistência, exprimi-lo no registro do delocutório e do narrativo, no indicativo, observem como dizemos com toda a naturalidade — *Pensa você ser bem-sucedido?*

Em suma, gostaria de levá-los a uma distribuição das funções da linguagem outra que esses titubeios em torno da locução, da delocução e da alocução. E isso, em função da questão, a questão sempre latente, jamais posta.

Se ela vem à tona, se ela surge, é sempre em virtude de um modo de aparição da fala que podemos chamar, de diferentes maneiras, a missão, o mandato, a delegação, ou ainda a devolução, com referência a Heidegger. É o fundamento ou a palavra fundadora — *Tu és isto, minha mulher, meu mestre*, mil outras coisas. Esse *tu és isto*, quando eu o recebo, me torna na palavra outro que não eu.

Quem pronuncia? Esse *tu* é o mesmo que o *tu* navegando em liberdade nos exemplos que lhes dei? Essa missão será ela primitiva ou secundária em relação à questão, fenomenicamente?

A questão tende a surgir quando temos de corresponder à missão. O terceiro de que se trata aí — eu lhes faço observar de passagem — não é nada que se pareça a um objeto, é sempre o próprio discurso ao qual o sujeito se refere. Ao *você é meu mestre*, corresponde um certo *que sou eu?* — *Que sou eu para sê-lo, se é que sou?* Esse hífen *lo* não é o mestre tomado como objeto, é a comunicação total da frase que diz *eu sou seu mestre*, como se *seu mestre* tivesse um sentido só pela homenagem que dele recebo. *Que sou eu, para ser o que você acaba de dizer?*

Há uma lindíssima prece na prática cristã que se chama a *Ave-Maria*. Ninguém suspeita aliás que isso começa pelas três letras que os monges budistas resmungam o dia todo, *AUM*, deve haver aí alguma coisa de radical na ordem do significante, mas que importa. *Eu a saúdo, Maria*, e segundo uma outra fórmula popular — *você terá um filho sem marido*, diz a canção. Aliás, isso não é de modo algum sem relação com o assunto do presidente Schreber. A resposta não é de modo algum *Eu sou o quê?* mas *Eu sou a serva do Senhor, que eu assim seja segundo Sua palavra. Eu sou a serva* quer dizer simplesmente *Eu me aboli. Que sou eu para ser aquela que você diz? Mas que eu assim seja segundo sua palavra.*

Tal é a ordem de réplica de que se trata na fala mais clara. Quando a devolução se apresenta de uma forma bastante desenvolvida, podemos estudar as relações recíprocas de *tu*, corpo estranho, com o significante que alfineta, basteia o sujeito.

Peço-lhes que se detenham comigo em alguns exemplos cujo alcance linguístico é, para nós franceses, inteiramente palpável.

3

Qual é a diferença entre *tu és aquele que me seguirás por toda a parte* e *tu és aquele que me seguirá por toda a parte*?[30]

Temos uma oração principal na segunda pessoa, *tu és aquele. Que* é a tela. Será que ela vai ou não deixar passar na relação o *tu*? Vocês percebem de imediato que é absolutamente impossível separar o *tu* do sentido do significante seguinte. Não é de *tu* que depende a permeabilidade da tela, mas do sentido de *seguir* e do sentido que eu invisto, eu que falo — esse eu que fala não é forçosamente eu, é talvez quem ouve isso do eco que está sob toda a frase — do sentido investido nessa frase.

Tu és aquele que me seguirás por toda a parte é quando menos uma eleição, talvez única, um mandato, uma devolução, uma delegação, um investimento. *Tu és aquele que me seguirá por toda a parte* é uma constatação, e temos tendência em sentir antes do lado da constatação afligida. Desse *tu* que *me seguirá por toda a parte*, se isso tem um caráter determinativo, nós estaremos rapidamente fartos disso. Se por um lado isso transborda no sacramento, por outro, isso iria bastante rápido do lado da perseguição, incluso no próprio termo *seguir*.

Vocês me dirão uma vez mais que o significante de que se trata é justamente uma significação. Eu lhes retorquirei que a significação da seguição de que se trata quando digo *tu és aquele que me seguirá por toda a parte* àquele no qual reconheço meu companheiro, e que pode ser a resposta ao *tu és meu mestre* de que falamos desde sempre, implica a existência de um certo modo de significante. Vou imediatamente materializar isso para vocês.

O *suivre* pode em francês produzir ambiguidade, não conter bastante prontamente em si a marca da originalidade significante da dimensão do verdadeiro *suivre.* Seguir o quê? — é o que fica em aberto. E é justamente o que quero fazer-lhes notar — isso fica em aberto. Seguir teu ser, tua mensagem, tua fala, teu grupo, o que eu represento? O que é que é? É um nó, um ponto de aperto num feixe de significações, adquiridas ou não pelo sujeito. Se o sujeito não o adquiriu, ele ouvirá *tu és aquele que me seguirá por toda a parte* o que o outro lhe disse *seguirás, a, s,* isto é, em um sentido bem outro, que muda até o alcance do *tu.*

A presença do *tu no seguirás* interessa à personação do sujeito a que se endereça. Quando digo, exemplo palpável, *tu és a mulher que não me abandonará, á,* manifesto uma certeza muito maior concernente ao comportamento de minha parceira do que quando digo *tu és a mulher que não me abandonarás, á, s.* Para fazer sentir a diferença que não se ouve;[31] manifesto, no primeiro caso, uma certeza muito maior, e, no segundo, uma confiança muito maior. Essa confiança supõe precisamente um vínculo mais frouxo entre a pessoa que aparece no *tu* da primeira parte da frase, e aquele que aparece na relativa. É justamente porque ele é frouxo que aparece numa originalidade especial relativamente ao significante, e que supõe que a pessoa sabe de que espécie de significante se trata nesse *seguir,* que ela o assume. Isso quer dizer também que ela pode não seguir.

Vou tomar uma referência que toca no caráter mais radical das relações do *eu* com o significante. Nas línguas indo-europeias antigas, e em certas sobrevivências das línguas vivas, há o que se chama a voz média. A voz média se distingue da ativa e da passiva pelo fato de que, nela, aproximação que se aprende na escola, o sujeito faz para si a ação em causa. Há, por exemplo, duas formas diferentes para dizer *Eu sacrifico,* conforme a posição assumida de sacrificador ou como aquele que oferece o sacrifício.

Não entremos nessa nuança da voz média a respeito dos verbos que têm as três vozes, porque, não as empregando, sentiremos essa voz sempre mal. O que é instrutivo são os verbos que possuem somente a voz média. Se o recolhermos de um artigo do Sr. Benveniste sobre esse assunto no *Journal de Psychologie Normale et Pathologique* de janeiro-março, 1950, inteiramente consagrado à linguagem, são médios os seguintes verbos: nascer, morrer, seguir e ativar um movimento, ser mestre, estar deitado, voltar a um estado familiar, jogar, tirar proveito, sofrer, ter paciência, experimentar uma agitação mental, tomar suas medidas — que é o *medeor* de que todos vocês são investidos como médicos — falar. Enfim, é todo o registro em jogo precisamente na experiência analítica.

Esses verbos não existem num certo número de línguas senão na voz média. Que têm eles de comum? Após estudo, sobressai que eles têm isto de comum: o sujeito se constitui como tal no processo ou no estado que o verbo exprime.

Não deem nenhuma importância ao termo processo ou estado — a função verbal não é facilmente apreendida numa categoria. O verbo é uma função na frase, e nada mais. Não há nenhuma outra diferença entre o nome e o verbo exceto sua função no interior da frase. Processo ou estado, os substantivos também o exprimem. A implicação do sujeito não é absolutamente mudada pelo fato de que o processo ou estado em causa se exprime na forma verbal. Se ele se exprime na forma verbal é que é o suporte de um certo número de ênfases significantes que situam o conjunto da frase sob um modo temporal.

A existência de formas distintas para os verbos nos quais o sujeito se constitui como tal, como *eu*, iguais ao *sequor* latino, que implica, em virtude do sentido pleno do verbo *suivre*, a presença de *eu* na seguição, nos põe na via do que se trata no fato de que, em francês, o verbo da relativa concorda ou não concorda com o *tu* da principal. Ele concorda ou não concordará com o *tu*, segundo a maneira como o *eu* de que se trata, está interessado, cativo, alfinetado, preso no basteamento de que falava outro dia, segundo a forma como, na relação total do sujeito com o discurso, o significante se engancha.

Todo o contexto de *tu és aquele que me seguirás* muda segundo a ênfase dada ao significante, segundo as implicações do seguirás, segundo o modo de ser que está atrás desse *seguirás*, segundo as significações ligadas pelo sujeito a um certo registro significante, segundo a bagagem com a qual o sujeito parte na indeterminação do *que sou eu?* — e pouco importa que essa bagagem seja primordial, adquirida, secundária, de defesa, fundamental, pouco importa sua origem. Vivemos com um certo número de respostas ao *que sou eu?*, em geral das mais suspeitas. Se *eu sou um pai* tem um sentido, é um sentido problemático. Se é de uso comum dizer-se *eu sou um professor*, isso deixa completamente em aberto a questão *professor de quê?* Se dizemos para nós mesmos, entre mil outras identificações, *eu sou um francês*, isso supõe o pôr entre parênteses de tudo o que pode representar a noção de pertencer à França. Se vocês dizem *eu sou cartesiano* é, na maioria dos casos, que vocês não sacam nada do que disse o Sr. Descartes, porque provavelmente jamais o abriram. Quando vocês dizem *eu sou aquele que tem ideias claras*, trata-se de saber por quê. Quando vocês dizem *eu sou aquele que tem caráter*, todo o mundo pode perguntar-lhes com razão *qual?* E quando vocês dizem *eu digo sempre a verdade*, pois bem, vocês não têm medo.

É essa relação com o significante que determina a ênfase que vai assumir para o sujeito a primeira parte da frase, *tu és aquele que...*, segundo a qual a parte significante terá sido para ele conquistada, e assumida, ou ao contrário *verworfen*, rejeitada.

Quero ainda, antes de deixá-los, dar-lhes alguns outros exemplos.

Se digo a alguém *tu és aquele que deves vir, d, e, v, e, s*, o plano por detrás de significantes que isso supõe não se reconhece se digo *tu és aquele que deve chegar, d, e, v, e*, pois que isso implica dizer simplesmente *tu chegarás*, e isso deixa supor — *Sim, mas em que estado!*

Tu és aquele que queres o que ele quer, q, u, e, r, e, s, quer dizer, *tu és um pequeno obstinado. Tu és aquele que quer o que ele quer*, sem *e, s*, quer dizer *tu és aquele que sabe querer.* Não se trata forçosamente de que tu sejas aquele que me seguirás ou que não me seguirás, tu és aquele que seguirá a sua via até o fim.

Tu és aquele que sabes o que ele diz, b, e, s, não é *aquele que seguirá sua via até o fim.*

A importância dessas distinções é a de mostrar que a mudança da ênfase, a plenitude que o *tu* confere ao outro, e que é também o que ele recebe disso, está essencialmente ligada ao significante.

4

Que se passa quando o significante de que se trata, o centro organizador, o ponto de convergência significativo que ele constitui, é evocado, mas faz falta?

Podemos ao mesmo tempo deduzi-lo por essa aproximação e vê-lo confirmado na experiência.

Basta situar nossa fórmula sobre o esquema que lhes dei por ser o da fala. *Tu és aquele que me seguirás por toda a parte.* Naturalmente, o S e o A são sempre recíprocos, e na medida em que é a mensagem do outro recebida por nós que nos funda, o A está ao nível do *tu*, o *a'* ao nível do *que me*, e o S ao nível de *seguirás.*

Que se passa se falta o significante que dá à frase seu peso, e sua ênfase ao *tu*? Se esse significante é ouvido, mas se nada no sujeito pode responder a ele? A função da frase se reduz então ao único alcance do *tu*, significante livre, alfinetado em alguma parte. Não há nenhum *tu* eletivo. O *tu* é exatamente aquele ao qual me dirijo, e nada mais. Se eu digo *tu* és, o *tu* é aquele que morre. É exatamente o que se observa nas frases interrompidas de Schreber, que se suspendem precisamente no ponto em que vai surgir um significante que continua sendo problemático, carregado de uma significação certa, mas não se sabe qual. Significação derrisória, que indica a hiância, o buraco, em que nada de significante pode responder no sujeito.

É precisamente na medida em que esse significante é chamado, evocado, interessado, que surge em torno dele o aparelho puro e simples da relação com o outro, o atabalhoamento vazio — *Tu és aquele que me...* É o próprio tipo da frase interrompida do presidente Schreber, que, é claro, produz uma presença do outro tanto mais radical, tanto mais radicalmente outro, que não há nada que o situe a um nível de significante com o qual o sujeito concordaria de qualquer maneira. Schreber diz isso — se o Outro o abandonar por um instante, deixá-lo cair, produz-se uma verdadeira decomposição. Essa decomposição do significante se produz em torno de um ponto de apelo constituído pela falta, o desaparecimento, a ausência de um certo significante na medida em que, num momento dado, ele é chamado como tal.

Suponham que seja do *me seguirás* que se trate. Tudo será evocado por significações que disso se aproximam, haverá *eu estarei pronto, eu serei submetido, eu serei dominado, eu serei frustrado, eu serei ocultado, eu ficarei alienado, eu serei influenciado.* Mas o *seguirás* no sentido pleno não estará aí.

Qual é a significação que, no caso do presidente Schreber, foi assim aproximada? Que significante foi portanto chamado, cuja falta produziu um tal transtorno num homem que até ali estava perfeitamente conformado ao aparelho da linguagem, na medida em que ele estabelece a relação corrente com seus semelhantes? A ausência de que significante pode explicar que a repetição da fala se torne para ele o modo de relação eletivo com um outro, que a alteridade seja reduzida ao registro único da alteridade absoluta, quebrando, dissipando a alteridade de todos os seres de seu meio?

É nessa questão que vamos parar por hoje.

Indico-lhes desde já, para não deixá-los completamente em suspenso, a direção em que vamos procurar. As palavras-chaves, as palavras significantes do delírio de Schreber, *o assassinato d'almas*, *a assunção de nervos*, *a volúpia*, *a beatitude*, e mil outros termos, giram em torno de um significante fundamental, que não é jamais dito, e cuja presença comanda, é determinante. Ele próprio o diz. A título indicativo, e para assegurar-lhes mostrando-lhes que estamos num terreno que é nosso, eu lhes direi que, em toda a obra de Schreber, seu pai só foi citado uma vez.

É a respeito de sua obra mais conhecida, se não a mais importante, que se chama *Manual de ginástica de quarto*. É um livro que tudo fiz para obter, cheio de esqueminhas. A única vez em que Schreber nomeia seu pai é no momento em que vai ver nesse livrinho se é verdade o que lhes dizem as vozes quanto à atitude típica que deve ser aquela do homem e da mulher, no momento em que fazem amor. Confessem que é ideia engraçada ir procurar isso num *Manual de ginástica de quarto*. Todo o mundo sabe que o amor é um esporte ideal, mas mesmo assim...

Por mais humorístico que seja o seu modo de abordagem, isso deve ainda assim colocá-los na via do que — após ter sido abordado pela via da coerência da frase, o problema do que resulta de uma certa falta no nível do significante — eu lhes trarei da próxima vez.

13 de junho de 1956

XXIII

A ESTRADA PRINCIPAL E O SIGNIFICANTE "SER PAI"

Tu és aquele que me segues melhor.
Tu és aquele que me segue como um cãozinho.
Tu és aquele que me seguia aquele dia.
Tu és aquele que me seguias através das provas.
Tu és aquele que segues a lei... o texto.
Tu és aquele que segue a multidão.
Tu és aquele que me seguiste.
Tu és aquele que me seguiu.
Tu és aquele que és.
Tu és aquele que é.

1

O seu ofício de psicanalista merece que vocês se detenham um momento sobre o que significa falar. É um exercício vizinho, ainda que de natureza um pouco diferente, ao das recreações matemáticas — aos quais nunca se dá bastante atenção — pois isso sempre serviu para formar o espírito.

Aqui, isso vai além da esquisiticezinha. Não é algo que possa inteiramente ser objetivado, formalizado, é no nível do que se oculta, é ali que vocês se detêm com menos boa vontade, e no entanto é ali que jaz o essencial do que se passa quando vocês estão em relação com o discurso de um outro.

Retomemos de onde estávamos da última vez, no futuro do verbo *seguir* — *Tu és aquele que me seguirás, tu és aquele que me seguirá.*

Começamos a pontuar os verdadeiros duplos sentidos que se estabelecem segundo o que se passa ou não através da tela do *aquele que.* O demonstrativo não é outra coisa senão a terceira pessoa. Em todas as línguas, essa pessoa é feita por demonstrativos, e é mesmo por essa razão que não é uma pessoa do verbo. Restam as duas outras pessoas, o *tu,* ao qual eu me endereço e, atrás, a presença de um ego mais ou menos presentificado, direi mesmo invocado, conquanto que déssemos seu pleno sentido a esse termo.

Insisti na oposição que há entre o caráter infalível, a simples constatação de *tu és aquele que me seguirá,* na terceira pessoa, e o mandato, a delegação, o apelo que se faz ouvir no *tu és aquele que me seguirás.* Eu podia também opor predição e previsão, diferença que só é sensível numa frase que encarna a mensagem. Se nos abstratificamos, a predição torna-se outra coisa.

Tu és aquele que me seguiste e *tu és aquele que me seguiu* apresentam uma diversidade análoga. O tempo do verbo não se reduz só à consideração do passado, do presente e do futuro, ele retém a atenção de uma forma bem diferente ali onde há a segunda pessoa. Direi que no primeiro caso, onde o *me seguiste* está na segunda pessoa, é de uma ação no tempo que se trata, de uma ação temporalizada, considerada no ato de realizar-se. No outro, *tu és aquele que me seguiu,* é um perfeito, uma coisa acabada, de tal modo finda que se pode mesmo dizer que isso é bem próximo da definição — *entre os outros, tu és aquele que me seguiu.*

Há aí uma regra, sem dúvida alguma, mas da qual é preciso dar numerosos exemplos para chegar a apreendê-la. A diferença que há entre *tu és aquele que me segues melhor* e *tu és aquele que me seguiu como um cãozinho,* está aí, para permitir-lhes entabular os exercícios que seguem, o que é conveniente colocar nos alvos.

Tu és aquele que me seguia aquele dia. Tu és aquele que, num tempo, me seguias através das provas. Há entre essas duas fórmulas toda a diferença da constância e da fidelidade. Digamos mesmo, se a palavra constância pode criar ambiguidade, toda a diferença da permanência e da fidelidade.

O *me* não tem necessidade de estar aí. *Tu és aquele que segues a lei, tu és aquele que segues o texto* me parece inscrever-se de outro modo que *tu és aquele que segue a multidão*, embora sendo, do ponto de vista do significante, isto é, como grupos orgânicos cujo valor significativo se ordena desde o começo até a conclusão, frases perfeitamente válidas.

Sr. PUJOL — *Elas não se identificam foneticamente, mas somente ortograficamente.*

Esses exemplos agrupados não me parecem demasiado inventados para serem válidos. Essas diferenças não são *gratuitas*.

Sr. PUJOL — *No* tu és aquele que me seguiste *é o outro que coloca o -ste, não é aquele que fala.*

Aí você tocou no ponto importante do assunto, retomando o que acabo de indicar — que este *tu* ao qual me dirijo da posição em que estou eu mesmo como Outro com um A maiúsculo não é de modo algum meu correlativo puro e simples. Esses exemplos demonstram que há outra coisa além do *tu*, que é o ego que sustenta o discurso daquele que me segue quando segue minha palavra por exemplo. É precisamente o mais ou menos de intensidade, o mais ou menos de presença desse ego que decide entre as duas formas. É claro, é ele quem sanciona, e é justamente porque a sanção depende dele que somos ali onde nos apegamos a esses exemplos. Esse ego está além desse *tu és aquele*, que é o modo sob o qual ele é chamado a se referenciar. Num caso, é *ele* que vai seguir, e com efeito o *aquele* se torna caduco — ele seguirá, ele *lhe* seguirá, é *ele* que seguirá. No outro, não é *ele* que está em causa, sou *eu*.

Em resumo, trata-se de mostrar a vocês que o suporte desse *tu*, sob qualquer forma em que ele apareça em minha experiência, é um ego, o ego que a formula, mas que este jamais pode ser considerado como sustentando-o completamente. A cada vez que faço apelo ao outro através dessa mensagem, dessa delegação, a cada vez que o designo nomeadamente como aquele que deve, aquele que vai fazer, mas, mais ainda, como aquele a quem anuncio o que vai ser, eu o sustento sem dúvida, mas resta alguma coisa de completamente incerto, problemático nessa comunicação fundamental que é o anúncio, para não dizer a anunciação.

O *eu* tem uma natureza essencialmente fugidia, que não sustenta jamais totalmente o *tu*.

2

É realmente uma das mais profundas características do fundamento mental da tradição judaico-cristã, que a palavra falada nela projete seus contornos nitidamente, como seu fundo último, o ser do *eu*. Em todas as questões essenciais, o sujeito se acha sempre em postura, intimado a justificar-se como *eu*. O eu que diz *eu sou aquele que sou*, esse *eu*, absolutamente só, é aquele que sustenta radicalmente o *tu* em seu apelo. É toda a diferença que há entre o Deus da tradição de que saímos, e o Deus da tradição grega. Perguntei-me se o Deus grego é capaz de proferir-se sob a forma de um *eu* qualquer. Ele diria *Eu sou aquele que é*? A questão não é, aliás, absolutamente essa. A forma, muitíssimo atenuada, do Deus grego não é alguma coisa de que convenha rir-se, nem crer que ela se situe na via do desfalecimento ateístico de Deus. É antes o Deus pelo qual Voltaire se interessava a ponto de considerar Diderot como um grandíssimo idiota, o Deus do deísmo, que é da ordem meio-carne meio-peixe do *Eu sou aquele que é*.

No Deus de Aristóteles, o espírito de vocês não se deterá de boa vontade, porque ele se tornou impensável para nós. Mas, enfim, tentem por um instante pôr-se a meditar — sobre a forma desse *medeor* de que lhes falava da última vez, e que é o verbo original da função médica de vocês — sobre o que pode ser relação com o mundo de um discípulo de Aristóteles para o qual Deus é a esfera mais imutável do céu. Não é um Deus que se anuncia pelo verbo, como aquele que evocamos há pouco, é a parte da esfera estrelada que comporta as estrelas fixas, é a esfera que no mundo não mexe. Isso comporta evidentemente uma relação com o outro que nos é estranho e impensável, e muito mais longínquo que aquele que está posto em jogo, por exemplo, na fantasia punitiva.

Ninguém se detém nisso — justamente porque, no fundo do pensamento religioso que nos formou, há a ideia de nos fazer viver no temor e no tremor, é que a coloração da culpabilidade é tão fundamental em nossa experiência psicológica das neuroses, sem que nem por isso se possa prejulgar o que elas são numa outra esfera cultural. Essa coloração é mesmo tão fundamental que é por aí que abordamos as neuroses, e que nos demos conta de que elas eram estruturadas de um modo subjetivo e intersubjetivo. Por isso é bem conveniente nos perguntarmos se nossa relação com o outro não está fundamentalmente tocada pela tradição que se anuncia na fórmula, flanqueada, nos dizem, por uma arvorezinha flamejando — *Eu sou aquele que sou.* Não estamos tão afastados de nosso assunto. Trata-se disso no presidente Schreber — de um modo de construir o Outro-Deus.

O termo ateísmo tem para nós um sentido bem diverso daquele que poderia ter numa referência à divindade aristotélica, por exemplo, em que se trata de uma relação com um ente superior, com o ente supremo. Nosso ateísmo se situa numa outra perspectiva — está ligado a este lado, que sempre se oculta, do *eu* do outro.

Um outro que se anuncia como *Eu sou aquele que sou* é, só por esse fato, um Deus além, um Deus escondido, e um Deus que não revela em caso algum o seu rosto. Na perspectiva precisamente aristotélica, poder-se-ia dizer que nosso ponto de partida é desde já ateu. É um erro, mas nessa perspectiva é estritamente verdadeiro, e em nossa experiência isso não o é menos. Seja o que for que se anuncie como *Eu sou aquele que sou* é perfeitamente problemático, não sustentado, e quase não sustentável, ou só sustentável por um tolo.

Reflita no *Eu sou* do *Eu sou aquele que sou.* É justamente aí o que constitui o caráter problemático da relação com o outro na tradição que é a nossa. É também o que distingue como particularidade nossa relação com os entes, os objetos, e nossa ciência — muito mais profundamente que seu caráter dito experimental. Os antigos não experimentavam menos do que nós, eles experimentavam no que lhes interessava, a questão não está aí. É na maneira de pôr os outros, os outros com minúscula, na luz do Outro derradeiro, absoluto, que nos distinguimos em nossa maneira de espedaçar o mundo, de fazê-lo em migalhas. Os antigos o abordavam, em compensação, como alguma coisa que se hierarquiza numa escala de consistência do ente. Nossa posição põe radicalmente em causa o próprio ser do que se anuncia como sendo *ser*, e não *ente.*

Àquele que diz *Eu sou aquele que sou*, ficamos impossibilitados de responder. Que somos nós para poder responder a *aquele que sou*? Ficamos apenas demasiado incertos. Um estouvado — na verdade chegam até nós muitos bandos de estorninhos estouvados, do outro lado do Atlântico — que encontrei recentemente me afirmava — *Mas enfim, suceda o que suceder, eu sou eu!* Isso lhe parecia a certeza última. Asseguro-lhes que eu não o havia provocado, e que não estava ali para fazer propaganda antipsicológica.

Na verdade, se há uma evidência realmente mínima na experiência, não digo aquela da psicanálise, mas simplesmente a experiência interior de qualquer um, é seguramente que somos tanto menos aqueles que somos quanto sabemos bem que algazarra, que caos espantoso atravessado de objurgações diversas experimentamos em nós a cada instante, a todo momento.

Eu os conduzi à minha maneira há bastante tempo para que vocês percebessem que a fala, especialmente essa forma essencial da fala em que nós próprios nos anunciamos como um *tu*, é um modo complexo que está longe de poder reduzir-se à intuição de dois centros trocando sinais. A relação de sujeito a sujeito sendo estruturada num modo complexo pelas propriedades da linguagem, o papel próprio que aí desempenha o significante deve aí estar referenciado.

Gostaria de conduzi-los a propriedades simples do dito significante. O radicalismo que tornei manifesto para vocês acerca da relação do sujeito com o sujeito, conduz a uma interrogação em marcha do Outro como tal, que o mostra, propriamente falando, impegável — não sustenta, não pode jamais sustentar totalmente a aposta impossível que lhe propomos. Inversamente, o ponto de vista que tento sustentar perante vocês comporta um certo materialismo dos elementos em causa, no sentido de que os significantes são realmente encarnados, materializados, são palavras que passeiam, e é como tais que elas desempenham a sua função de acolchetamento.

Vou agora, para repousá-los, trazer-lhes uma comparação. Comparação não é razão, mas os exemplos que utilizei foram de uma qualidade rigorosa, como esta primeira cena de *Atália*, onde lhes mostrei que o progresso consistia na substituição do interlocutor, Abner, pelo *temor a Deus*, que não tem mais relação com os temores e a voz de Abner do que o *me seguiste*.

Um parêntese. Pude ler recentemente um artigo inglês sobre Racine que define a originalidade de sua tragédia pelo fato de ter ele tido a arte, a destreza de introduzir nesse quadro, e quase sem que o seu público o saiba, personagens de alta putaria. Vocês percebem a distância entre a cultura anglo-saxônica e a nossa. A nota fundamental de *Andrômaca, Ifigênia* etc., é a putaria. Pontuam de passagem que os freudianos fizeram uma descoberta extraordinária nas tragédias de Racine. Eu não percebi isso até o momento, e o deploro. É verdade que, depois de Freud, puseram-se a pesquisar nas peças de Shakespeare, e não sem complacência, a exemplificação de um certo número de relações analíticas. Porém, no que concerne às referências de nossa própria cultura, elas tardam a aparecer. Seria tempo de empreender isso, encontrar-se-ia aí talvez de que ilustrar, como fiz na última vez, os problemas que se colocam para nós no tocante ao uso do significante.

Concluamos por um exemplo que lhes quero dar para fazer com que vocês compreendam a gravidade, a inércia própria do significante no campo das relações do Outro.

3

A estrada, eis um significante que merece ser considerado como tal — a estrada, a estrada principal na qual vocês rodam com os seus diversos utensílios de locomoção, a estrada que vai, por exemplo, de Mantes a Rouen. Não digo *Paris*, que é um caso particular.

A existência de uma estrada principal[32] entre Mantes e Rouen é um fato que por si só se oferece à meditação do pesquisador.

Suponhamos que — como acontece no Sul da Inglaterra, onde vocês não têm essas estradas principais senão de uma forma excessivamente parcimoniosa — vocês tenham de passar, para ir de Mantes a Rouen por uma série de pequenas estradas, como aquela que vai de Mantes a Vernon, depois de Vernon aonde vocês quiserem. Basta ter feito essa experiência para perceber que não é de modo algum parecido, uma sucessão de pequenas estradas e uma estrada principal. Isso não só faz vocês irem mais devagar na prática, como também muda completamente a significação de seus comportamentos em face do que se passa entre o ponto de partida e o ponto de chegada. *A fortiori*, se vocês imaginarem toda uma região coberta por uma rede de pequenos caminhos, sem que em parte alguma exista a estrada principal.

A estrada principal é algo que existe em si e que é reconhecido imediatamente. Quando vocês saem de uma trilha, de um bosque, de uma via lateral de pedestre, de um pequeno caminho vicinal, sabem logo que ali é a estrada principal. A estrada principal não é algo que se estende de um ponto a outro, é uma dimensão desenvolvida no espaço, a presentificação de uma realidade original.

A estrada principal, se eu a escolhi como exemplo, é porque, como diria o Conselheiro Acácio, é uma via de comunicação.

Vocês podem ter o sentimento de que há uma metáfora banal, de que a estrada principal é apenas um meio para ir de um ponto a outro. Errado.

Uma estrada principal não é de modo algum igual à trilha que o movimento dos elefantes traça através da floresta equatorial. Por mais importantes que aparentemente sejam essas trilhas, elas nada mais são que o caminho por onde passam os elefantes. Sem dúvida isso é algo, pois que é sustentado pela realidade física das migrações elefantinas. Além disso, essa passagem é orientada. Não sei se essas picadas conduzem, como dizem às vezes, a cemitérios, que parecem bem míticos — tudo indica que sejam antes depósitos de ossos —, mas seguramente os elefantes não ficam estagnados nas suas rotas. A diferença que há entre a estrada principal e a trilha dos elefantes é a de que nós paramos aí — e a experiência parisiense volta ao primeiro plano —, nós aí paramos a ponto de nos aglomerar, e de tornar esses lugares de passagem bastante viscosos para terminar no impasse.

Muitas outras coisas se passam ainda na estrada principal.

Sucede irmos passear na estrada principal, de propósito e intencionalmente, para fazer em seguida o mesmo caminho no sentido contrário. Esse movimento de ida e volta também é totalmente essencial, e nos leva ao caminho desta evidência — é que a estrada principal é um sítio em torno do qual não só se aglomeram todas as espécies de habitações, de estâncias, mas também que polariza, enquanto significante, as significações.

Manda-se construir casas na estrada principal, e a casa ganha andares e se espalha sem outra função que a de estar a olhar a estrada principal. É justamente porque a estrada principal é na experiência humana um significante incontestável que ela marca uma etapa da história.

A estrada romana, estrada tomada e denominada como tal, tem na experiência humana uma consistência bem diferente desses caminhos, dessas pistas, mesmo os de muda de cavalos, os de comunicação rápida, que puderam, no Leste, fazer manter os impérios por um certo tempo. Tudo o que está marcado pela estrada romana tomou um estilo que vai muito mais longe que o que é imediatamente acessível como efeito da estrada principal. Por toda a parte onde existiu, ela marca de forma quase indelével. O cunho romano é essencial, com tudo aquilo que se desenvolveu em torno, bem como, aliás, as relações inter-humanas de direito, o modo de transmitir a coisa escrita, quanto o modo de promover a aparência humana, as estátuas. O Sr. Malraux pode dizer com razão que nada há a reter da escultura romana do ponto de vista do museu eterno da arte, nem por isso é menos verdade que a própria noção do ser humano está ligada à vasta difusão das estátuas nos sítios romanos.

A estrada principal é assim um exemplo particularmente sensível do que lhes digo quando falo da função do significante enquanto ele polariza, engancha, agrupa em feixe as significações. Há uma verdadeira antinomia entre a função do significante e a indução que ela exerce no agrupamento de significações. O significante é polarizante. É o significante que cria o campo de significações.

Comparem três mapas num atlas grande.

No mapa do mundo físico, vocês verão coisas inscritas na natureza, certamente dispostas a desempenhar um papel, mas ainda no estado natural. Vejam fixamente um mapa político — vocês encontram nele sob a forma de traços, de aluviões, de sedimentos toda a história das significações humanas se mantendo numa espécie de equilíbrio, e traçando essas linhas enigmáticas que são os limites políticos das terras. Peguem um mapa das grandes vias de comunicação, e vejam como foi traçada de sul a norte a estrada que atravessa os países para ligar uma bacia a outra, uma planície a uma outra, transpor uma cadeia de montanhas, passar por cima de pontes, organizar-se. Vocês percebem que é esse mapa que melhor exprime, na relação do homem com a terra, o papel do significante.

Não façamos como aquela pessoa que se maravilhava com o fato de que os cursos de água passam precisamente pelas cidades. Isso seria dar prova de uma tolice análoga à de não ver que as cidades foram formadas, cristalizadas, instaladas no nó das estradas. É na sua encruzilhada, aliás com uma pequena oscilação, que se produz historicamente o que se torna um centro de significações, uma aglomeração humana, uma cidade, com tudo o que lhe impõe essa dominância do significante.

Que será que se passa quando não a temos, a estrada principal, e quando somos forçados, para ir de um ponto a outro, a adicionar os pequenos caminhos uns aos outros, os modos mais ou menos divididos de agrupamentos de significação? Para ir deste ponto àquele, teremos a escolha entre diferentes elementos da rede, poderemos fazer nossa rota assim ou assado, por diversas razões, comodidade, vagabundagem, ou simplesmente errar na encruzilhada.

Disso várias coisas são deduzidas, que nos explicam o delírio do presidente Schreber.

Qual é o significante que é posto em suspenso em sua crise inaugural? É o significante *procriação* em sua forma mais problemática, aquela que o próprio Freud evoca a propósito dos obsessivos, que não é a forma *ser mãe*, mas a forma *ser pai*.

Convém aqui detê-los por um instante a fim de meditar sobre isto: que a função de *ser pai* não é absolutamente pensável na experiência humana sem a categoria do significante.

Que pode querer dizer *ser pai*? Vocês conhecem as discussões eruditas em que logo se entra, etnológicas ou outras, para saber se os selvagens que dizem que as mulheres concebem quando estão colocadas num tal lugar, têm realmente a noção científica de que as mulheres se tornam fecundas quando copularam devidamente. Essas interrogações surgiram, contudo, para muitos como fazendo parte de uma tolice perfeita, pois é difícil conceber animais humanos bastante embrutecidos para não perceberem que, quando se quer ter crianças, é preciso copular. A questão não é essa. A questão é que a injunção destes fatos — copular com uma mulher, que ela porte em seguida alguma coisa durante um certo tempo em seu ventre, que esse produto acabe por ser ejetado — jamais terminará por constituir a noção do que é *ser pai*. Não falo nem mesmo de todo o feixe cultural implicado no termo *ser pai*, falo simplesmente do que é *ser pai* no sentido do procriar.

É preciso um efeito de retorno a fim de que o fato de copular para o homem recebe o sentido que ele tem realmente, mas ao qual nenhum acesso imaginário é possível, o de que a criança seja tanto dele quanto da mãe. E para que esse efeito de ação em retorno se produza, é preciso que a elaboração da noção de *ser pai* tenha sido, por meio de um trabalho que se produziu por todo um jogo de trocas culturais, levada ao estado de significante primeiro, e que esse significante tenha sua consistência e seu estatuto. O sujeito pode muito bem saber que copular está *realmente* na origem de procriar, mas a função de procriar enquanto significante é outra coisa.

Concordo com vocês que não levantei ainda completamente o véu — deixo isso para a próxima vez. Para que procriar tenha seu pleno sentido, é preciso ainda, nos dois sexos, que haja apreensão, relação com a experiência da morte que dá seu pleno sentido ao termo procriar. A paternidade e a morte são aliás dois significantes que Freud associa a propósito dos obsessivos.

O significante *ser pai* é o que constitui a estrada principal entre as relações sexuais com uma mulher. Se a estrada principal não existe, a gente se vê diante de um certo número de pequenos caminhos elementares, copular e em seguida a gravidez de uma mulher.

O presidente Schreber está falto, segundo o que se sabe, deste significante fundamental que se chama *ser pai*. Por isso é preciso que ele cometa um erro, que ele se embrulhe, até pensar estar ele próprio prenhe como uma mulher. Foi preciso que ele próprio se imaginasse mulher, e realizar numa gravidez a segunda parte do caminho necessário para que, adicionando-se um ao outro, a função *ser pai* seja realizada.

A experiência da *couvade*, por mais problemática que nos pareça, pode ser situada como uma assimilação incerta, incompleta da função *ser pai*. Ela responde com efeito a uma necessidade de realizar imaginariamente — ou ritualmente, ou de outra forma — a segunda parte do caminho.

Para levar um pouquinho mais adiante ainda minha metáfora, eu lhes direi — como fazem eles, aqueles que a gente chama os usuários da estrada, quando não há a estrada principal, e que se trata de passar por pequenas estradas para ir de um ponto a outro? Eles seguem os letreiros postos na beira da estrada. Isso quer dizer que, ali onde o significante não funciona, isso me põe a falar sozinho à beira da estrada principal. Ali onde não há a estrada, as palavras escritas aparecem nos letreiros. Talvez seja isso a função das alucinações auditivas verbais de nossas alucinações — são os letreiros à beira de seu pequeno caminho.

Se supomos que o significante persegue seu caminho sozinho, quer prestemos atenção a ele ou não, devemos admitir que há em nós, mais ou menos eludido pela manutenção de significações que nos interessam, uma espécie de zumbido, uma verdadeira zorra, com que fomos estonteados desde a infância. Por que não conceber que no momento preciso em que saltem, em que se revelam deficientes os enganchamentos daquilo que Saussure chama *a massa amorfa* do significante com a massa amorfa das significações e dos interesses, a corrente contínua do significante retoma então sua independência? E então, nesse zumbido que tão frequentemente os alucinados descrevem para vocês nessa circunstância, com esse murmúrio contínuo dessas frases, desses comentários, que são nada mais do que a infinidade desses pequenos caminhos, os significantes se põem a falar, a cantar sozinhos. O murmúrio contínuo dessas frases, desses comentários, nada mais são do que a infinidade desses pequenos caminhos.

É ainda uma sorte que eles indiquem vagamente a direção.

Tentarei da próxima vez mostrar como tudo o que, no delírio, se orquestra e se organiza segundo diferentes registros falados, revela, em sua disposição em camadas como em sua textura, a polarização fundamental da falta repentinamente encontrada, repentinamente percebida, de um significante.

20 de junho de 1956

XXIV

"Tu és"

Formas das hiâncias.
O verbo ser.
Do tu *ao* outro.
A tartaruga e os dois patos.
A entrada na psicose.

Começarei minha pequena falação semanal descompondo vocês — mas em suma, quando vejo vocês aí, gentilmente arrumadinhos numa época tão avançada do ano, o que me vem à mente é antes este verso: *Vocês é que são os fiéis...*

Vou, contudo, retomar meu intento, que se relaciona à última reunião da Sociedade.

É claro que se os caminhos aonde eu os levo podem conduzir a alguma parte, eles não são assim tão trilhados que vocês não experimentem algum embaraço em mostrar que reconhecem o ponto onde alguém se desloca. Isso não é entretanto uma razão para vocês ficarem quietos — nem que fosse para mostrar que têm uma ideia da questão. Vocês poderão, falando, mostrar algum embaraço, mas não ganham nada se calando. Vocês me dirão que o que ganham com isso é que é em grupo que vocês passam por tapados e que, afinal de contas, dessa forma, é muito mais suportável.

Não se pode deixar a esse respeito de ficar surpreendido com o que certos filósofos, que são precisamente os do momento, e aos quais me refiro de vez em quando discretamente, tenham formulado que o homem, dentre todos os entes, é um ente aberto. A abertura do ser fascina qualquer um que se ponha a pensar. Essa espécie de afirmação pânica que especifica nossa época não pode deixar de aparecer em certos momentos como uma balança e uma compensação ao que exprime o termo tão familiar *tapado*, a saber, como se observa de maneira sentenciosa, um divórcio entre os preconceitos da ciência quando se trata do homem, e a experiência deste naquilo que seria sua autenticidade. As pessoas se esforçam por redescobrir que, seguramente, o que está no fundo do pensamento não é privilégio dos pensadores, mas que, no menor ato de sua existência, o ser humano, sejam quais forem seus extravios sobre sua própria existência, continua sendo ainda assim, quando precisamente ele quer articular alguma coisa, um ser aberto.

É nesse nível que, segundo se supõe, se conservam aqueles que verdadeiramente pensam e que o dizem. Estejam certos em todo o caso que não é aí que eu me conservo, ainda que alguns tentem difundir o pensamento contrário. Pelo menos, não é nesse nível que se situa e se concebe a realidade de que se trata quando exploramos a matéria analítica.

Sem dúvida é impossível dizer algo de sensato sobre isso, a não ser para ressituá-lo no que chamaremos as hiâncias do ser. Mas essas hiâncias tomaram certas formas, e é aí o que há de precioso na experiência analítica — ela sem dúvida não está de modo algum fechada para o lado radicalmente questionador e questionável da posição humana, mas traz a isso alguns determinantes. Naturalmente, ao se tomarem esses determinantes como determinados, precipita-se a psicanálise na via dos preconceitos da ciência, que deixa escapar toda a essência da realidade humana. Mas ao se manterem simplesmente as coisas nesse nível, e ao se deixar de colocá-las demasiado alto, pode-se dar à nossa experiência a ênfase justa do que chamo razão medíocre.

No próximo ano — a conferência de François Perrier me precipitou aí, pois eu não sabia o que faria —, tomarei como tema do seminário a relação de objeto, ou pretendida como tal. Talvez eu venha a introduzi-la por meio de uma comparação dos objetos da fobia e dos fetiches duas séries de objetos dos quais já na primeira abordagem vocês percebem como diferem em seu inventário.

Hoje, retomaremos as coisas ali onde as deixamos da última vez.

1

A respeito da maneira como introduzi estas lições sobre o significante, disseram-me: *Você prepara isso de muito tempo antes, sem dúvida, é fatigante, não se sabe muito bem aonde você quer chegar, mas apesar de tudo, retroativamente, a gente vê que havia alguma relação entre aquilo de que você partiu e aquilo a que chegou.* Essa maneira de exprimir as coisas prova que não se perderá nada em tornar a percorrer uma vez mais o caminho.

A questão está limitada. Não pretendo cobrir todo o intento de uma coisa tão enorme quanto a observação do presidente Schreber, e com mais forte razão, o campo da paranoia em sua totalidade. Pretendo aclarar apenas um pequeno campo, apego-me a alguns fenômenos sem reduzi-los a um mecanismo que lhes fosse estranho, sem inseri-los à força nas categorias em uso, no capítulo *Psicologia* do programa de filosofia do secundário, tento relacioná-los com noções um pouco mais elaboradas concernentes à realidade da linguagem. Pretendo que esse esforço seja tal que permita pôr em outros termos a questão da origem, no sentido preciso de determinismo, ou na circunstância, da entrada na psicose, o que comporta, no fim de contas, determinações completamente etiológicas.

Ponho a questão — que será preciso para que isso fale?

Aí está, com efeito, um dos fenômenos mais essenciais da psicose. O fato de exprimi-lo assim já é capaz de afastar falsos problemas, a saber: aqueles que se suscitam ao se dizer que, nas psicoses, o isso é consciente. Dispensamos cada vez mais essa referência, sobre a qual o próprio Freud sempre disse que, literalmente, não se sabia onde colocá-la. Do ponto de vista econômico, nada mais incerto que sua incidência — é inteiramente contingente. É portanto justamente na tradição freudiana que nos colocamos quando dizemos que, afinal de contas, a única coisa que devemos pensar é que isso fala.

Isso fala. Mas por que será que isso fala? Por que será que, para o próprio sujeito, isso fala? Por que era que isso se apresenta como uma fala, e que essa fala é isso, e não é ele? Já abordamos a questão no nível do *tu*, do *tu* afastado como me fizeram observar, ao qual eu chegara, ao tentar simbolizar para vocês o significante, por exemplo, da estrada principal. Esse ponto *tu*, vamos voltar a ele ainda, pois que também é ali em torno dele que se centrou nosso progresso da última vez, e também certas objeções que me foram feitas.

Detenhamo-nos neste *tu*, se é verdade, como pretendo, que é em torno de um aprofundamento de sua função que se deve situar a apreensão originária daquilo a que conduzo vocês e em que lhes pedi que refletissem bem.

Na última vez, alguém me fazia a objeção gramatical de que havia algo de arbitrário em aproximar *tu és aquele que me seguirás* de *tu és aquele que me seguirá*, os elementos não sendo homólogos. Não é do mesmo *aquele* que se trata nos dois casos, pois que também o primeiro podia ser elidido, de tal forma que se destacaria *tu me seguirás*.

Pode-se logo fazer a observação de que *tu me seguirás* é uma ordem. *Tu és aquele que me seguirás*, se o entendemos em seu sentido pleno, não é uma ordem, mas um mandado, ele implica na presença do outro alguma coisa de desenvolvido que supõe a presença. Todo um universo instituído pelo discurso está aqui suposto, no interior do qual *tu és aquele que me seguirás*.

Comecemos por nos deter primeiramente nesse *tu*, para fazer a observação, que tem ar de ser evidente, mas que não é assim tão comum, de que o dito *tu* não tem nenhum sentido próprio.

Não é simplesmente porque eu o endereço indiferentemente a qualquer um — eu o endereço com efeito tanto a mim quanto a vocês, e quase a toda espécie de coisas, posso tutear alguma coisa que me é tão estranha quanto possível, posso tutear um animal, posso tutear um ser inanimado — a questão não está aí. Olhem bem o lado formal, gramatical, das coisas. É aliás aquilo a que se reduz para vocês toda espécie de uso do significante. Vocês colocam aí, apesar de vocês, significações. Pode-se dizer que vocês acreditam nela, na gramática! Toda a passagem de vocês pela escola se resume mais ou menos, como ganho intelectual, em ter-lhes feito acreditar na gramática. Certamente, não lhes disseram que era isso, pois o objetivo não teria sido alcançado.

Detenham-se portanto em frases como esta: *se você arriscar uma olhadela fora, vão deitá-lo por terra*. Ou ainda: *você está vendo a ponte, então você vira à direita*. O *tu* não tem aqui de modo algum o valor subjetivo de uma realidade qualquer do outro, é inteiramente equivalente a um sítio ou a um ponto — ele introduz a condição ou a temporalidade, tem o valor de uma conjunção.

Isso pode parecer-lhes arriscado, mas eu lhes garanto que, se tivessem um pouquinho de prática da língua chinesa, vocês se convenceriam disso. Podemos divertir-nos muito com os caracteres chineses, com aquele por exemplo que é o signo da mulher e o signo da boca. O *tu* é alguém a quem a gente se dirige dando uma ordem, isto é, como convém falar com as mulheres. Podemos dizer mil outras coisas ainda, portanto não nos demoremos, e limitemo-nos ao *tu*. O *tu* sob essa forma pode ser empregado para formular a locução *como se*, e sob uma outra forma ele é empregado para formular sem ambiguidade nenhuma um *quando* ou um *se*, introdutivo de uma condicional.

Se a coisa é menos evidente em nossas línguas, e se temos algumas resistências em compreender e admitir isso nos exemplos que acabo de lhes dar, é unicamente em função dos preconceitos da gramática, que os impedem de entender. Os artifícios da análise etimológica e gramatical forçam vocês a colocarem esse *tu* na segunda pessoa do singular. É claro, é a segunda pessoa do singular, mas se trata de saber para que ela serve. Em outros termos, nosso *tu* tem um parentesco com elementos existentes nas línguas chamadas em flexão, e que para nós têm a vantagem de servir um pouco para nos abrir o espírito. Elas dispõem, com efeito, de partícula, que são os curiosos significantes cujos empregos, como os de nosso *tu*, são singularmente múltiplos, e algumas vezes de uma amplitude que vai até engendrar em nossas gramáticas racionais uma certa desorientação. Bastaria aliás escrever de uma maneira um pouquinho fonética para perceber que as diferenças de tonalidade ou de ênfase do significante *tu* têm incidências que vão inteiramente além da identificação da pessoa, e que dela diferem completamente do ponto de vista da significação.

Dar ao *tu* uma autonomia de significado não deixa de colocar dificuldade. Digamos que ele tem *grosso modo* um valor de introdução, de prótase, como se diz, o que é posto antes. É a maneira mais geral de designar o que precede o enunciado do que dá sua importância à frase.

Haveria mesmo outra coisa a ser dita se entrássemos no pormenor. Seria preciso fazer um grande uso de fórmulas como *tu n'as qu'à...*[33] da qual nos servimos para nos livrar de nosso interlocutor. É algo que tem assim tão pouco a ver com *qu'*, que muito espontaneamente o lapso desliza em *fazer isso*. Fazem disso algo que se declina, que se inflete — o *tu n'as qu'à...* não tem valor de redução desse algo que permitia algumas observações semânticas muito esclarecedoras.

O importante é que vocês entendem que o *tu* está longe de ter um valor unívoco, e que ele está longe de nos permitir hipostasiar o outro. O *tu* é no significante o que chamo uma maneira de anzolear o outro, de anzoleá-lo no discurso, de enganchar-lhe a significação. Ele não se confunde de modo algum com o alocutário, a saber, aquele com quem se fala. É evidente, pois que com muita frequência ele está ausente. Nos imperativos em que o alocutário está implicado da maneira mais manifesta, e em torno de que se definiu um certo registro da linguagem, dito *locutório simples*, o *tu* não se mostra. Há uma espécie de limite que começa no sinal, quero dizer no sinal articulado. *Fogo!* É incontestavelmente uma frase, e basta pronunciá-lo para perceber que se trata de algo que não deixa de provocar alguma reação. Depois vem o imperativo *vem*, que não necessita de nada. Um estado a mais, e o *tu* está implicado, por exemplo, nesta ordem no futuro de que falava ainda há pouco, esse *tu* que é um enganchamento no discurso, uma maneira de situá-lo na curva da significação que nos representa de Saussure, paralela à curva do significante. O *tu* é a anzoleagem do outro na onda da significação.

Esse termo que serve para identificar o outro em um ponto dessa onda é, no fim de contas, se prosseguimos nossa apreensão, e mesmo nossa metáfora, até seu termo radical, uma pontuação.

Reflitam sobre isso, que está particularmente evidenciado nas formas das línguas não seccionárias — a pontuação é o que desempenha aí esse papel de enganchamento mais decisivo, a ponto de que um texto clássico pode variar completamente conforme vocês a ponham em um ponto ou em outro. Diria mesmo que essa variabilidade não deixa de ser utilizada para aumentar a riqueza de interpretação, a variedade de sentido de um texto. Toda a intervenção que se chama comentário em sua relação com o texto tradicional joga justamente sobre a maneira de apreender ou de fixar, num caso determinado, a pontuação.

A questão é esta: se o *tu* é um significante, uma pontuação pela qual o outro é fixado em um ponto da significação, o que será preciso para promovê-lo à subjetividade? Esse *tu*, não fixado no substrato do discurso, em seu puro carregar[34] — esse *tu* que em si mesmo não é tanto o que designa o outro quanto o que nos permite operar sobre ele, mas que também está sempre presente em nós em estado de suspensão, comparável em tudo a esses otólitos de que lhes falava outro dia, que, com um pouco de artifício, nos permitem conduzir aqueles pequenos crustáceos com um eletroímã para onde quisermos — esse *tu* que para nós mesmos, na medida em que o deixamos livre e em suspensão no interior de nosso próprio discurso, é sempre suscetível de exercer essa condução contra a qual nada podemos, senão contrariá-la e responder-lhe — esse *tu*, o que é preciso para promovê-lo à subjetividade, para que, sob sua forma de significante, presente no discurso, ele se torne de tal jeito que seja tido como suportando algo que é comparável ao nosso ego e que do mesmo modo não o é, isto é, o mito de um outro?

É essa a questão que nos interessa, pois que também não é assim tão espantoso ouvir as pessoas sonorizarem o discurso interior delas à moda dos psicóticos, um pouquinho de nada a mais do que nós mesmos o fazemos. Os fenômenos de fuga das ideias foram observados desde há muito tempo. Eles são comparáveis em tudo ao que recolhemos de testemunho da parte de um psicótico, salvo que o sujeito não se crê sob o efeito de um emissor de parasitas.

Diremos tolamente que este *tu* supõe um outro que, em suma está além dele. Como isso se produz? É em torno da análise do verbo *ser* que deveria se situar nosso próximo passo.

2

Não podemos esgotar tudo o que nos é proposto em torno da análise deste verbo ser, pelos filósofos que centraram a meditação deles em torno da questão do *Dasein*, e especialmente o Sr. Heidegger, o qual começou a encará-lo sob o ângulo gramatical e etimológico nos textos bastante fielmente comentados em alguns artigos que o Sr. Jean Wahl lhes consagrou recentemente.

O Sr. Heidegger dá muita importância ao significante, ao nível da análise da palavra e da conjugação como se diz correntemente, digamos mais exatamente da declinação. Em alemão como em francês, esse famoso verbo ser está longe de ser um verbo simples, e mesmo de ser apenas um verbo. É evidente que a forma *suis* não é da mesma raiz que *es, est, êtes*, e que *fut*, e não há tampouco estrita equivalência com a forma *été*. Se *fut* tem seu equivalente em latim, assim como *suis*, e a série *est, été* vem de outra fonte, de *stare*. A repartição é igualmente diferente em alemão, em que *sind* se agrupa com *bist*, enquanto que em francês a segunda pessoa está agrupada com a terceira. Isolaram mais ou menos três raízes para as línguas europeias, aquelas que correspondem a *somos*, a *é* e a *foi*, que se aproxima da raiz *phusis* em grego, que se relaciona à ideia de vida e crescimento. Para as outras, o Sr. Heidegger insiste nas duas faces, *Sten*, que se aproximaria de *stare*, de manter-se de pé sozinho, e *Verbahen*, durar, esse sentido estando assim mesmo ligado à fonte *phusis*. Para o Sr. Heidegger, a ideia de manter-se ereto, a ideia de vida e a ideia de durar seriam portanto o que nos mostraria uma análise etimológica completada pela análise gramatical, e isso seria uma espécie de redução e de indeterminação lançada sobre o conjunto desses sentidos, que surgiria a noção de ser.

Resumo, para lhes dar a ideia da coisa. Devo dizer que uma análise dessa ordem é antes de natureza a elidir, a mascarar aquilo em que o Sr. Heidegger tenta nos iniciar, a saber, o que é absolutamente irredutível na função do verbo *ser*, a função pura e simplesmente copulativa. Estaríamos errados em crer que é por uma virada progressiva desses diferentes termos que essa função se isola.

Coloquemos a questão — a que momento e por que mecanismo o *tu*, tal como o definimos como pontuação, modo de enganchamento significante indeterminado, chega à subjetividade? Pois bem, creio que é essencialmente quando ele está preso na função copular no estado puro, e na função ostensiva. E é por essa razão que escolhi as frases exemplares de que partimos — *tu és aquele que...*

Qual é o elemento que, relevando o *tu*, o faz ultrapassar sua função, indeterminado por sucumbir à confusão, e começa a fazer dele, se não uma subjetividade, pelo menos alguma coisa que constitui um primeiro passo em direção ao *tu és aquele que me seguirás?* É o *és tu quem me seguirá*. Está aí uma extensão, e que implica na verdade a assembleia presente de todos aqueles que, unidos ou não numa comunidade, se supõem constituir o seu corpo, ser o suporte do discurso em que se inscreve a ostensão. Esse *és tu* corresponde à segunda fórmula, a saber, *tu és aquele que me seguirá*.

Tu és aquele que me seguirá supõe, a meu ver, a assembleia imaginária daqueles que são os suportes do discurso, a presença das testemunhas, e mesmo do tribunal diante do qual o sujeito recebe a advertência ou o aviso ao qual é intimado a responder. Na verdade, exceto respondendo *eu te sigo*, isto é, obtemperando, não há, nesse nível, outra resposta possível para o sujeito que a de guardar a mensagem no próprio estado em que é a ele enviada, quando muito modificando a pessoa, que a de inscrevê-la como um elemento de seu discurso interior, ao qual ele tem, seja lá o que pretenda, de responder para não segui-lo. Essa indicação, no terreno em que ela o intima a responder, seria preciso, propriamente falando, que justamente ele não o siga absolutamente nesse terreno, isto é, que ele se recuse a ouvir. Assim que ouve, ele é impelido a isso. A recusa de ouvir é uma força da qual nenhum sujeito, salvo preparação ginástica especial, dispõe verdadeiramente. É justamente nesse registro que se manifesta a força própria do discurso.

Em outros termos, ao nível a que finalmente chegamos, o *tu* é o outro tal como o faço ver em meu discurso, tal como o designo ou o denuncio, é o outro na medida em que está preso na ostensão em relação a esse *todos* que supõe o universo do discurso. Mas, ao mesmo passo, tiro o outro desse universo, eu o objetivo ali, quando surge a ocasião, eu designo a ele suas relações de objeto, por pouco que ele só peça isso, como é a propriedade do neurótico. Isso pode ir bastante longe.

Observem que não é uma coisa completamente inútil dar às pessoas o que elas pedem. Trata-se simplesmente de saber se é benéfico. De fato, se isso tem incidentemente algum efeito, é na medida em que serve para completar-lhe o vocabulário. Aqueles que operam com as relações de objeto creem designá-las efetivamente, e a um tempo, é raramente, e por puro acaso, que um efeito benéfico acontece. Completar seu vocabulário pode permitir ao próprio sujeito extrair a implicação significante que constitui a sintomatologia de sua neurose. Por isso as coisas sempre funcionaram melhor ainda pelo fato de que essa adjunção de vocabulário, esse *Nervenanhang* para exprimir-se no vocabulário de nosso delirante, tinha conservado ainda algum frescor. Desde então, aquilo de que dispomos em nossos caderninhos como *Nervenanhang* perdeu muito de seu valor, e não preenche inteiramente a função que se poderia esperar quanto à re-subjetivação do sujeito pelo que designo a operação de se extrair desta implicação significante, na qual delineamos a essência e as próprias formas do fenômeno neurótico. Para manejar corretamente essa relação de objeto, seria preciso compreender que, nessa relação, o neurótico é, afinal de contas, o objeto. É mesmo por essa razão que ele se perdeu como sujeito e que ele se procura como um objeto.

No ponto aonde chegamos, não há nenhuma medida comum entre nós mesmos e esse *tu* tal como o fizemos surgir. Há ostensão forçosamente seguida de reabsorção, de injunção seguida de disjunção. Para ter, nesse plano, e a esse nível, uma relação autêntica com o outro, é preciso que ele responda *tu és aquele que eu sou*. Aí nos colocamos em sintonia com o seu diapasão, e é ele que guia nosso desejo.

Tu és aquele que eu sou se presta ao jogo de palavras. É da relação de identificação com o outro que se trata, mas se, com efeito, nos guiamos um ao outro em nossa identificação recíproca em direção de nosso desejo, forçosamente nós nos encontraremos aí, e nos encontraremos de maneira incomparável, porquanto é na medida em que eu sou você que eu sou — aqui a ambiguidade é total. *Eu sou* não é somente seguir, é também *eu sou, e você, tu és,*[35] e também *você, aquele que,* no ponto de encontro, *me matará.* Ali onde o outro é tomado como objeto na relação de ostensão, não podemos encontrá-la como uma subjetividade equivalente à nossa senão no plano imaginário, o plano do *eu ou você,* um ou outro, todas as confusões são possíveis quanto à relação de objeto. O objeto de nosso amor não é senão nós mesmos, é o *tu és aquele que me matas.*

Observemos o ensejo favorável que o significante nos oferece em francês, com as diferentes maneiras de compreender *tu és.* Podemos usá-lo indefinidamente. Se eu lhes dissesse que nós o fazemos o dia todo — ao invés de dizer *to be or not... to be or...* pode-se dizer *tu és aquele que me... tu és...* etc. É o fundamento da relação com o outro. Em toda identificação imaginária, o *tu és* chega por fim à destruição do outro, e inversamente, porque essa destruição está ali simplesmente em forma de transferência, se oculta no que chamaremos a tutealidade.

Teria podido trazer-lhes a esse respeito uma análise particularmente desoladora e estúpida do tipo da que se acha no célebre *Meaning of Meaning,* que chega por fim a coisas vertiginosas no gênero zumbido. Do mesmo modo, quanto a essa passagem célebre em que se trata de incitar as pessoas que têm um pequeno começo de virtude a ter pelo menos a coerência de completar-lhe o campo. Um deles diz algo assim: *Tu que não podes suportar o tu, mate-me.* É uma concepção razoável — se tu não pode suportar a verdade do *tu,* tu podes sempre ser designado por aquilo que tu és, ou seja, um velhaco. Se tu queres o respeito de teus vizinhos, eleva-te até à noção das distâncias normais, isto é, a uma noção geral do outro, da ordem do mundo e da lei. Esse *tu* pareceu desconcertar os comentadores, e na verdade penso que nossa tutealidade de hoje tornará vocês familiarizados com o registro de que se trata.

Façamos o passo seguinte. Trata-se de que o outro seja reconhecido como tal. Que será preciso portanto para que o outro seja reconhecido como tal? O que será que é esse outro? É, afinal de contas, o outro enquanto ele figura na frase de mandado. É aí que é preciso nos deter um momento.

O reconhecimento do outro não constitui uma passagem inacessível, pois que também vimos que a alteridade evanescente da identificação imaginária do eu não encontra o tu senão num momento limite onde nenhum dos dois poderá subsistir junto com o outro. O Outro, com A maiúsculo, é preciso realmente que ele seja reconhecido além dessa relação, mesmo recíproca, de exclusão, é preciso que, nessa relação evanescente, seja reconhecido como tão impegável quanto eu. Em outros termos, é preciso que ele seja invocado como aquilo que dele próprio ele não conhece. É justamente o sentido de *tu és aquele que me seguirás.*

Se vocês olharem de perto, se *tu és aquele que me seguirás* é delegação, e mesmo consagração, é na medida em que a resposta não é um jogo de palavras, mas um *eu te sigo, eu sou, eu sigo o que tu acabas de dizer.* Há um uso da terceira pessoa, absolutamente essencial ao discurso na medida em que ele designa o que é o próprio sujeito, isto é, o que foi dito. *Eu sou isso, o que tu acabas de dizer,* o que na circunstância quer dizer exatamente — *eu sou bem precisamente o que eu ignoro, pois o que tu acabas de dizer é absolutamente indeterminado, eu não sei aonde tu me conduzirás.* A resposta plena ao *tu és aquele que me seguirás* é *eu o sigo.*

Vocês conhecem a fábula da tartaruga e dos dois patos. A tartaruga chega naquele momento crucial em que os patos lhe propuseram conduzi-la às Américas, e todo o mundo espera ver a tartaruguinha engatada ao bastão de viajante — *A rainha?*, diz a tartaruga, *sim, é verdade, eu a sigo.* Pichon se coloca nesse ponto imensas questões para saber se se trata de uma rainha no estado abstrato ou de uma rainha concreta, e especula de maneira desconcertante para alguém que tinha alguma finura em matéria gramatical e linguística, a ponto de saber se ela não teria de ter dito *eu sigo ela.* Se ela havia falado de uma rainha existente, teria podido dizer muitas coisas, por exemplo, *eu sigo a rainha,* mas já que ela diz *eu a sigo,* referindo-se àquilo de que vocês acabam de falar, não há nenhuma distinção a ser introduzida, basta saber que esse *a* concerne ao que está implicado no discurso.

O que está implicado no discurso é aquilo justamente de que se trata. É preciso nos deter por um momento nessa fala inaugural do diálogo, e medir a enormidade do *tu és aquele que me seguirás.* É ao próprio *tu* que nos endereçamos enquanto desconhecido. É isso que constitui o seu desembaraço, sua força também, e também que ele passe de *tu és* ao *seguirás* da segunda parte nela persistindo. Ele persiste aí precisamente porque no intervalo pode fazer falta. Nessa fórmula, não é portanto a um eu, enquanto eu o faço ver, que me endereço, mas a todos os significantes que compõem o sujeito ao qual eu estou contraposto. Digo *todos* os significantes que ele possui, mesmo e inclusive seus sintomas. É a seus deuses como a seus demônios que nos endereçamos, e é por essa razão que essa maneira de enunciar a sentença que chamei até o momento o mandado, eu a chamarei a partir de agora a invocação com as conotações religiosas do termo.

A invocação não é uma fórmula inerte. É aquilo por que eu faço passar no outro a fé que é a minha. Nos bons autores, talvez em Cícero, a invocação, em sua forma religiosa original, é uma fórmula verbal por que se tenta, antes do combate, tornar favorável, o que eu chamava ainda agora os deuses e os demônios, os deuses do inimigo, os significantes. É a eles que a invocação se endereça, e por isso penso que o termo invocação é próprio para designar a forma mais elevada da frase, onde todas as palavras que pronuncio são verdadeiras palavras, são vozes evocadas às quais cada uma das frases deve responder, a divisa do outro verdadeiro.

Vocês acabam de ver em que o *tu* depende do significante como tal. É do nível do significante vociferado que dependem a natureza e a qualidade do *tu* que é chamado a responder. Daí, quando o significante que porta a frase faz falta àquela, o *eu o sigo* que responde a vocês só figura uma interrogação eterna. *Tu és aquele que me...* o quê? No limite, é a redução ao nível precedente — *tu és aquele que me... tu és aquele que me...*, etc., *tu és aquele que me... matas.* O *tu* reaparece indefinidamente. O mesmo acontece cada vez que, no apelo proferido ao outro, o significante cai no campo que é excluído para o outro *verworfen*, inacessível. O significante produz naquele momento uma redução, mas intensificada, à pura relação imaginária.

3

É o momento precisamente em que se situa esse fenômeno tão singular que fez todos os comentadores do presidente Schreber coçarem a cabeça, o perplexificante *assassinato d'almas*, como ele se exprime.

Esse fenômeno, que é para ele o sinal de entrada na psicose, pode tomar para nós, comentadores-analistas, toda espécie de significações, mas o único lugar em que ele pode ser colocado é no campo imaginário. Ele se relaciona com o curto-circuito da relação afetiva, que faz do outro um ser de puro desejo, o qual não pode ser por consequência, no registro do imaginário humano, senão um ser de pura interdestruição. Há aí uma relação puramente dual, que é a fonte mais radical do próprio registro da agressividade. Freud, aliás, não deixou de perceber isso, mas ele o comentou no registro homossexual. Esse texto nos traz mil provas do que eu avanço, e isso é perfeitamente coerente com nossa definição da fonte da agressividade, e seu surgimento quando se acha curto-circuitada a relação triangular, edipiana, quando esta é reduzida à sua simplificação dual.

Sem dúvida nos faltam no texto os elementos que nos permitiriam examinar mais de perto as relações de Schreber com o pai, com tal suposto irmão que Freud também leva muito em conta. Mas não temos necessidade de mais nada para compreender que é obrigatoriamente pela relação puramente imaginária que deve passar o registro do *tu* no momento em que ele é evocado, invocado, chamado pelo Outro, pelo campo do Outro, através do surgimento de um significante primordial, mas excluído para o sujeito. Esse significante, nomeei-o na última vez — *tu és aquele que é*, ou que será, *pai*. Como significante, ele não pode em caso algum ser acolhido na medida em que o significante representa um suporte indeterminado em torno do qual se agrupa e se condensa um certo número, não exatamente de significação, mas de séries de significações, que vêm convergir através e a partir da existência desse significante.

Antes que haja o Nome-do-Pai, não havia pai, havia todas as espécies de outras coisas. Se Freud escreveu *Totem e tabu*, é que ele pensava entrever o que havia, mas seguramente, antes que o termo pai se tenha instituído num certo registro, historicamente não havia pai. Eu só lhes dou aí essa perspectiva a título de pura concessão, pois ela não me interessa em espécie alguma de grau. Eu não me interesso pela pré-história, a não ser para realçar que é bastante provável que um certo número dos significantes essenciais faltava ao homem de Neanderthal. Inútil ir procurar tão longe, pois essa falta, nós podemos observá-la nos sujeitos que estão a nosso alcance.

Observem esse momento crucial com atenção e vocês poderão delinear essa passagem em toda entrada na psicose — é o momento em que do outro como tal, do campo do outro, vem o apelo de um significante essencial que não pode ser acolhido.

Em uma de minhas apresentações de caso, aconteceu-me mostrar um antilhano cuja história familiar punha em evidência a problemática do ancestral original. Era o francês que vinha se meter por lá, uma espécie de pioneiro, que tivera uma vida extraordinariamente heroica, misturada de altos e baixos extraordinários da fortuna, e que se tornara o ideal de toda a família. Nosso antilhano, muito desarraigado pelas bandas de Detroit, onde levava uma vida de artesão bastante folgado, se vê um dia na posse de uma mulher que lhe anuncia que vai ter um bebê. Não se sabe se é dele ou não, mas o que é verdade é que no prazo de alguns dias eclodem suas primeiras alucinações.

Mal lhe anunciaram *você vai ser pai*, uma personagem lhe aparece, dizendo-lhe: *você é são Tomás*. Devia tratar-se, creio, de são Tomás o cético, e não são Tomás de Aquino. As anunciações que seguem não deixam nenhuma dúvida — elas vêm de Elisabeth, aquela a quem anunciaram muito tarde em sua vida que ela ia estar prenhe de uma criança.

Em suma, esse caso demonstra muito bem a conexão do registro da paternidade com a eclosão de revelações, de anunciações concernentes à geração, ou seja, o que precisamente o sujeito não pode literalmente conceber, e não é por acaso que emprego essa palavra. A questão da geração, termo de especulação alquímica, está sempre ali prestes a surgir como uma resposta de desvio, uma tentativa de reconstruir o que não é admissível para o sujeito psicótico, para o ego cujo poder é invocado sem que ele possa, propriamente falando, responder.

Daí, além de todo significante que possa ser significativo para o sujeito, a resposta não pode ser senão o uso permanente, e direi, constantemente sensibilizado, do significante em seu conjunto. Observamos, com efeito, que o comentário memorizante que acompanha todos os atos humanos se acha logo vivificado, sonorizado sob suas formas mais vazias e mais neutras, e se torna o modo de relação ordinário do ego que não pode encontrar seu abonador no significante ao nível do qual ele é chamado.

Precisamente porque ele é chamado no mesmo lugar onde não pode responder, a única forma de reagir que possa ligá-lo à humanização que ele tende a perder é perpetuamente se presentificar nesse pequenino comentário do corrente da vida que faz o texto do automatismo mental. O sujeito que transpôs esse limite não tem mais a segurança significativa costumeira, senão graças ao acompanhamento pelo perpétuo comentário de seus gestos e atos.

Esses fenômenos apresentam no caso do presidente Schreber um caráter excessivamente rico, mas não são particulares a ele, pois que eles entram na definição mesma do automatismo mental, isso justifica o próprio uso da palavra automatismo, que foi tão utilizada na patologia mental sem que se soubesse muito bem o que se dizia. O termo tem um sentido bastante preciso em neurologia, onde qualifica certos fenômenos de liberação, mas sua retomada analógica em psiquiatria continua sendo pelo menos problemática. É contudo o termo mais justo na teoria de Clérambault, se vocês pensam na distinção, hoje completamente esquecida, que faz Aristóteles entre o *automaton* e a fortuna. Se vamos direto ao significante, isto é, nessa circunstância, com todas as reservas que comporta uma tal referência, à etimologia, vemos que o *automaton* é o que verdadeiramente pensa por si mesmo, sem vínculo com este além, o ego, que dá seu sujeito ao pensamento. Se a linguagem fala sozinha, está aí justamente a oportunidade, ou não, de utilizar o termo automatismo, e é o que dá ao termo que Clérambault usava, sua ressonância autêntica, seu lado satisfatório para nós.

O que acabamos de pôr em evidência nos permitirá ver da próxima vez o que falta a cada um dos dois pontos de vista desenvolvidos por Freud e pela Sra. Ida Macalpine.

Freud supõe uma homossexualidade latente que implicaria uma posição feminina — é aí que está o salto. Ele fala de uma fantasia de impregnação fecundante como se a coisa fosse evidente, como se toda aceitação da posição feminina implicasse além disso esse registro tão desenvolvido no delírio de Schreber, e que termina por fazer dele mulher de Deus. A teoria de Freud é que a única forma para Schreber de eludir o que resulta do temor à castração, é a *Entmannung*, a eviração ou simplesmente a desmasculinização, a transformação em mulher — mas no fim de contas, como o próprio Schreber observa em alguma parte, não seria melhor ser uma mulher espiritual que um pobre homem, infeliz, oprimido, e mesmo castrado? Em suma, é numa amplificação do tamanho do universo que se acha a solução do conflito introduzido pela homossexualidade latente.

Grosso modo, a teoria de Freud é aquela que melhor respeita o equilíbrio do progresso da psicose. Todavia, é certo que as objeções da Sra. Macalpine têm o mérito de dar a réplica a Freud, e mesmo de completar uma parte de sua teoria. Ela põe em evidência, como determinante no processo da psicose, um fantasma de gravidez, evocando assim uma simetria rigorosa entre as duas grandes faltas que podem manifestar-se a título neurotizante em cada sexo. Ela vai muitíssimo longe nessa direção, e diz coisas muito divertidas, que o texto permite sustentar, mesmo a evocação no segundo plano de uma civilização heliolítica, cujo símbolo fundamental seria o sol, considerado como feminino e encarnado na pedra, símbolo simétrico da promoção do falo na teoria clássica. Podemos encontrar o seu abonador no termo do próprio nome da sociedade onde Schreber é hospitalizado, Sonnenstein.

A todo momento nas análises concretas das pessoas menos neuróticas, damos com essas diabruras, essas zombarias do significante, onde vêm produzir-se coincidências singulares de homonímias estranhas vindas de todos os cantos do horizonte, e que parecem dar uma unidade, por outro lado algumas vezes imperceptível, tanto ao conjunto do destino como aos sintomas do sujeito. Seguramente menos que alhures, convém recuar diante da investigação quando se trata do momento de entrada na psicose.

Antes de acabar, gostaria de chamar-lhes atenção para a palavra significativa, e mesmo infeliz, que Flechsig dirige a Schreber por ocasião de sua recaída, quando este chega extremamente perturbado para a sua consulta. Flechsig já foi alçado por ele ao valor de um eminente personagem paterno. Já houve antes um alerta ou suspensão da função da paternidade, sabemos por seu testemunho que ele esperou tornar-se pai, que sua mulher, no intervalo de oito anos que separou a primeira crise da segunda, teve vários abortos espontâneos. Ora, Flechsig diz a ele que, desde a última vez, fizeram-se enormes progressos em psiquiatria, e que se vai botá-lo num desses soninhos que vai ser bem fecundo.

Talvez isso fosse justamente a coisa que não se devia dizer. A partir daquele momento o nosso Schreber não dorme mais, e naquela noite tenta se enforcar.

A relação de procriação está, com efeito, implicada na relação do sujeito com a morte.

É o que eu reservo na próxima vez.

27 de junho de 1956

XXV

O FALO E O METEORO

Prevalência da castração.
Ida Macalpine.
Simbolização natural e sublimação.
O arco-íris.
Inserido no pai.

Eu não sei muito bem por que parte começar para terminar este curso. Por via das dúvidas, coloquei no quadro para vocês dois pequenos esquemas.

O primeiro é antigo. É uma espécie de grade sobre a qual tentei no início deste ano mostrar-lhes como se coloca o problema do delírio se queremos estruturá-lo na medida em que ele parece ser uma relação ligada por alguma parte à fala. O segundo desses esquemas é totalmente novo, e irei me referir a ele daqui a pouco.

1

O que avancei este ano estava centrado pela preocupação de tornar a insistir na estrutura do delírio. O delírio pode ser considerado como uma perturbação da relação com o outro, e ele está portanto ligado ao mecanismo transferencial. Mas quis mostrar-lhes que ele se aclarava em todos os seus fenômenos, e creio mesmo poder dizer em sua dinâmica, em referência às funções e à estrutura da fala. Também aí, trata-se de liberar esse mecanismo transferencial de não sei que confusas e difusas relações de objeto.

Por hipótese, cada vez que lidamos com um distúrbio considerado em sua globalidade como imaturo, enquadramo-nos numa série desenvolvimental linear que deriva da imaturação da relação de objeto. Ora, a experiência mostra que essa unilinearidade conduz a impasses, a explicações insuficientes, imotivadas, que se superpõem de tal maneira que não permitem distinguir os casos, e, no primeiro plano, obliteram a diferença entre neurose e psicose. Por si só, a experiência do delírio parcial se opõe ao que se fala como imaturação, e mesmo regressão, ou como simples modificação da relação de objeto.

A mesma coisa se passa assim se fizermos referência apenas às neuroses. Veremos no próximo ano que a noção de objeto não é unívoca, quando começarei por opor o objeto das fobias ao objeto das perversões. Isso significará retomar, ao nível do compartimento, *o objeto*, o problema das relações do sujeito com o outro, que são, tratando-se das psicoses, dois termos opostos.

Da última vez eu os deixei diante de duas descrições opostas, a de Freud e a de uma psicanalista que tem seus méritos, e que, por representar as tendências mais modernas, teve ao menos a vantagem de fazê-lo inteligentemente.

Resumamos rapidamente a posição de Freud sobre o sujeito do delírio de Schreber, as objeções que contrapõem a ele, e vejamos se se chegou a esboçar o menor começo de melhor solução.

Para Freud, dizem-nos, o delírio de Schreber está ligado à irrupção da tendência homossexual. O sujeito a nega, defende-se contra ela. No caso dele, que não é o de um neurótico, essa negação redunda no que poderíamos chamar uma erotomania divina.

Vocês sabem como Freud reparte as diversas denegações da tendência homossexual. Ele parte de uma frase que simboliza a situação — *eu o amo, a ele, um homem*. Há mais de uma maneira de introduzir a denegação nessa frase. Pode-se dizer, por exemplo, *não sou eu que o amo* ou *não é a ele que eu amo*, ou ainda, *não é de amar que se trata para mim, eu o odeio*. E aliás também, nos diz ele, a situação não é jamais simples; e não se limita a uma simples reversão simbólica. Por razões que ele considera como suficientemente implícitas, mas sobre as quais, na verdade, ele não insiste, produz-se uma reversão imaginária da situação somente numa parte dos três termos, isto é, por exemplo, que *eu o odeio* se transforme em *ele me odeia* por projeção. No nosso caso, *não é a ele que eu amo, é um outro*, um grande Ele, o próprio Deus, se inverte em *ele me ama*, como em toda erotomania. É claro que Freud nos indica que a saída terminal da defesa contra a tendência homossexual não pode ser compreendida sem uma reversão muito avançada do aparelho simbólico.

Tudo pode, portanto, parecer girar em torno da defesa. É preciso sem dúvida que ela seja bem intensa para precipitar o sujeito em provações que levam a nada menos que a desrealização, não só do mundo exterior em geral, mas das próprias pessoas que o cercam, mesmo aos mais próximos, e do outro como tal, o que implicará toda uma reconstrução delirante, depois disso o sujeito ressituará progressivamente, mas de uma forma profundamente perturbada, um mundo onde ele poderá se reconhecer, de maneira igualmente perturbada, como destinado — num tempo projetado na incerteza do futuro, por um prazo indeterminado mas certamente não ultrapassável — a tornar-se sujeito por excelência de um milagre divino, ou seja, a ser o suporte e o receptáculo feminino de uma recriação de toda a humanidade. O delírio de Schreber se apresenta em seu acabamento com todas as características megalomaníacas dos delírios de redenção em suas formas mais desenvolvidas.

O que é que dá conta dessa intensidade da defesa? A explicação de Freud parece estar contida inteiramente na referência ao narcisismo. A defesa contra a tendência homossexual parte de um narcisismo ameaçado. A megalomania representa o meio pelo qual se exprime o temor narcísico. A ampliação do eu do sujeito às dimensões do mundo é um fato de economia libidinal que se acha aparentemente todo no plano imaginário. O sujeito que se torna o objeto do amor do ser supremo pode por consequência abandonar o que lhe parecia à primeira vista o mais precioso do que ele devia salvar, a saber, a marca de sua virilidade.

Mas, afinal de contas, eu o sublinho, o pivô, o ponto de concurso da dialética libidinal, ao qual se referem o mecanismo e o desenvolvimento da neurose em Freud, é o tema da castração. É a castração que condiciona o temor narcísico. É pela aceitação da castração que o sujeito deve pagar um preço tão pesado quanto esse remanejamento de toda a realidade.

Dessa prevalência, Freud não abre mão. É na ordem material, explicativa da teoria freudiana, de um extremo a outro, uma invariante,[36] uma invariante prevalecente. No condicionamento teórico do interjogo subjetivo em que se inscreve a história de um fenômeno psicanalítico qualquer, ele nunca subordinou, nem mesmo relativizou, a sua posição. É em torno de Freud, é na comunidade analítica, que se quis dar-lhe simétricos, equivalentes. Mas, em sua obra, o objeto fálico tem a posição central na economia libidinal, tanto no homem como na mulher.

Está aí um fato totalmente essencial, característico de todas as teorizações dadas e mantidas por Freud — seja qual for o remanejamento que ele tenha introduzido em sua teorização, através de todas as fases da esquematização que pôde dar da vida psíquica, a prevalência do centro fálico jamais foi modificada.

Se há alguma coisa que é verdadeira nas observações da Sra. Macalpine — e é não obstante a única que ela de fato não evidencia —, é que efetivamente jamais se trata de castração em Schreber. O termo latino que serve em alemão, *eviratio-Entmannung*, quer dizer, no texto, *transformação*, com tudo o que esta palavra comporta de transição, *em mulher* — não é absolutamente castração. Não importa, a análise de Freud faz girar toda a dinâmica do sujeito Schreber em torno do tema da castração, da perda do objeto fálico.

Devemos constatar que mesmo através de certas fraquezas de sua argumentação, que se devem ao uso de termos que só têm seu lugar na dialética imaginária do narcisismo, o elemento essencial em jogo no conflito é o objeto viril. Só ele nos permite ritmar e compreender as diferentes etapas da evolução do delírio, suas fases e sua construção final. Ainda mais, podemos notar de passagem toda espécie de finuras, deixadas encetadas, não completamente exploradas. Freud nos mostra, por exemplo, que a projeção por si só não pode explicar o delírio, que não se trata aí de um reflexo em espelho do sentimento do sujeito, mas que é indispensável determinar aí suas etapas e, se é possível dizer, num dado momento, uma perda da tendência, que envelhece. Ao longo do ano, insisti muito sobre isto: aquilo que foi recalcado dentro reaparece fora, ressurge num plano por detrás — e não dentro de uma estrutura simples, mas de uma posição, se é possível dizer, interna, que faz com que o próprio sujeito, que se julga ser no caso presente o agente da perseguição, seja ambíguo, problemático. Em sua primeira abordagem, ele é apenas o representante de um outro sujeito que não só permite, mas sem dúvida alguma age, em última instância. Em suma, há aí um escalonamento na alteridade do outro. É um dos problemas sobre os quais Freud na verdade nos conduz, mas onde ele se detém.

Ida Macalpine, depois de outros, mas de maneira mais coerente que outros, objeta que nada permite conceber que esse delírio supõe a maturidade genital, se ouso assim dizer, que explicaria o temor da castração. A tendência homossexual está longe de manifestar-se como primária. O que vemos desde o início são sintomas, primeiramente hipocondríacos, que são sintomas psicóticos.

Encontra-se aí sem dificuldade esse algo de particular que está no fundo tanto da relação psicótica como dos fenômenos psicossomáticos com os quais essa clínica se ocupou de modo todo especial, e que para ela são certamente a via de introdução à fenomenologia desse caso. É aí que ela pôde ter a apreensão direta de fenômenos estruturados de modo bem diferente do que se passa nas neuroses, a saber, onde há não sei que impressão ou inscrição direta de uma característica, e mesmo, em certos casos, de um conflito, no que se pode chamar o quadro material que apresenta o sujeito enquanto ser corpóreo. Um sintoma tal como uma erupção, diversamente qualificada dermatologicamente, da face, se mobilizará em função de tal aniversário, por exemplo, de maneira direta, sem intermediário e sem dialética alguma, sem que nenhuma interpretação possa marcar sua correspondência com alguma coisa que seja do passado do sujeito.

Está aí sem dúvida o que impeliu Ida Macalpine a colocar o problema muito singular das correspondências diretas entre o símbolo e o sintoma. O aparelho do símbolo é de tal modo ausente das categorias mentais do psicanalista de hoje em dia que é só por intermédio de uma fantasia que podem ser concebidas tais relações. E aliás também, toda a sua argumentação consistirá em relacionar o desenvolvimento do delírio com um tema fantasmático, uma fixação originária — original, segundo o termo corrente de nossos dias — pré-edípica, sublinhando que aquilo que sustenta o desejo é essencialmente um tema de procriação, mas perseguido por ele mesmo, assexuado em sua forma, não acarretando condições de desvirilização, de feminização, senão como uma espécie de consequência *a posteriori* da exigência de que se tratava. O sujeito é concebido como nascido só na relação da criança com a mãe, antes de toda constituição de uma situação triangular. É então que ele veria nascer em si próprio uma fantasia de desejo, desejo de igualar a mãe na sua capacidade de fazer uma criança.

Aí está toda a argumentação da Sra. Macalpine, que não tenho por que prosseguir aqui na riqueza de seus pormenores, já que ela está ao alcance de vocês no prefácio e no posfácio bem alentados da edição que ela fez em inglês do texto de Schreber. O importante é perceber que essa elaboração se liga a uma certa reorientação de toda a dialética analítica que tende a fazer da economia imaginária da fantasia das diversas reorganizações, desorganizações, reestruturações, desestruturações fantasmáticas, o ponto pivô de todo progresso compreensivo e também de todo progresso terapêutico. O esquema atualmente aceito de maneira tão corriqueira, frustração-agressividade-regressão, está no fundo de tudo o que a Sra. Macalpine supõe poder explicar desse delírio.

Ela vai muito longe nesse sentido. Não há, diz ela, declínio, crepúsculo do mundo, e, num dado momento, desordem quase de confusão mental das apreensões da realidade, senão porque é preciso que o mundo seja recriado. Ela introduz assim, na etapa mais profunda da desordem mental, uma espécie de finalismo. Todo o mito não é construído senão porque é a única maneira que tem o sujeito Schreber de satisfazer-se em sua exigência imaginária de parto.

A perspectiva de Ida Macalpine pode sem dúvida alguma permitir conceber, com efeito, a encenação, a impregnação imaginária do sujeito ao renascer — decalco aqui um dos temas de Schreber que é, como vocês sabem, o *picturing*.

Mas numa tal perspectiva, onde só se trata de fantasias imaginárias, o que nos permite compreender a prevalência dada por Freud à função do pai?

Sejam quais forem certas fraquezas da argumentação freudiana a respeito da psicose, é inegável que a função do pai é tão exaltada em Schreber que não é preciso nada menos que Deus, o pai — e num sujeito para quem até então isso não tinha sentido algum — para que o delírio chegue a seu ponto de acabamento, de equilíbrio. A prevalência, em toda a evolução da psicose de Schreber, das personagens paternas que se substituem umas às outras, e vão sempre crescendo e se envolvendo umas às outras até se identificarem com o próprio Pai Divino, com a divindade marcada pela ênfase propriamente paterna, é inegável, inabalável. E destinada a nos fazer recolocar o problema — como é possível que algo que dê tanta razão a Freud não seja abordado por ele senão sob certos modos que deixam a desejar?

Na realidade, tudo nele é equilibrado, e tudo resulta insuficiente na retificação da Sra. Macalpine. Não é somente a enormidade da personagem fantasmática do pai que nos impede de nos contentar seja de que modo for com uma dinâmica fundada na irrupção da fantasia pré-edipiana. Há ainda muitas outras coisas, mesmo e inclusive o que, nos dois casos, continua sendo enigmático. Bem mais que a Sra. Macalpine, Freud aproxima-se do lado preponderante, esmagador, proliferante, dos fenômenos de auditivação verbal, a formidável captação do sujeito no mundo da fala, que não é apenas copresente em sua existência, que não constitui apenas o que chamei da última vez um acompanhamento falado dos atos, mas uma perpétua intimação, solicitação, e mesmo ultimato, manifestando-se nesse plano. Nem por um só instante o sujeito deve cessar de dar testemunho ao convite constante da palavra falada que o acompanha, que ele está ali presente, é capaz de responder — ou de não responder, porque talvez, diz ele, se queira coagi-lo a dizer alguma bobagem. Por sua resposta como por sua não resposta, ele tem de testemunhar que está sempre acordado nesse diálogo interior. Não estar mais assim seria o sinal do que ele chama uma *Verwesung*, isto é, como se traduziu com justeza, uma decomposição.

É sobre esse ponto que chamamos atenção este ano, e que insistimos para dizer que é o que constitui o valor da posição freudiana pura. Apesar do paradoxo que apresentam certas manifestações da psicose se as relacionamos à dinâmica que Freud reconheceu na neurose, ela se vê abordada ainda assim de uma maneira mais satisfatória em sua perspectiva.

Sua perspectiva, Freud jamais a isolou completamente, mas é o que faz manter sua posição com relação a essa espécie de planificação, se é possível dizer assim, dos signos instintivos a que tende a reduzir-se, depois dele, a dinâmica psicanalítica. Falo desses termos que ele jamais abandonou, que ele exige para toda compreensão analítica possível, mesmo ali onde isso só cola aproximativamente, pois isso cola ainda melhor daquela forma, a saber, a função do pai e o complexo de castração.

Não pode tratar-se pura e simplesmente de elementos imaginários. O que se reconhece no imaginário sob a forma da mãe fálica não é homogêneo, todos vocês sabem disso, ao complexo de castração, na medida em que este está integrado à situação triangular do Édipo. Essa situação não é completamente elucidada por Freud, mas, só pelo fato de sempre ser mantida ela está ali para se prestar a uma elucidação, que só é possível se reconhecemos que o terceiro, central para Freud, que é o pai, tem um elemento significante, irredutível a toda espécie de condicionamento imaginário.

2

Não digo que o Nome-do-Pai seja o único de que possamos dizer isso.

Podemos isolar esse elemento cada vez que aprendemos alguma coisa que é, propriamente falando, da ordem simbólica. Reli a esse respeito, uma vez mais, o artigo de Ernest Jones sobre o simbolismo. Vou retomar um dos exemplos mais notórios em que esse pequerrucho do mestre tenta examinar o fenômeno do simbólico. Trata-se do anel.

Um anel, nos diz ele, não entra em jogo como símbolo analítico na medida em que representa o casamento, com tudo o que isso comporta de cultural e de elaborado, e mesmo de sublimado — pois é assim que ele se exprime. O anel como símbolo do casamento deve ser procurado em alguma parte na sublimação. Fora com isso, o contato dessa pele nos exaspera, não somos pessoas a quem falar por analogismo. Se o anel significa alguma coisa, é porque ele é o símbolo do órgão sexual feminino.

Essa declaração não é de natureza a nos deixar sonhando? — quando sabemos que a encenação do significante no sintoma é sem vínculo com o que é da ordem da tendência. É preciso verdadeiramente ter uma ideia das mais estranhas das simbolizações naturais para crer que o anel é a simbolização natural do sexo feminino.

Todos vocês conhecem o tema do *Anel de Hans Carvel*, boa história da Idade Média, com a qual La Fontaine fez um conto e que Balzac retomou em seus *Contos droláticos*. O bom homem, que é descrito de forma muito floreada, e do qual nos dizem algumas vezes que é um padre, sonha que tem o dedo dentro de um anel, e se acha, ao despertar, com o dedo dentro da vagina de sua companheira. Para dizer as coisas pondo os pontos nos is — como a experiência da penetração desse orifício, pois que se trata de orifício, poderia ela se parecer em alguma coisa com a experiência de pôr um anel, se não se soubesse já de antemão o que é um anel?

Um anel não é um objeto que se encontra na natureza. Se há algo, na ordem de uma penetração, que se parece com a penetração mais ou menos apertada do dedo no anel, não é seguramente — eu faço apelo aqui, como dizia Maria Antonieta, não a todas as mães, mas a todos aqueles que jamais puseram seu dedo em alguma parte —, não é certamente a penetração nesse lugar, meu Deus, enfim, antes moluscular que outra coisa. Se alguma coisa na natureza está destinada a nos sugerir certas propriedades do anel, isso se limita àquilo que a linguagem consagrou com o termo ânus, que se escreve com um só *n* em latim, e que, pudicamente, os antigos dicionários designam como o anel que se pode encontrar atrás.

Mas para confundir um com o outro quanto ao que pode tratar-se de uma simbolização natural, é preciso realmente que se tenha tido na ordem dessas preocupações cogitativas... É preciso que o próprio Freud tenha realmente se desesperado com vocês por não lhes ter ensinado a diferença entre um e outro, que ele os tenha realmente considerado como incuráveis bestas quadradas.

A elucubração do Sr. Jones está destinada a nos mostrar que o anel não se acha comprometido com um sonho, e mesmo com um sonho que redunda numa ação sexual, senão porque significamos com isso algo de primitivo. As conotações culturais o apavoram, e é justamente aí que ele está errado. Ele não imagina que o anel existe já como significante, independentemente de suas conotações, que é já um dos significantes essenciais por meio dos quais o homem em sua presença no mundo é capaz de cristalizar uma coisa bem mais diversa que o casamento. Um anel não é um buraco com algo em torno, como parece acreditar o Sr. Jones, à maneira das pessoas que pensam que, para fazer macarrão, pega-se um buraco e se coloca a farinha em volta. Um anel tem antes de mais nada um valor significante.

Se assim não é, como explicar que um homem possa ouvir alguma coisa, o que se chama ouvir, na formulação mais simples de se inscrever na linguagem a fala mais elementar — *é isso.* Para um homem, essa fórmula tem contudo um sentido explicativo. Ele viu algo, não importa o quê, que está ali, e *é isso.* Seja qual for a coisa em presença da qual ele está, quer se trate do mais singular, do mais bizarro, e mesmo do mais ambíguo, *é isso.* Agora, isso se apoia em outro lugar e não ali onde estava antes, isto é, em parte alguma, agora *é* — *é isso.*

Gostaria por um momento de considerar expressamente um fenômeno que é exemplar por ser o mais inconsistente do que pode se apresentar ao homem — o meteoro.

Por definição, o meteoro é *isso,* é real e, ao mesmo tempo, é ilusório. Seria inteiramente errôneo dizer que é imaginário. O arco-íris *é isso.* Vocês dizem que o arco-íris é *isso,* e depois vocês procuram. Quebrou-se a cabeça durante um certo tempo, até que o Sr. Descartes reduzisse completamente o probleminha. Há uma região que se irisa dentro de gotículas d'água em suspensão etc. Bem. E depois? Há o raio de um lado, e as gotas condensadas do outro. *É isso.* Era apenas aparência — é *isso.*

Observem que o problema não está em absoluto resolvido. O raio de luz é, vocês sabem, onda ou corpúsculo, e a gotinha d'água é uma coisa curiosa, já que, no fim de contas, isso não é verdadeiramente a forma gasosa, é a condensação, a recaída no estado líquido, mas recaída suspensa, entre os dois, que atingiu o estado de extensa superfície expansiva, como a água.

Quando dizemos portanto *é isso,* temos como necessário que é só isso, ou que não é isso, ou seja, a aparência na qual nos detemos. Mas isso nos prova que tudo o que saiu a seguir, tanto o *é apenas isso* como o *não é isso,* estava já implicado no *é isso* da origem.

O arco-íris é um fenômeno que não tem nenhuma espécie de interesse imaginário, vocês jamais viram um animal prestar atenção nele, e, na verdade, o homem não presta atenção em um número incrível de manifestações vizinhas. As irisações diversas são excessivamente espalhadas pela natureza, e posto de lado dons de observação ou uma pesquisa especial, ninguém se detém neles. Se, ao contrário, o arco-íris existe, é precisamente na sua relação ao *é isso.* É o que faz com que o nomeemos arco-íris, e que, quando falamos a alguém que jamais viu um, há um momento em que lhe dizemos: *O arco-íris, é isso.* E este *é isso* supõe a implicação de que vamos nos comprometer nisso até que percamos o fôlego, para saber o que há de escondido atrás, qual é a sua causa, a que poderemos reduzi-lo. Observem bem que o que desde a origem caracteriza o arco-íris e o meteoro, e todo o mundo o sabe pois que é por isso que o nomearam meteoro, é que precisamente não há nada escondido atrás. Ele está inteiramente nessa aparência. O que contudo o faz subsistir para nós, a ponto de que não cessemos de nos colocar questões sobre ele, deve-se unicamente ao *é isso* da origem, a saber, à nomeação como tal do arco-íris. Não há nada mais que esse nome.

Em outras palavras, para irmos mais longe, esse arco-íris não fala, mas se poderia falar no seu lugar. Jamais alguém fala com ele, é muito surpreendente. Interpelam a aurora, e toda espécie de coisa. Resta ao arco-íris esse privilégio, com um certo número de outras manifestações dessa espécie, de que não se dirigem a ele. Há sem dúvida razões para isso, a saber, que ele é, de modo todo especial, inconsciente. Mas admitamos que falem com ele. Se falam com ele é possível fazê-lo falar. É possível fazê-lo falar com quem se quiser. Isso poderia ser o lago.

Se o arco-íris não tiver nome, ou se ele nada quiser ouvir de seu nome, se ele não souber que se chama arco-íris, esse lago não tem outro recurso senão lhe mostrar as mil miragenzinhas do brilho do sol nas vagas e nos rastos de vapores úmidos que se desprendem. Ele pode mesmo tentar ir ao encontro do arco-íris, mas não o encontrará nunca, pela simples razão de que os pedacinhos de sol que dançam na superfície do lago como o vapor úmido que dele emana, nada têm a ver com a produção do arco-íris, que começa numa certa altura de inclinação do sol e a uma certa densidade das gotinhas. Não há nenhum motivo para pesquisar a inclinação do sol, nem também nenhum dos indícios que determinam o fenômeno do arco-íris na medida em que ele não é nomeado enquanto tal.

Se acabo de fazer esse longo estudo a respeito de alguma coisa que tem um caráter de cintura esférica, podendo ser desenvolvida e dobrada, é que a dialética imaginária na psicanálise é exatamente da mesma natureza. Por que será que as relações mãe-criança às quais se tende cada vez mais a limitá-la não bastam? Não há verdadeiramente razão alguma.

Dizem-nos que a exigência de uma mãe é a de prover-se com um falo imaginário, e explicam-nos muito bem que sua criança lhe serve de suporte, suficientissimamente real, por esse prolongamento imaginário. Quanto à criança, isso não oferece dificuldade alguma — macho ou fêmea, ela localiza o falo muito cedo, e, dizem-nos, ela o concede generosamente à mãe, em espelho ou não, ou em duplo espelho. O par deveria muito bem se conciliar em espelho em torno dessa ilusão comum de falicização recíproca. Tudo deveria se passar ao nível de uma função mediadora do falo. Ora, o par se acha, ao contrário, numa situação de conflito, e mesmo de alienação interna, cada um por seu lado. Por quê? Porque o falo, se posso me exprimir assim, é vadio. Ele está alhures. Todo o mundo sabe onde a teoria analítica o coloca — é o pai que é suposto ser o seu portador. É em torno dele que se instaura o temor da perda do falo na criança, a reivindicação, a privação, ou o tédio, a nostalgia do falo na mãe.

Ora, se trocas afetivas, imaginárias, se estabelecem entre a mãe e a criança em torno da falta imaginária do falo, o que é seu elemento essencial da coaptação intersubjetiva, o pai, na dialética freudiana, tem o seu, é tudo, ele não o troca nem o dá. Não há circulação alguma. O pai não tem função alguma no trio, exceto a de representar o portador, o detentor do falo — um ponto, é tudo.

Em outros termos, é o que, na dialética imaginária, deve existir para que o falo seja outra coisa que um meteoro.

3

Isso é tão fundamental que, se tentamos situar num esquema o que faz manter-se de pé a concepção freudiana do complexo de Édipo, não é de um triângulo pai-mãe-criança de que se trata, é de um triângulo (pai)-falo-mãe-criança. Onde estará o pai ali dentro? Ele está no anel que faz manter-se tudo junto.

A noção de pai só se supõe provida de toda uma série de conotações significantes que lhe dão sua existência e sua consistência, as quais estão muito longe de confundir-se com as do genital, de que ela é semanticamente diferente através de todas as tradições linguísticas.

Não chegarei ao ponto de citar-lhes Homero e são Paulo para dizer-lhes que invocar o pai, seja ele Zeus ou outro qualquer, é coisa totalmente diversa que a de se referir pura e simplesmente à função genitora. De uma mulher pode sair um número indefinido de seres. Isso só poderia ser das mulheres — aliás, voltaremos a isso em breve, já que os jornais nos dizem todos os dias que a partenogênese está a caminho, e que as mulheres engendrarão em breve meninas sem a ajuda de ninguém. Pois bem, observem que, se intervêm lá dentro elementos masculinos, eles desempenharão seu papel de fecundação sem serem outra coisa, como na animalidade, senão um circuito lateral indispensável. Há engendramento das mulheres pelas mulheres, com a ajuda de abortados laterais que podem servir para relançar o processo, mas não o estruturam. É unicamente a partir do momento em que procuramos inscrever a descendência em função dos machos que intervém uma inovação na estrutura. É unicamente a partir do momento em que falamos de descendência de macho a macho que se introduz um corte, que é a diferença das gerações. A introdução do significante do pai introduz desde já uma ordenação na linhagem, a série das gerações.

Não estamos aí para desenvolver todas as faces dessa função do pai, mas faço-lhes observar uma das mais surpreendentes, que é a introdução de uma ordem, de uma ordem matemática, cuja estrutura é diferente da ordem natural.

Fomos formados na análise pela experiência das neuroses. A dialética imaginária pode bastar se, no quadro que desenhamos dessa dialética, já houver essa relação significante implicada para o uso prático que dela se quer fazer. Em duas ou três gerações, sem dúvida não se compreenderá aí mais nada, uma gata não reconhecerá mais seus filhotes, mas, por ora, no conjunto, que o tema do complexo de Édipo permaneça aí preserva a noção de estrutura significante, tão essencial para se achar nas neuroses.

Mas, quando se trata das psicoses, a coisa é outra. Não se trata da relação do sujeito com um vínculo significado no interior das estruturas significantes existentes, mas de seu encontro, em condições eletivas, com o significante como tal, encontro que marca a entrada na psicose.

Vejam em que momento de sua vida a psicose do presidente Schreber se declara. Mais de uma vez, ele esteve em situação de esperar tornar-se pai. Ei-lo a um só tempo investido de uma função considerável socialmente, e que tem muito valor para ele — ele se torna presidente no Tribunal de Apelação. Direi que, na estrutura administrativa em causa, trata-se de algo que se parece com o *Conseil d'État*.[37] Ei-lo introduzido no ápice da hierarquia legisladora, entre homens que fazem leis e que têm todos mais vinte anos que ele — perturbação da ordem das gerações. Em virtude de quê? De uma convocação expressa dos ministros. Essa promoção de sua existência nominal solicita dele uma integração renovadora. Trata-se afinal de contas de saber se o sujeito se tornará, ou não, pai. É a questão do pai, que centra toda a investigação de Freud, todas as perspectivas que ele introduziu na experiência subjetiva.

Esquecem disso perfeitamente, bem o sei. A mais recente técnica analítica é obnubilada pela relação de objeto. A experiência suprema que se descreve, essa famosa distância tomada na relação de objeto, consiste finalmente em fantasmatizar o órgão sexual da análise e em absorvê-lo imaginariamente. Fazer da filiação o equivalente de uma felação? Há realmente uma relação etimológica entre os dois termos, mas isso não é uma razão suficiente para decidir que a experiência analítica é uma espécie de cadeia obscena que consiste na absorção imaginária de um objeto enfim isolado das fantasias.

Em todo o caso, é impossível desconhecer, na fenomenologia da psicose, a originalidade do significante como tal. O que há de tangível no fenômeno de tudo o que se desenrola na psicose é que se trata da abordagem pelo sujeito de um significante como tal, e da impossibilidade dessa abordagem. Não torno a voltar à noção da *Verwerfung* de que parti, e para a qual, tudo bem refletido, proponho que vocês adotem definitivamente esta tradução que creio ser a melhor — a *foraclusão*.

Segue-se um processo cuja primeira etapa chamamos um cataclisma imaginário, ou seja, que mais nada pode ser arrendado da relação mortal que é em si mesma a relação com o outro imaginário. Depois, desdobramento separado e investido por todo o aparelho significante — dissociação, espedaçamento, mobilização do significante enquanto fala, palavra jaculatória, insignificante, ou demasiado significante, carregada de insignificância, decomposição do discurso interior, que marca toda a estrutura da psicose. Após o encontro, a colisão, com o significante inassimilável, trata-se de reconstituí-lo, já que esse pai não pode ser um pai bem simples, um pai redondinho, o anel de ainda há pouco, o pai que é o pai para todo o mundo. E o presidente Schreber o reconstitui com efeito.

Ninguém sabe que ele está inserido no pai. Contudo, gostaria de fazer vocês observarem, antes de deixá-los este ano, que, para serem médicos, vocês podem ser inocentes, mas que, para serem psicanalistas, conviria no entanto que vocês meditassem de vez em quando num tema como este, se bem que nem o sol, nem a morte, possam ser olhados de frente. Não direi que o mínimo gesto para afastar um mal dê possibilidades para um mal maior, ele acarreta *sempre* um mal maior. É uma coisa a que conviria que um psicanalista se acostumasse, porque creio que sem isso ele não é absolutamente capaz de exercer com toda a consciência sua função profissional. Isto posto, isso não levará vocês longe. Os jornais dizem diariamente que os progressos da ciência, Deus sabe se é perigoso etc., mas para nós isso não fede nem cheira. Por quê? porque todos vocês estão, e eu mesmo com vocês, inseridos nesse significante maior que se chama o Papai Noel. Com o Papai Noel, isso se arranja sempre, e direi mais, isso se arranja bem.

Trata-se de quê, no psicótico? Suponham alguém impensável para nós, um desses senhores de que nos contam — se é verdade que isso tenha algum dia existido, não creiam que eu não dê importância alguma a esses rumores — que eles eram capazes de se disciplinar tanto que não creem no Papai Noel, e se convencem de que tudo o que se faz de bem acarreta um mal equivalente, e que, por conseguinte, não se deve fazê-lo. Basta que vocês o admitam, nem que seja por um instante, para conceber que todas as espécies de coisas podem depender disso, que são fundamentais ao nível do significante.

Pois bem, o psicótico tem sobre vocês essa desvantagem, mas também esse privilégio de se ter visto colocado em relação ao significante um pouquinho de nada de través, de banda. A partir do momento em que ele é intimado a pôr-se de acordo com esses significantes, é preciso que ele faça um esforço de retrospecção considerável, que redunda em coisas, palavra!, extraordinariamente abiloladas, e que constituem o que se chama o desenvolvimento de uma psicose. Esse desenvolvimento é especialmente rico e exemplar no caso do presidente Schreber, mas lhes mostrei em minha demonstração de casos que se vê ali um pouco mais claro quando se tem essa perspectiva, mesmo com os doentes mais comuns. O último que mostrei era alguém muito curioso, à beira do automatismo mental, sem ainda estar nele inteiramente. Todo o mundo estava para ele suspenso num estado de artifício, cujas coordenadas ele definia muito bem. Ele havia percebido que o significante dominava a existência dos seres, e a sua existência, a dele, lhe parecia muito menos certa do que qualquer coisa que se apresentasse com uma certa estrutura significante. Ele dizia isso pão-pão-queijo-queijo. Vocês puderam observar que lhe pus a questão! *Quando é que tudo isso começou? Durante a gravidez de sua mulher?* Ele ficou um pouquinho espantado durante um certo tempo, e me respondeu: *Sim, é verdade*, acrescentando que jamais havia pensado nisso.

Segundo a perspectiva imaginária, o que dizíamos, de passagem, na análise, não tem estritamente nenhuma importância, pois que se trata unicamente de frustração ou de não frustração. Frustram-no, ele é agressivo, regride, e vamos assim até o surgimento das fantasias mais primordiais. Infelizmente, não é a teoria correta. É preciso saber o que se diz. Não basta fazer intervir os significantes desta forma: *Eu lhe dou um tapinha nas costas... Você é gentil... Você teve um papai ruim... Isso vai se arranjar...* É preciso empregá-los com conhecimento de causa, fazê-los ressoar de outro modo, e saber ao menos não empregar alguns deles. As indicações negativas que concernem a certos conteúdos de interpretações, são postas através de uma tal perspectiva no primeiro plano.

Eu deixo estas questões em aberto. O ano termina em patoá, por que terminaria de outro modo?

Gostaria, para concluir, de passar a um gênero de estilo que não é o meu. Já há algumas semanas que me havia prometido acabar numa lindíssima página de um admirável poeta chamado Guillaume Apollinaire. Ela é tirada de *O encantador apodrecendo.*

No fim de um dos capítulos, há o encantador que apodrece em seu túmulo, e que, como todo bom cadáver, não direi tartamudeia, como diria Barres, mas encanta, e fala muito bem. Há também a Dama do Lago, sentada no túmulo — foi ela que o fez entrar no túmulo dizendo-lhe que dali ele sairia facilmente, mas ela tinha também os seus truques, e o encantador está ali, apodrecendo, e de vez em quando fala. Eis onde nós estamos quando chegam no meio de diversos cortejos, alguns loucos, e um monstro que espero que vocês venham a reconhecer. Esse monstro é aquele que encontrou a chave analítica, a mola dos homens, e bem especialmente, na relação do pai-criança com a mãe.

Eu miei, miei, diz o monstro, encontrei apenas corujas que me asseguraram que ele estava morto. Eu não serei nunca prolífico. No entanto os que o são têm qualidades. Confesso que não me conheço em nenhuma. Sou solitário. Tenho fome, tenho fome. Eis que descubro em mim uma qualidade: eu sou faminto. Procuremos comer: Aquele que come não está mais só.

4 de julho de 1956

NOTAS DE TRADUÇÃO

1. *Salle de garde.* É o lugar onde o médico fica, quando não está atendendo. O sintagma nominal designa também o lugar da guarda nos castelos medievais; nessa acepção, *casa da guarda*, em bom português. É sabido que as canções que ali circulavam de boca em boca eram obscenas, e de sacanagem. Na França, somente nas livrarias médicas, em princípio, é que se vende *Le livre du carabin*, espécie de antologia daquelas remotas canções, daquelas que sobreviveram. O fundamental aí no texto é o caráter de conivência tácita para com certas "ideias" correntes.

2. *Rouge-gorge.* No nome do pássaro compareceu o vermelho, *rouge*.

3. Vale registrar que esse neologismo se acha curiosamente no *Dicionário francês-português*, de Olívio de Carvalho (Porto, Ed. Porto, 1978), assim definido: "vadiar, andar na gandaia". Não consta, é claro, dos melhores, do *Nicot* ao *Grand Robert*. Entretanto, tem curso, no francês, a palavra *galopin*, que significa: a) menino de recados; b) maroto, garoto levado. Raro o uso da forma do feminino — *galopine*.

4. Ao longo da tradução faremos uso de *você* e *tu* para traduzir o *tu* francês. Como se sabe, em francês, o registro do *tu* é antes familiar, íntimo, ao contrário da distância posta pelo *vous* (no lugar da segunda pessoa), que é formal, demarcador de posição na convencionalidade do discurso. É bom não esquecer também que o *tu*, como em português, pode recobrir o uso bíblico dos mandamentos. O nosso *você* brasileiro (friso isso porque o sistema de pronomes ditos de tratamento no uso português é bem mais complexo que em francês) açambarca a maior intimidade, a boa distância formal e a justa indiferença respeitante da convencionalidade. Nem sempre foi possível manter a equivalência formal do *tu* (fr.) com o *você*, reservando o *tu* (port.) somente para as frases de cunho bíblico. As análises pormenorizadas que Lacan fará mais adiante das frases com *tu*, por todas as suas implicações, nos obrigará a uma tradução literal para que não se perca a sua minúcia, o que aconteceria se empregássemos *você*. Em suma, empregaremos dominantemente o *você* por princípio, reservando o *tu* para os casos em que perderemos determinadas explorações que ele fará, ou pelo sentido.

5. Equivale ao nosso antigo 1º ano ginasial, ou à atual 5ª série do 1º Grau.

6. Evidentemente o termo *salsicheiro* para traduzir *charcutier* é aproximativo. Por acaso temos casas comerciais onde são vendidos apenas a carne de porco (raríssimo é o açougue — *boucherie* — na França em que se venda a carne de porco), os presuntos, os salames, os diversos tipos de salsicha e lin-

guiça, as saladas, pratos feitos à venda no peso desejado? — Parece que não. Mesmo sabendo quase sem realidade o termo *salsicheiro*, deixamo-lo para indicar a referência de um comércio mais especial do porco e seus derivados, e por conseguinte vivido e sabido como tal. Talvez *tripeiro*.

7. *Foutus, ou bâclés à la six-quatre-deux.* O termo *foutu* pode ter as acepções de nosso "fodido" também.

8. *Si tu ne t'en vas, pas, je vais te foutre dans le mal.* Não tem curso a forma *foutre dans le mal*, ao contrário de *foutre dans la merde*. Daí nossa maneira arrevezada de traduzir.

9. Sombras de homens atamancadas às três pancadas.

10. *Pourriture douce pourriture.*

11. Literalmente: *seu último pequeno*; trata-se de nosso africano *caçula*.

12. *A palavra me foge, me escapa* — diríamos.

13. Literalmente: *as comodidades da conversação.*

14. *Anistia* e *armistício*, respectivamente.

15. Apresentamos apenas algumas equivalências, nos demais casos, propomos a versão literal. Eis as formas originais: — *C'est la plus naturelle des femmes — Il est brouillé avec Untel — Il a le sens droit — Tour de visage — Tour d'esprit — Je me connais un peu en gens — Jouer à coup sûr — Il agit sans façons — Il m'a fait mille amitiés — Cela est assez de mon goût — Il n'entre dans aucun détail — Il s'est embarqué en une mauvaise affaire — Il pousse les gens à bout — Sacrifier ses amis — Cela est fort — Faire des avances — Faire figure dans le monde.*

16. *Le laisser en plan.* Literalmente, "deixar de lado".

17. *Mot.*

18. *L'Amour est un caillou riant dans le soleil.*

19. *Chère, très chère, depuis combiem de galets n'avais-je pas eu le mitron de vous sucrer!*
— *Hélas, chère, j'étais moi-même três dévitreuse, mes trois plus jeunes tourteaux* (...).

20. *Partie prenante*, termo de valor jurídico, significa aquela pessoa que recebe o dinheiro, o fornecimento.

21. Da tragédia *Atália*, de Jean Racine.

22. *Sim, mas sim.* Responde a uma interrogação negativa ou dubitativa. *N'êtes-vous pas d'accord? — Si. — Você não está de acordo? — Mas sim.*

23. *Da.* Apoia uma afirmação ou uma negação, ou funciona como exclamativo. Velha linguagem familiar.

24. *Dac! D'acc! D'accord! entendu!* — O nosso *tá* pode recobrir esse sentido — *tá certo, de acordo.*

25. *Boucle bouclée.*

26. No original:

Oui, je viens dans son temple adorer l'Éternel,
Je viens, selon l'usage antique et solennel,

Célebrer avec vous la fameuse journée
Où sur le mont Sina la loi nous fut donnée.

Todos os demais trechos são arrolados nesta nota:

Je tremble qu'Athalie, à ne vous rien cacher,
Vous-même de l'autel vous faisant arracher,
N'achève enfim sur vous ces vengeances funestes,
Et d'un respect forcé ne dépouille les restes.
...
Croyez-moi, plus j'y pense et moins je puis douter
Que sur vous son courroux ne soit prêt d'éclater.
...
Je l'observais hier...
...
.et je voyais ses yeux
Lancer sur le lieu saint des regards furieux.
...
— Je viens à la Fête-Dieu.
— Três bien, dit l'autre, entrez dans la procession,
et ne parlez pas dans lês rangs.
...
Celui qui met un frein à la fureur des flots
Saits aussi des méchants arrêter les complots.
Soumis avec respect à as volonté sainte,
Je crains Dieu, cher Abner, et n'ai point d'autre crainte.
...
...sa vérité me touche.
Voici comme ce Dieu vous répond par ma bouche.
...
Du zele de ma loi que sert de vous parer?
Par de stériles voeux pensez-vous m'honorer?
Quel fruit me revient-il de tous vos sacrifices?
Le sang de vos róis crie, et n'est point écouté.
Rompez, rompez tout pacte avec l'impiété.
Du milieu de mon peuple exterminez les crimes.
Et vous viendrez alors m'immoler des victimes.
...
Peuple ingrate. Quoi! toujours les plus grandes merveilles
Sans ébranler ton Coeur frapperont tes oreilles?
Faut-il, Abner, faut-il vous rappeler le cours
Des prodiges fameux accomplis en nos jours?
Des tyrans d'Israël les célèbres disgrâces,
Et Dieu trouvé fidèle en toutes sés menaces;

L'impie Achad détruit, et de son sang trempé
Le champ que par le meurtre il avait usurpé;
Pres de ce champ fatal Jézabel immolée,
Sous les pieds des chevaux cette reine foulée,
Dans son sang inhumain les chiens désaltérés.
Et de son corps hideux les members déchirés;

27. *Avant j'étaits un paramoi, qui croyais être... Croyais* — *acreditava*, forma da primeira pessoa do singular. A forma da dita terceira pessoa se diferencia da outra — *croyait*.

28. Fora de suspeita.

29. *Ele vem*, na afirmativa; *ele vem?*, na interrogativa.

30. *Suivras* e *suivra* se pronunciam igualmente.

31. *Abandonnera* e *abandonneras* se pronunciam igualmente.

32. Emprega-se também *estrada mestra*. Vale lembrar que na fala, o *Grand'Route*, do título da sessão, soa a *Grand'Autre*.

33. *Você só tem que... Você tem mais é que...* A fórmula francesa assume o valor de obrigação, de uma ordem comportando uma atenuante ou uma ironizada. Deixamos circular a forma original em virtude da pequena ênfase que é dada, logo a seguir, a uma parte dela, *qu'*, só aparentemente relacionada com o valor restritivo da negação *ne...que*, com *qu'*, quando seguido de vogal.

34. *Portement*. Empregado apenas na expressão *Portement de la Croix*, cena da Paixão em que o Cristo aparece carregando sua cruz.

35. Lembrar que em nosso falar frequentemente misturamos *você* e *tu*. Cf. nota 4.

36. Palavra masculina por definição. Lacan a emprega no feminino.

37. Equivalente a *Senado* em português.

Agradecimentos do tradutor

Pelo trabalho de intermediação, e pelas justas observações e sugestões, o meu melhor, a Potiguara Mendes da Silveira Jr.

Pelo atencioso cuidado na produção, o reconhecimento a Ana Cristina Zahar.

A Roberto Lacerda, pela paciência de leitor atento e zeloso na revisão do texto, a quem fico grato pelas melhores indicações.

1ª EDIÇÃO [1985]
2ª EDIÇÃO [1988] 17 reimpressões

ESTA OBRA FOI COMPOSTA POR TEXTOS E FORMAS EM
ADOBE GARAMOND E HELVETICA E IMPRESSA EM OFSETE PELA
GRÁFICA BARTIRA SOBRE PAPEL PÓLEN DA SUZANO S.A.
PARA A EDITORA SCHWARCZ EM JUNHO DE 2025

FSC
www.fsc.org
MISTO
Papel | Apoiando o manejo florestal responsável
FSC® C105484

A marca FSC® é a garantia de que a madeira utilizada na fabricação do papel deste livro provém de florestas que foram gerenciadas de maneira ambientalmente correta, socialmente justa e economicamente viável, além de outras fontes de origem controlada.